개정 4판

글로벌경영

이 윤 선

청목출판사

머리말

세계경제포럼의 2019년 주제는 '세계화 4.0': 제4차 산업혁명 시대'로 정했다. 포럼의 슈밥 대표는 세계화 4.0을 주제로 삼은 이유에 대해 "닥쳐올 변화는 엄청나지만 이를 맞을 준비가 거의 안 돼 있기 때문"이라고 하였다.

그는 새로운 세계화, 즉 세계화 4.0을 이끌어가는 흐름으로 몇 가지를 꼽았다. 첫째는 세계 경제가 다자주의(multilateralism)에서 다원주의(plurilateralism)로 넘어가고 있다는 것이다. 이는 생존의 규칙이 경쟁이나 협력에서 공존으로 바뀌고 있다는 것이다.

둘째는 4차산업혁명으로 기술이 사상 유례없는 속도와 규모로 인류의 삶에 파고들고 있다는 점이다.

세계화에 시대에 따른 디지털은 그나마 남아 있던 지리적 장벽마저 없어지고 있나. 이러한 상황에 한국기업은 어떻게 기업활동을 수행해야 하는가? 본 개정판은 이러한 문제의식에 한국기업이 어떻게 기업활동을 하여야 하는지를 기능별로 보완하여 제시하였다.

본서는 크게 3부로 구성하였다. 제1부는 국제경영의 기초인 세계화에 따른 기업활동에 대하여 다루었다. 특히 제1장 글로벌경영의 개념은 Charles W. L. Hill, International Business: Competing in the Global Marketplace에서 많은 부분을 인용하였다. 다음으로 국제경제환경, 해외직접투자, 국제합작투자, 기술과 기술이전에 관하여 다루었다. 또한, 각 장의 주제에 맞는 실제 사례를 제시하였다. 제2부에서는 글로벌환경과 이문화에 대하여 다루었다. 이문화가 기업활동에 미치는 영향에 대하여 다루었고, 또한 각 국가의 기업에 영향을 미치는 문화 특성에 대하여 다루었다. 다음으로 다국적기업과 환경 요소, 국제시장 진입 방법과 전략적 제휴, 세계화 전략과 현지화 전략에 관하여 부족했던 부분을 보완하여 다루었다. 제3부에서는 글로벌 경영관리 분야인 글로벌생산관리,

글로벌마케팅, 글로벌 조직 및 인적자원관리, 세계화 주체에 관하여 사례와 함께 다루었다.

본서에서는 국제경영을 집필하기 위하여 기존의 교과서와 논문, 그리고 각종 관련 자료들을 번역하거나 그대로 인용하였다. 되도록 이해를 돕기 위하여 체계적으로 옮겨 놓으려고 노력하였다.

특히, Daniels와 Radebaugh의 International Business, Seventh Edition (Addision Wesley, 1993), Roger Bennett의 International Business(M&E, Pitman Publishing, 1996), Asheghian과 Ebrahimi의 International Business(Harper & Row, 1990), Root의 Entry Strategies for International Markets(Lexington Books, 1994), 최윤희의 『글로벌 비즈니스맨과 이문화 관리』(영풍문고, 1997) 및 김수주의 『국제경영과 이문화 관리』(록원출판사, 1991) 등을 비교적 많이 참조하였다. 본인은 되도록 자료의 본래 뜻을 최대한 살리려고 노력하였으나 때에 따라서 본인의 능력이나 노력 부족 등으로 잘못 설명되거나 본래의 뜻을 오용한 부분도 있으리라고 믿는다. 개정판에서는 기존의 자료와 함께 새로운 내용과 사례들을 첨가하였고 새로운 장을 추가하였다. 최근의 추세에 따라 세계화 주체를 새로운 장으로 추가하였다.

이러한 점에서는 이 분야에 연구하는 여러 선후배의 지적과 비판을 겸허히 받아들여 불충분한 내용을 보완해 가고자 한다.

본서를 출판할 수 있기까지는 저자를 사랑해 주셨던 여러 선배 교수님들의 분에 넘치는 도움과 격려가 있었음을 말하지 않을 수 없다.

끝으로 이 책을 출판해 주신 청목출판사의 유성열 사장님과 관계 직원 여러분에게도 깊이 감사드린다.

2020년 3월

이 윤 선

차 례

제 1 편

국제경영의 환경

제 1 장

글로벌경영의 개념

읽을거리

세계화는 여전히 경제에 축복

현시점에서 세계화는 부정적 단어가 돼 버렸다.

많은 이들이 세계화를 엘리트 계층의 음모라고 생각한다. 세계화 반대론자들은 세계화가 부유층에 막대한 부를 안겨줬지만 엄청난 소득 불평등을 낳았다고 주장한다. 부자는 더 부자가 되고 나머지는 아무것도 얻지 못했다는 것이다.

세계화의 유령이 또 다른 유령을 낳는다. 물론 이런 시각이 정곡을 찌르는 부분도 있다. 그러나 맞는 부분보단 틀린 부분이 더 많다. 그리고 틀린 시각으로 인해 여러 문제가 발생한다. 작게는 사람들의 불만을 떠안길 희생양이 생겨나고, 크게는 나쁜 정책들이 도입돼 문제를 악화시킨다

무엇보다 주목할 것은 세계화 덕에 수많은 사람이 혜택을 받았다는 것이다.

지난 30년간 전 세계 인구가 지속적으로 증가한 가운데 빈곤 인구는 10억명 이상 줄었다. 인도, 중국, 베트남, 한국, 멕시코 등에서 빈곤을 벗어난 이들이 세계화의 혜택을 본 경우다. 선진국에서는 다양한 소득계층이 혜택을 누렸다. 스마트폰에서 의류, 장난감까지 다양한 재화의 값이 싸진 덕이다. 세계화의 흐름에 역행하는 정책들은 재화의 값을 올려 실소득 감소를 유발할 뿐이다.

세계화를 억제하자는 요구는 아시아와 남미 등으로 서방 국가의 일자리가 유출된다는 주장을 반영한 것이다.

하지만 서방의 일자리를 위협하는 존재는 중국인이나 멕시코인이 아닌 자동화 기술(로봇)이다. 이로 인해 미국의 제조업 부문 일자리가 감소하는 중에도 생산량은 계속 상승했다. 이 때문에 우리는 빠르게 변화하는 기술의 혜택을 모두가 함께 누릴 수 있도록 하는 데 집중해야 한다. 쉬운 일은 아니지만 불가능한 일도 아니다. 관세 장벽과 무역 전쟁은 아무런 도움이 되지 않는다는 말이다.

세계화가 소득 불평등 확대에 불을 지핀 것은 사실이다. 하지만 이는 사실 저주받기보다 환영받아야 하는 현상이다. 불평등을 환영할지는 불평등이 어떻게 초래됐으며, 이로 인한 영향은 무엇인지를 살펴 결정된다. 불평등은 그 자체로 나쁜 것은 아니다.

인도와 중국에서는 세계화가 소득 불평등을 초래했지만 이는 제조업, 사무직, 소프트웨어 개발 분야에서 새로운 기회를 창출했다. 그리고 수백만 명의 사람이 그 혜택을 입었다. 물론 모두가 혜택을 받은 것은 아니다. 하지만 어쩔 수 없는 과정 중 하나다. 모두가 다 같이 번영을 누리면 좋겠지만 그런 경우는 극히 드물다. 소득 불평등의 이러한 측면을 인정하지 못하면 발전도 인정할 수 없게 된다. 선진국에서도 소득 불평등의 확대는 보다 나은 기회를 제공했다.

시장의 범위가 국내에서 세계 전체로 확대된 덕이다. 재능과 혁신 아이디어를 가진 이들은 이제 전 세계를 무대로 삼아 자산을 늘려갈 수 있게 됐다. 더 많은 사람과 재능을 나누고 이를 통해 모두에게 도움이 되는 상품을 만들어내는 것은 절대 범죄가 아니다. 합법적인 부의 창출이다.

당연히 소득 불평등에는 어두운 측면도 있다. 부유층이 정치적 영향력을 키워 자신들에게 혜택이 돌아가도록 법을 바꾸는 경우다. 미국의 경우 의회 의원들은 이권이 개입된 후원자를 확보한 후에야 선거에 나서려 하는 심각한 문제점을 갖고 있다.

의원들이 부패했다고 말하려는 것은 아니다. 로런스 레시그 하버드 로스쿨 교수가 말했듯, 부패한 것은 '제도'며 제도는 돈이 없는 사람들의 목소리를 대변하지 못한다.

그래도 불평등을 줄이는 것만이 최선이라 할 수 없다. 정치판에서 자금이 운용되는 방식 자체를 바꾸는 게 낫다. 돈이 많은 사람은 요트를 사고 재단을 만들거나 자선가가 돼야지, 시장의 손에서 벗어나야 할 정부를 쥐락펴락해서는 안 된다.

더 쉽게 말하자면 불평등은 지대추구(다른 사람의 희생을 통해 부를 얻고 경제에 하나도 기여하지 않는 행태)에서 비롯되고 이것이야 말로 불평등을 무섭게 보이도록 만드는 원인이다. 돈이 있는 사람들이 정부를 이용해 규제를 완화하도록 구슬리는 것이 전형적인 예다. 그러다 은행이 실패할 경우 그 대가는 납세자들이

치르게 된다. 은행 구제금융을 시행하면 결국 막대한 세금이 부유층에 돌아가기 때문이다.

예를 들어 국책 모기지업체 패니메이와 프레디맥은 정치적 영향력을 이용해 의회가 자신들을 건드리지 못하도록 하고 이익을 챙겼다. 결국 주택금융 위기가 찾아왔다.

비슷한 사례로 농업 기업들은 매년 정부에서 수십억 달러의 보조금을 얻어낸다. 제약회사들은 로비를 통해 약값을 올리거나 기존에 있는 상품의 특허권을 연장하려 한다. 부동산 대기업들은 그들의 편의에 잘 맞춰진 세법을 교묘히 이용한다. 이런 행위들은 경제 성장을 늦춤으로써 경제에 해를 끼친다. 부를 축적할 수 있는 가장 쉬운 방법이 '합법화된 도둑질'이라면, 혁신과 창의성은 아무 소용이 없게 되는 것이다.

미국 캘리포니아대 버클리캠퍼스의 알리 러셀 혹실드 교수는 늘 '새치기'를 통해 자신을 앞서가는 사람들에게 분노하는 집단을 언급한 바 있다. 이러한 분노는 정당화될 수도 정당화되지 않을 수도 있다. 정당화되지 않는 경우는 인종 특혜에 물들어 있는 백인들이 '평등 사회'로 나아가는 것에 반발해 분노할 때다. 정당화되는 경우는 일부 특별 집단에만 부를 몰아주는 정부에 대해 분노할 때다. 누군가의 희생이 있어야만 혜택을 얻을 수 있는 저성장 시대에 '합법화된 도둑질'은 절대 용서할 수 없는 일이다.

성장은 세계화와 합법적인 불평등에 달려 있다. 우리는 세계화와 불평등으로 피해를 입은 이들을 절대 잊어서는 안 되지만 세계화와 불평등 그 자체가 나쁜 것은 아니라는 점은 명심해야 한다. 진짜로 우리를 무섭게 하는 것은 정부를 이용해 부를 축적한 추구자들이다. 이들이 불러온 불평등이야 말로 근절돼야 할 불평등이다.

〈MK〉

제 1 절 글로벌경영의 개념 및 의의

1. 글로벌경영의 개념

세계 경제는 지난 30년간 근본적인 변화를 겪고 있다. 과거의 국가 경제가 국경 간 무역과 투자 장벽에 의해 서로 고립되어 자급자족을 기반으로 이루어졌다면, 최근의 국가 경제는 무역과 투자 장벽을 넘어서 국경을 초월한 세계로 나가고 있다. 또한, 교통과 통신 기술의 발달로 인하여 물리적 거리에 대한 인식이 줄어들고 있다. 물질문화는 전 세계적으로 비슷한 동조화 현상을 시작했다. 더 나아가, 국가 경제는 상호 의존적이고 통합된 세계 경제 체제로 통합되고 있다. 이처럼 일어나고 있는 과정을 일반적으로 세계화 및 글로벌화(globalization)라고 한다.

오늘날의 상호 의존적인 세계 경제에서는, 한 미국 여성이 한국 철강과 말레이시아 고무, 미국과 일본에서 만들어진 부품 등으로 멕시코에서 조립된 독일 자동차를 운전하고 일터로 갈 수도 있다. 또한 그녀는 영국 다국적 기업이 소유한 BP 서비스 센터에서 차에 휘발유를 가득 넣는다. 이 휘발유는 그리스 해운 회사의 선박으로 한 프랑스 석유 회사에 의해서 미국으로 운송되어지고 이 기름은 아프리카 해안에서 뽑아온 기름으로 만들어져 있을 것이다. 차로 출근하는 동안 여성은 (헤드셋을 사용하여) 삼성 휴대폰으로 증권 중개인과 통화을 한다. 이 휴대폰은 핀란드에서 디자인하였고 텍사스 인스트루먼트에서 근무하는 인도 엔지니어가 프로그래밍하였으며, 타이완에서 생산된 칩(chip)을 가지고 텍사스에서 조립하였다. 그녀는 힙합을 듣기 위해 자동차 라디오를 켤 것이다. 자동차 오디오는 말레이시아에 있는 일본회사에 의해서 만들어졌고 힙합은 스웨덴 작곡자에 의해서 이루어졌다. 그리고 프랑스 음반 회사가 미국 시장을 위해 영어로 덴마크(Danish) 그룹이 노래하였다. 운전자는 한국인 이민자가 운영하는 간이 스타벅스 커피숍에 들어가 "single, tall, nonfat latte"와 비스코티(biscotti)을 주문할 수도 있다. 커피콩은 코스타리카, 초콜릿은 페루에서 왔고, 비스코티(biscotti)은 아주 오래된 이탈리아 요리법을 사용하여 만들어졌다. 이 노래가 끝난 후, 한 뉴스 아나운서가 스위스 다보스에서 열린 세계경제포럼 회의에서 반세계화 시위는 폭력적으로 변했다는 것을 미국 청취자들에게 알려줄지도 모른다. 시위자 한 명이 사망했다. 아나운서는 다음 뉴스로 미국 은행에서 시작된 금융위기가 어떻게 세계적인 경기 침체를 촉발하고 전 세계 주식시장을 몰락시키고 있는지에 대한 뉴스를 전한다.

위의 예시는 우리가 사는 세상을 그대로 묘사하고 있다. 우리는 국경선을 넘나드는 상품, 서비스, 투자 등이 많은 세상에 살고 있다. 이는 50년 이상 동안 세계 생산량보다 너 빨리 확장되었다.

대부분의 강대국은 세계무역기구(WTO)와 같은 국제기구 내 세계 지도자들의 모임에서 국경을 넘는 무역과 투자에 대한 더 낮은 장벽을 지속해서 요구하고 있다. 또한 상품과 대중문화의 상징들은 점점 더 글로벌화되어가고 있다. 코카콜라, 소니 플레이스테이션, 삼성 휴대폰, 애플 아이팟과 아이폰과 같은 상품뿐만 아니라 스타벅스, IKEA 매장이나 MTV 쇼, 디즈니 영화와 같은 대중문화의 상징이나 소프트웨어까지 점점 더 세계화되고 있는 것이다. 제품은 전 세계에서 온 투입물로 만들어지는 세계다. 기업에 있어 이러한 세계화 과정은 많은 기회를 만들어 냈다. 기업들은 노동자를 포함한 주요 투입물이 상대적으로 저렴한 국가에서 제품을 저비용으로 생산함으로써 수익을 증대할 수 있다. 기업의 글로벌 확장은 호의적인 정치 및 경제 동향에 의해 촉진되었다. 1980년대 말 공산주의 붕괴 이후 국가 공공정책이 경제 자유시장 쪽으로 향했다. 해외에서의 사업에 대한 규제와 행정 장벽이 줄어든 한편, 여러 나라는 국가 소유의 민영화와 함께 그들의 경제, 기업, 시장 규제 완화, 경쟁 증대, 외국기업의 투자 유치 등을 도입하였다. 이는 선진국과 또는 개발도상국의 대기업과 중소기업 국제적 확장을 모두에게 허용되었다. 스타벅스의 역사는 세계 경제가 기업에 제공하는 기회를 예시한다. 스타벅스에 대한 최초의 생각은 이탈리아(Schultz travels to Italy-milan, 1983)의 커피숍에서 나왔다. 스타벅스는 미국에서 개념을 재정리한 후 1995년부 터 세계적으로 확장하기 시작했다. 그 결과 25년 전 불과 몇 개의 점포를 가지고 있던 회사는 현재 (2017년) 76개국에 27,339개의 점포를 가진 세계에서 가장 잘 알려진 브랜드 중 하나가 되었다. 스타벅스는 사람들이 커피를 소비하는 방식과 그 과정에서 이익을 얻는 방식을 바꾸면서 전 세계의 소비자 행동에 영향을 끼쳤다. 스타벅스는 또한 커피 생산 방식을 바꾸고 있다. 공정 거래 인증(Fair Trade Certified) 커피콩만을 구매하기로 약속함으로써 스타벅스는 개발도상국에서의 공정 거래와 환경적으로 건전한 성장 정책을 홍보하고 있으며, 이를 통해 스타벅스의 상표 가치를 강화할 수 있게 되었다.

법률 서비스를 저비용 지역에 아웃소싱 하는 사례는 오늘날의 세계 경제에 어떤 일이 일어나고 있는지를 보여준다. 법률회사들은 많은 판단이나 주관적인 검토가 필요하지 않은 일상적인 법률 업무와 같은 것은 인도 같은 곳에 아웃소싱하기 시작하였다. 그들은 이 작업이 미국과 마찬가지로 인도에서도 효과적으로, 훨씬 더 낮은 비용으로 수행될 수 있다는 것을 발견했다. 30년 전에는 이것이 가능하지 않았겠지만, 통신의 급속한 발전과 국경선을 넘는 무역과 투자에 대한 장벽 제거로 인하여 아웃소싱은 점점 더 일반화되고 있다(call center, visa 발급 대행 등). 세계화가 전개되면서, 세계화가 산업을 변화시키고 근로자들 직업이 외국 경쟁으로부터 보호된다고 믿는 사람들 사이에는 불안감을 가지고 있다. 과거에 제조업의 많은 근로자는 외국의 경쟁이 그들의 일에 미치는 영향에 대해 걱정했지만, 서비스 산업의 근로자들은 더 안전함을 느꼈다. 이제 이것 또한 변하고 있다. 기술 발전, 운송 비용 절감 및 개발도상국의 숙련 근로자의 증가는 많은 서비스가 제공되는 곳에서 이제는 수행될 필요가 없음을 의미한다. 첫 번째 사례에서 보여주듯이, 일부 법률 작업과 회계 서비스도 인도에서 아웃소싱을 수행하고 있다.

오늘날 많은 미국 개인 납세 신고서가 인도에서 작성되고 있다. 미국 세법을 훈련을 받은 인도 회계사들은 미국 회계 회사들을 위해 일을 한다. 그들은 미국의 컴퓨터에 저장된 개인 납세 신고서에 접속하고, 일상적인 계산을 수행하고, 그들의 일을 저장해서, 미국 회계사가 검사할 수 있도록 한 후 고객에게 청구서를 청구한다. 인기도서 작가 토머스 프리드먼이 주장했듯이, 세계는 점점 평평해지고 있다. 선진국에 사는 사람들은 이제는 그들이 원하는 편으로 기울어지지 않는다. 점차 인도, 중국 또는 브라질에 기반을 둔 진취적인 개인들은 서유럽, 미국 또는 캐나다에 사는 사람들과 같은 기회를 얻는다(Charles W. L. Hill).

2. 글로벌화란

세계화(글로벌화)는 지역 간 또는 국가 간에 서로 통합되고 상호의존적인 세계 경제로의 이동을 의미한다. 세계화는 시장의 글로벌화와 생산의 글로벌화를 포함한 여러 가지 측면을 가지고 있다.

1) 시장의 글로벌화

시장의 글로벌화는 분리된 국가 시장을 하나의 거대한 글로벌 시장으로 통합하는 것을 의미한다. 무역에 대한 국가 간 장벽이 무너지면서 기업은 상품을 전 세계 시장을 대상으로 더 쉽게 팔 수 있게 되었다. 서로 다른 국가 소비자들의 취향과 선호도가 일부 글로벌 규범에 집중되어 세계 시장을 형성하는 데 도움을 주고 있다고 주장해 왔다.

씨티그룹 신용카드, 코카콜라 청량음료, 소니 플레이스테이션 비디오 게임, 맥도날드 햄버거, 스타벅스 커피, 이케아 가구와 같은 소비재 상품들이 이러한 추세 모범의 사례로 보여주고 있다. 앞에서 언급한 기업들은 시장의 세계화의 최대 수혜자이자 시장 세계화의 선구자들이다. 전 세계적으로 같은 제품을 제공함으로써 그들은 세계 시장을 형성하는 데 도움을 준다. 시장의 세계화를 촉진하고 이익을 얻기 위해서는 기업의 규모는 필수 조건이 아니다. 예를 들어 미국에서는 수출기업 중 거의 90%가 100명 미만의 소규모 기업이고, 미국 전체 수출에서 차지하는 비중이 지난 10년 동안 꾸준히 증가해 지금은 20%를 넘어섰다. 미국 수출업체의 97%가 500명 미만의 직원이고, 모든 수출액의 30%를 차지하고 있다. 대표적인 예시로 뉴욕에 본부를 둔 태양전지판 제조업체인 하이테크 기업은 5개국에 대한 수출로 연간 300만 달러, 전체 수익의 40%를 판매하고 있다. 또한, B&S사는 800만 달러의 연간 수익 중 40%를 수출을 통해 얻는다. 이와 같은 상황은 몇몇 다른 나라에서도 비슷하다. 예를 들어 세계 최대의 수출국인 독일은 무려 98% 의 중소기업이 수출이나 글로벌 생산을 통해 해외시장에 진출하고 있다.

씨티그룹 신용카드, 맥도날드 햄버거, 스타벅스 커피 및 IKEA 매장이 세계적으로 보급됨에도 불구하고 국가 시장이 세계 시장으로 나아가고 있다는 견해를 너무 멀리 바라보지 않는 것이 중요하다. 소비자 취향과 선호, 유통 경로, 문화적으로 내재한 가치 시스템, 비즈니스 시스템 및 법률 규정 등의 다양한 차원에서 국가 간 시장에는 상당한 차이가 여전히 존재한다. 이러한 차이는 종종 기업들이 특정 국가의 조건에 가장 잘 맞도록 마케팅 전략, 제품 특징 및 운영 관행을 맞춤화하도록 요구하며 세계화에 제동하는 중요한 요소가 된다.

이에 반해 보편적 역할을 하는 산업재 및 재료 시장은 취향과 선호도의 국가적인 차이가 작아 글로벌화 되어 있다고 볼 수 있다. 여기에는 알루미늄, 석유, 밀과 같은 상품 시장 뿐만 아니라 마이크로프로세서, DRAM(컴퓨터 메모리 칩) 및 상용 제트 항공기와 같은 산업용 제품, 컴퓨터 소프트웨어, 미국 재무부 증권의 금융 자산과 닛케이 지수 또는 유로의 유로 채권 및 선물 등이 포함된다.

많은 세계 시장에서 같은 업종 기업은 종종 국가별 경쟁자로서 서로 대결한다. 코카콜라와 펩시, 포드와 토요타, 보잉과 에어버스, 캐터필러와 고마쓰, 제너럴 일렉트릭과 롤스로이스, 그리고 소니, 닌텐도, 마이크로 소프트는 국가 대부분에서 경쟁한다. 기업들이 전 세계에서 경쟁하며 서로의 제품, 운영 전략, 마케팅 전략, 브랜드 등에 있어 경쟁 기업과의 동질성을 만들어 낸다. 즉, 통일성이 다양성을 대체하고 있어야 한다. 점점 더 많은 산업에서, "독일 시장," "미국 시장," "브라질 시장," 또는 "일본 시장"에 대해 말하는 것은 이제는 의미가 없다. 많은 기업에는 유일한 세계 시장만이 존재한다.

2) 제품의 글로벌화

생산의 글로벌화는 생산 요소의 비용과 품질(예: 노동, 에너지, 토지, 자본)에서 국가적 자원의 격차를 이용하기 위해 전 세계 각지에서 상품과 서비스를 조달하는 것을 말한다. 이를 통해 기업은 전반적인 비용 구조를 낮추거나 제품 제공의 품질이나 기능을 향상시켜 보다 효과적으로 경쟁 할 수 있기를 원한다. 보잉의 777 상용 제트 여객기를 생각해 보자. 여덟 개의 부품을 공급하는 일본 기업은 기체, 문, 날개 등에 부품을 만들고, 싱가포르의 한 공급자는 코 착륙 장치를 위한 문을 만들고, 이탈리아의 세 공급자는 날개 덮개를 제조한다. 보잉777의 부속품의 약 30%는 외국기업에 의해 생산된다. 보잉의 가장 최근의 제트 여객기인 보잉787에 대해 이러한 추세를 더욱 가속화 시켰다. 보잉 항공기 전체 가치의 약 65%가 외국기업에 아웃소싱 되고 있으며, 그중 35%는 일본의 3대 기업에서 조달하고 있다.

보잉이 해외에서 많은 생산을 아웃소싱하는 이유는 그들이 특정한 분야에서 세계 최고이기 때문이다. 글로벌 공급 업체들은 보다 나은 최종 제품정보를 제공하며 보잉사가 글로벌 경쟁사인 에어버스 인더스트리(Airbus Industries)보다 항공기에 대한 총 주문량 중 더 많은 부분을 차지할 가능성을 높였다. 또한, 보잉사는 외국에 일부 생산을 아웃소싱하여 해당 국가에 소재한 항공사로부터 상당한 주문을 받을 것이다.

초기의 아웃소싱 활동은 주로 보잉사가 수행한 것과 같은 제조 활동에만 국한되었다. 그러나 기업들은 다른 국가의 저비용 생산자에게 서비스 활동을 아웃소싱하기 위해 현대의 통신 기술, 특히 인터넷을 이용하고 있다. 인터넷은 병원들이 일부 방사선과 관련된 작업을 인도에 아웃소싱 하도록 허용했다. 시간 차이를 이용(인도의 밤은 미국의 낮)하여 인도에서는 MRI 스캔 등의 이미지를 읽는 동안 미국 의사는 잠을 자고, 그가 아침 출근하였을 때는 결과가 준비된다. 미국과 인도의 정반대 시차를 이용한 아웃소싱이 이루어지는 사례이다. IBM과 마이크로소프트를 포함한 많은 소프트웨어 회사들은 현재 미국에서 디자인된 소프트웨어에 대한 테스트 기능을 수행하기 위해 인도 기술자들을 이용하고 있다. 시차는 인도 엔지니어가 미국 엔지니어가 잠자기 할 때 디버깅 테스트를 실행하여 수정된 코드를 안전한 인터넷 연결을 통해 미국으로 다시 전송하므로 미국 엔지니어가 다음날 작업 할 수 있게 된다.

이러한 방식으로 가치 창조 활동을 분산시키면 새로운 소프트웨어 프로그램 개발에 걸리는 시간을 단축하고 비용을 절감 할 수 있다. 컴퓨터 제조업체에서 은행에 이르기까지 많은 회사는 고객 콜센터와 같은 고객 서비스 기능을 노동이 더 저렴한 개발도상국에 아웃소싱하고 있다. 의료의 또 다른 예로, 2008년에 약 3만 4천 명의 필리핀 사람들이 미국의 의료 파일(예: 의료 절차를 수행하기 위해 보험 회사로부터 승인을 구하는 의사들의 오디오 파일) 녹취록을 작성하였다. 일부 견적에 따르면 고객 서비스 및 청구 처리와 같은 의료 서비스에 대한 많은 행정 절차의 아웃소싱이 미국의 의료 비용을 최대 700억

달러까지 절감 할 수 있다고 제시하였다. 클린턴 행정부에서 노동부 장관으로 근무했던 로버트 라이치(Robert Reich)는 보잉, IBM, 비지오(Vizio) 같은 회사가 보여주는 이러한 추세의 결과로 미국 제품, 일본 제품, 독일 제품 또는 한국 제품 등으로 분류하여 이야기하는 것은 이제는 적절하지 않다고 주장했다. 라이치에 따르면, 점점 더 생산적인 활동을 다른 공급자들에게 아웃소싱하는 것은 본질적으로 세계적인 제품, 즉 "글로벌 제품"을 만드는 결과를 가져온다.

그러나 시장의 세계화와 마찬가지로, 기업들은 생산의 세계화를 너무 멀리 밀어붙이지 않도록 주의해야 한다. 후반부에서 볼 수 있듯이 실질적인 장애(barriers)로 인해 기업들은 전 세계적으로 생산 활동의 최적 분산을 달성하기가 어렵다. 이러한 장애는 국가 간 무역에 대한 공식적 및 비공식적 장벽, 외국인 직접 투자의 장벽, 운송 비용 및 경제적 및 정치적 위험과 관련된 문제를 포함한다. 예를 들어, 정부 규제는 궁극적으로 병원의 MRI 스캔 해석을 방사선과 의사가 더 싼 개발도상국에 아웃소싱하는 것을 제한한다. 그런데도 기업들은 이러한 변화하는 환경 조건에 효율적으로 반응하고 있으며, 이에 따라 시장과 생산의 세계화는 계속될 것으로 전망된다.

3. 국제기구의 출현

시장이 세계화되고 국경을 초월한 기업 활동이 증가함에 따라 글로벌 시장의 관리, 규제 및 단속 관리를 지원하고 글로벌 비즈니스 시스템을 관리하기 위한 다국간 협약을 촉진하는 기관설립이 필요하다. 지난 반세기 동안 관세 및 무역에 관한 일반협정(GATT)과 그 후계자인 세계무역기구(WTO), 국제통화기금(IMF), 세계은행(World bank), 유엔(UN)등의 국제기구가 창설되었다. 이 모든 기관들은 개별 국가 간의 자발적인 합의에 의해 만들어졌으며, 기관 기능은 국제 조약에 포함되어 있다. 세계무역기구(WTO)는 회원국들이 체결한 무역조약에 규정된 규칙과 세계무역시스템을 확실히 준수하도록 하는 주된 책임이 있다. 2011년 기준으로 154개의 WTO 회원국은 세계 무역의 97%를 차지하며 조직에 거대한 영향력을 부여하고 있다. WTO는 GATT에 더하며 국경 간 무역 및 투자 장벽을 낮추도록 장려하고 있으며 회원국 간의 개방적인 글로벌 비즈니스 시스템을 구축하려고 노력해 왔다. 세계무역기구(WTO)와 같은 기관이 없었다면 시장 및 생산의 세계화는 이 정도까지는 진전되지 않았을 것이다.

국제통화기금(IMF)과 세계은행(World Bank)은 1944년 뉴햄프셔 브레턴 우즈(Bretton Woods)에서 세계 경제질서를 확립하기 위해서 44 개국에 의해 창립되었다. IMF는 국제통화기금의 질서를 유지하기 위해 설립되었고, 경제발전을 촉진하기 위해 세계은행이 설립되었다. 설립 후 60년이 넘는 기간 동안, 두 기관은 세계 경제에서 중요한 역할을 하는 기관으로 부상했다. 기관들은 댐이나 도로 건설과 같은 중요한 인프라 투자를 수행하고자 하는 빈곤 국가의 정부에 저금리 대출하는 데 초점을 맞추고 있다. IMF는 종종 경제가 혼란에 빠져 있고 다른 나라들의 통화 대비 가치가 떨어지고 있는 국가들에 대출 기관으로서 최후의 수단으로 보인다. 예를 들어, 지난 20년 동안, IMF는 아르헨티나, 인도네시아, 멕시코, 러시아, 한국, 태국, 터키를 포함한 곤경에 처한 국가 정부에 대출해 주었다. 또한, IMF는 2008-2009년 세계 금융위기의 영향에 대처하기 위해 적극적으로 지원하는 역할을 수행했다. 그러나 IMF의 대출은 조건이 붙어 있다. 국제통화기금은 대출 국가들에 그들의 어려운 경제를 안정과 성장으로 되돌리기 위한 구체적인 경제 정책을 채택할 것을 요구한다. 이 요구 조건들은 논쟁을 불러일으켰다. 일부 비판론자들은 IMF의 정책 권고가 종종 부적절하다고 주장한다. 한편 다른 이들은 국가 정부에 어떤 경제 정책을 채택해야 하는지 알려줌으로써 IMF는 WTO와 같이 국민국가의 주권이라고 주장한다.

국제연합(UN)은 51개국이 국제 협력과 집단 안보를 통해 평화를 유지 목적으로 1945년 10월 24일 설립되었다. 현재 회원국은 191개국으로 세계의 거의 모든 나라가 UN에 속해 있다. 국가들이 UN의 일원이 될 때, 그들은 국제 관계의 기본 원칙을 수립하는 국제 조약인 UN 헌장의 의무를 받아들이는 데 동의한다. 이 헌장에 따르면 UN은 다음과 같은 네 가지 목적을 가지고 있다; 국제 평화와 안보를 유지하기 위해, 국가 간의 우호적인 관계를 발전시키기 위해, 국제적인 문제들을 해결과 국제인권 존중과 촉진에 협력하기 위해서다. 비록 UN이 평화유지 역할로 가장 잘 알려졌지만, UN의 주요 의무사항은 세계 경제의 창조에 중심적이면서 더 높은 수준의 생활, 완전 고용, 그리고 경제 및 사회 발전과 개발 환경의 촉진이다. UN 시스템의 70% 정도가 이 임무를 완수하는 데 전념하고 있다. 이를 위해 UN은 세계은행과 같은 다른 국제기구들과 긴밀히 협력한다. 세계 평화를 위한 조건을 조성하기 위해서는 빈곤 퇴치와 모든 국민의 복지 향상이 필수 불가결한 것으로 여겨진다.

또 다른 기관으로는 1999년에 설립된 G20이 있다. G20은 세계 19개국 경제 대국의 재무장관 및 중앙은행 총재와 유럽연합과 유럽중앙은행 대표들로 구성되어 있다. G20은 개발도상국의 재정 위기에 대한 정책적 대응과 조정을 위해 설립되었다. 2008년 국제적인 경제 위기 극복을 위해서는 기존 G20의 활용이 가장 효과적이라는 공감대가 형성돼 재무장관이나 중앙은행 총재 모임에서 정상회의로 격상되었다.

4. 세계화의 원동력(Drivers of Globalization)

두 가지 거시적 요인이 더 큰 세계화 추세로 이끌었다. 첫 번째는 제2차 세계대전 이후 발생한 상품, 서비스, 자본의 자유로운 흐름에 대한 장벽의 감소다. 두 번째 요소는 기술적 변화, 특히 최근 수십 년간의 통신, 정보 처리 및 운송 기술의 극적인 발전이다.

1) 무역 및 투자 장벽의 감소

1920년대와 30년대에 세계의 여러 나라가 국제 무역과 외국인 직접투자(FDI)에 대한 강력한 장벽을 세웠다. 국제 무역은 기업이 다른 나라의 소비자들에게 상품이나 서비스를 수출할 때 발생한다. 해외직접투자(FDI)는 기업이 해외 기업 활동에 경영자원을 투자할 때 발생한다. 국제 무역 장벽의 많은 부분은 제조품 수입에 대한 높은 관세장벽의 형태였다. 그러한 관세의 전형적인 목적은 외국기업과의 경쟁으로부터 국내 산업을 보호하는 것이었다.

그 결과로 국가들이 서로에 대해 무역 장벽을 점차 높이면서 "이웃 국가를 거지로 만드는"("beggar thy neighbor" retaliatory trade policies) 보복 무역 정책이 나타났다. 궁극적으로 이것은 세계 수요를 침체시키고 1930년대의 대공황을 만들었다.

이러한 경험을 통해 서방 선진국들은 제2차 세계대전 이후 국가 간 상품, 서비스, 자본의 자유로운 흐름에 대한 장벽을 제거하기로 하였다. 이 목표는 관세 및 무역에 관한 일반 협정(GATT)에 명시되어 있다. GATT의 보호 속에, 8차례의 회원국 간 협상은 상품과 서비스의 자유로운 흐름에 대한 장벽을 낮추는 데 이바지했다. 1993년 12월에 마무리된 우루과이 라운드로 인해 무역 장벽이 더욱 줄어들었으며, GATT의 범위가 상품뿐만 아니라 특허, 상표 및 저작권 보호 강화 등의 서비스도 처리할 수 있게 되었다. 또한, 국제 무역의 흐름을 감시하기 위해 세계 무역 기구를 설립했다. 〈도표 1-1〉은 제조업 상품의 평균 관세율에 대한 GAT 협정의 효과을 요약한 것이다. 표에 나타난 바와 같이, 평균 관세율은 1950년 이래 현저히 떨어졌으며 2010년 현재 약 4%를 유지하고 있다.

2001년 말, WTO는 도하에서 국제 무역과 투자 체제를 더욱 자유화하기 위한 새로운 회담을 시작했다. 회담은 3년 동안 진행될 예정이었으나, 2011년 현재 여러 주요국의 반대로 회담이 사실상 중단되었다. 도하 의제(Doha agenda)에는 농업 생산자에 대한 보조금 지급, 국경을 초월한 투자에 대한 장벽 축소, 반덤핑법 사용 제한 등 공산품, 서비스 및 농산물에 대한 관세 인하가 포함되어 있다.

〈도표 1-1〉 제조업 제품 관세율 (단위: 평균 %)

	1913	1950	1990	2010
프랑스	21%	18%	5.9%	3.9%
독일	20	26	5.9	3.9
이태리	18	25	5.9	3.9
일본	30	-	5.3	2.3
네덜란드	5	11	5.9	3.9
스웨덴	20	9	4.4	3.9
영국	-	23	5.9	3.9
미국	44	14	4.8	3.2

자료: Charles W. L. Hill, International Business, Competing in the Global Marketplace, p. 12.

무역 장벽을 낮추는 것 외에도, 많은 나라는 외국인 직접 투자에 대한 제한을 점진적으로 철폐하고 있다. UN에 따르면 1992년과 2009년 사이에 이루어진 해외직접투자를 규제하는 법률은 기업의 투자환경을 보다 유리하게 만들었다. 그러한 경향은 시장의 세계화와 생산의 세계화를 이끌고 있다. 국제 무역에 대한 장벽을 낮추는 것은 기업들이 단일 국가가 아닌 세계를 그들의 시장으로 볼 수 있게 해준다. 무역 및 투자 장벽의 감소는 기업들이 최적의 생산 기반을 마련할 수 있도록 한다. 무역과 투자 장벽의 감소는 기업 활동에 최적의 위치에서 생산을 기할 수 있도록 한다. 따라서, 기업은 한 국가에서 제품을 디자인하고, 다른 두 국가에서 부품을 생산하고, 다른 국가에서 제품을 조립하고, 완성된 제품을 전 세계에 수출할 수 있다.

WTO 데이터에 따르면, 세계상품 교역량은 1950년 이래로 세계 경제보다 더 빨리 성장해왔다. 1970년부터 2010년까지 세계상품 교역량은 30배 이상 증가해 실질적으로는 10배 가까이 증가한 세계 상품 생산의 확대를 앞질렀다.(세계 상품거래는 제조품, 농산물, 광업 제품의 거래를 포함하지만, 서비스는 포함하지 않음). 1980년대 중반 이후, 서비스에서의 국제 무역의 가치 또한 높게 성장했다. 서비스 교역은 현재 국제 무역의 전체 가치의 약 20%를 차지한다. 점점 더 많은 국제 서비스 무역이 통신의 발전에 힘입어 전 세계 여러 곳으로 서비스 활동을 아웃소싱 할 수 있게 되었다. 그러므로, 앞에서 언급한 바와 같이, 선진국의 많은 기업은 소프트웨어 테스트에서부터 고객 콜 센터, 인건비가 낮은 개발도상국에 이르기까지 고객 서비스 기능을 아웃소싱한다.

〈도표 1-2〉 총 수출과 세계 GDP(단위: 평균 %)

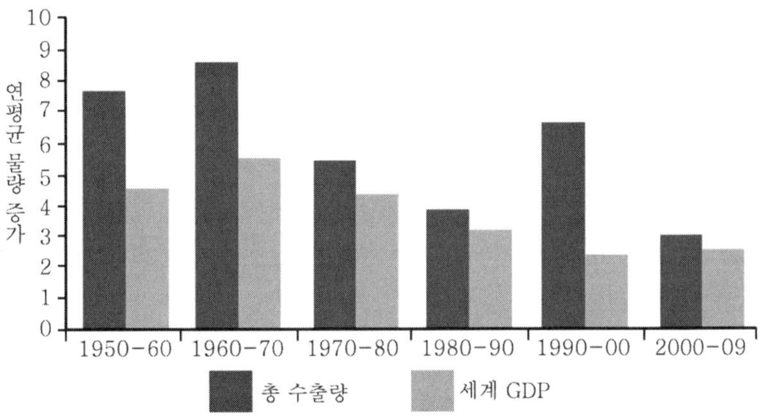

자료: Charles W. L. Hill, International Business, *Competing in the Global Marketplace*, p. 13.

2) 기술변화의 역할(The role of technological change)

무역 장벽의 감소는 시장과 생산의 세계화의 바탕이 되었다. 이에 더해 기술적 변화는 그것을 가시적인 현실로 만들었다. 제2차 세계대전 이후에 인터넷과 월드 와이드 웹(WWW)의 폭발적인 출현을 포함하여 통신, 정보 처리, 운송 기술에서 주요한 발전을 해왔다. 텔레커뮤니케이션은 글로벌 시청자를 만들고 있고, 교통은 지구촌을 만들고 있다. 부에노스아이레스에서 보스턴까지, 그리고 버밍엄에서 베이징으로, 보통 사람들은 MTV를 보고, 청바지를 입고, 출근할 때 iPods을 듣고 있다.

(1) 마이크로프로세서와 통신(Microprocessors and Telecommunications)

아마도 가장 중요한 혁신은 고출력과 저비용 컴퓨팅의 폭발적인 성장을 가능하게 한 마이크로프로세서의 개발일 것이다. 이것은 개인과 기업이 처리할 수 있는 정보의 양을 많이 증가시킨다. 마이크로프로세서는 또한 최근의 많은 통신 기술 진보의 기초가 된다. 지난 30년 동안 글로벌 통신은 위성, 광섬유, 무선 기술, 인터넷과 월드 와이드 웹(WWW)의 발달로 혁신되었다.

이러한 기술은 마이크로프로세서에 의존하여 이러한 전자 고속도로를 따라 흐르는 많은 양의 정보를 인코딩, 전송 및 해독한다. 마이크로프로세서의 가격은 계속 하락하는 반면 마이크로세서의 힘은 증가한다(마이크로프로세서 기술의 힘이 두 배로 증가하고 생산 비용이 18개월마다 절반으로 떨어질 것으로 예상하는 무어의 법칙이라고 알려진 현상). 이런 일이 일어나면서, 글로벌 통신 비용이 폭락하여 글로벌 조직의 조정과 통제 비용이 낮아진다. 따라서 1930년에서 1990년 사이에 뉴욕과 런던 사이의 3분 통화 비용은 244.65달러에서 3.32달러로 떨어졌다. 1998년에 소비자들을 위한 통신비는 36센트까지 떨어졌고, 기업가들에게는 훨씬 더 낮은 요금들이 제공되었다. 실제로 인터넷, 국제전화요금이 급격히 0(zero)으로 떨어지고 있다.

(2) 인터넷과 월드 와이드 웹(The Internet and World Wide Web)

웹 브라우저가 처음 소개된 1994년 이후 월드 와이드 웹(WWW)의 폭발적인 성장으로 이어왔다. 1990년에는 인터넷에 연결된 사용자가 1백만 명 미만이었다. 1995년에는 인터넷 사용자가 5천만으로 늘어났다. 2019년까지 인터넷은 세계인구의 58%인 44억 8,000만 명이 사용하고 있다. 월드 와이드 웹은 세계 경제의 정보 중추로 발전했다.

1998년 거의 전무 했던 것이 미국의 2019년 전자상거래 시장 규모는 총 5,869억 2천만 달러이다. 전 세계적으로 볼 때 웹은 위대한 도구로 부상하고 있다. 인터넷은 위치, 규모 및 시간대의 일부 제약 조건을 끌어내리고 있다. 웹은 구매자와 판매자가 어디에 있든 상관없이 서로를 쉽게 정보를 찾을 수 있게 해주고, 중소기업 및 대기업 모두가 전례 없이 저렴한 비용으로 글로벌 입지를 확장할 수 있다. 이를 통해 기업은 20년 전 불가능한 방식으로 전 세계에 분산된 생산 시스템을 조정하고 제어 할 수 있다.

(3) 운송 기술(Transportation Technology)

통신 기술의 발전 외에도, 제2차 세계대전 이후 교통 기술의 몇 가지 주요 혁신이 일어났다. 경제적인 측면에서 가장 중요한 것은 아마도 상용 제트기와 지상 비행기의 개발일 것이다. 또한 컨테이너의 도입은 한 운송 방식에서 다른 운송 방식으로의 수송을 단순하게 만들었다. 한 장소에서 다른 장소로 이동하는 데 필요한 시간을 줄여준 상업적인 제트비행의 출현은 세계를 효과적으로 축소시켰다. 여행 시간의 측면에서 볼 때, 현재 뉴욕에서 도쿄로 이동하는 시간이 식민지 시대의 뉴욕에서 필라델피아로 이동하는 시간보다 짧다. 컨테이너는 운송업에 혁명을 일으켜 장거리 운송비를 현저히 낮추었다. 컨테이너의 출현 전에, 한 교통수단에서 다른 교통수단으로 상품을 옮기는 것은 매우 노동 집약적이고, 오래 걸리고, 비용이 많이 들었다. 선박에서 화물을 하역하고 화물을 트럭과 열차에 싣는 데 수일이 걸렸고 또한 수백 명의 부두 인부가 필요하였다.

1970년대와 1980년대에 널리 보급된 컨테이너가 출현함에 따라 이제 며칠 만에 소수의 부두 노동자들이 전체 프로세스를 실행할 수 있게 되었다. 1980년 이래 세계 컨테이너선은 4배 이상 증가했으며 이는 국제 교역량의 증가와 운송 방식 전환을 반영하고 있기 때문이다. 컨테이너화로 인한 효율성 향상으로 인해 운송비용이 급격히 감소하여, 상품을 전 세계에 운송하는 것이 훨씬 더 경제적이어서 시장과 생산의 세계화를 추진하는 데 도움이 되고 있다. 1920년에서 1990년 사이 평균 해상 운송 및 항만 비용이 미국의 수출입화물 1톤당 비용은 95달러에서 29달러로 떨어졌다. 미국 철도의 톤-마일 당 화물의 운송비용은 1985년 3.04센트에서 2000년 2.3센트로 떨어졌다. 이는 컨테이너의 광범위한 사용으로 인한 효율성 향상 때문이다. 이제 더 많은 화물이 항공편으로 이루어지고 있다. 1955년에서 1999년 사이에 톤 킬로미터 당 평균 항공 운송 수익은 80% 이상 감소했다. 항공화물 비용의 하락을 반영하여 2000년대 초 항공 운송량은 1965년 7%에서 미국 무역 가치의 28%를 차지하고 있다.

(4) 생산 글로벌화의 시사점

생산의 세계화와 관련된 운송비용이 감소함에 따라, 지리적으로 분산된 장소에 대한 생산 분산은 더욱 경제적으로 되었다. 위에서 논의된 기술 혁신의 결과로 지난 20년간 정보 처리 및 통신의 실제 비용이 급격히 감소했다. 이러한 발전은 기업이 전 세계적으로 분산되어있는 생산 시스템을 만들고 관리 할 수 있게 하여 생산 세계화를 더욱 촉진하고 있다. 많은 국제경영에서 전 세계 통신 네트워크는 필수요소가 되었다.

예를 들어 Dell은 인터넷을 사용하여 전 세계에 분산된 생산 시스템을 조정하고 통제한다. Dell의 인터넷 기반 시스템은 컴퓨터 웹 사이트를 통해 고객이 제출한 컴퓨터 장비 주문을 기록한 후 구성 요소 주문 결과를 전 세계 여러 공급 업체에 즉시 전송한다. Dell의 주문 흐름을 실시간으로 확인하고 이에 따라 생산 일정을 조정할 수 있다. 항공 운송 비용이 저렴하여서 Dell은 항공 운송을 통해 최종 제품의 운송을 지연시키지 않고 예기치 않은 수요 변동에 대처할 수 있도록 중요한 제품 요소의 배송 속도를 높일 수 있다. Dell은 모뎀 통신 기술을 사용하여 고객 서비스 운영을 인도에 아웃소싱 했다. 미국 고객이 Dell에 전화를 걸어 서비스 문의를 하면 인도의 방갈로르로 연결되어 영어를 사용하는 서비스 담당자가 전화 문의를 처리한다. 인터넷은 서비스무역을 촉진하는 주요한 힘이 되었다.

인터넷은 서비스 분야의 국제 무역을 촉진하는 주요 요소이다. 인터넷은 시카고에 있는 병원들이 분석을 위해 MRI 스캔을 인도에 보내고 샌프란시스코에 있는 회계 사무소는 일상적인 세금 준비 작업을 필리핀에 거주하는 회계사에게 아웃소싱 할 수 있도록 하며, 마이크로소프트 본사 워싱턴 레드몬드에서 개발자들이 작성한 코드를 디버깅(debug)하기 위해 인도에 있는 소프트웨어 테스터에 전송하게 한다.

상용 제트 항공기의 개발은 또한 많은 국제 사업체들의 전 세계 운영을 하나로 묶는 데 도움이 되었다. 미국 경영자는 제트 여행을 이용하여 대부분의 시간을 유럽이나 아시아 사업부에서 보낼 수도 있다. 이를 통해 매니저는 전 세계적으로 분산된 생산 시스템을 감독할 수 있다.

(5) 시장 세계화에 대한 시사점

생산의 세계화 외에도 기술 혁신은 시장의 세계화를 촉진 시켰다. 저비용 글로벌 통신 네트워크 월드 와이드 웹(World Wide Web, WWW)은 전자 글로벌 시장(electronic global marketplaces)을 창출하는 데 도움을 주고 있다. 위에서 언급한 바와 같이, 저가 교통수단은 세계 각지에서 제품을 출하하는 것을 보다 경제적으로 하여 세계 시장 창출에 도움을 주고 있다. 또 한 저가 제트기 여행은 국가 간 많은 사람 이동의 결과를 낳았다. 이것은 국가 간의 문화적 거리를 감소시켰고 소비자 취향과 선호의 융합을 가져오고 있다. 동시에 글로벌 통신망과 글로벌 미디어는 세계적인 문화를 만들어 내고 있다. CNN, MTV 및 HBO와 같은 미국 텔레비전 네트워크는 현재 많은 나라에 공급되며, 할리우드 영화는 전 세계에 상영된다. 이러한 진화의 논리적 결과는 소비재 세계 시장의 출현이다. 이런 추세에도 불구하고 우리는 그들의 중요성을 지나치게 강조하지 않도록 주의해야 한다. 통신과 교통 기술이 "지구촌"에 보급되고 있지만, 문화, 소비자 선호도, 사업 관행에 있어서 국가적 차이는 남아 있다(Hill).

제 2 절 왜 기업이 국제경영을 추진하는가?

1. 국제경영과 국내경영의 차이

국제경영은 두 국가 이상이 포함된 모든 거래 활동이다. 국제경영이 경영활동을 국경을 넘어서 이루어진다는 사실이 국제경영과 국내경영의 큰 차이점이다. 차이점을 자세히 살펴보면 다음과 같다.

첫째, 본국과 다른 경영환경 하에서의 경영활동이라는 점이다. 이 차이는 본국(home country)과 수여국(host country)의 환경의 차이로부터 발생한다. 수여국에서의 경영환경은 먼저 지리적, 기후, 언어, 인구, 국민의 가치관 등과 같은 불변하는 요소에서, 정치, 법률, 경제 등 상대적으로 변하기 쉬운 요소, 경영활동에 직접 영향을 주는 기술 수준, 노동, 산업, 유통구조, 경쟁 관계 등이다. 그리고 대상국의 시간적, 지리적 거리감으로부터 오는 차이, 또한 근래에는 대상국과 본국이 같은 경제통합 체제인 자유무역협정(FTA)의 가맹국인가 하는 점도 경영환경의 차이가 된다.

이러한 환경은 대부분 경영학자가 인정하고 있다. 단지, 국내경영과의 관계로 국제경영을 어떠한 위치에 올려놓을 것인가. 즉 국내경영을 국제경영의 한 구성 부분으로서 할 것인가 또는 국내경영을 기본적인 것으로 하고, 국제경영을 새로운 발전의 측면으로서 볼 것인가 하는 점 등에서는 의견의 차이가 있다.

페이어웨더(J. Fayer weather, 1969)는 "국제경영이라고 하는 것은 국내만으로 사업 활동을 하는 기업이 전통적인 직능분야의 2차원적으로 넓힘으로써 또 하나의 차원에 위치하는 것이다"라고 정의하였다.

국제경영을 경영학의 한 분야인 국제경영론의 연구대상에 주목하여 국내경영에 대하여 국제경영이 다른 점을 확정하는 것이 문제영역의 조정을 위해 필요하다.

둘째, 국제경영은 본국을 포함한 다수의 국가에서 동시에 행해지는 기업 활동이라는 점이다. 이것은 국제 기업 활동이 행해지는 국가의 수가 단지 많다고 하는 것뿐만 아니라, 성격이 다른 활동을 연결시킨다는 것을 의미한다.

예를 들어, A국에서 X제품을 판매한다고 가정해 보자. 본국에만 공장이 있는 경우라고 한다면 이것은 본국에서 A국으로 X제품을 수출하는 것으로 끝난다. 그러나 만약 A국이나 B국에서도 공장이 있다고 하면 이 A국에 대한 X제품의 판매는 B국에서 생산되는 X제품에 대한 판매도 고려함으로 본국 내지 B 국에서 일부분을 수출해야 하는 점을 고려하지 않으면 그 실시는 불가능하게 된다(이에 따라서 X제품의 부품 일부를 본국이나 B국에서 A국으로 수출하는 것은 당연히 있을 수 있다). 물론 이와 같은 것을 포함하여 유리한 자금 조달, 서비스의 제공, 정보수집이라는 여러 활동도 기업으로서는 처음부터 가장 효율적인 활동으로 진척시키는 것이 가능하다. 물론 이와 같은 것을 포함하여 유리한 자금 조달, 서비스의 제공, 정보수집이라는 여러 활동도 기업으로서는 처음부터 가장 효율적인 활동으로 진척시키는 것이 가능하다.

국제경영은 특정한 활동에 대해 여러 나라에서 발생하는 복잡한 활동을 동시에 시행하고 계속 통제하는 관점에서 새로운 문제영역을 형성하는 것이다. 이러한 관점에서 키간(W. J. Keegan)은 다국적 마케팅이란 본국과는 다른 경영환경에 적응하는 것임을 지적하였다. 즉, "경영환경의 적응은 기업이 여러 나라의 상황에서 그 제품을 동시적으로 판매(마케팅)하는 것으로부터 발생한다. 2개국 또는 그 이상의 국가 환경에서의 마케팅 계획의 동시적 실시는 단지 국경을 넘는 것으로부터 생기는 경우와는 구별되는 조직 내부에서의 문제나 사업 기회를 발생시킨다."

이처럼 여러 국가에서 동시적으로 기업 활동을 시행하는 것은 마케팅에 한하지 않고 경영활동 전 분야에 해당한다. 이것은 국제경영학자의 비교적 새로운 저서에서도 볼 수 있다. 예를 들어 고샬(S. Ghoshal)은 "글로벌 경영전략의 과제는 세계적 규모에서의 사업과 동시에 효율화, 규모의 경제성, 범위의 경제성 전부를 활용하는 것이다"라고 말하고 있다.

위의 두 가지 차이점이 국제경영을 국내경영으로부터 구별하는 것이고, 새로운 문제영역을 발생시키는 것이라고 할 수 있다. 그러한 의미에서 국제경영은 본국과는 다른 다양한 환경 여건 아래에서의 경영목적을 달성하기 위해 본국 본사가 경영자원의 기본적인 흐름을 통합적으로 계획하고, 조직화하고, 통제하는 활동이라고 할 수 있다.

2. 국제경영에 참여하는 이유

기업의 유형 및 형태에 따라 국제경영에 참여하는 이유가 다르다고 볼 수 있다. 아래 표에서 보여주는 바와 같이 대부분 기업이 국제경영에 참여하는 이유는 다음의 3가지 목적을 달성하기 위해서이다 (Daniels and Radebaugh, 1995).

국제경영에 참여하는 이유
1. 판매를 확장하기 위하여
2. 자원을 획득하기 위하여
3. 판매와 공급 자원을 다양화하기 위하여

1) 판매확장

기업에 있어서 제품의 판매는 생산품이나 서비스에 대한 소비자의 관심과 그들이 구매할 수 있는 소비자의 능력과 의도에 달려 있다. 수많은 사람과 그들의 구매력은 한 나라를 대상으로 하는 그것보다 세계을 하나의 전체 대상으로 할 때 더욱 크다. 그래서 기업들은 국제적인 관점에서 시장을 정의함으로써 그들의 판매를 증가시킨다.

높은 판매는 높은 이익을 의미하고 팔리는 각 단위(unit)가 같은 가격 인상을 준다고 간주한다. 예를 들어, 디즈니사는 공원 방문객의 수를 증가시키기 위해 라틴아메리카에 공원을 확장하였다. 디즈니사의 총수입은 라틴아메리카 관광객에게 팔린 각각의 추가적인 입장료와 호텔 수익으로부터 증가하였다. 판매 각 단위의 수익은 판매가 증가함에 따라 증가한다. 예를 들어 '알라딘'과 '미녀와 야수' 같은 디즈니 필름들을 생산하는데 수백만 달러의 비용이 들지만 많은 사람이 그 영화를 보게 된다면 시청자마다 평균 생산비용이 줄어든다.

판매의 증가는 기업이 국제경영으로 성장하는데 중요한 동기가 된다. 세계의 가장 거대한 많은 기업은 해외로부터 매출의 절반 이상을 끌어내고 있다. McDonald's의 경우에는 전체 이익의 65%, 그리고 Coca-Cola의 경우에는 전체 이익의 80%를 해외사업 활동에서 벌어들이고 있다. 독일의 BASF, 스웨덴의 Electrolux, 미국의 Gillette, 프랑스의 Michelin, 스위스의 Nestle, 네덜란드의 Philips, 일본의 Sony사 등도 판매의 절반 이상을 해외시장에서 얻고 있다. 대기업뿐만 아니라 작은 중소기업들도 외국판매에 의존하고 있다. 미국 제조협회(National Association of Manufactures)에서는 대략 중소기업을 150,000만 개로 분류하고 있다. 즉 종업원이 400명 이하, 연간 총 판매액이 7,000만 달러 이하를 중소기업으로 분류하고 있다. 이러한 중소기업들은 미국 제조업 수출의 20% 이상의 비율을 차지하고 있다. 많은 중소기업은 완제품을 생산해서 해외에 판매하는 대기업에 부품을 판매하는데 의존하고 있다.

2) 자원획득

제조업자와 유통업자들은 해외에서 생산된 생산품, 서비스 및 부품 등을 추구한다. 또한, 본국에서 사용하기 위해서 외국자본과 기술을 추구한다. 이처럼 자원을 해외에서 추구하는 것은 비용 절감을 위해서다. 예를 들어, 미국 디즈니사는 기념품점에 의류를 공급하기 위해서 중국과 대만의 저렴한 제조 기반에 의존하고 있다(Duckworth). 이러한 방법으로 인해 기업의 이익은 증가하며 비용은 감소한다. 이러한 이익의 증가 및 비용 절감이 소비자에게 돌아간다. 따라서 소비자는 더 많은 제품을 사게 됨에 따라 보다 많은 판매로 이어지고 또한 이익을 증가시킨다. 때때로 기업은 본국에서 이용할 수 없는 서비스를 얻기 위하여 해외에서 구매한다. 예를 들어 커피 체인점은 카페인 없애는 기술이 없으므로 독일에서 카페인 없는 커피를 구매한다. 이와 같은 전략 때문에 기업은 생산품의 질을 개선하거나 차별화하면서 시장 점유율을 높이고 이익을 증가시킨다.

3) 판매 및 원료공급원의 다양화

기업의 판매와 수익에 심한 변동을 피하기 위하여 해외시장과 공급원을 축적한다. 많은 기업은 비즈니스 사이클, 즉 불경기와 성장기가 국가마다 다르다는 사실을 이용한다. 즉 경제 상황이 좋지 못한 국가에서는 판매가 줄어들 것이고 반대로 경제 상황이 좋은 국가에서는 판매가 증가할 것이다. 게다가 기업들은 여러 나라에 상품의 공급을 확대함으로써 어느 한 나라의 가격 불안정한 생태나 불경기의 영향을 피할 수 있다. 또한, 노동자 파업으로 인한 특정한 국가에서 공급 및 판매 등의 어려움을 피할 수 있을 것이다.

이상의 3가지 이외에도 기업은 경쟁력 강화를 위해 국제경영에 참여한다. 예를 들어, 기업은 동종 산업의 경쟁자들과 더 잘 경쟁하기 위해서라도 해외시장에 진출한다. 여러 과점시장에서 보듯이, 선도기업들은 경쟁업체가 특정 국가에서 주도권을 장악하는 것을 막기 위해 세계 전 지역에서 지속해서 상호 공격적인 경쟁을 하고 있다. 특히 과점상황에 있는 기업들은 자체적인 전략적 선택에 의해서가 아니라 경쟁 기업에 뒤지지 않거나 상호 경쟁을 선도하기 위해서도 적극적으로 해외시장에 진출하기도 한다.

제 3 절 국제경영이 성장하는 이유

경영이 국가영역 내에서 또는 국경선을 넘어서 거래될지는 경영이 국제적인가 또는 국내적인가를 결정한다. 국경선 영역을 넘나든다는 것은 국내적인 거래를 국제적인 거래로 만드는 것이다. 반대로 국제적인 거래를 국내적인 거래로 바꾸는 것을 일으킨다. 예를 들면 소련이 1991년에 해산했을 때 소련과 우크라이나 사이의 거래는 국내적인 거래에서 국제적인 거래로 변화되었다.

국제경영이 과거보다, 또한, 국내경영보다 빠른 속도로 성장해 오고 있다. 예를 들어 1970년대 초반에 미국 생산의 5% 이하가 해외에 팔렸던 반면, 20년이 지난 최근에는 미국 생산의 20% 이상이 해외에 팔리며 그 수치가 2배 이상 성장하였다. 이와 같은 것이 기업이 국제경영을 추구하는 이유라고 할 수 있다. 즉 판매를 신장시키고 자원을 획득하며 판매 및 공급을 다양화하는 것이다. 최근에 국제경영을 성장시키는 원인은 무엇인가? 그 대답은 다음과 같은 네 개의 상호보완적인 요소를 검증함으로써 발견할 수 있다.

국제경영의 성장 원인
1. 기술의 급진적인 성장과 팽창
2. 국제적인 무역과 자원의 흐름에 관한 정부의 자유화
3. 국제 무역을 지원하고 쉽게 해주는 데 필요한 제도적 발전
4. 세계적인 경쟁의 증가

1. 기술의 발전

과거에는 변화라는 것은 매우 느리게 일어났다. 1960년에 Mayflower호는 영국 Plymouth로부터 미국 Massachusetts 주로 여행하는 데 3달 이상이 걸렸다. 그리고 250년이 흐른 뒤에 Jules Verne는 80일 만에 세계 일주를 할 것이라고 상상하였다. 그러나 최근에 보면 기술 발전의 속도가 가속화되었다. 그동안 생산과 서비스에 대한 지식이 통신과 운송 기술의 엄청난 발전 때문에 더욱더 폭넓게 이용 가능해졌다.

1970년대만 보더라도 초고속적인 상업적 여행이나 해외의 직통전화 서비스도 없었다. 그러나 오늘날 그 상황은 급진적으로 다르다. 여행자는 3시간 반 만에 뉴욕에서 런던으로 갈 수 있고, 팩스, 인터넷 및 전화 발신은 거의 순간적이다.

새로운 생산품과 서비스에 대한 수요가 증가함으로써 과학 기술은 국제경영에 엄청난 영향력을 갖는다. 수요가 급증함에 따라 국제경영 거래의 수도 증가한다. 그러나 국제 수준으로 경영을 주도하는 것은 국내경영을 주도하는 것보다 더 먼 거리와 관련이 있다. 먼 거리는 운영비용을 증가시키고 해외에서 운영의 통제를 더 어렵게 만든다. 인공위성의 통제는 경영자의 능력을 개선해 준다.

2. 국제적 자원이동의 자유화

많은 국가에서 상품, 서비스, 노동 및 자본 등의 자원이 해외로부터 흘러 들어가는 것을 제한한다. 미국 디즈니사는 유로 지역에 디즈니사를 건설하기 위하여 프랑스 정부와 협상을 하였다. 그러나 협상은 당사자 간의 이해관계로 인하여 협상의 난항을 겪었다. 미국 디즈니사는 미국 디즈니사에서 경험이 풍부한 노동자를 파견하려고 하였다. 그러나 프랑스에서는 미국에서 파견하는 노동자들을 제한하였다. 또한, 디즈니사는 중국에서 생산한 기념품들을 해외로 운송하기 위해 관세와 같은 수입제약으로 논쟁을 벌여야 했다. 이와 같은 제약은 국제경영 활동에 더 큰 비용을 들게 한다. 그러한 규정은 어느 순간에 갑자기 변할 수 있어서 국제경영은 더욱 어려워진다고 볼 수 있다.

일반적으로 정부는 10~20년 전보다 국제적 흐름에 제약을 가하지 않는다. 비록 제약의 축소가 탄력적이기는 하지만 정부는 다음과 같은 이유로 그 제약을 줄인다.

① 국민이 낮은 가격으로 다양한 상품과 서비스에 더 잘 접할 수 있도록 요구한다.

② 국내 제조업자들이 외국기업과의 경쟁의 결과로 한층 더 효율적일 것이라고 추론한다.

③ 다른 국가들이 국제 흐름에 따라 장애 요소를 줄이도록 유인하고 있다.

기업들은 적은 장애 요인으로 인하여 국제시장에서 더 많은 기회를 활용할 수 있게 된다.

3. 제도적 발전

국제경영이 성장하는 이유는 기술의 팽창과 이 기술을 효과적으로 응용할 수 있도록 해주는 경영의 발전과 정부의 제도에서 비롯되었다. 디즈니사가 해외로 영화를 쉽게 배포할 수 있는 운송시설의 발전 및 무역을 편리하게 해주는 여러 가지 제도적인 발전 때문이다. 예를 들어 영화필름이 프랑스 세관에 도착하자마자 파리의 은행은 프랑스 유통업자로부터 영화 대금을 회수해서 미국 달러로 미국 은행을 통해 디즈니사에 지급할 수 있다. 이와는 대조적으로 만약 경영이 초기 포장마차의 형태로 무역이 이루어진다면, 디즈니사는 아마도 향수나 포도주와 같은 프랑스 상품의 형식으로 지불받게 된다.

비록 물물교환이 여전히 발생하기는 하지만, 이것은 귀찮고 시간이 오래 걸리며 위험하고 비싸서 흔한 경우가 아니다. 경영은 국제 무역을 쉽게 해주는 제도에 의존한다. 무역을 쉽게 해주는 기관으로는 은행, 우편 서비스, 보험 및 운송회사들이 있다. 오늘날 생산자들은 팔리는 상품과 서비스의 값을 상대적으로 쉽게 지불받을 수 있다. 그 이유는 은행의 신용협약 때문이다. 즉 한나라의 현금을 또 다른 나라의 현금으로 바꾸어 주는 협약 때문에 구매자에 의한 손해와 지급 불능을 책임지는 보험 때문이다.

예를 들어, 우편수송을 국제적으로 고려해 보자. 최초의 국제 우편 협약이 실행되었던 16세기까지만 해도 우편 시스템이 없었다. 그래서 각 나라에 각 우편에 대한 지급과 선적에 대한 각각의 협약이 만들어져야만 했다. 오늘날 우리는 편지를 부치고자 하는 나라의 우표를 사용하여 세계 어느 곳에서나 편지를 부칠 수 있다. 그 편지가 목적지에 도달하기까지 많은 나라를 거치는 것은 문제가 되지 않으며 그 편지를 운반하는 회사의 국적도 아무 상관 없다.

4. 전 세계적인 경쟁의 증가

국내외 시장 경쟁의 압박 때문에 기업은 국제시장으로 경영활동을 확대할 수 있다. 앞에서 논의된 바와 같이 기업은 기술 및 제도적 발전 때문에 더 쉽게 경영활동을 확대해 나갈 수 있다. 최근에 기업들은 해외 상품 판매 기회에 빠르게 대응할 수 있다. 이는 해외시장 경험이 풍부한 기업이 상품을 효율적으로 운송하여 많은 국가에 생산품을 빠르게 이동시킬 수 있기 때문이다. 또한, 기업들은 비용의 차이를 이용하여 여러 나라에서 제조하는 생산품이나 부품을 유통할 수 있다. 예를 들면, 장난감을 생산하는 Kenner사는 노동력을 필요로 하는 분야는 멕시코에서 생산하고, 미국에서는 장난감 생산에 자동화를 수행한다. 또한, 한국과 일본의 기업들은 본국의 생산설비에서 일부를 생산하고 일부는 미국의 공장에서 일부를 생산한다. 그 뒤에 각각의 생산지역에서 수출한다.

소수의 기업이 해외시장에서 생산 기회를 얻는 것은 다른 기업들 또한 해외시장에서 기회가 있음을 알 수 있다. 예를 들면, 덴마크의 테마 유원지 운영자인 레고 시스템 사는 총수입이 유로 디즈니사의 경쟁을 두려워하지 않았다. 그리고 미국의 편의시설을 설치함으로써 경쟁할 수 있다고 결정했다. 많은 다른 회사들은 경쟁력을 유지하기 위해서 한층 더 국제적이어야 한다. 이을 두려워하게 되면 그 기업들은 파국을 맞을 수밖에 없다.

제4절 국제경영의 유형

기업이 국제시장 참여 방식을 선택하여야 한다. 선택에 있어서 기업의 목적, 자원 및 경영환경을 고려하여야 한다. 기업이 국제경영에 참여하는 기업의 주요한 방식은 다음과 같다.

국제경영의 유형은 상품의 수출과 수입, 서비스 수출과 수입 및 투자의 세 가지로 분류할 수 있다. 이 세 가지 유형은 국제경영 활동을 보여주는 국제수지 계정(balance of payment accounts)상에 기록되는 범주이다.

기업은 한정된 자원에 따라 글로벌 시장에 다양한 방식으로 참여할 수 있다. 참여 방식은 수출, 수입, 관광, 운송, 라이센싱, 프랜차이즈지, 터키프로젝트, 경영관리계약, 직접 및 포트폴리오 등이 있다.

1. 상품의 수출과 수입

상품의 수출은 한 국가로부터 다른 국가로 유형의 상품을 보내는 것이고, 상품의 수입은 유형의 제품을 다른 국가로부터 자국으로 들어오는 것을 말한다. 이러한 상품들이 나가고 들어올 때 시각적으로 보이는 상품이기 때문에 유형 상품의 수출과 수입으로 간주 된다. 수출과 수입의 용어는 서비스 수출과 수입이 아니라 상품의 수출과 수입을 지칭하기 위해 사용된다. 디즈니사의 경우 디즈니 기념품들이 중국과 대만에서 미국과 프랑스로 보내졌을 때, 중국과 대만은 수출국이 되고 미국과 프랑스는 상품 수입국이 된다.

국제경영에 참여하는 많은 기업은 다양한 방식의 경영거래보다도 수출과 수입에 더욱더 집중하고 있다. 중소기업들은 한정된 자원으로 인하여 주로 수출에 더 많이 참여하고 있다. 반면에 대기업들은 수출과 수입에 더 많이 참여할 뿐만 아니라 다양한 형태의 운영형식으로도 참여하고 있다.

수출이나 수입은 기업이 취하는 세계 시장에 참가하는 초기의 유형일 수도 있다. 수출과 수입은 자본, 인사 및 생산시설 등과 같은 기업의 자원의 추가적인 투자를 요구하지 않는다. 예를 들어, 기업은 많은 상품을 생산하기 때문에(규모의 경제를 얻기 위한) 과잉 생산용량을 처분할 방식으로 수출에 참여할 수 있다. 이것을 함으로써 기업은 공장과 기계류와 같은 부가적인 생산시설에 더 많은 자본을 투자할 필요성이 없다. 기업은 또한 기업의 수입 및 수출기능을 담당하는 무역중개업자를 사용해서 부가적인 경력사원을 고용하거나 외국판매 또는 구매를 수행할 부서를 만들 필요성이 없다. 기업은 전형적으로 다른 경영방식을 채택할 때 수출과 수입 활동을 지속해서 추구한다. 그러므로 기업은 무역을 새로운 글로벌 시장으로 확장함으로써 수출 및 수입 활동을 계속하거나 새로운 유형의 경영활동을 보충시킨다.

2. 서비스의 수출과 수입

서비스 수출과 수입은 유형 상품(tangible assets)의 수출과 수입에서 파생된 소득과는 다른 국제적 소득이다. 받아들여지는 것, 즉 국내로 유입되는 소득은 서비스 수출이고, 국내에서 지급된 소득은 서비스 수입이다. 서비스는 육안으로 볼 수 있는 상품이 아니기 때문에 서비스는 볼 수 없는 것, 즉 무형 상품(intangible assets)이다. 예로 한류의 바람에 따라 많은 중국 관광객이의 한국방문이 매년 증가하고 있다. 따라서 중국 관광객이 한국에 방문하는 것을 서비스 수출이라 하고, 한국인이 중국 만리장성이나 자금성 등 중국을 방문할 것을 서비스 수입이라 한다. 서비스 수출과 수입은 다음과 같은 여러 형태의 형식을 취한다.

1) 여행, 관광 및 운송

국제여행, 관광, 항공 운송, 해운 회사, 여행사 및 호텔 등이 수입의 중요한 자원이다. 특정 국가의 경우 서비스 분야 수출이 국가 총수익을 대부분을 차지하고 있다. 그리스와 노르웨이는 선박과 외국화물로 인한 고용 및 외환 소득이 엄청난 양을 차지하고 있다. 미국의 경우는 농업상품의 수출보다 외국 관광객으로 인한 소득이 더 높다.

2) 서비스의 실행

은행, 보험, 임대, 엔지니어링 및 관리 서비스 등은 수수료의 형식, 즉 서비스 실행에 대한 대가로 받는 소득을 말한다.

3) 자산의 이용

상표, 특허, 저작권, 지식재산권 및 라이센싱 등과 같은 전문적인 무형의 자산을 사용함으로부터 로열티(royalty)라고 불리는 소득을 발생시킨다. 주로 제조업에서 이루어지는 라이센싱의 한 예로, 디즈니사는 로열티(royalty)의 대가로 대만의 버거 인터내셔날(burger international)사에 20개의 Mic-kids 소매 아울렛 체인점에 디즈니사 상표를 사용하도록 허용해 주무로 로열티를 받는다. 프랜차이징(franchising)은 총판권을 주는 사람이 총판권을 받는 사람에게 기업자산인 상표의 사용을 판매하는 경영방식이다. 총판권을 주는 기업은 구성 요건, 운영 서비스 및 기술을 제공해 주는 방식이다. 주로 서비스 산업(PizzaHut, Sheraton hotel 등)에서 이루어지며, 마케팅 노하우(Know-how)와 마케팅 믹스(Marketing mix) 등을 제공하고, 또한 경영에 있어서 지속적인 기반을 도와준다.

기업들은 수출 활동을 성공적으로 이룬 후에 해외시장에서의 라이센싱(licensing) 또는 프랜차이징(franchising)으로 추진해 나간다. 이러한 운영형식은 수출이나 수입보다는 기업자원에 더 큰 국제적 몰입을 한다. 그 이유는 기업이 운영을 확립하거나 현 시설을 토대로 새로운 생산품이나 서비스를 다룰 수 있도록 하는 데 있을 뿐만 아니라 총판권을 받는 사람을 도와주기 위하여 외국에 자격을 갖춘 전문가를 보내야하기 때문이다.

외국투자에 지급된 배당금이나 이자는 서비스 수출이나 수입으로 취급된다. 왜냐하면, 그들 자산의 사용을 대표하기 때문이다. 그러나 투자는 그 자체로 국가 무역수지 계정에서도 취급된다.

3. 투자

투자는 재정적 보상을 교환으로 하는 해외자산의 소유권을 포함하고 있다. 또한, 자본, 기술, 경영 노하우, 인력관리, 제품 기술, 재화, 서비스, 기술 등을 해외로 이전시켜 경영활동에 직접 참가할 목적으로 투자하는 형태이다. 외국투자는 직접투자(direct investments)와 간접투자(portfolio investments)로 나눈다.

1) 직접투자

직접투자는 투자자에게 지배적 이권을 주는 투자이다. 직접투자는 외국인직접투자(FDI: foreign direct investment)또는 해외직접투자(ODI: Overseas direct investment)로 구분해서 사용한다. 외국인직접투자는 자본, 기술, 상품 등을 가지고 한국에 진입해서 투자 활동을 할 때를 가리킨다. 외국인직접투자는 한국 기업들이 국내의 여러가지 환경으로 인하여 자본, 기술, 인력 등의 경영자원을 가지고 베트남에 진출해서 공장 등을 설립해서 직접 경영하는 형태를 말한다. 직접투자 시 항상 100% 또는 50% 이상의 지분이 필요한 것은 아니다. 예를 들어, 미국의 디즈니사는 단 49%의 지분으로 유럽국가에 있는 유로디즈니(Euro Disney)사를 지배할 수 있다.

왜냐하면 나머지 51%의 소유권이 너무 방대하게 분산되어 있어서 디즈니사를 상대로 효과적으로 대응할 수 없기 때문이다. 둘 또는 그 이상의 기업들이 FDI의 소유권을 나눌 때 그 운용은 합작 투자(joint venture)라고 불린다.

직접투자는 국내기업이 국제경영에서 취할 수 있는 최고의 참여를 한다고 할 수 있다. 왜냐하면, 이 방법은 자본의 투입과 관련되어 있을 뿐만 아니라, 인력과 기술의 이전과 관련이 있기 때문이다. 이러한 투자방식은 일반적으로 수출과 수입의 경험을 하고 난 뒤에 이루어지고 있다. 자사가 만든 제품을 현지 국가에 수출함으로써 현지 소비자의 반응을 살펴본 후에 반응에 따라 현지에 진출할 수 있다. 또한, 수출로 인한 현지국의 장애 요인으로 인해 이제는 수출할 수 없을 때 기존시장의 유지 및 확대의 목적으로 직접투자가 이루어지고 있다.

최근 베트남에 해외직접투자 형태로 8천여 개의 한국 기업이 진출하였다. 이들 기업은 세계적인 기업인 삼성전자가 스마트폰을 제조하기 위해서, 이외에 기업들은 천연자원을 추출하기 위하여, 곡물 재배, 생산품이나 부품 제조, 생산품 판매 및 서비스 제공 등을 포함하는 해외직접투자가 이루어지고 있다. 미국 기업은 자국에서 제품을 생산해서 수출한 것보다 해외직접투자를 통해서 해외에 판매한 것이 몇 배에 달하고 있다.

외국인직접투자(FDI)는 대기업의 영역만은 아니다. 특히 미국의 해외직접투자의 28%는 중소기업에서 이루어지고 있다.

2) 간접투자

간접투자 또는 포트폴리오 투자는 투자자에게 지배적 이권을 주지 않는 투자를 가리킨다. 일반적으로 간접투자는 유가증권에 투자하는 것을 가리킨다. 이는 주식, 채권 등에 투자하고 이에 대한 배당, 이자 및 시세차익을 얻을 목적으로 투자한다.

외국의 간접투자는 광범위한 국제운영을 하는 대부분의 기업에 중요하다. 이는 단기간의 재정적 이익을 위해서 주로 사용되기도 한다. 즉 기업이 상대적인 안정성을 가지고 더욱더 높은 수익을 벌어들이는 수단으로 사용된다. 예를 들어, 기업 회계담당자는 단기간의 주식이나 채권 투자로 높은 이윤을 얻기 위해 자금을 움직인다.

4. 전략적 동맹

전략적 동맹은 기업이 경쟁력을 갖기 위하여 동종 기업 간 또는 경쟁 기업 간 전략적 협의를 말한다. 전략적 동맹이란 운영방식, 합작투자, 라이센싱, 기술개발, 마케팅 및 연구개발 등을 상호협력 하에 장기간의 계약 협의하는 것을 말한다.

특히 기업 상호 간 연구개발에 관한 기존의 연구를 살펴보면 협력의 동기로 비용의 증가와 기술융합을 통한 시너지효과를 들고 있다. 대부분 기업의 전략적 협력의 동기를 보면 자원과 비용의 공유, 제품수명 주기 단축, 기술과 시장의 융합에의 신속한 대응 및 국제표준규격 확립 등에 있다.

제 5 절 글로벌 경영활동에 영향을 미치는 환경 요소

1. 외적 환경 요소

기업을 둘러싼 외부환경 요소는 기업 성공에 영향을 미치는 외적 조건들의 총합을 말한다. 기업은 다양한 외부환경에 아주 상세하게 영향을 미친다. 〈도표 1-3〉에 보여주는 바와 같이 외부환경은 한 국가의 지형과 같은 물리적 조건과 사회적 요소인 정치, 경제, 법 및 문화 등을 포함하고 있다. 또한, 공급자, 고객 및 경쟁 기업과 같은 경쟁적 요인을 포함하고 있다.

1) 기업의 물리적 · 사회적 환경

기업 활동에 있어서 외부환경을 이해하는 것은 아주 중요하다. 기업가는 외부환경 내에서 경영활동에 필요한 지식을 가져야 한다. 또한, 기본적인 사회학뿐만 아니라 역사, 정치학, 법, 인류학, 사회학, 심리학과 경제학 등에 대한 지식을 가져야 한다.

정치학은 세계 경영계획을 세울 때 중요한 역할을 하고, 앞으로도 경영활동에 영향을 지속해서 미칠 것이다. 정치학은 부분적으로 기업활동과 정부 사이의 관계를 서술하고 있으며 두 관계의 상호영향력을 설명하고 있다. 각 국가의 정치 지도력은 국제경영의 활동에 대한 여부와 방법을 통제하기도 한다. 정치적 논쟁, 특히 군사적 갈등의 결과를 낳는 논쟁들은 무역과 투자를 붕괴시키기도 한다. 또한, 지속적인 정치적 갈등은 전반적인 영향을 미치고 있다.

〈도표 1-3〉 국제경영에 대한 물리적 · 사회적 영향

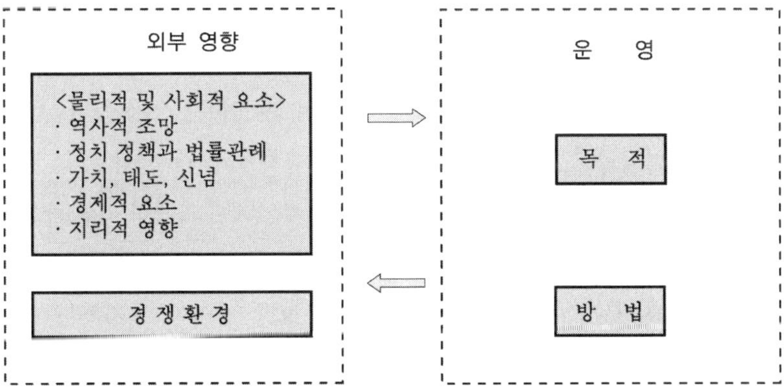

국내법과 국제법은 국제적으로 운영하는 기업에 경영자의 직무를 결정한다. 국내법은 세금, 고용, 외환거래와 같은 본국의 규정을 포함한다. 예로 한국법은 스탠다드차트은행의 총수입에 부쳐지는 세금과 달러로 환전되는 방법을 결정한다. 국가들 사이에 협약 및 운영에 관한 사항은 각 국가의 법을 이해함으로써 기업은 어느 국가에서 유익하게 운영할 것인지를 결정할 수 있다.

인류학, 사회학, 심리학과 같은 학문은 부분적으로 국민의 사회적·정신적 발전, 행동 및 상호 간의 활동을 서술한다. 이러한 학문을 이해함으로써 경영자는 자신과 타인에 관한 사회적 가치, 태도 및 믿음을 더 잘 이해할 수 있다. 이러한 이해로 인하여 경영자는 다른 나라에서 더 좋은 능력을 발휘할 수 있다.

경제학은 국가들 사이에 상품과 서비스를 교환하는 이유, 국민이 여행하는 이유, 왜 한국의 통화가 다른 국가의 통화와 상대적 가격을 갖는지에 대한 이유를 설명한다. 경제학을 연구함으로써 경영자는 한 국가가 상품 및 서비스를 다른 국가보다 값싸게 생산하는 이유, 장소 및 시기를 더 잘 이해할 수 있다. 또 한 경영자는 경제학을 이해함으로 다국적 기업이 본국 경제에 끼치는 영향력, 국가 경제 정책과 조건이 기업에 끼치는 영향력을 결정하는 데 필요한 분석적 기구(analytical tools)를 획득할 수 있다.

지리학에 대한 지식을 갖춘 경영자는 세계 자원에 대한 지역, 양, 질 및 이용성뿐만 아니라 그것들을 개발할 수 있는 최선의 수단을 결정할 수 있다. 국가마다 자원의 격차 때문에 제품의 생산은 세계 여러 나라에서 생산된다. 이로 인하여 제공하는 생산품과 서비스가 다르게 나타나므로 기업의 생산성과 경쟁력을 갖게 된다.

높은 산, 광대한 사막과 정글과 같은 지형적 장애물이 많은 국가에서는 통신과 유통에 영향을 미친다. 또 한 폭풍, 홍수 또는 추운 날씨와 같은 기후 조건으로 인해 특정한 지역에 투자하는 것은 상당한 위험이 따르게 된다. 이러한 요인들은 농산물의 공급과 가격에도 영향을 미친다. 게다가 인구이동 및 인간 활동이 환경에 미치는 영향력은 국제경영 관계에 강한 영향력을 발휘한다. 예를 들어, 세계의 열대 다우림을 파괴하는 것에 관한 관심으로 인하여 기업의 이전이나 경영활동을 제한하는 규정을 취하기도 한다.

물리적·사회적 환경은 기업의 운영 방법과 특별한 국가에 있어서 운영상 해야 할 기업의 적응 방법에 영향을 미친다. 예를 들어, 적응 방법은 제품을 생산·판매하는 방법을 위해 직원의 행동 방식을 가리킨다.

본국(home country)과 수혜국(host country)의 환경이 상호 간에 얼마나 유사한지가 적응의 정도에 영향력을 미친다. 베트남에 진출한 경영자들은 영어나 현지어를 할 수 있도록 요구하고 있다.

2) 경쟁적 환경

물리적·사회적 환경 이외에도 각 기업은 산업 간의 경쟁환경 내에서 경영활동을 수행한다. 기업의 유형에 따라 경쟁환경도 다르다. 예를 들어, 인텔사와 같은 거대한 회사는 소규모 공급회사 혹은 컴퓨터를 위해 페인트를 공급하는 기업보다 컴퓨터 제조업자들에게 더 많은 영향력을 발휘할 수 있다. 경쟁환경은 각 산업에 따라 다르다. 예를 들어, 최근의 생산품의 혁신율과 경쟁의 변화는 전구를 생산하는 산업보다 통신산업이 훨씬 크게 나타난다. 경쟁적 환경은 국가 간에도 다양하게 나타나고 있다.

국가마다 다른 경쟁 요소는 생산품 변화의 속도를 가리키는 것과 같다. 예를 들어, 최근 일본에서의 산업은 아프가니스탄에서의 산업보다 혁신적인 생산품을 생산해 왔다. 그리하여 일본에서 운영하는 외국기업은 아프가니스탄에서 운영하는 기업보다 혁신적인 생산품을 소개하는 문제에 관심이 있다. 여전히 또 다른 경쟁적 차이점은 기업들이 국제적 경쟁사와 직면하느냐 아니면 국내적 경쟁사와 직면하느냐의 문제다. 한편, 보잉사와 에어버스사는 상업용 항공기를 판매하려는 곳 어디에서든지 서로 경쟁한다. 그러므로 그들이 한 나라에서 서로에 관하여 배우는 것은 그들이 운영하는 다른 국가에 있어서 경쟁행위를 예견하고자 할 때 유용하다.

이러한 경쟁적 차이점으로 인해 어떤 기업들은 세계 시장의 기회를 더 잘 이용할 수 있다. 경쟁적 요인들은 기업들이 그들이 운영하는 국가들에 있어서 운영을 차별화할 수 있도록 촉진하고 있다. 경쟁적 요인들로 인하여 기업들은 국가, 혹은 생산품에 의존하면서 운영상의 다른 수단을 선택하게 된다. 예를 들어, 기업은 수출로써 한 국가에 서비스할 것을 결정하고, 직접투자로 인한 산출은 또 다른 나라에 제공할 것을 결정한다. 또한, 생산의 본질 때문에 기업은 어떤 국가의 체인점(franchising)에 초점을 맞추고, 또 다른 기업은 마케팅의 다른 수단을 선택한다. 대부분의 중요한 경쟁요인들은 〈도표 1-4〉에서 보여주고 있다.

〈도표 1-4〉 경쟁환경과 국제경영

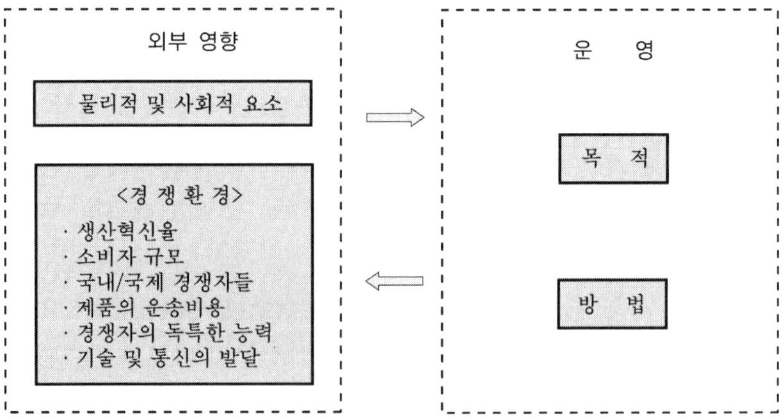

연 습 문 제

1. 국제경영이란 무엇인가?

2. 기업이 국제경영에 참여하는 이유를 설명하라.

3. 국제경영과 국내경영의 차이를 설명하라.

4. 국제경영이 성장하는 이유를 설명하라.

5. 국제경영의 유형에 대하여 설명하라.

6. 국제경영에 영향을 미치는 외적 환경요소에 대하여 설명하라.

7. 경쟁환경에 대하여 설명하라.

8. 기업의 국제화 단계를 설명하라.

제 2 장
국제경제환경

읽을거리

잘 나가던 외국계 기업, 중국만 가면 실패하는 이유

프랑스 최대 유통업체인 까르푸(Carrefour)가 중국 시장에서 철수 수순을 밟고 있다. 6월 23일(현지시간), "까르푸는 중국 법인의 지분 80%를 현지 유통업체 쑤닝(蘇宁)에 6억 2,000만유로(약 8,100억 원)에 매각한다고 발표했다."고 AFP 통신이 보도했다.

프랑스 유통업체 까르푸 중국법인 지분 80% 매각
외국 기업이 고전하는 이유, 中보호주의 때문일까

이 정도면 중국은 외국 유통기업의 무덤이라고 해도 과언이 아니다. 우리나라의 이마트, 롯데마트에 이어 까르푸마저 고전을 면치 못하고 있다. 미국 아마존은 올해 중국 내 전자상거래 사업을 접었고, 독일 유통업체 메트로(Metro)도 중국 철수를 검토 중인 것으로 전해진다. 특히 2019년 들어 중국 내 외국계 기업들의 행보에는 먹구름이 잔뜩 끼었다. 감원 혹은 철수 보도가 줄줄이 이어져 나왔다.

[사진 셔터스톡]

2019년 외국기업 중국 철수 사례

-일본 소니(SONY) 중국 시장 철수, 스마트폰 공장 태국 이전
-일본 엡손(Epson) 선전 공장 폐쇄
-미국 아마존 중국 내 전자상거래 사업 철수

[사진 셔터스톡]

지난달에는 미국 소프트웨어 및 하드웨어 개발회사 오라클(Oracle)이 중국 내 인력을 대대적으로 감원한다는 소식이 전해졌다. 오라클이 감원하는 약 900명 가운데 500명이 베이징 R&D센터 인력이며, 오는 7월 또 한 차례 감원을 예고했다. 오라클 중국 R&D센터의 인원이 총 1600명인 것을 고려할 때, 이번 감원 결정이 오라클의 중국 시장 철수를 기정사실화하는 것이라는 관측도 나온다.

중국 시장은 결국외국 기업의 무덤인 것일까?

잇따른 감원 철수 러시에 많은 사람들이 의문을 품기 시작했다.

"외국계 기업은 도대체 왜 중국 시장에서 통하지 않는 것일까. 극복할 방법은 없는 것일까."

일반적으로 외국계 기업의 중국 시장 철수는 '현지화 실패' 때문이라는 것이 중론이다. 현지 기업과 비교했을 때, 중국 시장에 대한 이해도 및 중국 정부와의 관시(關系)가 부족한 외국계 기업이 살아남기란 쉽지 않다는 것.

제프 베저스 [사진 huxiu.com]

글로벌 유통기업 아마존이 그 대표적인 사례다. 비즈니스 모델의 현지화 실패로 중국 시장에 녹아들지 못했다. 일전에 아마존 CEO 제프 베저스(Jeffrey Preston Bezos)는 "일본, 독일, 영국, 스페인, 프랑스, 이탈리아, 미국에서 성공한 방법을 중국에 그대로 적용했지만, 실질적으로는 '중국 맞춤형' 전략이 더 많이 필요했다."고 회고한 바 있다.

'현지화' 못지않게 원인으로 꼽히는 것이 바로 중국의 보호주의다. 국내 독자들로서는 사드 갈등 이후 롯데 마트의 중국 시장 철수로 이어진 모든 과정이 뇌리에 박혀 있을 것이다. 마찬가지로 이번 오라클 감원 소식이 보도된 이후 '오라클이 미중 갈등의 희생양'이 됐다는 분석이 나오기도 했다. 중국 주요기업들은 기존 오라클의 제품을 중국 자국산 혹은 한국 제품으로 대체하는 추세다.

[사진 셔터스톡]

미국기업이 중국에서 고전하는 이유

중국 창신공창(創新工場 Sinovation Ventures) CEO 리카이푸(李開夏)는 2018년 다보스포럼에서 '미국 IT기업이 중국에서 고전하는 이유'를 네 가지로 분석해 눈길을 끌었나. 그는 "미국인들은 보편적으로 중국의 보호주의가 장애물이 된다고 생각한다."며, "물론 과거에는 그 역시 명백한 이유 중 하나였지만, 지금은 결코 그렇지 않다"고 지적했다. 그가 제시한 이유 네 가지를 살펴보자.

*리카이푸(李開夏): 중국 벤처 투자업계 거물로 꼽히는 인물. 애플, 마이크로 소프트, 구글 등 미국 IT기업 요직을 거쳐 지난 2009년 창신공창을 설립했다.

[사진 바이두바이커]

1. 미국 회사는 단일 플랫폼을 통해 중국에 진출하길 바란다. 현지화에 대한 유연성도, 현지 라이선스도 부족한 상태에서 중국을 그저 하나의 마케팅 시장으로 여기는 경향이 있다.
2. 중국 회사의 제품 생산 능력이 개선되면서 미국 회사의 기술 및 제품의 경쟁력이 예전 같지 않다.
3. 미국 회사의 중국 내 책임자 대다수가 중국 사정에 어두운 외국인이며 판매쪽 출신이라 제품과 기술에 대한 이해도가 떨어지는 경우가 많다.(개인적인 생각으로는) 이 같은 고위직 임원들은 장기적인 시야로 중국 시장을 바라보지 않고, 주로 본사의 지시에 따르면서 자신의 밥그릇 유지에 집중할 뿐이다.
4. 과거 중국 최정상급 인재들은 외국계 기업을 신의 직장으로 여겼지만, 이제는 대다수가 직장을 고를 때 중국의 대기업이나 중견기업 혹은 벤처기업을 우선적으로 고려한다. 우수한 인재가 부족한 것 역시 외국계기업의 중국 전망을 어둡게 만들고 있다.

[사진 셔터스톡]

간단히 정리해 보면, 현지에 대한 충분한 이해 부족과 중국 기업의 성장이 지금의 사태를 낳았다는 얘기다. 중국 진출 초기 잘 나갔던 외국 기업이 점차 철수하게 된 이유이기도 하다. 외국 기업의 제품이나 서비스를 중국 기업이 대체할 수 있는 상황이라면, 현지 사정에 더 밝은 중국 기업이 유리할 수밖에 없다.

물론, 중국 문화에 대한 분석도 반드시 이루어져야 한다. 본래 의도가 어찌됐든

'동양인 차별' '중국 문화 비하' 등 이슈로 인해 중국 소비자가 등을 돌린 글로벌 브랜드가 적지 않기 때문이다.

미국 기업의 중국 진출에 대한 리카이푸의 의견은 다른 외국계 기업까지 적용해 볼 수 있다. ▲절대적으로 우수한 제품, ▲충분한 현지 라이선스와 신뢰 확보 ▲신중한 책임자 선발, ▲현지 글로벌 인재 유치 이 네 가지가 외국 기업이 '중국 시장의 저주'를 무너뜨릴 수 있는 방법이다. 그러나 이 또한 중국 당국이 제재하고 나선다면 소용이 없다. 결국 중국 내부에서는 대체가 불가능한 독보적인 경쟁력을 확보하는 것이 관건인 셈이다.

〈중앙일보〉

제 1 절 경제환경의 중요성과 경제시스템

1. 경제환경의 중요성

경제환경은 소비자와 기업의 구매 습관에 영향을 미치고, 회사의 성과에 영향을 미치는 모든 외부 경제 요소를 의미한다. 이러한 요소는 기업이 통제할 수 없는 거시경제환경(매크로) 또는 미시경제환경 (마이크로)일 수 있다. 거시적 경제 환경요인들은 고용/실업, 수입, 인플레이션, 금리, 세율, 환율, 소비자 신뢰 수준, 불황 등을 포함하고 있으며, 미시적 경제환경 요소는 이용 가능한 시장의 규모, 기업의 제품 또는 서비스에 대한 수요, 경쟁, 공급 업체의 가용성 및 품질, 회사 유통망의 신뢰성 등을 가리킨다. 기업은 경제환경을 통제할 수 없지만, 특정 시장이나 산업에 진입하거나 다른 전략을 추구하기 전에 경제 상황을 평가할 수 있다.

경영이란 독특한 특성, 기회 및 위험이 존재하는 국가 경제 내에서, 그리고 국경선을 초월하는 전 세계적 경제 환경 내에서 교역이 이루어지고 있다. 글로벌 기업은 다음과 같은 목적을 가지고 기업활동 하기를 원하는 국가의 경제구조와 국제경제에 관심을 가질 필요가 있다.

① 투자 결정
② 특정 국가에서 겪게 될 위험수위 평가
③ 고성장의 분야 규명
④ 가장 효율적인 방법으로 기업자원 제시

글로벌 시장의 규모와 특성 등을 확립하고 성공적인 의사결정을 원하는 기업은 위에서 제시한 국제경제환경 요인을 정확히 분석함으로 성공적인 의사결정을 수행할 수 있다.

2. 경제시스템

1) 국가의 경제정책

대부분 국가는 주요 경제목표를 고도의 경제성장, 완전고용, 국제수지 흑자, 최하의 인플레이션 등을 달성코자 다양한 경제계획과 개발정책에 혼신의 노력을 기울이고 있다.

또한, 어떤 국가의 정부 정책들은 국가의 부를 분배하는 평등성과 지역 간의 경제발전 패턴을 토대로 해외투자가들에게 혜택(incentives)을 부여해 주고, 복잡한 정치구조와 어울릴 수 있는 다른 목표, 즉 추가적인 목적의 정책을 두고 있다. 그러나 위에서 제시한 4가지의 주요 목표와 관련된 기본적인 문제는 100% 고용과 고도의 경제성장을 성취하도록 하는 경제정책은 나머지 두 가지 목표에 치명적인 손상을 주게 된다는 점이다. 대중 소비에 있어서 낮은 금리, 세금삭감, 인플레이션 대책은 경제를 자극하고 고용 기회를 증가시키지만 또한 기업들이 생산품의 값을 올리게 하고 근로자들은 임금상승을 요구하게 만든다. 또한, 소비자의 소비가 증가하게 되고 이에 따라 수입이 증가하고 무역수지가 악화하는 현상을 초래한다.

그러므로 경제정책 수립에서의 문제는 4가지 목표를 성취하기 위하여 요구되는 정책의 영향력 간의 균형을 얼마나 잘 이룰 수 있는가 하는 데 있다. 물론 그 어려움은 각각의 목표를 분리해 다룰 수 있는 독립적 정책을 세울 수 있다면 극복될 수도 있다. 예를 들어서 금리는 인플레이션을 조절하기 위하여 다양하게 변화될 수 있다. 공공 소비와 세율은 경제성장을 보장하기 위하여 변화될 수 있다. 관세, 수입할당제 및 기타 수입규제는 국제수지를 개선할 수 있다. 그러나 WTO, FTA 등은 국제적 또는 국가적 합의는 국제교역의 흐름에 간섭을 금지하고 있고, 실제 세계에서 민주정치는 글로벌 교역에 관한 법률적 통제를 가할 수 없다

2) 해외 경제정책

해외경제정책은 국가의 국제무역과 투자에 관한 구성, 규모, 방향과 본질에 관한 정부의 모든 경제정책을 구성하고 있다. 특히, 관세정책, 환율정책, 해외투자가들에게 제공하는 보조금(incentives)과 국제수지(balance of payment)에 영향을 미치는 거시적인 회계연도와 통화정책을 포함한다. 해외 경제정책의 특별한 목표들은 다음과 같은 내용을 포함하고 있다.

① 국제수지에 있어서 균형을 창출하는 것이다. 한 국가의 국제수지 적자는 필연코 통화가치 하락으로 이어지고 이에 따라 수입 제품의 가격은 상승으로 이어진다. 따라서 수입은 줄고 수출이 증가를 가져오게 된다. 국제수지문제에 의해 야기된 국내경제의 불안정을 막기 위하여 정부는 어려움이 닥치는 즉시 경제에 간섭하여 국제수지 적자를 제거하도록 고안된 무역 제재를 가할 수 있다. 국제수지의 균형(수입과 수출 균형)을 창출하는 것은 세계 경제에 참여하는 모든 국가의 성장을 가져오게 되므로 균형된 교역을 요구하고 있다.

② 국가가 국제무역에 의존하는 정도를 축소하는 것이다. 이 같은 경제정책은 초기의 많은 개도국에서 추구하였다. 그러나 최근들어 확고한 경제이론에 따른 자유 경제체제의 우월성에 따라 보호무역을 추구하는 몇몇 국가를 제외하고는 더 이상 존재하고 있지 않다. 그러나 한 시대의 경제정책은 시장개방에 대한 국내경제성장에 대한 두려움으로 인하여 보호무역을 취하였다.

㉠ 광범위한 무역은 국가의 경제복지가 외국시장과 공급에 의

존하게 된다.

㉡ 광범위한 무역은 생산보다는 수입으로 대치되기 때문에 국내 산업에 치명적이다.

㉢ 광범위한 무역은 국가적인 자족을 해하고 전시에 국가를 약하게 만든다.

㉣ 광범위한 무역은 경제적 불안정을 초래하고 국가경제계획을 방해한다.

③ 두 번째 목표와는 정반대 입장으로 다음과 같은 목적을 위해 해외투자를 장려하고 무역을 확장 시키는 정책이다. 이는 자유 시장경제를 추구하는 자유무역정책을 의미한다. 자유무역의 결과는 기업 및 소비자에게 많은 이익이 돌아가게 된다.

㉠ 국내 소비자들에게 이용할 수 있는 상품 선택의 폭을 넓히는 것

㉡ 국제적인 전문성 이익을 극대화하는 것.

㉢ 국내외 기업들이 상당한 경제력을 얻게 하려고.

④ 국내고용의 유지 : 정부는 국민을 위해 다음과 같은 정책으로 일자리를 마련해 줄 수 있다.

㉠ 외국 기업이 국내에 투자할 수 있도록 유인정책 추진.

㉡ 노동 지향적 산업에 있어서 국내 생산품과 경쟁이 되는 수입품을 규제하는 방안 정책추진.

3) 자유경제시장

자유시장의 옹호론자들이 주장하는바, 자유방임정책은 정상적인 환경에서 정당한 사회에 도달하게 될 수 있음을 보장한다. 그들의 주장에 따르면, 기업가들은 타인에 관한 도덕적 판단을 하는 것이 아니라 기업의 가치를 극대화하는 데 있다고 한다. 그래서 기업들은 지속해서 이익 증가를 추구하여 자신의 보상뿐만 아니라 보다 좋은 사회의 부를 증가시킨다. 어떤 시장경제에서 가격은 기업의 생산 품목을 결정하고 생산비용과 자원의 이용 가능성은 생산방법을 결정한다. 반면에 소

비자의 소비는 생산을 일으키는 시장가격을 결정한다. 소비자들에 의해 요구되는 상품은 최고의 가격에 이른다. 그러므로 기업들은 의식적으로 소비자의 요구를 만족시키려 하고 이러한 요구와 맞아떨어지는 노동의 양과 유형을 요구할 것이다. 환경에 관한 관심은 특별한 생산물에 대한 요구와 같은 방식으로 취급된다. 예를 들어서 사람들이 특성 있는 환경을 원한다면 그것에 대한 돈을 지불하고 대중적 욕망을 만족시키기 위해 환경을 조정할 조직체가 자연히 생긴다는 것이다.

4) 자유경제시장을 반대하는 입장

반대의 시각이 주장하는 바는 정부의 간섭이 필연적이다. 그 이유는 기업들이 무책임하거나 손해를 입히는 방식으로 행동하지 말 것을 보장하기 때문이다. 거대한 경영은 엄청난 경제력과 사회 세력을 갖고 있다. 그 기업들은 공동체를 조정할 수 있고, 사회변화를 주도할 수 있다. 선출된 대표자들을 통한 사회는 변화의 방향을 결정한다. 더욱이 기업활동은 폭넓은 경제적, 사회적 및 합법적 체계의 구성 성분이다. 사회조직체로서 기업가들은 사회문제의 교육과 훈련, 건강과 안전, 수입과 고용, 노동관계, 평등한 기회 등에 필연적으로 관심을 가져야 한다. 그리하여 경영상의 특권은 보통 사람들을 위해 포기되어야 한다는 주장이다.

5) 정부간섭

정부 간섭으로 얻을 수 있는 장점과 그로 인하여 나타나는 문제점을 다음과 같이 제시할 수 있다.

(1) 장점

간섭주의자의 접근 방법에 대한 장점은 다음과 같다.

① 자유시장 활동의 반사회적인 결과가 차단될 수 있다

② 생산과 고용의 차원은 간섭으로 인하여 시장의 변동에 의존하는 것이 아니라, 사회 전반의 요구를 참작하는 체계적인 국가 경제

계획에 의존한다. 경제성장은 결국 낮은 실업률로 이어지면서 고무적인 현상으로 나타날 수 있다.

③ 국가자원은 사회적 정당성과 공평한 삶의 수준과 더불어 사회목표로 이어질 수 있다.

④ 노동의 고결함이 인정된다. 노동자들은 국가적인 차원에서 생산의 수단일 뿐만 아니라 진정한 파트너로 간주된다.

⑤ 소득분배의 평등성을 증진할 수 있다.

(2) 문제점

광범위한 정부 간섭이 안고 있는 문제점은 다음과 같은 가능성을 담고 있다.

① 경제 전반의 비효율 및 필요 이상의 인원을 배치하는 현상을 초래한다.

② 경쟁구조를 왜곡시키고 기업과 산업, 피고용인 그룹에 불평등한 혜택을 준다.

③ 특정 국가의 국제적 경쟁력을 떨어지게 만든다.

④ 산업의 유동성이 없고 변화에 순응치 못한다.

⑤ 수백만 인구의 부에 영향을 미치는 중요한 경제적 결정권을 무능한 소수의 관료주의자에게 떠맡긴다.

⑥ 정부 간섭은 개인의 자유를 제한한다.

정부의 잘못된 정책으로 인하여 엄청난 손실이 국가나 국민에게 가져오게 된다는 것을 명심하여야 한다. 이에 따라 많은 국가에서, 더욱 더 자유로운 기업활동을 수행할 수 있도록 정부의 제재나 규정을 친기업정책으로 변화하고 있다.

3. 경제구조

1) 주요 경제적 변수

세계경영을 추구하는 경영자는 수많은 국가에서 작용하는 경제구조를 이해할 필요가 있다. 검토되어야 할 주요 변수들은 GDP, GDP의 분배, 자본투자의 수준, 소비자 지출, 노동비용, 통화팽창률 및 실업률 등을 포함한다. 많은 국가의 경제 상태를 비교하기는 쉽지 않은 일이다. 경제에 관한 믿을 수 없는 정보, 자료수집 기간의 차이 및 자료 비교에 대한 문제들이 있다. 물론 각각의 회사는 경영과 관련된 특별한 경제변수에 관심을 둘 것이다. 이는 기업이 특별한 정보를 배제 시키고 특별한 변수에 집착할 것이다. 따라서 엄청난 규모의 원자재를 교역하는 기업은 세계의 여러 부분에서 이러한 자원의 유용성, 다른 나라에서 원자재를 뽑아내는 비용, 그리고 수송체계 등에 관하여 알고자 할 것이다. 또 한 개인별 소득 수준과 소비자 분석과 관련된 자료에 관하여 쉽게 얻을 수 있을 것이다. 그리고 소비재를 생산하는 기업은 GDP 성장률, 소비자 지출, 가계소득과 소비자와 관련된 경제통계 등의 정보를 수집할 필요가 있다.

국가 경제환경을 평가할 때 검증된 변수들은 다음과 같은 내용을 포함한다.

① **경제구조** : 한 나라의 경제구조는 인구 규모와 증가율, 소득 수준과 배분, 천연자원, 농업 및 제조업 활동과 서비스 분야의 규모에 따라 결정된다. 경제 하부구조는 기업의 활동을 보조하는 총체적인 외적 시설 및 서비스이다.

㉠ 통신 및 운송체계,

㉡ 전기공급,

㉢ 금융 및 재정, 유통망, 광고 및 시장조사 등을 포괄하는 상업상의 하부구조 등을 들 수 있다.

② **산업구조** : 특정한 산업구조는 다음과 같은 요인에 의해 결정된다.

㉠ 경쟁기업의 수

㉡ 기업 간의 시장점유율 분배, 공평한 시장 몫을 가질 수 있는지의 여부

㉢ 경쟁 단위의 평균 규모

③ **시장성장** : 특정 제품 또는 서비스를 구매하는 사람 수 또는 판매되는 제품 수 등의 증가를 가리킨다; 누구나 폴더폰이 향후 5년 동안 강력한 시장성장을 보일 것이라고 믿는다.

④ **경제개방** : 한 나라의 수입과 수출에 대한 GNP의 비율은 국제무역 개방의 정도를 나타낸다. 높은 해외무역/GNP 비율에 따른 국가는 수출에 따른 경제적 복지에 의존한다. 폐쇄경제는 반대로 그들의 미래 경제에 대하여 상당한 통제력을 갖는다.

⑤ **국제적 부채** : 서비스에 대한 국가 의무, 해외 교류, 상품수입으로 해외부채를 상환할 수 있는 국가적 의무를 비교할 수 있다. 그리나 국가 경제 수요와 서비스를 위한 낳은 해외 부채는 더 밝은 미래를 확보하기 위하여 현대적 공장과 설비에 투자하는 목적으로 빌린 것임을 암시하기 때문에 긍정적인 경제적 표시일 수 있다.

⑥ **도시화의 정도** : 이것은 중요한 요소다. 왜냐하면, 대부분 나라에서는 도시와 농촌 사이에 수입과 생활상의 중요한 차이점이 있기 때문이다. 주요한 차이점들은 다음과 같다.

㉠ 생산품의 질과 기술과 관련된 기대감.

㉡ 쇼핑의 패턴, 소비자들이 상점에 방문하는 빈도, 소매점의 규모와 유형, 평균 구매의 가치 등.

㉢ 상품이 유통될 수 있는 용이함.

⑦ **소득 수준과 경제성장률** : 한 나라는 한 사람당 높은 GDP를 가질 수도 있지만 침체 적인 성장을 경험할 수도 있다. 자유로이 쓸 수 있는 소득은 또 다른 중요한 변수이다. 이것은 개인들의

총수입으로부터 세금지출을 뺀 순수익을 가리키고 있다.

⑧ **분야별 추세** : 한 나라의 성장과 경제활동은 특별한 산업 분야 사이에서 다양화될 수 있다.

2) 총국내생산(GDP)

한국은행의 정의에 따르면 GDP(국내총생산)는 '한 나라 안에 있는 가계, 기업, 정부 등 모든 경제주체가 일정 기간에 새로이 생산한 재화와 서비스의 가치를 시장가격으로 평가하여 합산한 것을 가리킨다. 글로벌 경영활동에서 GDP는 국경선을 넘는 국가적 비교는 극단적인 문제가 있을 수도 있다.

4. 국제수지

1) 국제수지의 중요성

한 국가의 외적 무역 관계에 관한 중요한 정보원은 국제수지 지표를 들 수 있다. 국제수지는 국가의 거주자들과 외국인들 사이의 특정 기간 발생하는 모든 거래의 총체적인 기록을 가리킨다. 대부분 국가는 월별, 분기별, 연도별 국제수지의 수치를 발표한다. 국제수지의 계산은 국가의 외적 무역구조, 국제 채권자 또는 채무자로서의 위치, 그리고 세계의 나머지 국가들과 경제적 관계의 방향을 나타내는 추세를 보여주고 있다.

국가의 국제수지는 경제 상황을 전반적으로 나타내주는 표시, 외환통제를 부과하는 정부의 가능성, 세금 증가 및 금리상승과 같은 경제정책, 무역 제한과 통화가치 하락이 발생할지의 여부 등을 가리키는 지표로 사용할 수 있다. 또한, 한 국가의 국제수지를 검증하는 것은 다른 수입상품과의 경쟁 정도를 나타내는 것이다.

2) 국제수지 흑자와 적자

신문과 TV는 분기, 연도별 한 국가의 국제수지 적자와 흑자를 언급하고 있다. 그러나 국제수지(balance of payment)는 정의로 균형이 잡혀야 한다. 이러한 관점에서 적자나 흑자를 정의하는 것이 어떻게 가능한가? 사실 보도된 적자나 흑자의 거래는 특별한 집단을 말한다. 가장 광범위하게 논의된 집단은 국제수지의 현재 계산이다. 국제수지는 거주자들의 연금 수령액, 해외로부터의 이자와 로열티, 국내기업의 수송에 따른 비용 등과 같은 비물리적 항목에서 국제거래와 더불어 물리적 수입, 수출을 기록하고 있다. 현재의 계산 내의 무역균형은 물리적 수입, 수출 간의 균형을 가리킨다.

자본 계산은 해외 주식과 채무증서에서의 직접적인 유가증권 투자, 단기 재정자산의 이동을 포함하는 재정자산에 있어서 거래상의 균형을 보여준다. 분명히 적립금은 점차 줄어들게 될 것이다. 예를 들어, 현재 계산상 적자가 있지만, 거주자들의 수입을 위해 지출할 외국 교류의 수요가 적자 국가에 대한 외국인의 수요를 능가하고 있다면 자본상 상쇄할 수 있는 유입이 없다. 그래서 적자 국가의 환율은 외국 교류에 대한 수요공급력에 비해 떨어질 것이다. 그래서 환율 하락을 방지하기 위해 적자 국가의 정부는 해외 교류증권 부분을 개방시장에 팔 것이다. 그러나 이것이 일시적인 대책임을 주목하여야 할 것이다. 왜냐하면, 국가는 제한된 적립금을 갖고 있기 때문이다. 그러므로 지속적인 적자에 직면한 상태에서 그 나라는 환율이 매우 낮은 상태(화폐가치의 하락)로 떨어질 수밖에 없다.

3) 국제수지 해석

국제수지를 해석하는 데 많은 어려움이 있다. 예를 들어서 밀수는 어떤 나라에 있어서 중요한 활동이다. 그러나 그것은 국제수지에 있어 인정되거나 공식적으로 기록되는 활동은 아니다. 또한, 수입되거나 수출하는 항목에 순수하게 기록되는 것과 기록되지 않는 것이 있을 수 있다. 대리인들은 외국인들을 대신해서 사업을 주도하지만 이것이 그 경우라는 것을 인식하지 못한다.

더욱이 한 국가의 국제수지 계산이 특별한 동안 외국 무역의 상황을 대변한다는 사실을 주목해야 한다. 그것이 결과로 이어지는 기본적인 세력의 원인을 암시하지 않는다. 같은 기간의 계산은 더 많은 자료를 이용할 수 있게 됨에 따라 급진적으로 변할 수 있다. 예를 들어, 어떤 해 1/4분기에 대한 현재 계산은 처음 발행됐을 때 적자를 보여주었지만, 연속적으로 12월 시기쯤 개정되었을 때 나머지를 보여줄 수 있다. 그러나 매개체에 관한 주의력은 임의적인 수치에 초점을 맞춘다. 그리고 국제수지 계산에 있어서 거래집단들은 어느 정도 임의적이다. 적자는 어떤 항목이 제거되고 다른 항목이 삽입된다면 잉여가 된다. 균형 항목의 규모는 계산상의 다른 요소와 비교될 수 있다. 실제로 이것은 어떤 나라의 현재 계산상의 적자 혹은 잉여의 총가치를 능가할 수 있다. 현재 계산의 적자가 자본적자에 대응하는 유입이 없다면, 이것이 자본 계산 거래에 의해 상쇄될 때 문제가 될 것이다.

제 2 절 자유무역과 보호무역

1. 자유무역

자유무역은 이론적으로는 비교우위에 근거하여 국가 간의 자유롭게 교역하는 것을 의미하며, 현실적으로는 무역 활동에 정부의 간섭을 배제하는 것으로서, 기업과 국가가 최상의 교역 활동을 가능케 해주는 상황을 말한다. 자유무역은 더 큰 효율, 생산 및 삶의 표준으로 이어진다. 고용이 창출되고, 소비자들은 더 폭넓은 상품의 선택을 즐긴다.

기업들은 더 넓은 시장을 갖고 다른 나라의 국민 사이에서 광범위한 의사소통을 한다. 각국 정부들은 자유무역의 혜택을 인정하고 있다. 2차 세계대전 이후에 국제적 무역 실행과 절차에 있어서 광범위한 자유화가 있었다. 그러나 정부가 자유무역을 지지하지만 여러 나라는 국제수지를 개선하기 위하여 제한적인 대책을 계속 사용하고 있다. 여러 나라는 수입 관세를 부과하고 있고, 어떤 국가들은 무역 규제 및 비관세장벽을 설치하고 있다. 몇몇 국가들은 숨겨진 다양한 수입장벽을 가동하고 있다.

2. 보호무역을 선호하는 이유

관세는 수입 규모를 줄이기 위해서, 국제수지 개선을 위해서 가해지고, 또한 국가의 수입을 올리기 위해 가해진다(Giles). 후자의 목표를 달성하기 위해 관세는 높은 국내가격에도 불구하고 소비자들이 구매하려고 하는 의미에서 '필수품'에 적용될 필요가 있다.

수입을 제한하는 또 다른 이유는 다음과 같다.

① 불공평한 무역 거래에 대항하여 위하여, 예를 들어 생산가격보다 낮은 가격으로 국가에 덤핑을 차단하기 위해서다. 덤핑은 국내의 경쟁을 전멸시킬 수 있다. 그러나 소비자들이 낮은 가격의 상품을 구할 수 있도록 허용해 준다.

② 외국투자를 끌어들이기 위해서다. 높은 관세는 상품가격의 상승으로 직결되기 따라서 수입시장에서의 경쟁력이 떨어진다. 따라서 경쟁력을 갖기 위한 전략으로 현지국이 진출해서 제품을 생산해서 판매할 때 높은 관세를 피할 수 있어서 기업의 경쟁력을 유지할 수 있다. 이런 외국투자로부터 기업과 국가는 국내자본형성, 고용 창출, 경영자원 확보 및 기술이전 등의 효과를 얻을 수 있다. 높은 관세는 높은 상품가격으로 이어져서 경쟁력과 구매력을 하락시킨다. 또 한 관세는 국내생산을 촉진할 수 있다.

③ 전략적 산업을 보호하기 위해서다. 군수산업은 때때로 전시에 필요한 품목의 이용성을 보장하기 위하여 보호된다. 여기서 반대의 주장은

㉠ 직접적인 정부의 보조로 전략적 산업이 관세 및 다른 보호장치 없이 생존할 수 있게 된다는 점과

㉡ 외국 기업들은 전쟁 중에 인계될 수 있다는 점이다. 또한, 수입품을 막는 가격보다는 전략적 항목을 재고품으로 쌓아 놓는 것이 훨씬 더 저렴하다고 볼 수 있다. 어떤 나라들은 국가의 안전을 토대로 국가의 비상사태에 필연적이기 때문에 정부가 나서서 수입품과 경쟁하여 뒤질 수 없다고 주장하며 농업이나 제조업과 같은 기본 산업을 보호하고 있다.

④ 현대화 과정에서 비효율적인 산업을 보호하기 위해서다. 여기서 반대의 주장은 적자 기업들이 궁지에 몰리도록 허용되어야 한다는 것과 합리적인 전망한 사업은 어느 것이든지 개인적 후원자들을 매료시킬 수 있어야 한다는 것이다.

⑤ 국가의 문화재와 문화를 보존하는 것과 농업과 수공업 산업은 이러한 방법으로 보존됐다.

⑥ 다른 사업 활동을 저해하는 반면에 특정한 분야 기업활동의 발전을 촉진함으로 전반적인 산업전략의 수행을 쉽게 한다.

⑦ 국내 직장 보호하기 위해서다. 임금이 낮은 국가들로부터 수입을 제한하려는 것은 임금이 노동비용의 여러 결정요인 중에 하나라는 사실 때문이다. 생산성 차이는 낮은 임금의 영향력을 상쇄 및 그 이상이 될 수 있다. 그래서 고임금 국가들의 상품은 낮은 임금 지역의 상품보다 저렴할 수 있다.

⑧ 기초산업(infant industries) 발전시키기 위해서다. 이것은 최근 설립한 산업에 국제 경쟁에 직면하기 전에 건전한 국내기반을 확립할 수 있게 하는 것을 말한다.

기초산업을 보호하려는 정당성은 세계무대에서 경쟁할 수 있기 위

하여, 경쟁에 있어서 규모 경제, 마케팅, 연구개발, 재정, 일반관리 등이 요구되어 진다. 그래서 기업들은 최소한의 생산량에 도달할 필요가 있다. 그렇지 않으면 그들은 생존하기가 매우 어려울 것이다. 그래서 정부는 국내기업들이 자신을 보호할 수 있을 때까지 국내시장을 보호할 필요가 있다. 국내 소비자들은 단기간 높은 가격과 제한된 생산물 선택에 직면하게 된다. 그러나 소비자들은 차후에 더 장기간 튼튼한 경제에 살게 되는 혜택을 볼 수 있을 것이다.

3. 덤핑

덤핑(dumping)이란 수출국 국내시장 가격보다 해외의 수출시장에 더 낮은 가격으로 수출하는 일종의 가격 차별화 정책을 말한다. 파는 가격이 사실상 생산가격(재료비+노무비+제조간접비)보다 낮은지의 여부를 평가하기란 아주 어려울 수 있다. 덤핑은 세계무역기구(world trade organization ; WTO)의 규정에 따라 불공정무역으로 간주하고 있다. 이러한 영향을 받는 수입국의 정부는 그 상품의 덤핑효과를 상쇄하는 만큼의 관세(anti-dumping duty)를 부과하도록 허용하고 있다.

기업들은 외국 경쟁자들보다 가격을 내려 그들을 사업장으로부터 쫓아내는 데 기존의 여유 용량을 사용하여 해외시장을 발전시키는 데 목적을 두고 있다. 개별국가의 세관은 어떤 상품이 덤핑 되었는지를 결정한다. 유럽연합의 규정은 수출회사가 소비자에 의해 지급되는 상품가격이 아니라 현지 판매자에게 청구하는 가격으로 덤핑을 판정하고 있다.

현지 판매자는 수입업자의 합의에 의해 공급하는 회사와 결탁하여 있지 않은 판매자를 말한다. 만약 모든 판매자가 해외 공급회사와 관련되어 있다면 소비자에게 청구되는 가격이 사용된다. 해외 판매에 관련된 운송 및 유통 비용이 포함하여야 하는지에 대한 합리적인 가치를 평가할 때 문제가 발생한다. 평범한 상황에서 기업들은 다른 여러 나라에서 자회사에 의해 생산된 같은 제품을 시장에 공급한다. 일반적으로 덤핑 판정의 기초가 되는 생산국가의 생산원가인 재료비, 노무비 및 제조간접비 등을 기초로 하고 있다.

덤핑이 일반적으로 불공정한 사업거래로 간주하기 때문에 정부는 그것이 지속해서 국내 경쟁에 해를 입히며 어디에서 발생하건 간에 그것을 차단하도록 하고 있다. 그러나 WTO의 반덤핑 관세는 국내 산업에 물질적 손상이 덤핑이 주요 원인이 될 때 적용됨을 보여주고 있다.

4. 보호무역을 반대하는 이유

보호무역은 국가 경제의 몇몇 부분에 이익을 줄지도 모르나, 다른 많은 부분에 해를 입힌다. 왜냐하면, 잠재적인 수입업자들의 해외 생산품 접근이 부인되고, 국내 경제활동의 전반적인 패턴이 왜곡되기 때문이다. 무역 억제가 안고 있는 문제점은 다음과 같다.

① 전반적인 수입과 고용을 낮추며, 세계무역을 축소하는 문제점이 있다. 수입국의 수입통제가 수입국의 수출 잠재력에 영향을 미친다는 사실을 주목하여야 한다. 외국국가들은 수출로부터 수입을 위해 지급해야 할 외환을 벌어들일 필요가 있다.

② 기업과 소비자는 원하는 제품과 상품을 쉽게 얻을 수 있다.

③ 수입된 상품이 자국에서 생산한 제품의 가격보다 낮을 수 있다.

④ 다른 국가들의 보복을 이야기시키는 문제점이 있다.

국내회사 내부의 자기만족과 비효율을 조장시키는 문제점이 있다. 이것은 최근의 근로 방식을 소개하거나 새로운 설비에 투자하는 것을 방해할 것이다.

⑤ 외국 공급자들과의 경쟁을 제거함으로써 국내가격의 통화팽창을 촉진할지도 모르는 문제점이 있다. 소비자들은 관세가 붙은 수입

뿐만 아니라 국내에서 그 수입가격으로 생산된 대체 품목 때문에 큰 값을 지불해야 한다. 국내 생산업자들은 높은 가격의 반응으로 생산품을 팽창시키지만, 국가 전체로서는 손실을 발생시킨다. 왜냐하면, 상품들은 수입될 수 있는 가격보다 그 이상의 비용이 들기 때문이다.

⑥ 국내 소비자에게 유용하고 다양한 제품의 이용을 축소하는 문제점이 있다. 실업을 축소하고 장기간 국제수지를 개선할 수 있는 유일한 방법은 경제의 구조를 다시 세우고 국가의 기초 경제문제를 치료하기 위해 적절한 재정, 통화정책을 소개하는 것이다.

⑦ 수입상품의 취급, 저장, 수송 및 배포와 관련된 분야에 실업을 일으키는 문제가 있다.

5. 수입을 제한하는 방법

1) 관세

수입 제한은 수입상품에 적용되거나 수입업자들에게 적용될 수 있다. 보호무역의 가장 공통적인 형식은 수입 관세를 높게 부과함으로 수입을 제한한다, 즉 국경선을 넘나드는 상품에 부과된 세금이다. 일반적인 관세의 형태는 종가세를 취하고 있다. 관세는 수입된 제품마다 특별한 제품의 수량 또는 중량으로 계산될 수 있다. 이는 일정한 수량 또는 수입 제품의 각 단위당(원유의 배럴) 정해진 금액을 부과시키는 것을 종량세라고 한다. 수입된 상품 가치의 퍼센트 또는 수입 물품의 가격을 과세표준으로 하는 세율을 종가세라고 한다. 수입에 적용된 전자(종량세)와 후자(종가세)의 결합은 혼합관세(compound duty)로 불린다.

〈도표 2-1〉 중국 관세 종류

보통세율 (General Rate)	보통세율이란 원산지가 확인이 되지 않거나 MFN 관세혜택, 협정관세율 또는 특혜관세율을 적용 받을 수 없는 국가를 원산지로 하는 수입물품에 적용되는 관세율 입니다.
최혜국관세 (MFN Rate)	MFN(Most Favored Nation) 관세율은 중화인민공화국과 상호 최혜국조치를 하는 세계무역기구(WTO)의 회원국을 원산지로 하는 수입물품, 중화인민공화국과 양자간 관세협정을 맺은 국가 또는 지역을 원산지로 하는 수입물품 및 중화인민공화국의 관세영역에서 생산된 수입물품에 적용되는 관세율 입니다.
잠정세율 (Interim Rate)	특정물품에 대해 일정기간 기본세율대신 적용되는 세율로, MFN 관세율이 적용되는 세율 중 잠정세율이 있는 경우 MFN세율에 우선하여 적용됩니다.
아태협정세율 (APTA Rate)	아시아-태평양 무역협정에 따라 대한민국, 중국, 스리랑카, 방글라데시, 인도 및 라오스를 원산지로 하는 특정 수입물품에 대하여 적용하는 관세율 입니다.
FTA협정세율 (FTA Rate)	중화인민공화국과 FTA를 체결한 국가를 원산지로 하는 물품에 대해 부과하는 특혜관세로 중-ASEAN FTA, 중-홍콩 CEPA, 중-대만 ECFA 등이 있습니다.
할당관세 (Import Quota Rate)	특정 수입물품에 대해 일정 기간 동안 일정 수량(Quota)를 설정하여, Quota 내의 수량에 대해서는 기본세율 보다 낮은 세율을 적용합니다.
감면관세 (Exemption of Duty)	산업, 경제, 정책적 목적에 따라, 특정 목적 또는 용도에 따라 수입되는 물품, 일시 수입물품, 재수입 물품 등에 대해 기본세율 보다 낮은 세율을 적용하거나 면제 해 주는 관세입니다.
덤핑방지관세 (Anti-Dumping Duty)	수출국 기업의 부당하게 낮은 금액(원가 이하, 이하 덤핑가격)의 수출로 인하여 수입국의 산업이 실질적인 피해를 입는 경우, 수입국이 정상가격과 덤핑가격의 차액(이하 덤핑 마진)에 대하여 기본관세에 추가적으로 부과하는 관세입니다.
상계관세 (Countervailing Duty)	수출국의 수출물품에 대한 장려금이나 보조금 지급으로 인하여 수입국의 산업이 실질적인 피해를 입은 경우, 수입국이 보조금에 해당하는 금액에 대하여 기본관세에 추가적으로 부과하는 관세입니다.
세이프가드 (Safeguard)	특정 품목의 수입으로 국내 업체에 심각한 피해가 발생하거나 발생할 우려가 있을 경우 수입국이 관세인상이나 수입량 제한 등을 통해 수입품에 대한 규제를 할 수 있는 제도입니다.
보복관세 (Retaliatory duty)	자국 상품에 불리한 대우를 하는 국가의 상품에 부과하는 보복의 성격을 가진 관세입니다. 중국은 2018년 3월 22일을 기점으로 미국 산 농산물, 자동차, 화학, 에너지 제품 등에 대해 보복관세를 부과하고 있습니다.
최빈 개발도상국 특혜관세	최빈 개발 도상국에서 중국으로 수입되는 제품에 대해 무관세 혹은 최혜국 세율보다도 낮은 세율의 관세를 부과합니다. APTA최빈국 특혜세율, 에티오피아 포함 37국에 부여하는 최빈 개발도상국 특혜세율 등이 있습니다.

평균 수입관세		
국가/지역	농업 제품	비농업 제품
호주	1.2	4.6
캐나다	3.0	4.0
중국	15.8	9.1
EU	5.8	3.9
인도	37.4	15.0
일본	6.9	2.3
멕시코	24.5	17.1
미국	6.9	3.2

자료: International Business: Strategy, Management, and the New Realities, sigma press, 2010.

아세안 국가의 교역에 관한 실제 사항은 다음과 같다. 기본관세율은 ASEAN 각국으로 수입되는 모든 물품에 기본적으로 적용되는 세율로 WTO 회원국 및 최혜국대우(MFN, Most Favored Nation) 지위를 취득한 모든 국가에 차등 없이 공통으로 부과하는 세율이다. ASEAN과 자유무역협정을 체결한 국가로부터 수입되어 특혜관세를 적용할 수 있는 물품이더라도, 원산지 증명 등 요건을 충족하지 못하는 경우 기본관세율이 적용된다.

유럽연합과 같은 공동시장은 공동의 외적 관세를 갖는다. 그래서 유럽연합국가(EU)들은 같은 상품에 같은 수준의 관세를 적용한다. 이것은 공동시장의 진입 비용이 많이 들고 문제를 일으킬 수 있음을 의미하지만 한 번의 진입이 더 이상의 관세와 최소한의 통제가 없다.

일반적으로 관세체계는 'single column'이나 'double column'일 수 있다. 전자는 상품의 출처가 어디이든 간에 특별한 제품의 수입에 같은 세금을 적용한다. 후자는 다른 나라에서 온 같은 항목의 수입에 따른 관세의 부과를 힙직한다. 때때로 상품을 수입하고 관세를 내고 차후에 수입된 상품을 다시 다른 국가로 수출한다. 이때 전에 수입할 때 이미 낸 관세를 환급을 받는다. 이런 상황을 'drawback'이라 하며 종종 발생한다.

2) 쿼터

수입할당제(quota)는 어떤 나라에 수입된 품목의 전체 금액이나 수량에 한정적인 제한을 부과하는 제도이다. 수입할당제의 시스템은 'first-come, first-serve' 토대로 작용한다. 이것에 의해 할당량 한계가 초과한 이후에 도착하는 상품들은 거부된다. 때로는 기업별로 수입에 관한 쿼터를 제공한다. 후자의 정책은 기업이 수입량을 추가로 얻기 위하여 수입면허를 가진 기업을 인수하기도 한다.

할당량에 대한 제한은 수입국의 특별한 무력관계(FTA)를 맺은 국가를 통하여 수입함으로써 회피될 수 있다. 종종 수출업자들은 현지 제조업자들과 합작 투자하여 할당량 제한으로부터 면책을 얻을 수 있다.

3) 다른 비관세 장애물들

간접적으로 비관세 장애물을 제공하는 형태로 다음과 같이 행동을 취할 수 있다. 수입업자들이 수입허가를 신청하는 임의적인 짧은 기간의 부담, 복잡한 세금절차, 세무직 원에 의해 야기되는 고의적인 지연, 혹은 부적당한 고관세 범주로 생산물을 분류하는 세무 당국 등을 포함한다.

상품수입에 숨겨진 다른 장벽들은 다음과 같다.

첫째, 수입상품과 경쟁할 수 있도록 국내회사들에 도와주는 국가적인 원조.

둘째, 기술상의 생산표준의 제한적 특수성 : 모든 공급자에게 필수 규정을 소개한 것은 새로운 표준을 만족시키는 기업들이 경쟁상대의 이익을 보게 된다는 점을 의미하기 때문에 많은 정책이 기술상의 표준에 대한 특수성을 제시한다. 유럽연합의 도움으로 많은 개발도상국과 후진국들은 유럽연합 규정에 기초한 국제적인 표준이 어떻게 확립되는지를 주목하여야 한다.

셋째, 포장과 라벨 작업에 관한 규정 : 한 나라의 세무 당국은 수입상품에 브랜드, 국가, 세금번호 등을 요구한다.

과거 "한국 신문"의 기사를 보면 하는 일 없이 골프를 치는 사람, 일정한 직업이 없이 외제자동차를 타고 다니는 사람들에게 세무조사를 시행한다는 기사가 있었다. 이와 같은 조치함으로 골프를 하는 사람, 외제자동차 타는 사람이 줄어들면서 자동차와 골프용품의 소비자 자연히 줄어들 것이고 이에 따라 수입이 감소 될 것이다.

4) 외환 통제

외환 통제는 수입 제품에 지급되는 외국통화를 획득할 수입자들의 능력을 제한하려고 추구한다. 또한, 정부는 특별히 선정된 수입회사에 외환을 할당하기도 한다. 한국은 1980년대 외환의 통제 일환으로 수출입 면허증 제도를 시행하여 면허증이 있는 기업만 직접 수출과 수입을 할 수 있도록 하였다. 1997년 외환위기 전까지 개인의 외환 소유와 외환 저축을 금지하였다. 많은 국가에서 수입업자들이 상품을 구매할 수 있는 통화의 공급을 제한할 뿐만 아니라, 해외 통화에 대한 국내 화폐가치를 인위적으로 절하시킨다. 외환 통제를 가동하는 국가들은 전형적으로 수출기업이 수출을 통한 얻는 외환을 중앙은행에 예치하도록 요구하고 있다.

또 다른 외환 통제의 기술은 다음과 같다. 첫째, 수출하는 기업과 국내 제조협정을 시작하는 수입업자에게 외환을 허용하는 것, 둘째, 특정한 생산물의 수입에 대한 외환의 이용을 제한하는 것, 셋째, 수입품목에 따라 차별적 환율을 적용하는 것이다.

제 3 절 서비스무역

1. 서비스무역의 본질

광고, 금융, 컨설턴트, 교통, 수송, 보험, 회계, 비자발급, 콜센터, MRI, CT판독 등과 같은 서비스 무역은 최근 수십 년 동안 세계무역의 주요 성장을 보여왔다. 서비스에 있어서 국제무역에 대한 자료는 모든 국제거래의 30% 정도 밖에 안 되는 것으로 알려져 있지만 상품무역보다 얻기가 더 어렵다. 서비스 무역은 선진국에서 서비스 분야가 얼마나 중요한지를 생각하는 데는 그리 놀라운 일은 아니다. 서비스는 외국시장에 직접적인 판매에 의해 또는 라이센싱을 통해 수출할 수 있다. 세계 시장에서 유망한 서비스 무역 분야는 다음과 같다. ① 인터테인멘트, TV 프로그램, ② 광고, 금융, 합법적인 서비스, 대중적 관계와 같은 전문적인 서비스, ③ 호텔 및 관광 서비스, ④ 금융서비스, ⑤ 소매, ⑥ 선박 및 국제적인 항공산업 등을 들 수 있다.

WTO는 해외직접투자, 외국회사에 대한 차별, 컴퓨터 소프트웨어에 구현된 지적 재산권의 보호, 수입허가에 관한 제한과 같은 문제를 종식했다.

2. 서비스 마케팅

서비스를 공급할 때 비교우위를 갖는 것은 전문적인 기술, 컴퓨터 기술의 사용, 기술 경험 및 기업의 전반적인 명성에서 비롯될 수 있다. 서비스는 무형이고, 저장될 수 없고, 경험될 수도 없고, 이질 성분으로 되어 있으며 종종 같은 시기에 생산 및 소비된다는 점에서 물질적인 상품과는 다르다. 따라서 서비스는 소유권의 이전을 수반하지 않는 행위, 노력, 수행으로 정의된다.

서비스가 국제적으로 판매될 때, 다음과 같은 문제를 일으킨다.

① 국경선을 넘어서 제공된 서비스를 표준화한다는 것은 어렵다. 특히 서비스를 제공하는 직원들이 높은 판단을 실천해야 할 때 더욱이 그러하다.

② 전형적으로 서비스는 국경선을 넘어서 물질적으로 보낼 수 없다는 의미에서 수출될 수 없다. 서비스는 시장 내에서 정상적으로 실행되어야 한다. 그래서 라이센싱, 프랜차이즈지 또는 해외직접투자가 필연적이다.

③ 물질적 항목의 상황과는 달리 생산은 한 나라로부터 또 다른 나라로 쉽게 적응될 수 없다.

④ 특별한 서비스를 마련하는데 요구되는 기술은 특별하여서 외국 피고용인들의 광범위한 훈련이 필요하다.

⑤ 여러 국가의 고객들은 제공되는 서비스의 질이 완전히 다를 것이라는 기대를 할 수 있다.

⑥ 가격 결정은 국가의 생산물보다 더 복잡하다.

3. 재무서비스

금융서비스는 금융 업계에서 제공하는 경제 서비스로, 신용 조합, 은행, 신용 카드 회사, 보험 회사, 회계 회사, 소비자 금융 회사, 주식 중개업, 투자 자금 등 돈을 관리하는 광범위한 비즈니스를 포함한다. 재무 서비스가 가장 빠르게 성장하고 있는 지역은 유럽연합을 들 수 있다. 금융서비스 회사는 경제적으로 발전된 지역에 있으며 런던, 뉴욕 및 도쿄와 같은 도시, 국가, 지역 및 국제 금융 센터에 모이는 경향이 있다. 이 지역에서 가장 빠르게 재무 서비스가 이루어지는 이유는 다음과 같다.

첫째, 회원국 사이에 자본 이동의 자유화 및 자유무역이 형성되었다.

둘째, 상승하는 생활 수준에 수반되는 신용, 보험, 그리고 다른 서비스에 대한 소비자 요구가 증가하고 있다.

셋째, 세계무역이 성장함에 따라서 금융, 보험, 통화 문제 등에 대한 전문가의 도움이 요구되고 있다.

재무 서비스에 대한 국제마케팅에 부여된 제반 문제들은 다음과 같다.

첫째, 여러 관련 문헌에서 강조되었듯이 국가 간에 경제적, 사회적 환경의 차이점 들은 재무 서비스의 제공이 국가들 사이에 차이가 있다는 것을 의미한다.

둘째, 재무 서비스는 정상적으로 보여질 수도 다루어질 수도 없으므로 공급하는 기관은 전형적으로 신뢰 및 고결의 이미지를 창조하려고 시도한다. 재무 서비스의 질이 공급하는 회사와 어떻게 결합했는지를 주목하여야만 한다. 예를 들어 잘 확립된 회사로부터 구매되는 생명보험정책은 새로 생긴 회사의 구매 정책보다 더 높은 질로 간주하고 있다.

셋째, 공급자들은 여러 국가의 재무 서비스의 관계 법령에 친숙하여야만 한다. 몇몇 정부는 재무 서비스의 마케팅을 통제하고 있다.

넷째, 재정서비스에 대한 판매 증가는 개인 소비자에게 제공하는 서비스가 어떻게 만족스럽게 제공되는지를 설명하고 있다. 그러나 이러한 필요성은 다양한 문화적 요인들로 인하여 다를 수도 있다.

유럽연합(European Union ; EU)의 재무 서비스를 보면 다음과 같다. EU 국가의 거주자들은 EU 제공자의 출신과는 상관없이 제공자로부터 재무 서비스를 구매할 수 있다. 기업과 개인은 유럽연합 어디에서나 돈을 빌릴 수 있다. 기업과 개인은 EU 국가에서 자금을 대출받을 수 있고, 예금자들은 어떤 EU 은행이나 재정기관에 자금을 예치할 수 있다. 또한, 유럽연합 국가의 기업의 증권을 사고 팔 수 있다.

이러한 상황이 소비자들에게 주어진 혜택은 재정적 산물이 더 광범위하게 이용할 수 있고 높은 국제 경쟁으로부터 생기는 낮은 가격으로 이용할 수 있다. 문제점들은 소비자 보호와 관련되며, 은행, 보험회사, 다른 재무 서비스 기관을 통제하는 정부 규정과 조화를 이루는 실제적 어려움과 관련이 있다.

제 4 절 제 3 세계와 경영활동

1. 제 3 세계의 특성

세계 수출 가운데 4분의 3이 서유럽, 북미, 호주, 남아프리카, 일본 및 태평양 주변국들에 의해 공급된다. 이러한 국가들은 전 세계 수입의 큰 비중을 차지하고 있다. 반대로 후진국들은 국제무역에 상대적으로 적게 연루된 대신에 자국의 농업 및 필수품 분야에 의존하고 있다. 후진국 가운데 최소한의 부유한 나라들을 가리켜 제3 세계라고 부른다.

UN의 정의에 따르면 "개발도상국의 농업 종사인구의 4분의 1 또는 3분지 1을 차지하고 고도로 발전된 산업 분야"를 소지한 국가들이라고 정의하고 있다. 이러한 국가에는 고소득의 소비자와 선진국형의 소비자 특성을 드러내는 실제적인 산업과 소비시장이 존재하고 있다. 개발도상국들은 아주 부유한 층과 몹시 가난한 층의 두 부류로 분류할 수 있다. 전자는 상대적으로 더 부유한 카리브해 국가들과 더불어 기름이 풍부하여 새롭게 산업화 된 국가들이다. 더 가난한 국가들은 천연자원의 제한된 양을 수출하는데 의존하며 외화가 부족한 경제를 갖춘 국가들이다.

UN은 개발도상 국가 중 국내 산업소비재 상품을 생산하는 산업을 소지한 빈곤한 국가들로부터 산업기반 시설을 전혀 갖추지 못한 영세경제까지 포함하고 있다. 이 같은 제3세계 개발도상국들은 도시의 중류층, 국가의 교육체계 그리고 필연적으로 읽고 쓸 수 있는 인구, 낮은 평균수입, 소비재 상품에 대해 요구가 증가하고 있다. 그와는 반대로 영세경제는 주로 농업에 종사하는 인구들, 식자층은 저조하고 도시의 높은 실업률, 자신의 생산품을 소비하며 잉여분을 다른 상품과 교환하는 형식으로 나타난다. 이러한 두 부류의 후진국형은 심각한 경제 문제에 직면하며, 빈곤의 악순환에 사로잡히고 있다. 그들의 산업은 많은 양의 상품을 생산할 수 없다. 그래서 낮은 삶의 질, 낮은 수준의 수출, 산업기계를 구매하기 위한 외환의 부족, 소비자 구매력의 결핍, 새로운 산업에 기업들이 투자하려는 동기 부족 등이 나타난다. 경제적 하부구조는 부적합하고, 분배 시스템은 형편없다. 그리고 임금은 매우 낮아서 소비자들이 상품을 사들일 필연적인 수입을 갖지 못한다. 그리하여 기업들은 대규모 생산을 정당화할 시장을 갖지 못하고 그러한 순환을 거듭 반복되고 있다.

제3세계 국가는 국제적인 무역과 관련하여 여러 가지 심각한 문제점에 직면한다. 세계 시장의 비율은 지난 40년 동안 꾸준히 떨어져 왔다. 중요하게도 그들의 수출성장률은 국내경제 팽창을 위해 요구되는 일정한 수입을 충분히 보조하지 못했다. 또한, 그들은 세계 수요가 급증하는 분야의 요구에 맞추기 위해 그들의 수출구성을 변화시키지 못했다.

낮은 1인당 GDP는 제3세계 국가의 주요한 특징이다. 전형적으로 그들은 낮은 경제적 성장률, 인구의 급증률, 형편없는 산업 하부구조, 짧은 수명, 아주 초보적인 도덕성 등을 완화 시켜야 한다. 기술 부진과 저조한 산업생산의 결과는 높은 실업률로 이어졌고, 언어의 다양성은 국가 경제를 재건하고 건실한 경제성장을 도모하는데 가장 어려운 요인이다.

제3세계 국가의 정부들은 대규모 투자 프로그램으로 경제성장률을 가지려는 욕망을 표현하고 있다. 제3세계 국가는 소수이지만 상당히 번영한 중류층을 가진 도시지역을 갖고 있다. 이러한 국가에서 중간 소득층들의 수가 해마다 증가하고 있다.

2. 제 3 세계에서의 경영활동

글로벌 기업들은 다음과 같은 이유로 제3세계 국가에서 기업활동을 수행한다.

첫째, 제3세계에서 장기간 투자를 모색하는 기업들은 경제적인 발전 촉진제로서 성장하는 시장에 이바지하기 위해 자리잡는다.

둘째, 제3세계의 경제적 발전단계에 따르면 차후에 후진국에 있어서 특별한 생산을 위한 거대한 시장을 발생시킨다.

셋째, 제3세계의 고객들은 제품의 품질과 서비스는 선진국에서, 더욱더 적게 요구한다.

넷째, 선진국에서 불법이 되는 여러 가지 제한적인 사업실행이 후진국에서는 허용될 수 있다.

다섯째, 현지 시장에는 경쟁적이지 않다.

세3세계 국가는 기업활동과 관련된 분야가 낙후되었다. 특히 이들 국가에는 문맹자가 많아서 이들 소비자에게 호소할 수 있는 촉진 방법을 채택할 필요가 있다. 제품 사용설명서는 단순화되어야 하며, 사용설명서는 문자보다는 그림이나 상징물로 제시되어야 한다. 가격은 투입 품목의 수준을 낮춤으로써 줄여질 수 있다. 많은 제3세계에서 전형적인 생산품 서비스는 소비자들이 갖는 지형적인 장거리의 문제 때문에 실행이 어렵다. 따라서 이와 같은 서비스의 무제점을 해결하기 위해서 생산품을 더 강하고 신뢰할 수 있도록 만들고 제품의 필수 부품은 스스로 수리할 수 있도록 여유 부분을 포함해 줌으로써 서비스의 문제점을 해결할 수 있다. 광고는 선진국에서보다는 후진국에서 더 많은 정보를 제공한다. 쇼핑은 동료나 이웃으로부터 정보를 얻어서 제품을 구매하기 때문에 제3세계에서 상품에 관한 주요한 정보의 근원이 무엇인지를 주목하여야 한다.

3. 제 3 세계와 관련된 문제들

유통은 제3세계에서 기업 활동할 때 주요한 문제일 수 있다. 유통의 경로는 아주 길고 운송과 창고의 시스템은 매우 부적합하다. 장거리 유통경로의 중요한 의미는 수출업자들이 판매가격에 대한 모든 통제를 포기해야 한다는 점이다. 중간 판매업자들의 가격 인상은 수요와 공급에 따라 불안정하며 매우 높을 수가 있다. 유통시스템에 있어서 단점은 소비자들이 이용할 수 있는 대체상품을 인식하지 못하는 결과를 초래할 수 있다. 그래서 그들은 어떤 항목에 대한 돈의 가치를 평가할 수 없다. 이것은 소비자들이 그들이 평가할 수 없는 상품을 구매하지 않게 만들 수 있다. 제3세계의 가난한 소비자들은 다른 나라에서보다 음식물을 가장 빈번하게 구매를 하고 이 외 제품의 구매는 빈번하지가 않다는 것을 주목하여야 한다.

제 3 세계에서 사업하기를 바라는 회사들이 겪어야 할 더 많은 문제는 다음과 같다.

첫째, 시장 특성에 관하여 발행된 정보 물이 전혀 없다. 분석 및 의존할 수 있는 자료가 부족하다. 경제적인 어려움에 의하여 국가적인 통계서비스 확립에 대한 우선권을 갖고 있지 않고, 국가에 따라서는 선거등록부가 존재하지 않을 수도 있다. 높은 출생률과 도시로의 인구이동이 인구통계 자료를 못 쓰게 만들 수 있다.

둘째, 가격 결정은 수요의 수준과 고객의 지급 능력과 어우러지지 않는 상황에서 이루어질 수 있어서 매우 어려운 문제이다.

셋째, 소비자의 구매가 낮은 소득에 의해 심각하게 제약되기 때문에 저가격 항목의 영역이 단지 구매되고 있다. 고객들은 제품의 특성, 스타일, 형태 및 규모에 대한 기호를 나타낼 수 없다. 간단히 말해서 소비자들이 불충분한 시장정보를 일으킴에 따라 공급자들은 편협한 요구에 직면하는 생산품을 채택할 수밖에 없다.

넷째, 시골의 소비자들은 문맹자이고 최소한의 시민 서비스 — 전기와 전화 — 을 소유한 마을에서 산다.

다섯째, 제3세계의 도시에서 발견되는 소득, 교육 및 생활의 불균형으로 인하여 도시시장에서 표준화된 캠페인을 사용하고자 하는 회사에 많은 어려움을 주고 있다.

제3세계에서 수많은 문제로 인하여 연구를 수행하는 데 많은 어려움이 있다. 자료수집의 어려움은 빈약한 국가들의 우편 및 전화 시스템에서 일어나고, 높은 문맹률로 인하여 질문에 답하려는 소비자들의 거리낌에서 비롯된다. 이들 국가에는 정확한 정보를 수집할 수 있는 연구소나 컨설팅 회사도 없고, 훈련 및 경험이 풍부한 시장 연구 요원들도 없다. 그리고 또 다른 어려움은 제3세계 국가들은 다양한 언어를 사용한다는 점이다. 인도는 힌디어(40%) 외 14개의 공용어를 사용하고 있다. 또 한 서로 다른 179개의 언어와 544개의 방언들을 사용하고 있다.

연 습 문 제

1. 국제환경의 중요성에 대하여 설명하라.

2. 왜 자유경제시장을 반대하는가?

3. 국제수지의 중요성에 대하여 설명하라.

4. 자유무역을 선호하는 이유를 설명하라.

5. 수입을 제한하는 방법을 설명하라.

6. 서비스무역이란 무엇인가?

7. 제3세계와의 경영활동과 관련된 문제점을 설명하라.

제3장
해외직접투자

읽을거리

외국인 투자 55조… 기업들 '脫한국'

지난해 9% 늘어 사상 최고… 중소기업도 첫 10조원 돌파
국내 설비투자는 큰 폭 줄어… 1분기 -10%, 21년만에 최악

대기업과 중소기업 모두 국내 투자는 줄이면서 해외 투자는 늘리는 '엑소더스(exodus·대탈출)'가 가속화하고 있다. 국내 설비 투자 증가율이 외환 위기 이후 최저치를 기록하더니, 지난해 기업의 해외 직접투자(FDI)는 사상 최고치를 경신했다. 해외 직접투자는 우리나라 기업과 개인이 외국에서 기업을 인수하거나 현지 법인을 세우려고 부지 매입과 공장 건립 등에 쓴 돈이다. 한국은행 총재도 기업의 국내 투자 부진을 공개적으로 경고하고 나섰다.

26일 한국수출입은행에 따르면 2018년 우리나라 대・중소기업의 해외 직접투자액은 478억달러(약 55조5,000억원)로 관련 통계 작성이 시작된 1980년 이후 최고치를 기록했다. 재작년의 438억달러보다 9.1% 늘어났다. 이 중 중소기업의 해외 직접투자가 100억달러(약 11조6,000억원)로 처음 10조원을 돌파했다. 재작년의 76억달러보다 31.5% 폭증한 것이다. 대기업의 해외 직접투자는 같은 기간 4.4%가 늘어 역대 최고인 378억달러(약 43조9,000억원)를 기록했다. 한국경제연구원은 "국내 기업의 해외 직접투자 금액이 급증하면서 최근 10년간 해외로 빠져나간 순투자 금액은 2,196억달러(약 255조원)에 달한다"고 밝혔다.

반면 기업들의 국내 투자는 큰 폭으로 줄고 있다. 올해 1분기(1~3월) 국내 설

비투자 증가율은 외환 위기 이후 21년 만에 최저치인 -10.8%에 머물렀다. 기록적인 설비투자 감소는 우리 경제에 직접적인 타격을 줘 지난 1분기 경제성장률은 10년 만에 최저인 -0.3%로 내려앉았다.

이주열 한국은행 총재는 26일 은행장들과 간담회를 갖고 "1분기 마이너스 성장의 주된 요인 중 하나가 기업 투자 부진"이라고 지목했다. "대외 경제 여건이 가장 큰 원인"이라며 해외 탓을 한 청와대와 다른 해석을 한 것이다. 이 총재는 "현 상황을 엄중히 볼 필요가 있다"며 "기업 투자 심리가 되살아나야 성장 흐름의 회복을 앞당길 수 있다"고 강조했다.

국내 기업들의 해외 엑소더스(대탈출)는 최근 들어 걷잡을 수 없이 확산되고 있다. 25일 LG전자가 연간 500만대 규모의 경기도 평택 스마트폰 생산 라인을 모두 베트남 하이퐁으로 옮겨간다고 발표했다. SK그룹도 지난해 베트남에 5,000억원대 투자를 한 데 이어 올해도 1조2,000억원을 추가로 투자하기로 했다. 현대 차그룹은 지난달 인도 최대 차량 호출 서비스 업체 올라에 3억달러(약 3,480억원)를 투자하기로 했다. 이 들을 따라 국내 중소기업들도 옮겨가면서 산업 생태계 자체가 한국을 떠나가는 현상이 나타나고 있다. 대 기업은 과잉 규제 때문에 신사업 투자 기회를 못 찾아서, 중소기업은 최저임금 급등과 근로시간 감축 등 급격한 노동시장 환경 변화 때문에 어쩔 수 없이 한국을 떠나고 있다는 지적이다.

◇ 무너지는 제조업… 기업들은 해외로

기업들의 국내 설비투자가 저조하다는 것은 성장 동력이 꺼져가고 있다는 얘기다. 주요 국가산업단지 공 장 가동률은 올 들어 70%대, 서울 지역 산단 공장 가동률은 60% 초반까지 떨어졌다. 그 결과, 지난달 전 체 취업자 수가 1년 전 같은 달보다 25만명 늘어나는 동안 제조업 취업자는 10만8,000명 줄었다. 제조업 취업자는 작년 12월 이후 넉 달 연속 10만명 이상씩 감소하고 있다.

기업들이 돈이 없어서 설비투자를 꺼리는 건 아니다. 기업 정보 업체 재벌닷컴에 따르면, 작년 말 기준 우 리나라 자산 상위 10대 그룹 계열 상장사 95곳이 가진 현금은 250조원에 육박(248조3,830억원)한다. 2017년보다 12.2% 늘어난 사상 최대다. 하지만 국내 투자보다 해외로 향하는 기업이 많다.

중소기업 해외 투자는 특히 2015년부터 2018년 사이 3년 만에 2배로 늘었다. 중소기업계는 글로벌 가격 경쟁력 유지, 대기업과의 동반 이전, 국내 시장의 위축 등을 이유로 꼽는다. 최저임금 급등과 주당 52시간 근로제가 이를 가속화하고 있다. 수도권의 자동차 부품 업체 A사 대표는 "공정 자동화로 10년은 더 국내 공장을 유지할 수 있다고 생각했는데, 최저임금 급등과 근로시간 단축으로 인해 생산 단가가 크게 올라 해외 이전을 앞당길 수밖에 없었다"고 말했다.

◇ "J노믹스 버리고 산업 정책 새로 짜야"

전문가들은 다른 산업과의 연관성이 높은 운송·기계장비 등 제조 산업을 다시 일으킬 대책이 시급하다고 지적한다. 한국은행의 한 금통위원은 "미국·독일·일본 등 강대국들이 제조업을 홀대하지 않는 건 한번 무너지면 경제가 다시 일어설 수 없기 때문"이라며 "기업들이 사업하기 어려운 걸림돌을 치워야 한다"고 말했다.

대표적인 게 세금 문제다. 작년 대기업들의 세전(稅前) 이익은 3% 늘어나는데 그친 반면, 법인세로 낸 돈 은 18.8% 증가했다. 정부는 작년 과세표준 3,000억원 초과 구간을 신설하면서 해당 구간 법인세율을 22%에서 25%로 높였다. 우리나라와 달리 미국(35%→21%), 프랑스(33.3%→25% 계획), 일본(30%→23.2%) 등 주요국은 최근 거꾸로 법인세율을 낮춰 기업하기 좋은 환경을 만들어줬다. 기업을 적폐로 몰아붙이는 분위기도 국내 투자를 위축시키고 해외 투자를 늘리는 요인으로 꼽힌다. 한 중견기업 대표는 "노조와 정치권으로부터 '악인' 취급을 당하며 자존감이 많이 떨어졌는데, 최근 베트남 방문에서 영웅 대접을 받으니 '투자해야겠다'는 생각이 들었다"고 말했다.

〈 조선일보〉

"아세안 투자, 생산기지 구축 외에 내수시장도 겨냥해야"

-한은 해외경제포커스 '아세안 5국 FDI 전망' 보고서
-아세안 5국, 중국 대체할 다국적기업 생산 거점화
-고도 성장세, 인구 증가세로 내수시장 확대 전망
-경영 인프라 미흡, 일부 국가 임금 급등세는 단점

아세안(ASEAN) 주요 5개국 경제가 외국인직접투자(FDI)를 바탕으로 고성장을 이어온 것으로 분석됐다. 이들 국가에 대한 해외 생산기지 구축뿐 아니라 내수시장 확보 전략 수립이 필요한 것으로 지적됐다.

22일 한국은행 해외경제포커스에 이병록 조사국 과장 등 연구팀이 게재한 '아

세안 5국의 외국인직접투자 유입 배경과 전망 및 시사점'에 따르면 글로벌금융위기 이후 인도네시아 · 말레이시아 · 태국 · 필리핀 · 베트남 5개국에 대한 FDI는 증가세를 유지했다. 이는 전세계 FDI 유입규모가 증감을 반복한 것과 대조된다.

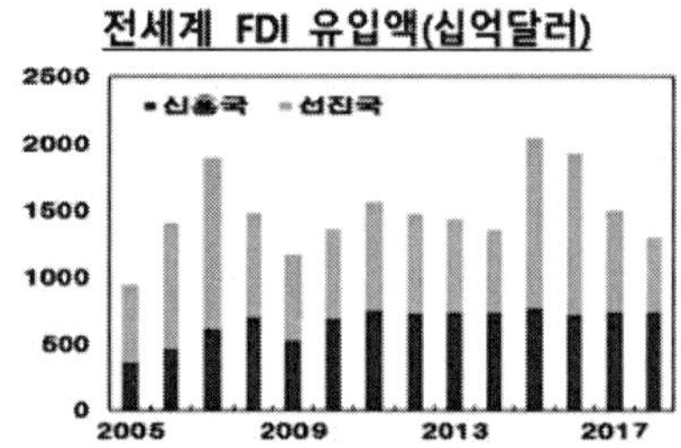

자료 : UNCTAD

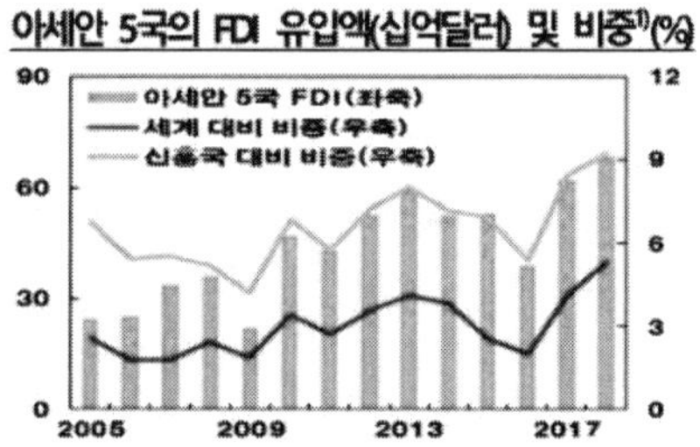

주 : 1) 세계 및 신흥국 FDI 총 유입액 대비 비중
자료 : UNCTAD, ASEAN stats, ASEAN statistical year book

(자료=한국은행 제공)

이에 따라 전세계 FDI 유입액에서 이들 아세안 5국이 차지하는 비중은 2009년 1.9%에서 지난해 5.3%로 상승했다. 신흥국 내 비중으로 따져도 같은 기간 4.3%에서 9.3%로 커졌다. 이는 아세안 5국의 2010~2018년 평균 경제성장률이 5.3%로 다른 경제권을 압도한 배경으로 분석됐다.

금융위기 이후 아세안 5국에 대한 FDI 투자국가 중 북미지역 국가의 비중은 하락한 반면, 동북아 · 아세안 국가의 비중은 상승했다. 2016~2018년 FDI 비중 상위 5개국은 싱가포르(26.3%) 일본(22.5%) 홍콩(10.7%) 중국(7.3%) 우리나라(7.1%) 등 모두 동아시아 국가였다.

지리적 근접성과 지역무역협정 체결 등으로 무역연계성이 확대되고, 다시 동아시아 국가들의 아세안 5국 FDI 투자가 증가해, 동아시아와 아세안 5국간 무역연계성이 거듭 확대되는 선순환 구조가 작용한 결과로 해석됐다.

저임금 노동력이 풍부한 인도네시아 · 베트남 · 필리핀은 제조업 부문에 FDI가 집중되고, 소득수준이 높은 말레이시아·태국의 경우 서비스업으로의 유입비중이 상대적으로 높았다.

연구팀은 아세안 5국으로의 FDI 유입세가 앞으로도 지속될 것으로 전망했다. 우선 '세계의 공장'이던 중국의 임금상승 등에 따라 다국적기업 입장에서는 중국을 대체할 글로벌 생산거점으로 아세안 5국이 부상하고 있다는 점이 지적됐다.

아시아 주요국의 제조업 임금[1]수준(천달러)

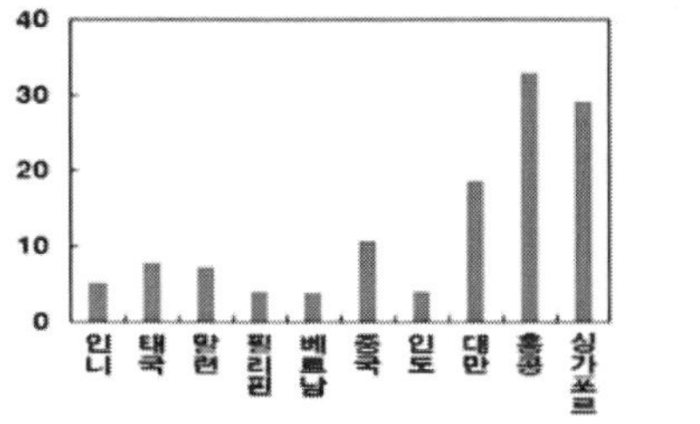

주 : 1) 2018년 연간 임금 기준
자료 : JETRO

주요국의 노동력수[1](백만명) 및 예상 증가율[2](%)

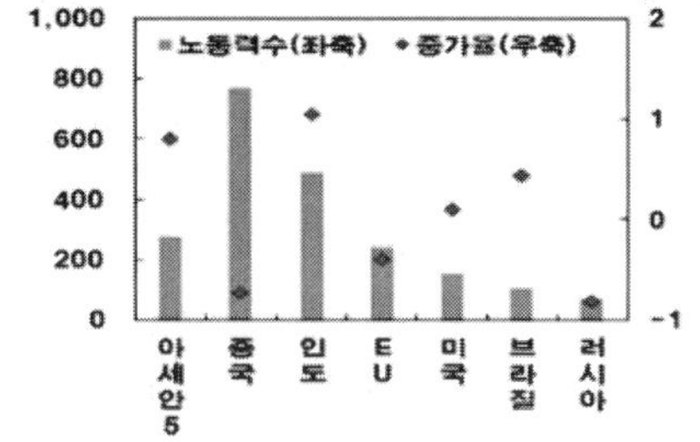

주 : 1) 2018년 15~64세 경제활동인구수 기준
2) 2020~30년 연평균 증가율
자료 : ILO

(자료=한국은행 제공)

중국 정부의 내수중심의 산업구조 고도화 정책 추진, 미중 무역분쟁 심화 등도 생산거점으로서 아세안 5국의 입지를 강화하는 것으로 분석됐다.

아울러 아세안 5국의 견실한 성장세, 인구 증가 등에 따른 내수시장 규모 확대가 FDI 유입을 이끌 또다른 요인으로 적시됐다. 향후 인구증가세 지속, 소득수준 향상 등으로 중산층 인구가 늘어나 아세안 5국의 가계 소비여력도 확대될 것이라는 얘기다.

다만 아세안 5국의 인프라 등 기업 경영환경이 미흡하다는 점, 일부 국가의 경우 임금이 가파르게 상승하고 있는 점 등은 투자제약 요인으로 작용할 소지가 있다고 연구팀은 지적했다. 임금의 경우 베트남·인도네시아·태국은 아직은 낮은 수준이긴 하나, 상승률이 신흥국 평균을 웃도는 것으로 나타났다.

주요국의 GDP 및 인구 증가율[1](%) 전망

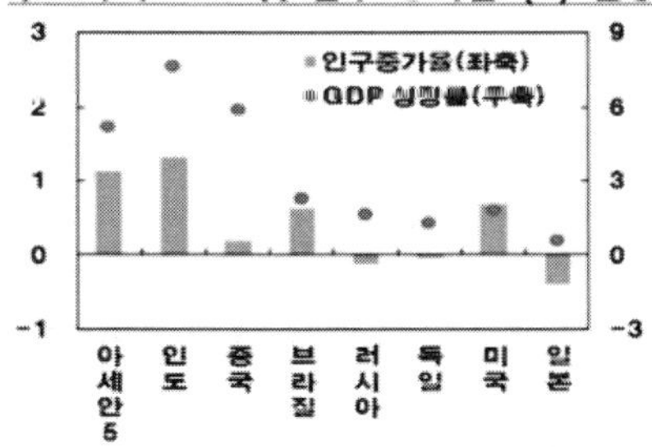

주 : 1) 2019~24년중 연간 증가율 평균
자료 : IMF

아세안 4개국의 소득계층[1] 비중(%) 전망

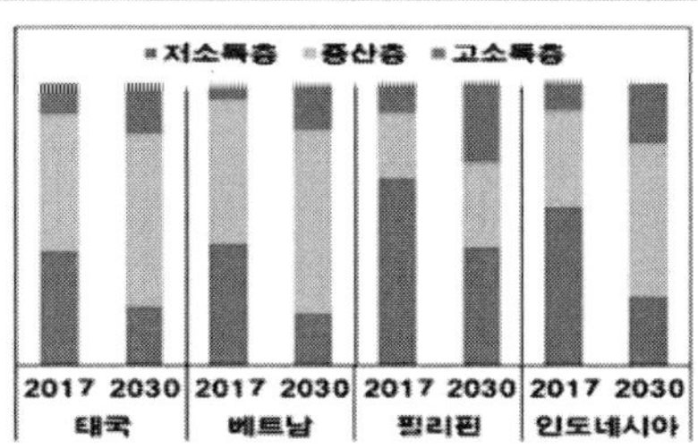

주 : 1) 각국의 소득계층을 월소득 및 구매력을 기준으로 구분
자료 : BCG

(자료=한국은행 제공)

연구팀은 "아시아지역 분업체계에서 아세안 5국의 역할이 강화되고 이들 국가의 내수시장도 확대될 것으로 예상되는 만큼, 우리나라도 중장기적 관점에서 대응해야 한다"며 "기업은 조립·가공을 위한 해외 생산기지 구축 외에 내수시장 확보 측면도 투자전략에서 적극 고려할 필요가 있다"고 밝혔다.
아울러 "글로벌 기업의 생산거점이 아세안 5국으로 이전되는 구조전환 과정에서 우리기업이 적절히 대응해 나갈 경우, 향후 우리나라의 중국 수출의존도가 낮아지는 긍정적 효과도 기대할 수 있다"고 강조했다.

〈nocutnews〉

제 1 절 해외직접투자의 개념과 특징

1. 개념

해외직접투자란 한 나라의 자본, 생산기술, 경영 기술, 인력관리, 제품 기술, 재화, 기술 등을 피투자 국가에 이전시켜 기업 경영에 직접 참여할 것을 목적으로 생산요소를 복합적으로 해외에 이전시키는 하나의 기업활동을 의미한다. 광범위한 직접투자에는 “합병 및 인수(M&A), 신규 시설 건설, 해외 운영으로 얻은 이익의 재투자 및 회사 내 대출” 등을 포함하고 있다.

해외직접투자는 해외 간접투자와 반대의 개념으로 정의된다. 해외직접투자는 투자하는 기업이 현지경영과 의사결정에 직접 참여할 것을 목적으로 하는 데 반하여, 해외 간접투자는 기업 경영에 참여함이 없이 주식, 채권 등의 유가증권에 투자하여 단지 배당수익이나 이자수익을 바라고 투자하는 것이 차이점이라고 할 수 있다.

해외직접투자와 수출은 반대개념으로 정의할 수 있다. 수출은 본국에서의 국내 생산요소가 결합하여 완제품 또는 반제품의 상태로 해외에 이전되는 반면에 해외직접투자는 국내 생산요소인 자금, 노동, 기술 등을 피투자 국에 이전하여 현지 생산요소인 노동, 토지 등과 결합하여 생산 및 판매를 해서 우리나라로 역수입이 될 수도 있다는 점에서 차이가 있다.

미국 상무부가 발표한 해외직접투자의 기준은 다음과 같은 요건을 갖추어야 해외직접투자로 간주하고 있다(조동성). 첫째, 의결권주의 10% 이상이 미국 국민에 의하여 보유되고 있는 외국법인기업, 둘째, 의결권주 총수의 50% 이상이 미국에 거주하는 주민들에 의해 보유되고 있는 외국법인기업, 셋째, 미국 국민이 보유하고 있는 해외자산, 넷째, 미국법인기업의 국외지사에 대한 투자이다.

일본 정부는 일본 측의 자본참여가 25% 이상의 지분을 보유할 때를 해외직접투자로 보면서, 제조기술이나 원재료, 투입물의 제공 그리고 재정적 원조 등도 직접투자에 포함하고 있다.

대한민국 정부가 마련한 「외국인투자 촉진법」상에서는 외국인 투자를 다음과 같이 정의하고 있다.

외국인이 대한민국 법인 또는 대한민국 국민이 경영하는 기업 경영활동에 참여와 그 법인 또는 기업과 지속적인 경제 관계를 수립할 목적으로 기업의 주식 또는 지분을 소유하는 것으로서 의결권 있는 주식 총수나 출자총액 10% 이상 및 투자금액 1억 원 이상을 소유하는 경우, 기업 경영에 실질적인 영향력을 행사하는 것에 대한 계약을 체결하는 경우(임원을 파견하거나 선임할 수 있는 계약, 1년 이상의 동안 원자재나 제품을 납품하거나 구매하는 계약, 기술이 제공·도입 또는 공동연구개발계약) 외국인 투자기업의 해외 모기업과 그 모기업과 대통령령이 정하는 자본출자 관계가 있는 기업이 해당 외국인 투자기업에 5년 이상의 장기차관을 빌리는 경우로 정의하고 있다.

또 외국인 투자의 절차에는 신주 등의 취득에 의한 투자, 기존 주식 등의 취득에 의한 투자, M&A에 의한 주식 취득, 합병 등에 의한 주식 등의 취득, 장기차관 방식의 외국인투자를 포함하고 있다.

2. 특징

위에서 언급한 개념에 따른 해외직접투자는 다음과 같은 특징을 가진다(조동성).

첫째, 해외직접투자는 투자 동기 면에서 단순히 이자나 유동성 확보만을 지향하는 유가증권 투자나 배당소득만을 목적으로 하는 주식매입과는 달리, 해외사업에 대하여 직접적으로 영향력을 행사하여 경영을 지배하는 것이 목적이다. 따라서 단기적인 이익 획득의 가능성은 직접투자에 있어서 중요한 문제가 안 되며, 투하자본의 보수만을 목적으로 하는 것은 직접투자가 아니다. 그러므로 채권이나 주식의 취득, 모든 종류의 단기자본투자, 이자나 배당금 위주의 장기투자, 사업목적을 수반하지 않는 토지의 취득 등은 직접투자에 포함될 수 없다.

둘째, 해외직접투자는 그 구체적인 형태면에서 단순한 화폐적 형태의 자본 이동뿐만 아니라 유형·무형 경영자원의 이동을 포함한다. 즉, 외견상으로는 경영자를 중심으로 하고 실질적으로는 경영 관리상의 지식과 경험, 특허, 노하우는 물론 '마케팅' 방법 등을 포함한 광범위한 전문적·기술적 지식, 원료구매, 자금 조달, 판매 등 시장에서 지위, 상표 혹은 신용, 정보수집, 연구개발을 위한 조직 등을 포함한 포괄적 이전을 의미하고 있다는 점에서 수출이나 라이센싱과 구별된다.

셋째, 해외직접투자는 자본의 수출인 동시에 기업의 수출로서 한 국가의 기업이 국내지향 및 해외지향경영에서 현지 지향 및 세계지향경영으로 전환하기 위한 필요조건이다.

제 2 절 해외직접투자이론

1. 해외직접투자 이론의 전제조건

다국적기업에 이루어내고 있는 해외직접투자는 투자기업이 생산요소인 기술, 자본, 경영자원 등을 해외에 포괄적으로 이전하여 현지국과의 생산요소와 결합하여 제품을 생산, 판매, 마케팅 등을 하는 기업활동으로써 투자기업이 의사결정과 통제 등을 통하여 현지경영에 직접 참여하는 해외사업방식을 가리킨다.

해외직접투자는 주로 다국적기업에 이루어내고 있어서 해외직접투자의 이론은 다국적기업에 관한 이론을 규명하고자 큰 노력을 하고 있다. 해외직접투자 이론이 해외직접투자의 어떠한 측면을 설명해 줄 수 있는 이론이어야 하는가에 대한 것은 해외직접투자 현상을 완전히 설명해 줄 수 있는 이론이 되기 위해서는 다음과 같은 물음에 답할 수 있어야 한다(Root).

① 기업이 해외직접투자를 이용하여 해외에 진출하는 이유는 무엇인가?
② 해외투자기업들은 현지 기업들이 익숙한 자국의 사업환경에서 영업활동을 수행하고 있어서 본래부터 우위를 가지고 있는데, 어떻게 이들과 성공적으로 경쟁할 수 있는가?
③ 기업이 수출이나 라이센싱을 이용하지 않고 생산기업으로서 해외시장에 진출하는 이유는 무엇인가?
④ 해외직접투자가 과점적 대기업에 의해서 지배되고 있는 이유는 무엇인가?
⑤ 해외직접투자가 어떤 산업에서는 많이 이루어지고 또 다른 산업에서는 거의 이루어지지 않는 이유는 무엇인가?
⑥ 국가 및 산업에서 역투자가 발생하는 이유는 무엇인가?
⑦ 미국과 같은 일부 소수 국가가 전 세계 해외직접투자의 대부분을 차지하고 있는 이유는 무엇인가?

해외직접투자 이론 중 위에서 열거한 일곱 가지를 명백히 답할 수 있는 이론은 존재하지 않으며, 현재의 해외직접투자 이론은 직접투자의 일부 현상만을 설명해 주고 있다.

2. 해외직접투자기론

1) 독점적 우위 이론

해외직접투자 이론을 처음으로 체계화한 하이머(S. H. Hymer, 1960)는 산업조직론의 입장에서 불완전시장에 주목한다. 불완전시장이란 파는 측과 사는 측 쌍방이 시장거래에 따라 최적 이익을 얻을 수 없는 시장을 가리킨다. 특히, 과점단계에서의 시장은 다양한 이유로 왜곡되게 된다. 제품·서비스의 품질이나 가격에 관한 정보는 불완전하고, 파는 측과 사는 측 사이의 그 평가도 다르게 된다. 거래조건에 대한 교섭력도 통합되거나 대등한 것이 아니고 규모가 큰 기업이나 특수 기술을 갖고 있는 기업이 큰 교섭력을 갖게 된다. 관세나 비관세 장벽, 외환시세 등에 따라 시장이 왜곡되는 경우도 많다.

만약 시장이 완전경쟁 시장이라면 해외직접투자는 생기지 않는다. 무역이론이 분명하게 설명하고 있듯이 각국은 비교우위에 근거하여 무역하고 노동을 절약하여 서로의 이익을 얻을 수 있기 때문이다. 제품시장이 완전하면 수출이 가장 유리하고, 또 제품시장이 불완전하고 기술시장이 완전하면 라이센싱이 유리하다. 그러나 제품시장도 기술시장도 불완전한 경우, 해외직접투자에 따른 현지 생산이 가장 유리해진다.

하이머(Hymer, 1960)는 해외직접투자의 동기로서 경쟁 배제와 과점직 우위를 들고 있나. 경쟁 배제란 어느 나라의 기업이 다른 해외기업의 소유권을 지배함에 따라 양자 간의 경쟁을 배제하는 것으로 여기에는 수평적 방향의 움직임과 수직적 방향의 움직임이 있다. 수평적 방향의 움직임이란 두 회사가 같은 시장에 같은 제품을 공급하는 수평적 독점의 상태이다. 이러면 한 편이 다른 편을 지배하에 두든지 또는 합병하여 경쟁을 배제할 수 있다. 시장에 공급할 수 있는 기업은 한 회사만이 되기 때문이다.

수직적 방향의 움직임이란 원재료나 부품의 파는 측과 사는 측이 함께 한 회사만 존재하는 쌍방 독점의 상태이다. 예를 들어, 천연자원을 가공, 판매하는 기업의 경우, 쌍방 독점관계에 있는 해외의 채굴기업을 지배하에 둠으로써 경쟁을 배제하고 독점적 이윤을 누리는 것이다.

독점적 우위는 동기라기보다는 해외직접투자의 필요조건이라고 생각하는 것이 이해하기 쉽다. 해외직접투자를 하는 기업은 주로 과점적 대기업이다. 그러한 과점적 대기업이 해외직접투자를 하기 위해서는 무엇인가 기업 특유의 비교우위, 즉 독점적 우위를 갖지 않으면 안 된다. 왜냐하면, 어느 시장에 있어서는 현지 기업 쪽이 외국 기업보다도 유리한 상황에 있기 때문이다. 현지 기업은 현지국의 경제, 언어, 법률, 정치 등과 관련된 정보를 입수하여 외국 기업보다 상대적으로 우위성을 갖는다. 외국 기업은 현지 정부의 대외 차별, 국가 위험, 외환 위험 부담을 갖는다.

따라서 외국 기업이 해외에서 사업을 성공시키기 위해서는 이와 같은 열위를 상회하는 무엇인가의 우위성을 갖지 않으면 안 된다. 예를 들어, 낮은 비용의 생산요소, 효율적 생산에 관한 기술, 유통능력, 제품차별화 능력 등이다. 케이비스(R. E. Caves, 1971)는 라이센싱이 가능한 기술보다는 분할 불가능한 제품 차별능력이야말로 해외직접투자의 주된 동기가 된다고 하고 있다.

킨들버거(C. P. Kindleberger, 1969)는 이들 과점적 우위를 다음과 같이 세 가지로 정리하고 있다.

〈도표 3-1〉 과점적 우위 요소

과점적 우위 요소	
1. 제품 및 가격 차별화 능력	마케팅 기술, 소매가격 유지, 가격관리
2. 요소 시장의 차별화 능력	특허기술, 비공개기술, 자본조달, 경영자 능력
3. 규모의 경제성	

흔히 킨들버거에 따르면 이러한 독점적 우위가 불완전시장을 형성한다고 한다. 이들 독점적 우위의 존재는 참여 장벽이 높고, 정보를

독점하고, 교섭력을 향상 시킨다. 이것은 중요한 지적이다. 하이머의 경우, 불완전시장과 독점적 우위가 결부되어 해외직접투자가 생긴다고 지적한 공적은 크지만, 불완전시장과 독점적 우위의 관계를 반드시 명시하지는 않고 있다. 킨들버거에 따르면 독점적 우위 그 자체가 불완전시장을 만들어 내는 것이 분명하고, 해외직접투자는 과점과 불가분의 관계에 있는 것이 확인된다.

2) PLC 이론

버논(R. Vernon, 1966)은 특정한 제품이 국가마다 제품수명주기(product life cycle ; PLC)의 시기가 다르다는 것에 주목한다. 신제품은 먼저 미국에서 도입되고, 그것이 미국 시장에서 성숙기에 접어들 무렵, 기타의 선진국에서 해당 제품에 대한 수요가 발생하여 도입기를 맞이한다. 미국 기업은 이와 같은 국제시장에서의 PLC 격차를 이용하여 순차적으로 해외투자를 통한 생산거점을 이동함으로써 최적 생산거점 배치를 달성할 수 있다는 것이다.

그렇다면 왜 신제품은 미국에 먼저 도입되는 것인가?

미국에서는 물, 석유, 토지, 자본 등의 생산요소가 싸고 쉽게 사들일 수 있지만, 노동력은 언제나 부족했다. 노동력 부족은 한편에서 한 사람당 국민소득을 높여서 높은 수준의 국내수요를 만들어 내고, 다른 한 편에서는 자본 집약적, 기술집약적 생산을 활성화해 고도의 기술제품을 낳게 한다. 높은 수준의 국내 수요가 존재하는 것은 높은 가격의 고도 기술제품을 판매할 수 있게 한다. 또 다른 한편에서는 자본 집약적, 기술집약적 생산방법이 높은 생산성을 가져와서 한 사람당 국민소득을 높게 한다. 제2차 세계대전 후 미국 이외에 이와 같은 조건을 정리할 수 있는 나라는 존재하지 않았다.

그렇다면 왜 생산이 미국에서 먼저 행해지는 것인가?

첫째, 신제품은 도입기 단계에서는 끊임없이 개량과 변경이 있어야 한다. 그 때문에 생산자는 애초 신제품의 사용자와 빈번하게 깊은 관계를 유지하지 않으면 안 된다. 따라서 생산거점과 시장은 가까우면 가까운 만큼 유리하게 된다.

둘째, 신제품의 경우는 값싼 노동력은 그다지 중요하지 않다. 제조원가에 대한 노동력 비용 격차보다는 오히려 제품차별화 능력이 중요시된다. 신제품의 가격 탄력성은 낮고, 높은 수준의 한 사람당 국민소득을 가진 미국인은 고도의 차별화된 신제품을 사게 된다.

그러나 PLC의 성숙기 단계가 되면 미국 시장에 있어서 기술이 보급되어 일반화하고, 개발기업 이외의 기업이 생산을 시작한다. 양산효과와 경쟁으로 가격은 하락하고, 기타 선진국의 구매력으로도 구매가 가능해지므로 미국에서 기타의 선진국으로 수출이 행해진다. 기타의 선진국에서는 점차 비슷한 기업이 탄생하고, 그 나라의 정부는 자국기 업을 보호하기 위해 관세 등의 수입장벽을 마련하게 된다. 미국에서의 수출은 기타의 선진국 안에서의 생산보다 불리하게 된다. 그 때문에 미국 기업은 기타의 선진국에 생산 자회사의 설립을 시작한다. 기술의 보급에 따른 노동력 비용 중요성의 증대가 미국 기업의 직접투자를 촉진한다. 더욱 기술이 보급되어 노동력 비용이 결정적인 요인이 되면 미국 기업은 개발도상국으로 생산 자회사를 이동시킨다.

PLC 이론은 1960년대의 해외직접투자의 움직임을 멋지게 설명하고 있었다. 그러나 70년대 이후가 되면 PLC 이론으로는 설명할 수 없는 해외직접투자의 움직임을 볼 수 있게 된다. 특히, 일본과 유럽기업에 의한 미국에 대한 투자(상호침투)와 더불어 모국, 선진국, 개발도상국에서의 동시 생산을 시작한 움직임이다. 개발도상국에 대한 투자의 일부는 현지 시장을 대상으로 한 것이 아니고 애초부터 모국, 선진국으로의 수출을 전제로 한 것이었다. 버논 자신도 뒤에 이와 같은 현실을 직시하고 자기 이론의 적용이 한계가 있다는 것을 인정하고 있다. 그렇다고 할지라도 PLC 이론이 갖는 무역과 해외직접투자의 다이내믹스에는 배울 점이 많다.

3) 경영자원이동이론

기업을 자본의 집합체가 아닌 다양한 경영자원의 덩어리로 처음 본 것은 펜로즈(E. Penrose, 1956)이다. 그는 해외직접투자를 경영자원 축적에 따른 기업 성장의 한 형태라고 생각했으며 그 생각을 체계화시킨 것은 페이어웨더(J. Fayerweather, 1969)이다.

페이어웨더(1969)는 해외직접투자는 기업 성장의 한 과정이라고 생각한다. 국내시장을 대상으로 하여 경영하고 있던 기업은 경영자원의 축적과 함께 국제시장에 나선다. 처음에는 수출로부터 시작하여 점점 판매 자회사 설립, 생산 자회사 설립으로 진전된다. 해외직접투자는 시장 지위를 유지, 확대하기 위해서 생기는 것이고, 단순한 자본 이동이 아니다. 시장 지위를 유지, 확대하기 위해서는 다양한 경영자원이 이용된다. 이러한 해외직접투자는 국경을 넘는 경영자원의 이동인 것이다.

국제시장에는 자원의 격차(resource differentials)가 존재한다. 자원에는 ① 천연자원, ② 노동력, ③ 자본, ④ 공업상의 기술, ⑤ 경영관리상의 기술, ⑥ 기업가 능력 등 여섯 가지가 있지만, 그중에서 천연자원은 이동할 수 없고, 노동력은 이동이 곤란하다.

결국, 나머지 네 개의 경영자원이 국제간 자원격차에 근거하여 그것이 풍부한 나라에서 희소한 나라로 이동된다. 그러나 만약 자원격차만으로 해외직접투자의 방향이 결정된다고 하면 해외직접투자의 대부분은 선진국에서 개발도상국으로 향할 것이다. 그런데 실제에는 경영자원의 이동 방향은 그 효율에 따라 결정된다. 이동효율은 기업 내부시장 쪽이 외부시장보다도 높고, 또 시장의 규모와 성장률이 높은 쪽이 높다. 따라서 수출이 외환이나 관세 등에 따라 제약을 받게 되면, 기업은 시장 지위를 유지하기 위해 직접투자—기업 내부시장의 창설—을 하여 성장 규모와 성장률이 높은 선진국 시장으로 진출하는 것이다. 경영자원의 이동은 자원의 절대적 격차만으로 결정되는 것은 아니다.

코미야도 해외직접투자를 이해하는 데에는 기업 성장론의 분석이 유효적절하다고 생각하고 있다. 코미야가 말하는 경영자원이란 ① 경영 관리상의 지식, 경험, ② 특허, 노하우, 마케팅 방법 등의 광의의 기술적, 전문적 지식, ③ 판매, 원재료 구매, 자원 조달 등의 시장 지위, ④ 상표, ⑤ 정보수집, 연구개발을 위한 조직 등을 가리킨다. 이와 같은 경영자원이 그 한계 생산성이 낮은 지역, 또는 그보다 높은 곳으로 이동하는 것이 해외직접투자이다. 이와 같은 경영자원은 기업 내부에서는 공공재적 성격을 갖는다. 즉, 한 번 축적되면 사용해도 감소하지 않으며, 이동에도 거의 비용이 들지 않는다. 다만, 그것을 어디에서 사용하는 것이 가장 효율적인가가 문제가 될 뿐이다. 기업은 경영자원의 한계 생산성에 따라서 경영자원을 이동하는 것이다. 해외직접투자는 "경영자원의 판로"임에 틀림없다.

4) 내부화 이론(Internalization Theory)

불완전시장을 대체하는 이론으로서 기업조직 내부를 거래의 장소로써 처음 제시한 것은 코스(R, Coase, 1937)이다. 이른바 "코스의 정의"는 그 뒤 윌리엄슨(Williamson, 1973)에 의해 체계화된다. 이 이론은 시장 불완전성에 따른 시장 대체 이론을 해외직접투자에 응용했던 이론으로 일반적으로 내부화(Internalization) 이론이라고 한다.

더닝(J. H. Dunning)은 기업이 해외직접투자, 수출, 라이센싱 방식으로 해외 진출 형태를 결정하는 조건을 기업특수 우위, 내부화 우위, 입지특수 요인이라고 한다. 그가 말하는 기업특수 우위(owner-specific advantages)는 하이머 등의 과점적 우위나 페이어웨더 등의 경영자원으로 인한 우위 외에, 위험의 분산 등 다국적 기업화에 따라 얻을 수 있는 우위가 포함된다.

내부화 우위(internalization advantages)란 기업특수 우위를 기업조직 내부에서 이용하는 유인책이다. 시장거래는 비용이 발생하고, 품질이나 가격에 대한 평가도 불확실하다. 또한, 품질확보도 보증할 수 없고 판매 조건, 가격 등의 관리도 곤란하다. 이러한 시장에서는 기업특수 우위를 이용하는 것보다도 기업조직 내부의 이익을 활용하는 쪽이 이용효율이 높게 된다.

입지특수 요인(locational advantages)이란 생산거점에서의 시장이 갖는 특성이다. 노동비용과 운송비, 사회기반시설, 정부의 보조, 정치체계 등이 포함된다. 입지 특수요인은 앞의 두 개의 우위를 강화하고 때에 따라서는 억제한다. 이들 3요소를 균등히 다루는 것을 더닝은 스스로 "절충이론"이라고 하고 있다.

버클리와 케이슨(Buckley and Casson, 1976)은 내부화 우위에 역점을 둔다. 그들의 특징은 최종재의 시장보다도 중간재 시장에서의 불완전성에 주목하는 것이다. 여기에서 중간재는 반가공 재료뿐만 아니라 기술이나 전문지식 및 인적 자원 등도 포함된다. 이와 같은 중간재 시장이 불완전한 경우에는 시장에 대체하는 것으로서 기업조직이 이용된다. 즉, 내부화이다. 내부화가 입지특수 요인과 결부되고 국제적으로 행해지면 해외직접투자가 된다. 내부화에는 수익과 동시에 비용도 생긴다. 여러 활동에서의 최적 규모의 불일치가 가져오는 자원 비용, 커뮤니케이션 비용, 내부시장의 관리비용, 외국 소유기업에 대한 정치적 차별 비용 등이 내부화 비용의 사례가 된다. 따라서 내부화는 한계비용이 한계수익과 같아질 때까지 행해진다. 그 한계점을 결정하는 요소에는 ① 산업특수 요인, ② 지역특수 요인, ③ 국가특수 요인, ④ 기업특수 요인의 네 가지 요인이 있으나, 그중에서 제품의 성질이나 외부시장의 구조와 관계되는 산업특수 요인이야말로 가장 중요하다고 그들은 생각한다.

럭맨(A. M. Rugman, 1980)도 중간재 시장이 불완전하여서 기업은 스스로 특유의 우위를 내부시장을 통해 이용한다고 생각한다. 그의 특징은 시장거래와 내부거래를 거래 비용개념으로 비교 가능하다고 한 것이다. 일반적으로 시장을 통한 거래에는 적정가격을 찾는 중개 비용, 계약당사자의 의무를 결정하는 비용, 계획 리스크와 관련 투입 비용,

세금 등이 문제가 된다. 특히 기술이나 지식 등의 중간재의 시장거래에서는 거래 비용이 금지적 수준에 달하는 일도 있다. 한편, 내부화의 경우, 기업조직 설립을 위한 초기비용은 많지만, 기술이나 지식의 공공재적 성격 때문에 그것들의 내부 이전 비용은 적다고 할 수 있다. 럭맨은 이 이론에 기술의 감모 위험을 가미하여 수출, 직접투자, 현지 생산, 라이센싱의 대체 문제에 적용하고 있다. 수출에 들어가는 비용은 시간의 경과와 관계없이 일정하다. 직접투자 비용은 생산 자회사 설립 때문에 처음에는 크지만, 시간의 경과에 따라 감소한다. 라이센싱 비용은 고도기술의 감모 위험 때문에 처음에는 크지만, 기술이 보급되고 일반화되는 것에 따라 급속히 감소 된다. 따라서 삼자는 전통적 이론과는 다르고, 수출 → 직접투자 → 라이센싱의 순서로 진전된다.

5) 시장 불완전 접근방법

만약 Mr.금붕어가 외국산 자동차를 구매한 적이 있다면, 금붕어 씨는 시장 불완전성 이론과 외국인 직접투자에 익숙하다고 볼 수 있다. 미국 자동차 산업은 세계에서 가장 경쟁력 있는 시장이다. 미국 기업들이 시장을 지배했었다. 이제 이 기업들은 시장의 절반밖에 차지하지 않는다. 도요타, 혼다, BMW, 닛산, 마쓰다, 폴크스바겐, 현대, 기아 등은 현재 미국 기반 제조를 하는 자동차 기업들의 사례이다. 시장 불완전성 이론과 외국인 직접투자는 국제무역 시장의 불완전성이 이들 기업이 미국에 투자하게 만든 이유를 설명한다. 예를 들어, 제품을 판매하는 회사가 단 하나뿐이고 가격과 공급을 통제할 수 있어서 정상적으로 작동하지 않는 시장을 가리킨다.

시장 불완전성 이론은 완벽한 경쟁이 존재하지 않는 국제시장에서 생겨나는 무역이론이다. 다시 말해서, 완벽한 경쟁에 대한 가정 중 적어도 하나는 열위에 있고 이것으로부터 우리가 불완전한 시장이라고 부르는 것이 나온다. 우리는 완벽한 시장이 실제로 달성될 수 없다는 것을 안다. 심지어 미국에서도 불완전한 시장을 가지고 있다. 완벽한 시장을 위한 가정은 다음과 같다.

① 회사들은 거의 같은 제품을 판매한다.
② 구매자와 판매자는 완벽한 정보를 가지고 있다.
③ 여러 회사가 작은 시장점유율을 차지하고 있다.
④ 진·출입의 장벽은 없다.
⑤ 구매자와 판매자는 가격을 부르는 사람이다. 가격결정자는 제품의 가격을 통제할 수 없는 기업이나 사람을 말한다.

완벽한 경쟁을 저해하는 일반적인 상황은 독점, 독점 경쟁 및 과점과 같은 시장 구조이다. 국제무역의 경우 기업의 해외시장은 작은 부분이기 때문에 가격 결정자(price taker)로 간주한다. 가격에 영향을 줄 수 없고, 무역과 관련된 정부의 간섭에 대처해야 하며, 불완전한 정보로 운영해야 한다. 외국 자동차회사들이 미국으로 일부 사업장을 이전한 이유이다. 시장 불완전성 이론에서 흥미로운 것은 이것이 국제무역 이론이라는 것이다. 이것은 우리에게 국제시장에서 우리의 이익을 보호하기 위해 특정한 보호가 필요하다고 말한다. 자유무역은 완벽한 경쟁의 기능이며, 그것이 존재하지 않는 것을 고려하면, 우리는 더 바람직한 결과를 얻는 방법을 검토할 필요가 있다.

시장 불완전성 이론은 다양한 무역 정책이 일부 시장의 결함을 시정할 수 있다고 말한다. 정부가 시행할 수 있는 시정조치의 예는 다음과 같다. 세금, 관세, 쿼터, 라이센스, 현지 요구사항(local content requirements) ; 예로, 현지에서 일정량의 제품을 만들 것을 요구한다.

국제경영을 이해하는 데 중요한 이론은 시장 불안정 접근 방법이 있다. 이 접근 방법의 핵심은 논란의 여지가 없는 단순한 명제이다. 어느 기업이 범세계적 영역을 소유하고 있다고 가정할 때 그 기업의 해외투자 결정은 지역경쟁자와 시장점유율 배분 없이 큰 가능성의 우위를 가지면서 이전하는 것으로 설명될 수 있다. 특정국 가에 진출하는 외국인 기업은 국내회사와 비교해 볼 때 많은 부가적인 비용과 불리한 점에 직면할 것이다. 국내기업은 경제, 사회, 법률, 정부의 환경 등에 본질적인 지식을 가지고 있을 것이다. 외국인 기업은 오로지 이러한 지식을 컨설팅 기업을 통한 하나의 비용으로서 취득할 수 있을 것이다. 더 나아가 외국인 기업은 외환 위험, 다른 문화에서의 영업활동으로부터 발생 가능한 오류 및 오해의 위험, 거기에서 오는 부가적인 영업비용 등에 부딪힌다.

그러므로 해외에서 성공적으로 활동하면서 기업은 국내기업의 본질적인 우위성을 차감한 것보다 더 많은 우위성 보상을 둬야만 한다. 이와 같은 우위성은 국경을 넘어 그 기업 내로 전환할 수 있어야만 한다.

그리고, 기업 특유의 우위성(firm-specific) 요소와 관련이 있다. 기업의 경쟁적 우위는 상품 또는 생산요소에 대한 시장의 불완전성에 의해서 설명될 수 있다. 완전경쟁의 이론적 세계에서 기업은 동종의 제품들을 생산하고 모든 생산적 요소에 동등한 접근 방법을 가진다. 산업조직이론에 의해서 설명된 것으로서 불완전 경쟁의 더 많은 현실 세계 안에서 기업은 제품차별화, 제품명, 특수한 마케팅 기술 및 진입 금지를 통해서 경쟁적 우위성을 획득한다. 경쟁적 우위의 또 다른 원천은 특허받은 기술, 내부 및 외부 규모의 경제 또는 자본시장에의 접근 여부 등을 들 수 있을 것이다.

넓은 관점에서의 기술적 우위는 생산 및 산업공정뿐만 아니라 조직의 노하우 및 관리기법, 그리고 특수한 마케팅 기술과 관련이 있다. 기본적으로 기술우위는 지식의 소유를 말하고 지식은 기업에 있어서 하나의 공공상품으로서 특징지어져 왔다. 그리고 한 번 개발된 노하우는 모기업에 있어서 어떠한 부가적인 비용 없이 외국 지사에 이용할 수 있을 것이다. 반대로 경쟁자들은 지식 또는 기술의 습득에 있어서 비용이 발생할 수 있다. 그러나 지식의 우위는 다른 기업들과의 사이보다도 그 기업 안에서보다 더 쉽기 이전할 수 있어야만 한다. 지식시장이 불완전할 때 그 기업은 지식을 잠재적 구매자에게 판매하는 그것보다 기업 안에서 지식을 사용하는 것이 높은 이익을 얻을 수 있을 것이다.

시장 불완전 접근 방법은 수평적 또는 수직적 투자로 설명할 수 있을 것이다. 수평적 투자는 국내시장에서 제조된 제품들을 해외지역에 제공하는 것을 말하고 수직적 투자는 공급 지향적이고, 국내 또는 다른 지사에 공급된 원재료 또는 다른 생산 투입물을 해외에 제공하는 의도가 있는 것을 말한다.

외국인 기업은 기존의 마케팅 시스템, 관리능력, 운송의 통제, 자본 접근과 같은 요소에 대한 접근에 특권을 가질 것이다. 수년 동안 세계의 현장을 지배한 소수의 국제기업과 동일 계열의 석유산업은 공급 지향적 직접투자의 한 사례를 보여주고 있다. 이 산업은 기업의 경쟁우위를 어떻게 변경할 수 있느냐의 한 예이다. 확실한 산업시장의 과점구조는 산업에서 “지도자의 추종 행위”에 대한 동기와 경쟁 우위의 원천으로서 인지해왔다. 과점적 시장은 소수의 기업과 제한된 진출로 특징되어 지고 있다. 제한된 진출은 특허받은 기술, 특허받지 않은 노하우, 광대한 자본 요구, 커나란 규모의 경제와 생산성과 같은 요소로부터 일어날 것이다. 과점모델에서 적은 수의 기업은 하나의 방어 전략으로써 해외시장에 기업의 경쟁자를 따라가는 동기가 있다. 기업은 경쟁자에 의해서 모든 시장이 점유 중일 때 각자의 기업은 가격을 낮추거나 다른 경쟁적 행동에 대응하는 가능성을 갖고 있다. 이 같은 대응 가능성 때문에 경쟁은 감소하고, 시장 상황은 안정화된다.

시장 불완전 모델은 국내 또는 국제적으로 직접적인 영업을 확장할 것인가에 대하여 기업 안에서의 산업을 판별하는 데 도움을 준다. 그러나 이 모델은 범세계 수평적 배분으로 추가되는 것이 필요하다. 왜냐하면, 이 모델은 기업이 해외 기회를 지속해서 알고 있다고 가정하기 때문이다.

기업의 우위는 또한 수출이나 라이센싱을 통하여 해외시장을 개발할 수 있을 것이다. 더 나아가 이 이론에서 우위는 투자액회수 요구가 퇴색된다는 관념에서 시간의 크기가 필요하다. 국제 영업의 재무적 관점을 강조하는 다수의 다른 이론적 공헌은 시장 불완전 이론의 요약에서 언급될 것이다. 한 저자는 국제경영 확장에 관한 것은 외환과 자본시장에서의 불완전한 대응으로 설명하고 있다. 또한, 위험의 다양화와 고정적인 수익의 방법으로서 국제적 확장을 설명하며 포트폴리오 이론을 사용하였다.

6) 절충이론(Eclectic Theory)

더닝(J. H. Dunning, 1981)에 의해 제시된 절충이론은 생산비용과 법적 제한과 같은 국가 특유변수(country-specific variables), 독점기술과 규모의 경제와 같은 기업 특유변수(company-specific variable), 기업의 선택과 관련된 내부화 변수(internalization variables) 등을 포함하는 외국직접투자의 포괄적인 이론을 제시하였다.

위의 내용을 다시 정리하면 더닝의 절충이론에 의하면 외국인직접투자의 의사결정은 다음과 같은 세 가지 요소에 의하여 이루어진다고 언급하였다.

① 소유권 우위(ownership advantage): 기업경쟁우위(the company's competitive advantage)인 독점 정보 및 회사의 다양한 소유권이 포함한다. 이는 브랜딩, 저작권, 상표 또는 특허권 및 내부적으로 사용 가능한 기술의 사용 및 관리 등이 될 수 있다. 소유권 장점은 일반적으로 무형자산을 포함하고 있다. 또 한 기업의 신뢰성에 대한 평판과 같은 경쟁 우위를 제공하는 것도 포함된다.

② 입지 우위(location advantage) : 기업은 특정 국가 내에서 특정 기능을 수행하는 데 비교우위가 있는지를 평가해야 한다; 정치적 위험, 국가정책, 국가생산비, 관세, 세금, 국제운송비용.

③ 내부화 우위(internalization advantage) : 기업 특유의 우위 요소를 직접 이용함으로써 얻는 이익

더닝은 무역과 해외직접투자를 포괄하는 개념으로서 국제생산이라는 개념을 도입하여 기업 특유의 요인과 입지요인에 의해 수출이나 투자

를 선택한다는 견해로서 거시적·미시적 양자의 요인을 종합했다는 측면에서 더닝 자신이 이를 절충이론이라고 불렀다.

7) 국민경제적 접근이론

고지마(Kojima)와 오자와(Ozawa)에 의해 개발된 이론으로서 해외직접투자가 개별기업 차원에서 이루어지게 되면 피투자 국과 투자국 간에 갈등이 심화될 뿐만 아니라 역무역적으로 작용하기 때문에 국민경제적 차원에서 해외직접투자가 이루어져야 한다는 이론이다. 다시 말해서 투자국과 피투자국 간에 비교생산비를 토대로 하여 투자국에서는 비교열위에 있고 피투자 국에서는 비교우위에 있는 산업에서 해외직접투자가 이루어져야 투자국과 피투자국간의 균형이 있는 성장을 이룰 수 있다는 것이다.

고지마(Kojima, 1973)는 이상의 주장을 근거로 해외직접투자의 유형을 일본형과 미국형으로 구분하였다. 미국형의 해외직접투자는 미국기업의 독점적 우위를 활용하거나 무역장벽을 회피하기 위하여 이루어지는 것이 대부분이며, 역무역 지향적이다. 따라서 미국의 비교우위를 약화하고, 국제수지의 약화, 고용감소 등 산업구조를 왜곡시키게 된다. 반면에 일본형의 해외직접투자는 국민경제 활동의 일환으로서 ① 일본에서 불가결한 자원의 확보, ② 개도국과 비교해 비교우위를 갖는 기계설비, 반제품 등 생산재의 수출촉진, ③ 일본의 노동력 부족이나 고임금 등으로 인해 비교우위를 잃어 가는 섬유산업, 잡화산업 등의 개도국으로의 이전과 같은 무역 지향적 동기들에 의해 이루어진다.

오자와(Ozawa)는 미국의 경우와 비교하여 일본의 해외직접투자를 촉진하고 있는 요인을 다음과 같이 설명하고 있다.

첫째, 미국을 비롯한 여러 선진국의 해외직접투자는 개별 기업적 차원인 미시적 요인이 작용하지만, 일본의 해외직접투자는 국민경제적 차원인 거시적 요인이 작용한다는 것이다. 즉 미국 및 선진국들의 다국적기업의 해외직접투자는 규모의 경제, 제품차별화, 조직 고도화 등을 통한 개별기업 자체의 가치증대지만, 일본의 다국적기업은 자국 내의 부존 요소의 부족, 자원의 안정적 확보의 필요성, 환경적 제약 등 거시적 요인이 크게 작용하고 있다.

둘째, 일본은 부존 요소가 풍부한 국가로의 해외직접투자를 촉진한다고 보고 있다. 다시 말해서 특정 산업이 경쟁적일수록, 즉 독점적 성격이 약할수록 해외투자가 적극적으로 이루어지고 있다고 보고 있다.

8) 해외직접투자 이론의 과제

해외직접투자 이론에는 이외에 다른 통화권 이론이나 과점반응이론, 무역론 접근 방법 등이 있다. 각각의 이론에는 장단점이 있고, 확고한 이론은 아직 없다. 앞으로 이론의 심화가 꾀해질 것이다. 그때 검토해야 할 몇 개의 과제가 있다.

첫째, 이론은 간단하면서도 다양한 현실을 설명하지 않으면 안 된다. 근래에 개발도상국 기업의 해외직접투자에 관한 새로운 현실이 생기고 있다. 이것을 어떻게 설명할 것인지가 하나의 과제이다.

둘째, 이론의 학제 화와 간편성을 접목할 필요가 있다. 해외직접투자 이론은 앞으로도 산업조직론, 무역론 등의 여러 이론을 종합하면서 발전할 것이다. 그러나 그것은 여러 이론의 단순한 나열일 수밖에 없다.

셋째, 해외직접투자 이론과 다국적기업 이론의 관계에 대한 의문이 있을 수 있다. 다국적기업은 단지 해외직접투자를 하고 있을 뿐만 아니라 "몇 개의 나라에" 직접투자를 하는 과점적 대기업이다.

넷째, 해외직접투자 또는 다국적기업의 생성 논리는 자본주의 동태와 결부될 필요가 있다. 과점 체제하에 있어서 시장은 불완전해도 시장 법칙 그 자체가 소멸한 것은 아니다. 거시와 미시 측면을 이론적으로 어떻게 통합할 것인지가 앞으로의 과제이다.

다섯째, 해외직접투자 이론 또는 다국적기업 이론은 국민경제에 주는 영향을 내포하지 않을 수 없다. 다국적기업의 성장에 따라 그것이 투자국, 피투자 국에 주는 영향은 매우 클 것이다. 위의 여러 이론은 그 문제마다 완전한 전개는 앞으로의 과제이다.

위에서, 국제경영의 추진 주체인 다국적기업이 생기는 실체로서의 해외직접투자에 관한 이론적 고찰을 간단히 해 보았다. 이는 "다국적 기업은 왜 생기는 것일까?"라는 문제에 대한 기초적인 해설이다.

제 3 절 해외직접투자의 유형

1. 시장지향형 직접투자

독점적 우위 요소를 소유한 기업이 현지 국가에 진출하여 제품을 생산·판매하는 직접투자를 들 수 있다. 기술, 마케팅, 관리기법 등의 우위 요소를 이용하여 좁게는 기존시장의 유지 및 확대를 할 것이고, 넓게는 시장을 개척하려고 현지 투자를 한다.

또한, 기존의 상품을 수입하던 국가가 자국 산업을 보호할 목적으로 보호무역주의 및 관세장벽을 강화하는 경우 수출을 하던 국가는 더 이상 수출이 어렵게 될 것이다. 수출국은 기존의 시장을 빼앗기지 않으려고 기존 수입국과 무역협정을 맺은 국가에 진출해서 우회 수출을 하거나 아니면, 현지 국가에 합작 또는 단독투자 형태로 진출해서 현지 생산·판매하면 기존의 시장을 유지할 수 있을 것이다. 한 예로 E.U.에 수출을 하던 기업들이 유럽연합이 형성된 이후 수출이 어렵게 되자 기존시장을 유지·확보하기 위하여 많은 기업이 현지 투자 형태로 참여하고 있다.

2. 자원조달형 투자

자원 조달형은 자원의 안정공급과 가격안정을 하기 위하여 천연자원 보유국에 진출하여 자원을 개발, 채취, 수입 및 수출을 하기 위한 투자를 말한다. 또한, 자국 내의 노임상승과 인력 부족 등으로 인하여 상대적으로 임금이 저렴하고 노동력이 풍부한 개도국에 진출하는데 이와 같은 것을 자원지향형 또는 노동력지향형 투자라고 한다. 기업체들이 자원개발에 투자하는 목적은(박주응, 1994) ① 해당 기업체의 본사 및 해외 자회사들의 제조 활동을 지원하고자 원자재를 저렴하게 또한 안정적으로 공급하기 위해, ② 본국의 타 기업체들에 판매하고, ③ 제3국의 시장과 기업체들에 판매하는 데 있다.

다국적기업의 경우 해외자원을 개발할 뿐만 아니라 개발, 제조, 마케팅 등을 수직적으로 결합하는 데 목적을 두고 있는 경우가 많다. 동서가구 등이 원목을 조달 및 개발하기 위하여 인도네시아에 투자하고 있는 것은 자원 조달형 투자의 좋은 예로 들 수 있다. 이외에 중동 산유국, 남미 등 자원이 풍부한 국가에 투자하는 형태를 들 수 있다.

3. 수출지향형 투자

90년대에 들어와서 통신과 교통망의 발달로 인하여 제품을 단시간에 세계 시장에 유통할 수 있게 되었다. 대부분의 선진국의 다국적기업들은 자국에서 제품을 제조해서 해외에 유통하는 것이 아니라 상대적으로 노동력이 풍부하고 임금이 저렴하고 생산성이 높은 국가에 투자 형태로 진출하여 현지국에서 제품을 제조하며 전 세계에 유통하는 형태를 말한다. Hoover, IBM, Nike, 코카콜라 등은 그들 수익의 절반 이상을 해외 활동으로부터 얻고 있다. 한국의 마산 수출자유지역과 필리핀 가비테(Cavite) 수출공단 같은 곳에 투자하는 기업체들은 거의 모두가 전량 수출에 그 목적을 두고 있다고 할 수 있다.

4. 수평적 투자

수평적 직접투자란 국내에서 생산하고 있는 제품의 생산설비를 그대로 해외로 이전해서 본국에서 생산한 제품을 생산하기 위하여 해외시장에 진출하는 투자유형을 가리킨다.

수평적 통합의 요인으로는 ① 복수공장 운영으로 인한 높은 경제성, ② 잠재적 소비자가 있는 지역에 분산 투자함으로써 강력한 마케팅 기법을 보유할 수 있다는 점을 들 수 있다. 이는 무형자산의 전문적 기술이나 마케팅 노하우를 이용하여 여러 개의 자회사가 여러 곳에서 수평적 결합의 형태로 발전하고 있다.

5. 수직적 투자

국내제품을 제조하는 데 필요한 중간재 생산을 위해 또는 최종소비자에게 제품을 판매할 목적으로 이루어지는 투자를 말한다. 전자는 석유산업에서 일어나고 후자는 조립공장에서 주로 이루어지는 투자를 말한다.

6. 플렛폼 투지(Platform)

플랫폼 해외직접투자는 제3국으로의 수출을 목적으로 한 직접투자를 가리킨다. 예로 한국 금붕어 기업이 미국 열대어 기업에 수출하기 위하여 멕시코 해파리 기업을 인수 운영하는 형태를 말한다.

제 4 절 해외직접투자의 동기 및 전략

1. 해외직접투자의 동기

왜 기업이 해외직접투자를 할까? 1960년대와 1970년대의 연구에 의하면 해외시장에 진입하는 가장 중요한 이유는 기업이 이미 자국에서 성공적으로 판매된 제품들을 해외에 판매하기 위해서라고 하였다. 80년대 후반 탈냉전에 따른 여러 나라가 자유 경제시장을 추구함에 따라 커다란 자유경쟁 시장이 탄생하였다. 이에 따라 많은 다국적기업이 경쟁 우위를 확보하기 위하여 해외시장 진출이 많이 증가하였다. 특히 90년대 들어 정보통신의 발전에 힘입어 각 국가의 정보를 쉽게 취득할 수 있게 하여 무역과 투자에 힘을 보탰다. 또 한 국제운송비의 실질적인 하락은 저비용 국가에서의 생산에 의한 낮은 생산비용에도 이바지하였다.

최근 들어 다국적기업은 국제화 경쟁 우위를 얻기 위하여 직접투자를 추진하고 있다. 다국적기업은 해마다 공장과 새로운 설비를 세우고 확장하기 위하여 수백만 달러를 투자하고 있다. 과거의 전 세계 해외직접투자의 주체자는 미국, 일본, 유럽국가 등이었고 피투자국 역시 이들 국가였다. 하지만 최근 들어 중국, 인도, 멕시코, 브라질, 베트남 등의 신흥시장에 대규모 투자 경연장이 되어가고 있다.

해외직접투자의 원인은 공급 측면과 수요 측면으로 분류된다. 공급 측면과 수요 측면의 동기를 살펴보면 다음과 같다(Grosse and Kujawa). 이것은 기업이 직접투자를 결정할 때 고려해야 할 사항이다.

직접투자의 동기	
A. 공급 측면	B. 수요자 측면
1. 낮은 생산비용 2. 낮은 이 전비용(운송비 · 보험 · 관세) 3. 필요한 원재료 획득 4. 해외조립 5. 생산자원을 다양화하기 위하여 6. 기술 및 기능을 얻기 위하여	1. 새로운 시장개척과 시장 다양화 2. 수출시장이 관세 또는 쿼터로 인하여 금지되었기 때문에 3. 서비스 및 제품 이용에 대한 현지법인 설립 4. 국내기업으로서의 가시성을 얻기 위하여 5. 경쟁기업 위협에 대응

1) 공급 측면

(1) 낮은 생산비용

국가 비교우위에 근거해서 기업은 자국보다 낮은 비용으로 해외에서 생산할 수 있는 제품을 발견할 것이다. 그 이유로는 낮은 임금, 저렴한 부동산 등과 같은 여러 요인을 들 수 있다. 수립될 수 있는 하나의 전략은 저렴하게 생산하는 국가에서 원자재를 수입하는 데 있고, 다른 전략은 저비용 국가에서의 자회사 설립을 들 수 있다. 이러한 해외직접투자는 현지국에 판매하거나 제3국 혹은 자국에 수출한다.

(2) 저렴한 이전 비용

시장에 제품을 운송하는 비용은 생산비용과 함께 고려되어야 한다. 자국과 현지국 사이에 거리가 멀거나 혹은 관세가 높은 경우라도 자국과 현지국의 생산비용이 동등하거나 자국이 유리할지라도 현지국에서의 운송비용 및 관세 등이 저렴하면 현지국을 택할 수도 있다.

(3) 원재료 취득

석유 자원이 없는 한국의 제조업자가 그들의 공장에 대하여 안정적인 정유 자원의 획득을 원한다면 한국 내에서 정유를 발견할 수 없으므로 해외 공급자에 관심을 가져야만 한다. 정유 구매에 대한 다른 기업과의 계약보다도 한국 기업들은 직접투자를 통한 해외 오일생산을 원할 것이다. 이와 비슷한 예로 미국 알루미늄 기업들은 자국 내의 제조를 위하여 자메이카와 브라질의 알루미늄 원광에 투자하였다. 일반적으로 기업은 기업의 제품 판매를 위한 목표뿐만 아니라 필요한 원자재를 얻기 위하여 외국에 눈을 돌릴 것이다.

(4) 해외조립

판매를 위한 조립이나 생산이 자국 밖에서 이루어지는 것을 말한다. 이러한 해외직접투자는 해외에서 조립이나 생산을 하기 위하여 자국의 생산성보다 높고, 싼 임금 및 생산요소 등을 얻으려고 현지국에 투자하는 전략을 말한다. 많은 미국 전자 제조업자들은 라디오, TV, 스테레오, 계산기 등을 해외에서 조립생산을 하고 있다. 제조업자들은 미국에서 부품들을 선적한 후 수혜국에서 이를 완성한 다음 판매를 위하여 다시 미국으로 재수출을 한다. 한국의 삼성전자 스마트폰 베트남 공장을 설립 운영하고 있다. 베트남에서 생산한 스마트폰은 현지 국가 판매뿐만 아니라 이웃 국가 등에도 수출을 통하여 판매한다. 이러한 이유는 한국 생산보다 베트남 생산이 인건비, 경비 등에서 경쟁 우위를 점할 수 있기 때문일 것이다.

(5) 생산자원의 다양화

여러 종류의 제품과 서비스를 제공하는 기업은 다양한 공급원이 갖는 비교우위를 발견할 것이다. 다양한 공급원을 갖는 것은 하나의 기업이 공급할 때 나타나는 위험을 줄인다. 생산자원의 다양화는 생산 또는 유통에 대한 위험을 줄이기 위하여 한 국가가 아닌 여러 국가로부터의 공급원을 갖추는 투자를 말한다.

(6) 기술 및 기능에 대한 접근

소유자의 기술과 관리기술이 특정한 산업에서 핵심적인 경쟁 우위를 가졌을 때, 기업은 이와 같은 기술적 우위를 이용할 수 있는 시장에 투자기업의 설립을 선택할 것이다.

2) 수요 측면

(1) 새로운 시장

해외직접투자를 실행하는 대부분의 공통적인 이유는 현지국의 시장 개척을 통한 새로운 시장확보에 있다. 기업은 자국에서의 수출, 라이센싱, 프랜차이징, 턴키방식 등 다양한 진입 방법 중 새로운 시장을 개척하기 위한 것이라면 해외직접투자를 선택할 것이다. 특히 외국시장이 크거나 현지 생산이 가능하다면 더욱 해외직접투자를 선호할 것이다. 비록 특정한 기업이 현지국에 수출을 통해서 하나의 제품을 판매할지라도, 직접투자와 현지 생산은 부가적인 제품까지 판매할 수 있다.

(2) 수출제한

한 국가의 시장이 관세와 쿼터에 의해서 무역장벽이 존재한다면 직접투자가 하나의 대체안으로 수용될 수 있을 것이다. 해외시장에 판매할 수 있는 수량의 한계에 대하여 논의하는 것이기 때문에 이는 가격 혹은 비용 장애가 아닌 수요 측면의 장애를 의미하는 것이다. 비록 자국으로부터의 생산과 수출이 비용 측면에서 저렴하다 할지라도 현지국의 쿼터 또는 수입 제한은 수출을 통한 판매가 금지되는 것이다. 이와 같은 상황이라면 해외직접투자와 현지 생산만이 현지국 시장의 수요를 충족시킬 수 있다. 이러한 사례는 미국 내에서의 일본 자동차회사를 들 수 있다.

(3) 서비스 및 제품 이용에 대한 현지법인 설립

현지 생산은 기업에 많은 양의 제품을 판매할 수 있게 할 것이다. 왜냐하면, 소비자들은 그 기업이 서비스와 부가적인 제품공급에 대한 확신이 있기 때문이다. 수입을 통해 판매하는 기업은 좋은 애프터 서비스를 제공하기가 어렵고 부가적인 제품을 판매할 수 없을 것이다. 국내 공급자의 지위는 그 기업은 지속해서 현지 시장에 관여할 것이라는 점이 소비자들에게 확신으로 주어질 것이다. 또한, 현지 생산은 그 기업에 현지 수요상황과 더욱 밀접하게 제품을 적합하도록 할 것이다.

(4) 좋은 기업 시민(good corporate citizen)

현지국 조례를 준수하고 현지에서의 종업원 고용과 세금 납부 등에 의해서 현지국에서 하나의 좋은 기업 시민의 지위를 얻는 데 있다. 이러한 이미지는 현지국 소비자들에게 많은 호의를 가져다주고 또한 현지국 정부에 의해서도 호의적인 대우를 받을 것이다. 이와 같은 이유로 인하여 자국(home)으로부터의 수출을 통한 판매보다 해외직접투자 혹은 현지 생산을 통한 판매가 더 증가할 것이다.

(5) 경쟁자 위협에 대한 대응(response to rival's threats)

경쟁기업이 현지국 정부에 의한 보호무역주의 또는 관세를 통한 수입 제한을 회피하기 위하여 현지 생산 방식으로 현지국 시장에 진입한다면, 기업은 유사한 방법으로 그 시장에 진입하는 것으로 대응할 것이다. 기업은 경쟁기업이 현지 생산으로부터의 우위를 갖는 것을 회피하기 위하여 그 시장에 진입한다. 이와 같은 방법은 경쟁기업이 현지국에서 시장을 구축하고 독과점 지위를 차지하는 것을 사전에 막을 수 있다.

에이티맨(Eiteman)과 스톤힐(Stonehill, 1989)은 개별기업 입장에서의 직접투자 동기는 크게 ① 전략적 동기, ② 행동적 동기, ③ 경제적 동기로 구분하였다.

2. 전략적 동기(Strategic Motive for FDI)

다국적기업의 사례연구와 설문조사를 통하여 해외직접투자에 대한 동기는 다음과 같이 5개의 유형의 전략적 동기 하에 이루어진다고 하였다.

해외직접투자의 동기
1. 시장 추구형(market seekers)
2. 원재료 추구형(raw material seekers)
3. 생산효율 추구형(production efficiency seekers)
4. 지식 추구형(knowledge seekers)
5. 정치안정 추구형(political safety seekers)

1) 시장 추구형

시장 추구형 투자는 현지국에 진출하여 생산함으로써 자국 시장(home market)보다 현지 시장(local)을 확보·유지하면서 제3국에 새로운 수출시장을 개척하기 위하여 이루어지는 투자를 말한다. 한 예로 미국의 자동차회사들이 유럽 시장을 겨냥하여 유럽에서의 투자 활동을 들 수 있다.

2) 원재료 추구형

원재료 추구형 투자는 자원보유국에 진출하여 개발하고 현지 수요에 충당하거나 자국 및 제3국에 재수출하는 형태의 투자를 가리킨다. 업종 면에서 보면 천연자원 채취산업인 광업, 농업, 임업, 수산업 등의 자원개발 투자와 관련이 있다.

3) 생산효율 추구형

생산요소 가격이 상대적으로 낮은 국가에 진출하고자 하는 것으로 미국, 일본, 유럽 등의 기업이 임금이 저렴한 동남아시아, 중남미 등에 합작 투자 형태로 진출하는 경우를 들 수 있다.

4) 지식 추구형

이는 외국의 선진기술이나 경영관리기법을 습득하기 위하여 투자하는 것을 가리키며, 현지에 자회사를 설립하거나 인수하는 것으로 현재 한국 기업이 미국, 일본, 유럽 등에 투자하는 것은 다른 이유도 있지만, 현지 기술자나 전문가를 고용하여 신기술을 습득하려고 하는 투자가 대부분이다. 가장 좋은 예로 미국 캘리포니아주의 실리콘밸리에 한국 반도체기업들이 현지법인을 설립한 예를 들 수 있다.

5) 정치안정 추구형

이 유형의 직접투자는 국제적 분산을 통하여 안정적인 기업 영업활동을 영위하거나 정치적 위험 등을 감소시키기 위하여 여러 국가에 분산투자라는 형태를 가리킨다. 대부분 기업이 미국에 진출하는 동기 중 하나는 정치적 안정을 추구하기 위한 것이다.

3. 행동적 동기(Behavioral Motives for FDI)

아하로니(Aharoni, 1996)는 해외직접투자의 의사결정 과정에 있어서 행동적 관점을 두 가지 동기로 분류하였다. 첫째의 동기는 외부환경 자극으로부터 또 다른 동기는 집단 내에서의 개인적인 편견이나 필요에 따라 또는 개별이나 집단 등의 요구로 이루어지기도 한다고 하였다. 아하로니는 행동적 동기를 유발하는 외적 자극요인을 주요 요인과 부차적 요인으로 다음과 같이 구분하였다.

해외직접투자의 동기유발 요인	
A. 주요 요인	B. 부차적 요인
1. 외부로부터의 제안 : 지사 제품에 대한 유통업자, 고객, 외국 정부의 제안 2. 시장 손실에 대한 두려움 3. 경쟁기업의 해외 진출(bandwagon effect) 4. 국내시장에서의 외국 기업과 강한 경쟁	1. 생산요소 및 다른 제품에 대한 시장 창조 2. 노후화된 기계 이용 3. 노하우의 자본화 : 연구개발 및 다른 고정비용 분산 4. 피투자 국과 무역협정을 맺고 있는 제3국 시장에의 우회 진출

4. 경제적 동기(Economic Motives for FDI)

이윤의 추구라는 경제적 관점에서 볼 때 해외직접투자는 각국의 실물자산, 생산요소, 금융 등의 시장이 불완전상태에 있을 때 이루어지고 있다. 일반적으로 불완전한 실물자산(real asset) 시장은 정부의 국내시장 보호 정책이나 독점기업들의 경쟁 때문에 형성된다. 이러한 불완전한 실물자산시장에도 충분한 잠재수요만 있으면 다국적기업이 해외직접투자를 통하여 진출할 수 있다. 이처럼 불완전한 실물자산시장에 다국적기업이 진출하여 성공을 할 수 있는 것은, 다국적기업이 다음과 같은 사항들을 보유하고 있기 때문이다(조동성).

① 규모의 경제

② 전문적 경영관리기법

③ 제품 및 생산요소 시장에 대한 충분한 지식

④ 전문적 기술

⑤ 충분한 자금공급능력

특히, 규모의 경제는 생산, 마케팅, 재무 R&D, 운송, 구매 등 전 분야에 걸쳐 독점적 우위의 폭을 확대하며, 이러한 우위를 가진 기업은 해외직접투자를 통하여 그 우위를 실현할 수 있는 것이다.

제 5 절 해외직접투자의 결정 요소

해외직접투자를 결정하는 요소로 OECD(1983)는 크게 ① 시장 요소, ② 무역장벽, ③ 비용, ④ 투자환경, ⑤ 수익 등의 다섯 가지로 구분하였다.

해외직접투자의 결정 요소
A. 시장 요소(Marketing factors)
1. 시장 규모 2. 시장성장 3. 시장점유 유지 4. 모기업의 사전 수출 5. 밀접한 소비자 접근 필요성 6. 기존 시장 관계의 불만족
B. 무역장벽(trade restrictions)
1. 국내제품의 선호도 2. 무역 거래의 장애
C. 비용 요소(cost factors)
1. 근거리 자원공급 2. 노동 이용 3. 원재료 이용 4. 자본 기술 이용 5. 저임금 6. 저 생산비용 7. 낮은 운송비 8. 정부에 의한 금융성의 유인책 9. 저렴한 운송비용
D. 투자환경
1. 외국인 투자에 대한 일반적인 태도 2. 정치적 안정성 3. 소유권 제한 4. 환율 규정 5. 화폐의 안전성 6. 세금 구조 7. 국가와의 친밀성
E. 기타
1. 높은 수익률

〈도표 3-2〉 한국기업과 일본기업의 해외 투자국 선정에서의 결정 요소

한 국 기 업		일 본 기 업	
요인	분 포(%)	요인	분 포(%)
저렴한 임금	6.3	정치적 안정성	18.6
유리한 지리적 위치	9.5	외채상환능력	16.4
정치적 안정성	17.5	화폐 안 정	13.8
수용국의 세제 혜택	9.5	신 용 도	13.6
시장잠재력의 장래성	28.6	자원 및 에너지 조달	12.3
		인플레이션율	10.0
		기 타	15.3

자료 : 박기안, 『국제경영학』, 법경사, 1995, p. 99.

박기안(1995)은 직접투자의 결정 요소를 ① 비용 지향적 관점과 ② 판매 지향적 관점에서 설명하고 있다. 전자는 운반비용, 보관비, 생산비 차이가 중요한 요소로서 비용에 미치는 영향이 크므로 이러한 비용이 유리한 경우에 투자가 이루어진다. 판매 지향적 관점에서 보면, 수요자 선호, 시상 및 고객접근 그리고 수출에 대한 시장장벽 등이 해외투자의 결정 요소가 된다.

제 6 절 투자환경 분석

기업이 해외에 진출하기에 앞서 반드시 고려하여야 할 사항은 현지 국가의 투자환경을 분석하는 것이다. 많은 기업이 해외 경영활동을 하면서 실패를 하는 것은 현지 환경을 고려하지 않고 본국에서 경영관습을 현지에 그대로 적용하기 때문이다.

1. 투자환경요인

특정 국가에 투자하면서 고려하여야 할 투자환경은 정치·법률적 환경, 사회·문화적 환경, 경제적 환경, 기술적 환경 등을 들 수 있다. 이러한 환경요인 분석은 투자대상, 투자국 등에 따라 분석을 달리할 수도 있다. Root(1987)는 투자환경 평가요인을 다음과 같이 분류하였다.

목적 국가의 투자환경을 평가하는 체크리스트
A. 일반적·정치적 안정성
1. 과거 정치형태 2. 정부의 형태 3. 정부의 정치이념 및 역량 4. 야당의 정치이념 및 역량 5. 정치, 사회, 인종 및 기타 갈등
B. 외국인투자에 대한 정부 정책
1. 과거 정책 2. 외국인투자에 대한 전반적 태도 3. 투자조약 및 협정 4. 지분 제한 5. 현지 부품 사용 규정 6. 외국인투자에 대한 기타 규제 7. 투자요인 제도 8. 투자 진입에 관한 규제
C. 기타 정부의 정책 및 규제 환경
1. 계약 문화 2. 법원의 중립성 3. 상법 4. 노동법 5. 조세제도 6. 수입관세 및 제한 7. 지적재산권 8. 공정거래법 9. 정부 조직의 효율성
D. 거시경제 환경
1. 정부의 경제적 역할 2. 정부의 개발정책 3. GNP의 규모 및 성장률 4. 인구의 규모 성장률 5. 1인당 국민소득 증가율

6. 소득 배분 7. 제조업의 발전 정도 8. 교통, 통신 9. 물가상승률 10. 정부의 재정통화정책 11. 가격통제 12. 현지 금융 가능성 및 비용 13. 노사관계 14. 관세동맹 또는 자유무역경제권 가입 여부
E. 국제수지 환경
1. 국제수지 2. 외채 및 외화 보유고 3. 과실 송금 제한 4. 환율의 행태

투자환경 분석에 있어서 다양한 환경요인을 검토하는 것도 중요하겠지만, 특히 중요한 것은 여러 요인 중 기업의 투자에 직접적으로 영향을 미치는 요인이 무엇인지, 그리고 이러한 요인들이 향후 어떻게 변할 것인지에 관한 분석이 있어야 할 것이다. 따라서 요인들의 평가와 평가점수의 단순 산술평균보다는 투자 프로젝트 특성에 따른 가중평균 방법이 바람직하다(국제경영연구회).

2. 투자국에 미치는 영향

해외직접투자가 투자국 경제에 미치는 ① 긍정적 효과는 ㉠ 국제수지 개선 효과, ㉡ 시장 요소 확보 효과, ㉢ 생산요소의 확보 효과, ㉣ 고용 효과 등으로 나타나고, ② 부정적 효과는 ㉠ 고용 축소, ㉡ 국내투자 감소, ㉢ 산업 공동화 등을 들 수 있다.

1) 긍정적 영향

(1) 국제수지 개선 효과

초기 단계에서의 해외직접투자로 인한 자금 유출로 인하여 단기적으로 국제수지가 악화하는 경향이 있으나 장기적인 측면으로 볼 때 해외시장 확보에 따른 수출증진, 기술시장 확보에 의한 로열티 취득, 과실의 국내 송금, 노동자 임금의 국내 송금 등으로 긍정적인 영향을 미치게 된다.

(2) 시장 요소 확보 효과

수출을 통해 현지 시장에 상품을 공급하는 것은 많은 비용(운송, 해상보험료, 관세, 기타 등)이 소요된다. 또한, 현지 정부가 자국 산업을 보호할 목적으로 수출품에 대하여 무역장벽 및 쿼터 등으로 수입 규제조치를 취하기도 한다. 현지 정부가 수입대체정책의 하나로 외국기업을 유치할 때 해외투자가 이루어진다. 해외직접투자는 현지에서 공장을 설립하여 제품을 생산·판매함으로써 현지 시장을 확보하는 효과와 적극적인 마케팅 활동을 함으로써 안정적인 수출시장을 확보할 수 있는 효과를 가질 수 있다.

(3) 생산요소 확보 효과

이는 천연자원, 노동력 등에 대한 효과로서 자원지향형과 노동 지향형 투자에서 일어나는 효과를 가리킨다. 노동력 및 원자재 등과 같은 값싼 생산요소를 확보하기 위한 해외투자 유형에서 볼 수 있는 효과를 가리키고 있고, 또한 저임금을 사용하기 위한 부품생산이나 조립 등을 하기 위하여 저임금 숙련노동력을 쫓아 해외에 투자하는 경우를 말한다.

(4) 고용 효과

해외직접투자는 수출 전환, 역수입 등에 의하여 국내고용을 감소시키고 국내투자의 상대적 위축으로 고용 기회를 감소시킬 수 있다. 그러나 다른 면에서 보면, 해외직접투자는 국내의 유효 경영자원과 자본이 유출되는 것이기는 하지만, 해외직접투자에 따른 국내투자의 감소는 있을 수 없으며, 오히려 유발 수출 등에 따른 수출증가로 고용 기회의 증대를 가져온다고 할 수 있다(조동성).

2) 부정적 영향

(1) 고용 축소

기업 생산설비의 해외 이전으로 인한 국내고용의 축소 가능성이 크다. 또한, 이전으로 인해 국내공장이 폐쇄되거나 해외에서 생산한 제품을 본국에 역수출함으로써 본국의 생산 규모가 줄어들게 되어 일자리가 축소된다는 견해이다.

(2) 국내투자 감소

해외직접투자는 자본을 피투자 국에 이전시킴으로써 피투자 국에 자본을 형성시키는 데에는 효과가 크지만, 투자국에는 그만큼 자본이 해외로 이전되는 관계로 국내에서 투자 가능한 자본을 축소하는 효과가 있다. 또한, 본국의 생산설비 전부 또는 일부를 해외 생산으로 대체하기 때문에 그 분야의 산업에는 국내 설비투자의 감소를 가져온다.

(3) 산업 공동화

이는 해외직접투자에 따른 생산설비의 해외 이전과 국내 투자환경의 악화에 따른 국내 산업투자의 부진으로 인한 국내 생산능력이 저하되고, 무역수지 악화, 실업 증대 등 대부분 국내 경제성장이 위축되는 동향을 가져오게 된다.

3. 피투자국에 미치는 효과

해외직접투자가 현지국 경제에 미치는 영향을 부정적인 측면과 긍정적인 측면을 보면 다음과 같다.

1) 긍정적인 효과

(1) 경영자원 확보 효과

해외직접투자는 자본, 기술, 인력 등의 우위 생산요소를 가지고 있는 국제기업에서 이루어지기 때문에 이러한 국제기업을 유치함으로써 국내기업은 새로운 경영자원을 확보할 수 있을 것이다. 또 한 자본과 기술이 부족한 국가에는 외국 기업을 유치함으로써 풍부한 자본과 기술을 바탕으로 진입한 기업으로부터 부족한 설비투자 및 기술이전뿐만 아니라 경제성장의 원동력으로 촉진해 주는 작용을 한다.

(2) 경제성장 촉진 효과

많은 개발도상국이 많은 특혜를 주면서 외국인 투자가를 유인하는 원인은 이미 많은 국가에서 외국인 투자가 경제성장에 밑바탕이 되어 왔다는 것이 검증되었기 때문이다. 대부분의 투자유치국이 개발도상국이므로 이들 국가는 자국 내 산업에 투자할 수 있는 자금의 여력과 기술 및 경영관리기법 등이 부족하므로 이를 외국인 투자가로부터 보충할 수 있고 결국에는 이로 인한 산업 성장과 더불어 경제성장이 촉진되는 효과를 가져올 것이다.

(3) 고용 유발효과

해외직접투자를 받아들임으로써 기술이전, 수입대체, 국내 자금형성 등의 효과도 있지만, 이 투자 방법은 현지 공장을 설립한다는 의미에서 고용 효과가 크게 나타난다. 특히 제조업은 많은 인력이 필요로 해서 고용 효과가 크다고 볼 수 있다.

(4) 기술이전 효과

대부분의 개도국에서는 기술을 이전받으려고 단독투자보다 합작 투자를 선택하려고 하고, 또한 정부에서는 특정 산업을 성장시키려고 합작 투자에 대한 특혜를 부여하고 있다. 실제로 전 세계 기술이전의 약 80%가 국제기업의 해외직접투자를 통해 이루어지고 있다.

(5) 국제수지 개선 효과

해외직접투자는 생산요소 중의 하나인 자본을 피투자 국에 이전하는 방식으로 이루어지기 때문에 자본 형성은 물론 국제수지에 커다란 효과가 있다. 해외직접투자를 유치하는 개도국에 수출 소득, 수입 대체효과 등을 가져다주기 때문에 피투자 국의 국제수지를 개선해 주는 효과가 있다.

2) 부정적인 영향

(1) 경제적 종속

피투자 국은 자국 산업에 대한 외국인의 소유가 확대되는 경우, 외국 기업에 의한 자국의 경제적 지배를 우려하게 된다. 1960년대의 미국 대기업들의 유럽 진출은 유럽인들에게 경제적 종속에 대한 우려를 자아내게 하였다. 특히 경제적 종속에 대한 우려는 선진국보다는 개발도상국의 경우에 더욱 심각한 위협이 되는데, 경제력이 미약한 개발도상국의 경우 특정 산업부문에 대한 과도한 외국인 투자집중은 경제적 종속을 우려하게 하며, 전략산업에 대한 개발도상국의 통제권이 위협을 받을 수도 있다.

(2) 국가 주권 침해

피투자 국은 주권을 가진 국가로서 자국의 주요 사안에 대해 자주권을 행사할 뿐만 아니라 외부의 통제를 제한하거나 이를 단호히 거부할 수 있는 권리를 가지고 있다. 또 자국의 총생산 증대, 국제수지 개선, 실업 축소, 인플레이션 축소, 수출 증대 등의 목표를 달성하는 데 필요한 주권을 행사할 권리를 가지고 있다. 그런데 피투자 국에 진출한 외국 기업들은 영업활동이나 납세, 그리고 사용료의 본국 송금 등에 있어서 현지국 정부의 주권에 정면으로 도전하기도 한다.

(3) 정치적 개입 및 사회·문화적 지배

해외직접투자는 정치적·사회적·문화적으로도 피투자 국에 중대한 영향을 미친다. 정치적 측면에서는 피투자 국의 국내 정치에 깊숙하게 관여하고 법률적인 측면에서는 자국의 법률 및 정책을 피투자 국에 소재하고 있는 투자국의 해외 자회사에까지 연장·적용함으로써 법의 영토와 적용 문제를 일으키기도 한다. 또 문화적인 측면에서는 투자국의 가치관과 문화를 피투자국에게 전파하여 피투자 국의 전통적 가치관을 파괴하는 경우마저 없지 않다(강태구).

연습 문제

1. 해외직접투자란 무엇인가?

2. 해외직접투자의 특징에 대하여 설명하라.

3. 해외직접투자의 유형에 관해서 설명하라.

4. 해외직접투자의 동기에 대하여 설명하라.

5. 해외직접투자의 결정 요소를 설명하라.

6. 왜 투자환경 분석을 하여야 하는가?

7. 해외직접투자가 투자국과 피투사 국에 미치는 경제적 효과를 설명하라.

제 4 장

국제합작투자

읽을거리

Honda와 NTT 도코모의 인도 합작 사례 교훈

◇ 혼다 자동차와 인도 Hero그룹이 '84년 설립한 Hero Honda는 합작 투자 성공 사례로 자주 거론되었으나, 경영갈등 끝에 '11년 결별

-이륜차 최고 기술력을 가진 혼다와 인도 최대 자전거 메이커로서 판매망이 우수한 Hero Group간의 제휴로, 상호 시너지가 극대화되어 이륜차 시장에서 M/S 1위에 등극하는 등 26년간 성공적으로 운영

-그러나, 로열티 인상, 혼다의 단독법인 설립을 두고 갈등이 발생하였고, 결국 혼다 측이 지분을 시장가격보다 50% 할인된 가격에 Hero 그룹에 매각함으로써 2011년 합작 관계가 청산됨

◇ NTT도코모는 TATA그룹 산하 휴대전화회사에 지분투자 했으나, 실적 악화에 따른 철수 과정에서 TATA와 협상 난조로 진퇴양난 상황

-NTT는 '08년 2,670억엔을 투자 TATA TELE SERVICE 지분 26.5%를 취득하여 'TATA DOCOMO'를 설립했으나, 극심한 가격 경쟁 등으로 적자가 지속 확대되어 5년간 2,220억엔의 손실 계상

-NTT는 '14년 4월 사업 철수를 결정하고 TATA와 지분 매각 교섭을 벌였으나 실패, 결국 '15.1월에 런던 국제 중재 재판소에 중재를 신청

• NTT는 합작 계약시 지분 증자권과 매각권의 두 가지 옵션 조항을 명기해 두었음에도, TATA 측에서 여러 가지 이유를 들며 지분 매수를 거부

◇ Hero Honda와 TATA DOCOMO의 사례는 인도 합작투자의 성공과 실패, 합작관계 해소시의 문제점을 보여주는 대표적인 사례로 타 기업 들에게 주는 시사점이 큼

- 인도 현지 기업과 합작시, 제휴 시너지 극대화를 통해 현지시장 조기 정착과 Market Share를 확대할 수 있는 등 여러 가지 장점도 있지만,
- 합작이 결렬될 경우, 외국기업은 지분 매입/매각 과정에서 막대한 손실을 보는 경우가 많아 합작투자의 결말이 결코 외국기업에게 호의적이지 않다는 것을 시사함

◇ 모디 총리 취임 이후 인도시장이 새롭게 부각중인 현 시점에서 對인도 합작투자에 대한 실제적인 장단점 파악을 통해, 합작투자에 대한 터부 (taboo)를 깨고 새롭게 바라볼 필요가 있음

- 인도에서는 가급적이면 단독투자를 하라는 말이 있을 정도로 합작 투자에 대한 부정적 인식이 팽배해 있지만, 합작투자의 장점 또한 분명히 존재하며, 양자에 대한 균형적 시각을 통해 새로운 방향 설정 필요

❖일본 사례로 본 인도기업과 합작시 유의사항

✦인도 기업과 합작시의 여러 장점에도 불구하고, 실제 추진시에는 인도 특유의 비즈니스 문화 등에 따른 경영상 문제점도 유의할 필요

✧JETRO의 조사에 따르면 인도 기업과의 제휴시에는 품질 및 기술관리, 설비투자, 채산관리, 의사결정 등 여러 분야에서 운영상의 문제 발생

- 일본기업은 한국기업과 기업문화가 유사한 특성을 갖고 있어, JETRO 조사결과는 한국기업에게도 의미 있는 시사점 제공 가능

① 품질 및 기술관리 상의 문제

✧일본 기업들은 여력이 있을 때 품질향상, 기술개발 등을 주장하는 반면, 인도 경영인들은 회사의 성장, 규모 확대를 우선시하여 경영방침 상충

- 인도는 건국 이후 국내 공급자 주도 시장이 장기간 지속되어, 공급자나 소비자 모두 품질이나 기술에 대한 인식이 매우 미흡해진 것이 주요 원인
- 즉, 인도는 기업이익의 원천이 Cost 삭감이 주류라고 생각하는 반면, 경쟁이

심한 일본은 부가가치 창출이 주류라는 발상의 차이로 충돌 발생

〈日-印 기업 발상의 차이〉

인도	일본
수요가 왕성 (잘 팔 수 있다)	수요가 감소 (팔기 어렵다)
Cost 삭감정책으로 이익률 확보	고부가가치화로 이익률 확보
필요한 최저한의 기능에 집중	신기능을 개발하여 고객 니즈 환기
고품질/기술이라도 Cost 증가 요인이 되는 것은 경쟁력 저하의 원인	품질/기술 개선을 지속하지 않으면 경쟁력 저하의 원인으로 발전

출처: 일본무역진흥기구(JETRO) '테마조사-인도와 결합한다, 일본-인도 기업에 의한 파트너링 실태 보고서', 2013년 7월. 재구성

② 설비투자 상의 문제

✧인도 기업은 투자시 이익률은 높게, 회수기간은 짧게 가져가며, 직접적인 Return이 발생하지 않는 설비투자는 가능한 회피하는 경향

-인플레이션과 고금리 환경에 따른 자금 조달 Cost가 높아, 투자회수 기간을 짧게 하고, 유보금은 재투자를 통해 수익을 극대화하려는 것이 주요 원인

-실제, 인도 기업들은 내부 유보시 인플레에 따른 가치하락과 주주환원 요구 등도 고려하여, 증권이나 부동산 등 유동자산 등에 적극 투자

-따라서, 증자나 출자와 같이 자금이 장기적으로 고정화되는 것을 꺼리며, 설비투자가 필요시에는 상대적으로 큰 규모의 자금을 고금리로 차입하는 경향

-또한 합작 회사의 경우 인도기업은 모사의 국내 사업에 도움이 되지 않는 투자, 합작사업의 범위를 넘어선 신규 사업, 흑자화까지 장기간 소요되는 사업에는 소극적인 반면, 기존 사업 확대에는 즉시 합의하는 경향

〈설비투자 관련 日-印 기업 인식 비교〉

인도		일본
자금유보는 기회손실 (보유현금 최소화)	유보금	리스크 회피 위해 현금확보 (적정 수준 현금 보유)
자금은 운용, 투자비는 차입 (조달 Cost 高)	투자비조달	유보금 활용 (조달 Cost 低)
수익률 높게, 회수기간 짧게	투자회수, 재투자	회수 기간을 장기간으로
직접적 Return없으면 투자기피		직접적 Return 없어도 장기 투자효과 있으면 투자
짧고, 빠른 사이클 선호	경영 Speed	장기전략하에 경영판단

출처: 일본무역진흥기구(JETRO) '테마조사-인도와 결합한다, 일본-인도 기업에 의한 파트너링 실태 보고서', 2013년 7월. 재구성

③ 채산관리 상의 문제

✧ 인도 기업은 합작 사업 자체의 이익 최대화를 우선하는 반면, 일본 기업은 글로벌 관점에서 장기적, 종합적인 이익 최대화 전략을 추구

일본 기업은 인도 사업이 복수의 해외 사업 중 하나인 경우가 많기 때문에 본사 및 해외사업 전체를 고려하여 인도 사업의 수익 정책을 조정하는 반면, 인도 기업은 제휴사업 자체의 성장이나 수익 제고를 우선하기 때문에 제휴사업의 채산관리 정책과 관련하여 日-印 기업간 의견 충돌 발생

〈日-印 기업의 인식 차이〉

인도	일본
현지 JV사업과 국외사업은 무관	JV 이외에 동남아 등에도 사업전개
일본측이 인도 국외에서 추진중인 거래는 관심 대상이 아님	인도 포함 글로벌 차원 채산 관리
인도 사업의 이익 최대화 추구	인도 사업의 이익을 정책적으로 조정

출처: 일본무역진흥기구(JETRO) '테마조사-인도와 결합한다, 일본-인도 기업에 의한 파트너링 실태 보고서', 2013년 7월. 재구성

④ 경합과 상권에 관련된 문제

✧ 파트너사의 현지 판매 네트워크 등을 이용하려는 제휴 목적에 반해, 인도는 물론 수출 시장에서 파트너사와 경쟁을 해야 하는 Case도 발생

-다각화 추진 경향이 강한 인도 기업 특성상 파트너사가 같은 업종의 제 3자와 합작하여 설립한 회사와 시장에서 경쟁하는 경우, 경쟁 자체도 문제지만 기술, 고객정보 유출도 우려

-인도를 기반으로 중동, 아프리카 시장 등에 수출도 하려는 합작사업의 경우에 합작회사와 파트너사가 수출시장에서 경쟁하는 경우도 발생

-따라서, 제휴 전에 제 3자와의 경쟁, 제 3국 시장에서의 경쟁 등에 대해서 파트너사와 계약 교섭 단계에서 경쟁방지 등에 대한 조항 명기 필요

✧ 파트너사의 현지 영업력에 기대할 경우, 영업 네트워크의 지리적 한계 및 현지 일본係 거래선에 대한 부작용도 발생

-인도는 각 州(주)별로 시장특성이 다르기 때문에, 특정 주에 특화된 파트너의 경우 영업 네트워크를 벗어난 州(주)로는 사업 전개가 곤란

-또한 현지 재벌 기업과 파트너링을 할 경우에는 파트너사와 경쟁 관계인 현지 일본계 기업과의 거래를 불허하는 경우도 발생

⑤ 의사결정 관련 문제

✧ 양국간 기업문화, 지배구조 등에 의한 경영의사 결정방식이나 실행 스피드 차이 등으로 합작 교섭 단계에서부터 문제 발생 소지 내포

-오너 또는 가족경영이 많은 인도는 의사결정이 빠른 반면, 결정사항의 수정·변경도 다반사로 하기 때문에 장기적 관점에서 전략을 수립·실행하는 일본 기업과는 의사결정 및 실행과정에서 충돌하는 경우가 많음

-기업문화 측면에서도 인도인 Staff은 본인에게 주어진 일 이외의 업무에는 전혀 신경을 쓰지 않기 때문에 현장 업무 개선이나 팀워크를 기대 곤란

-파트너사 오너의 경우도 역할과 책임 범위내의 문제는 아주 잘 해결하지만, 그 외 문제가 발생할 경우는 제휴 상대방에게 전가하는 Case도 있음

-그리고, 인도 파트너측이 '할 수 있다'라고 하는 것은 '스스로 할 수 있다'는 것이 아니라 '(누군가에게) 부탁하면 될 수 있다' 또는 '된 적이 있다'라는 의미이므로, 파트너 측의 말만 듣고 너무 기대해서는 곤란

⑥ 경영방침과 관련한 문제

✧ 재벌계 인도 기업은 이익을 중시하면서도 합리적인 투자를 지향하는 반면, 신흥기업은 신속한 경영의사 결정과 조기 사업확대를 추구하는 경향

-재벌계 인도 기업은 그룹 내 경영방침과의 조정으로 의사결정이 지연되거나,

그룹 오너의 Top Down형 지시로 의사 결정이 경직화되는 문제도 발생

-반면, 인도 신흥기업은 기회로 판단되는 안건에 대해서는 인재, 자금 등 사업 준비가 되지 않은 상황에서도 경영자 독단으로 실행하는 경우가 많음

-따라서 일본 기업의 경우 인도 신흥 기업과 제휴를 할 경우에는 이 같은 부분에서 사고의 Gap이 발생하는 일이 끊이지 않는 점을 유의 필요

〈인도 재벌계, 신흥계 및 일본계 기업의 경영방침 비교〉

재벌계 인도기업	인도 신흥기업	일본기업
계열의식 희박 하나, 그룹 기업과는 경쟁회피	계열의식 거의 없음	인도에서는 계열의식 희박화가 진행 중
다각화 노선 추구 하나 그룹 내 조정에 따름	다각화 노선 추구	다각화는 선택과 집중
이익 중시	사업확대 중시	사업확대 중시
그룹방침과 조정으로 의사 결정 지연	의사결정이 빠름	본사와의 조정으로 의사결정 지연

출처: 일본무역진흥기구(JETRO) '테마조사-인도와 결합한다, 일본-인도 기업에 의한 파트너링 실태 보고서', 2013년 7월

〈포스코경영연구원〉

제 1 절 국제합작투자의 정의와 동기

1. 국제합작투자의 정의

국제합작투자(International joint venture investment)는 글로벌 경영활동에서 가장 빈번하게 일어나는 협력 형태로 계약방식 제휴보다 더 강력한 제휴 형태의 경영방식이다. 또 한 해외직접투자의 한 방식으로 이루어지는 투자 활동을 가리키는데, 다른 국적을 가진 둘 이상의 기업들에 의해 소유된 기업을 운영하는 것을 말한다. 대부분 다국적기업은 단독투자 형태로 진출을 선호하고 있지만, 많은 개도국은 외국 기업의 단독투자 형식에 의한 진입을 억제하는 대신 자국기 업과의 합작 투자를 통한 진입을 장려하고 있다.

선진 개발국의 기업이 해외투자를 고려할 때 완전지배 형태에서 현지 기업과의 합작 투자로 해외 투자전략을 변경하게 되는 이유는(조동성) 개발도상국 정부들이 경제발전에 눈을 뜨기 시작하면서 외국기업에 의한 완전소유, 완전통제보다 자국인과의 합작투자가 자국의 이익 및 경제발전에의 기여도가 크다는 것을 인식하고 외국 기업에 의한 단독투자를 제한하기 시작했기 때문이다. 이러한 합작 투자는 사업성과가 양호한 계속 기업으로 남아 있을 것이다.

한편, 최근에는 합작사업의 시한이 정해져 있는 프로젝트의 합작 투자도 성행하고 있다. 프로젝트의 합작 투자는 협력 투자라고도 하며, 민간 항공기의 제작과 같이 합작사업의 목적이 달성되면 합작 관계는 종료되는 사업 형태이다.

2. 국제합작투자의 동기

국제합작투자의 동기는 ① 투자기업의 동기와 ② 피투자 기업의 동기로 구분하여 설명할 수 있다.

1) 투자기업의 동기

박기안(1995)은 투자기업의 동기를 새로운 시장의 개척 및 확보, 위험 분산, 비용 절감 및 이미지 향상 등을 대상으로 동기를 다음과 같이 설명하였다.

(1) 규모의 경제

특정한 산업에 고정비가 높은 경우, 대기업인 외국 합작 투자사는 전 세계적으로 경쟁하는 데 필요한 규모의 경제를 제공할 수 있으며, 두 회사가 자원을 모으고 중요한 양을 달성할 수 있는 효과적인 방법이 될 수 있다.

(2) 신시장 개척 및 확보

수요의 발전 상황, 가격 및 경쟁 상황에 관한 정보는 해외시장개척에 관한 중요한 전제 중의 하나이다. 해외 현지 시장에서 확고한 시장지위를 차지하고 있는 파트너는 이러한 정보와 경험을 투자가와 비교해 정확하고 더 쉽고 신속하게 획득한다. 따라서 그러한 시장정보에 정통한 파트너와 협력하면 원하는 시장을 더 손쉽게 개척할 수 있다. 그 밖에도 외국에 있는 협력 기업은 투자가에게 조달 및 판매에 있어서 더 쉽게 시장에 접근할 수 있도록 도와줄 수 있다. 즉, 그들은 현지 사정에 정통하여 유리한 구매를 할 수 있고 또한 시장에 적응하는 서비스나 현지 시장 감각에 맞는 마케팅 수단을 이용할 줄 알기 때문이다.

(3) 위험 분산

판매 기업이나 혹은 제조 기업들과 합작기업을 한다는 사실은 지역적, 정치적 혹은 경제적인 면에서 전 그룹의 기업 경영상의 위험을 분산시키는 데 이바지한다. 예를 들어서 해외에 있는 판매 기업과 합작을 한다면 판매 위험의 감소를 기할 수도 있다. 왜냐하면, 수요의 등락은 모든 시장에서 동시에 나타나는 현상이 아니기 때문이다. 또한, 경기변동 정책에서 보더라도 한 기업의 운명을 단지 국내 경제발전과 연관시키지 않는 그것이 바람직하다. 비용 증대 및 노동자 파업 등과 같은 위험도 여러 장소에서의 생산을 통하여 위험 축소를 기할 수 있어서 모든 시장에 대한 공급 능력을 안정시킬 수 있는 것이다.

(4) 비용 절감

해외투자를 통한 비용 절감은 운송 영역, 노동비용 및 세금 면에서 절감할 수 있다. 해외로의 생산입지 변경, 예를 들면 합작기업의 설립이나 수출업자에 의한 자회사 설립 등은 운송 경로를 단축한다거나 운송 시간을 줄임으로써 비용을 아낄 수 있게 한다. 또한, 노동비가 저렴한 나라에서 협력 기업에 의한 생산이나 조립을 통하여 인건비를 절감할 수 있다.

그 밖에 합작기업이라는 수단을 통한 비용 절감의 중요한 측면은 세제 면에서 장점이다. 자본 수입국의 유리한 세제는 직접적인 투자의 매력을 증진하므로, 감가상각, 수입세, 판매세 및 소비세나 관세 등에서의 혜택으로 투자가들이 해외에서의 자본참여의 동기를 유발한다.

특히 파나마나 리베리아 같은 세금 천국이나 대미 수출을 겨냥하는 기업의 경우에는 대미 우회 수출기지로 활용이 가능한 카리브해 연안국 — 과테말라, 온두라스, 코스타리카, 파나마, 자메이카, 아이티, 도미니카, 바베이도즈, 토바고, 벨리즈, 바하마, 엘살바도르 — 등이 이러한 세제 면에서의 커다란 장점을 제공한다.

(5) 지리적 제약

해외시장에 매력적인 사업 기회가 있을 때, 현지 기업과의 제휴는 현지 시장에 대한의 경험 부족과 외국 기업에 대한 장벽 때문에 현지 시장을 진입하는 것이 어려울 수 있어서 외국 기업에 매력적이다.

(6) 취득장벽

회사가 다른 회사를 인수하려고 하지만 비용, 규모 또는 지리적 제한이나 법적 장벽으로 인해 불가능한 경우 합작 투자를 통해 진입하는 것이 매력적이다. 합작 투자는 완전 인수보다 실질적으로 비용이 적게 들 뿐만 아니라 위험도 적다.

(7) 이미지 향상

기존시장이나 새로운 시장에서의 자회사 창설이나 자본참여의 경우에 있어서 광고 및 홍보의 효과는 무시할 수 없다. 무엇보다도 세계적 명성이 있는 제품의 토대를 구축하거나 확고하게 하기 위하여서는 경쟁자들보다 우위성을 유지하여야 하며, 그렇게 하기 위해서는 세계 곳곳에서의 존재 확인을 등한히 해서는 안 된다. 기업들은 해외투자를 통하여 세계 곳곳에서의 존재 확인을 하게 되는 것이다.

현지 수용국 파트너로서 외국투자가 와 합작기업을 설립한다는 것은 자본의 유동성 제고와 기업의 지속적인 발전에 그 뜻이 있는데, 이를 구체적으로 언급하여 보면 대체로 다음과 같다.

① 기업자본의 확충

② 국제화를 통한 국제영역에서의 추가적인 신용 능력의 제고

③ 기술적 노하우나 경영기법의 도입을 통한 기업의 효율화

④ 외국과의 접촉의 강화

이상에서 본 이러한 동기로 인하여 합작기업은 대체로 개발도상국에 설립되는 것이 상례이다. 따라서 후진국의 경우 현지 수용국가의 기업들은 합작 투자기업을 통하여 외국의 노동방식, 노하우 및 경영을

접하게 되어 개별기업의 경영, 경제학적 지식을 향상하는 학습 과정을 거치는 것이다. 그리고, 경우에 따라선 수용국가의 기업들은 수입에 충당할 수 있는 외환을 합작기업을 통해 더 손쉽게 얻을 수 있다. 이러한 측면은 투자기업이나 수용기업 측만이 아니라 수용국 정부 당국의 차원에서도 공인되는 사실이다.

또한, 강태구와 송면(1989)은 투자국의 합작 투자 동기를 다섯 가지로 구분하여 설명하였다.

① 피투자국 정부의 압력에 의해 합작 투자를 하게 된다. 이는 개도국의 민족 자본주의와 종속탈피 등의 영향으로 단독투자 형태의 직접투자를 회피하고 합작 투자를 선호하는 경향이 있다. 특정 개도국 등에서는 특정 산업 분야에서 제도적으로 명문화하는 일도 있다.

② 위험을 분산시키기 위해 합작 투자를 하게 된다. 합작 투자를 통하여 경영상의 위험과 환경변화에 따른 위험을 최소화할 수 있다. 즉 정치적, 경제적 불확실성이 존재하는 경우라도 현지 기업이라는 점에서 국유화 등의 위험을 분산시킬 수 있다.

③ 현지 시설, 자본 및 자원을 이용하기 위해 합작 투자를 한다. 현지의 법률, 관습, 관행 등에 대한 정보를 쉽게 획득할 수 있으며, 현지 기관이나 관료 등과의 접촉이 쉽고 현지의 자본, 천연자원이나 기술, 노동력, 마케팅 시설 등을 활용할 수 있다.

④ 외국 기업이라는 이미지를 불식시키기 위해 합작 투자를 한다. 단독투자 형태의 투자는 외국 기업이라는 이미지 때문에 현지 국민의 감정을 자극하여 갖가지 불리한 대우를 받을 가능성이 있으나 합작 투자의 경우에는 이를 불식시키고 현지국의 경제발전에 공헌하고 있다는 이미지를 부각함으로써 현지 정부에의 접근이 쉽고, 관세, 조세, 수입 쿼터 등의 차별대우를 피할 수 있다.

⑤ 신시장 개척 및 비용 절감을 위해 합작 투자를 한다. 합작 투자의 경우에는 확고한 시장 기반을 구축하고 있는 현지 파트너를 선택함으로써 파트너가 보유하고 있는 정보를 이용하여 새로운 시장을 용

이하게 개척할 수 있으며, 현지 사정에 정통한 파트너와의 협력으로 시장 확대가 쉽다. 한편으로 생산입지를 해외에 이전함으로써 운송비, 노동비 등을 절감시킬 수 있으며, 세제상의 혜택을 받을 수 있어 전체적인 자본 참가비용을 극소화할 수 있다.

2) 피투자기업의 동기

강태구와 송면(1989)은 피투자 기업의 동기를 네 가지로 구분하여 설명하고 있다.

① 부족한 자본을 확충하기 위해 합작 투자를 받아들인다. 합작 투자를 받아들이는 기업은 외자를 끌어들임으로써 자본력을 강화할 수 있다. 또 수용국 기업은 이처럼 외자를 이용함으로써 위험을 분산시킬 수가 있고, 외자가 없었다면 불가능할 사업을 개시함으로써 사업 기회 포착이 가능해진다.

② 기술적 노하우 및 경영기법을 습득하기 위해 합작 투자를 받아들인다. 공동투자로 투자기업이 기술적 노하우나 관리기법 그리고 제품의 제조 및 관리기법 등을 가지고 들어옴으로써 이에 대한 습득이 가능하고, 경험을 얻을 수 있다. 그리고 외국 유명상표 및 특허권 등도 이용할 수 있어 국제마케팅이 도입된다.

③ 기업 신용을 증대시키기 위해 합작 투자를 받아들인다. 외국의 유망기업과 합작 투자를 함으로써 국제화 진전이 가능하고 국제적 신용을 제고시킬 수 있다. 이러한 신용 제고의 결과 자본 조달력이 강화되고 제품 판매 면에서도 좋은 영향을 얻게 된다.

④ 국내의 각종 혜택을 얻기 위해 합작 투자를 받아들인다. 합작 투자를 받아들이는 기업은 정부의 각종 정책에 따른 제도적, 행정적 혜택을 받을 수 있다.

제 2 절 해외합작투자의 소유권 전략

해외합작투자의 소유권 전략은 피투자국 정부의 요구, 민족주의의 양상, 기타 중요한 환경변동 요인, 적합한 파트너의 획득 가능성, 수익, 비용 관계 등의 여러 요인에 따라서 어느 정도의 탄력성이 유지해야 한다(이세웅). 대부분 해외 진출을 하고자 할 때는 단독투자를 선호하고 있지만 피투자국 정부 및 여러 요인에 의해서 합작 투자를 시행하는 경우에는 경영의 통제와 의사결정권을 갖기 위하여 과반수의 소유권을 원하고 있다.

합작투자계약에 있어서 가장 중요한 것은 각 투자자가 참여하게 될 지분을 결정하는 것이다. Kolde(1973)는 소유권을 결정하는 요인으로는 ① 제품의 성질, ② 기업의 재무 및 관리의 강점, ③ 피투자 국의 경제, 사회, 정치적 환경, ④ 최고경영층의 태도 등을 들고 있다(김시경).

① 제품의 성질 : 제품의 성질에서는 복잡, 정교한 제품을 생산할수록 완전통제 또는 다수통제 유지를 선호하며, 반대로 단순, 보편적인 기술을 이용하는 제품일수록 합작 투자를 희망한다.

② 기업의 재무 및 관리의 강점 : 회사의 재정적, 관리적 강점에 있어서 자본이나 경영자원의 규모 정도는 합작 투자에 있어서 자산분배를 결정지어 준다. 일반적으로 대규모 국제기업이 수용국에 합작 투자 기업체를 설립할 때는 그 합작 투자대상 파트너의 능률적인 경영보다는 수용국의 시장, 정부, 원자재 공급원과의 접촉을 원활히 함으로써 모회사와 기타 국가에 산재해 있는 계열기업체의 이익을 촉진하는 데 주목적을 두고 있는 경우가 많다.

③ 피투자국의 경제, 사회, 정치적 환경 : 수용국의 경제, 사회, 정치적 환경은 현지 기업체와 외국기업체의 자산 비율을 결정하는 데

큰 영향을 미친다. 경제가 저개발단계에 있고 정치적으로 불안정한 나라에 대한 국제기업의 투자는 투자위험 분산의 목적으로 합작투자가 증가할 것으로 보이나 실제적으로는 완전소유가 많다. 또한, 민족주의적 경향이 강한 저개발국에도 합작투자가 많이 권장되고 있는데, 그 이유는 ㉠ 수용국 정부가 일반적으로 외국기업체의 완전소유 기업 투자를 정책적으로 방지하고, 내국인의 투자 참여를 장려하거나, ㉡ 극단적인 경우 외국기업체의 입장에서도 국유화의 가능성으로부터 위험을 분산시킬 수 있기 때문이다.

④ 최고경영층의 태도 : 미국계통의 국제기업들은 완전소유 자회사, 합작 투자 등의 해외직접투자를 결정하면서 작용하는 최고경영층의 태도는 기업적 요소에 근거를 두기보다는 오히려 개인적 이유와 같은 특정 형태의 해외투자에 대한 편견에 의한 것이다.

1. 한국 및 일본기업의 인도 진출 투자 형태 비교

인도 진출 일본기업들은 단독투자 진출이 30% 정도지만 한국 기업들은 90% 이상 단독투자 형태로 진출하고 있다. 다음 사례는 양 국가의 투자 형태의 다름을 보여주고 있다.

1) 한국 사례

〈도표 4-1〉 인도 진출 한국 기업의 진출 형태 (단위: 개사, %)

구분	단독	M&A	합작	합자	기타	합계
기업 수	246	1	21	2	1	271
비중	90.8	0.4	7.7	0.7	0.4	100.0

자료: 해외시장뉴스, Kotra

〈도표 4-1〉을 보면 인도 진출 기업 271개 중 단독진출은 90.8%, 합작 투자 21개사의 7.7%,인수·합병 등을 포함해도 10%가 안 되는 수준을 보여주고 있다. 한국 기업 인도 투자에 있어서 합작 투자보다

단독투자를 선호하는 것을 볼 수 있다. 한국 KOTRA에서 단독투자를 이용하여 인도에 진출하는 다음과 같은 이유를 들고 있다.

첫째, 같은 인도 내에서도 지역마다 사용하는 언어가 달라서, 다른 주를 바라보는 일반 인도인들의 시각은 과장해서 말하면 다른 국가로 바라본다고 해도 과언이 아니다.

둘째, 예를 들어, KOTRA 뭄바이 무역관이 있는 마하라슈트라주는 힌두교가 약 80%, 이슬람교도가 약 11%로, 사용하는 언어는 마라티어와 힌두어를 주로 사용함. 반면, 바로 이웃하고 있는 구자라트주는 구자라티 어를 사용하기 때문에 의사소통 면에서도 차이를 보인다.

셋째, 자동차부품 공장이 많이 있는 인도 남쪽에 있는 첸나이에서 구자라트 지역으로 기업 내 전근 희망자를 모집했으나, 전통적으로 대가족 위주의 생활관습에 익숙한 인도 직원 중 희망자가 없어 결국 한국인 직원이 전근 대상자로 결정되는 경우도 있다.

넷째, 이처럼 인도 내에서도 다양한 문화적 배경과 스펙트럼이 존재하기 때문에 외국 기업이 인도에 진출할 때 의사결정 방식, 경영방침 등에 있어 예상치 못한 어려움이 있을 수 있다. 이 때문에 한국 기업들은 단독진출을 선호하는 것으로 나타난다.

2) 일본 사례

일본기업도 문화와 상관습의 차이 등을 이유로 현지 시장 진출에 어려움을 느끼고 있는데 바로 이런 점 때문에 현지 상황에 밝은 인도 기업과 제휴하고 있다. 2008년 이전까지 활발한 제휴를 통해 현지 진출을 추진했으나 잇따른 실패로 소강상태를 보이다가 최근 들어 다시 합작 움직임을 보이는 것이다.

대표적인 합작 실패사례로 혼다자동차와 인도 헤러 그룹을 들 수 있는데 두 회사는 26년간 성공적인 경영 성과를 올렸지만 로열티 인상 등의 문제로 2011년 관계를 청산했다. NTT도코모와 타타그룹이 합작한 타타도코모 역시 극심한 적자로 2014년 일본 측에서 사업 철수를 결정한 바 있다.

일본무역진흥기구(JETRO)의 조사에 따르면 일본기업과 인도 기업은 사고방식이 다른 만큼 중요 경영 현안에 대한 결론이 상이하다. 인도는 필요한 최소한의 기능에 집중하기 때문에 단기적 관점에서 비용 삭감으로 이익을 확보하는 데 주력하는 반면 일본기업은 신기능을 개발해 제품의 부가가치를 높이고 이를 통해 장기적 관점에서 잠재 이익을 극대화하는 방식으로 전략을 수립하기 때문에 충돌이 빚어지는 것이다.

이는 기본적으로 두 나라 기업이 시장을 바라보는 관점의 차이에서 기인하는 것으로 인도는 만들면 팔리는 공급자 중심의 시장 특성을 보이는 데 반해 일본은 공급이 포화상태여서 팔기 어려운 수요자 중심의 시장이기 때문이다.

여기서 인도 기업의 특징은 '주가드(Jugaad)'와 '파이샤 바술(Paisa Vasool)'로 설명할 수 있다. '주가드'는 열악한 환경에서 창의적으로 제약 요소를 극복한다는 의미로 2008년 타타가 세계 최저가 차량 '나노'를 출시하면서 '주가드' 혁신이 전 세계적으로 확산했다. 이는 다양한 기능이 부가된 프리미엄 제품 대신 인도 실정에 맞도록 최대한 단순하고 핵심적인 기능만 제공하면서 가격이 싸야 함을 뜻한다.

'파이샤 바술'은 물건을 구매할 때 가격만큼 가치가 있는지, 즉 '가성비(Value for Money)'를 의미하는 힌디어로 인도 기업의 광고 문건으로 자주 활용되는 유명한 관용어다. 영국에서 독립(1947년)한 이후 약 60년간 빈곤기를 보내면서 적은 비용으로 높은 효과를 기대할 때만 지갑을 여는 인도인들의 소비 습관에 따른 것으로 일단 가격이 낮아야 관심을 끌 수 있음을 의미한다.

그런데도 일본기업들은 합작 투자의 장점을 깊이 인식하고 인도 진출전략으로 활용하고 있다. 합작의 대표적인 장점은 토지 확보가 쉽고 노무관리에 무리가 없으며 정부 교섭력이 강해 라이선스 인허가 취득이 쉽다는 것이다.

주요 성공사례로는 일본의 제약회사인 다이이찌산쿄와 인도 최대의 제약회사 란박시의 인수·합병, 미쓰이쓰미토모해상화재보험과 맥스인디아의 합작사인 맥스뉴욕생명보험, 도요타통상과 세콤이 키를로스카스 그룹과 함께 종합병원을 설립해 인도 의료 인프라 시장에 진출한 것을 들 수 있다(korea trade news).

제 3 절 국제합작투자의 장단점

1. 합작 투자의 장점

조동성(1994)은 합작 투자의 장점을 경제적 장점, 정치적 장점, 사회적 장점 등 세 가지로 구분하여 설명하였다.

1) 경제적 장점

합작 투자는 둘 이상의 파트너가 투입한 자원의 합보다 더 큰 이익을 얻는 데 그 목적을 두고 있다. 따라서 각 파트너는 개별적 기업활동을 할 때보다 더 적은 자본지출을 할 뿐만 아니라 더 많은 분야에서 수익을 추구할 수 있을 것이다. 합작 투자로 인한 경제적 장점은 다음과 같다.

① 수용국이 특정 산업이나 자산에 대해 외국인 매입을 금지할 때 외국 기업으로서는 합작 투자 형식을 취하여 목표물을 취득할 수 있다.

② 상당한 금전적 부담, 시간, 노력 및 인간관계를 새로이 개척함이 없이 수용국의 기업과 합작 투자를 함으로써 판매 및 공급망의 획득이 가능하다.

③ 고도의 기술과 경험을 지닌 노동력 등 신설 기업체가 필요로 하는 인적 자원을 획득하는 데 현지 파트너의 힘을 빌릴 수 있다.

④ 현지 판매 또는 현지 소비 서비스가 있어야 하는 제품을 판매하는 경우 현지 파트너의 판매원에 의하여 이러한 활동이 효과적으로 이루어지는 경우가 많다.

⑤ 대부분의 개발도상국은 경제개발에 필요한 외국자본의 유치정책으로서 특히 외국기업체가 국내기업과 합작 투자로 설립한 기업체에 대하여 자본조달의 알선 편의, 차관의 보증, 세금, 이익상환 등의 면에서 각종 혜택을 부여하고 있다.

⑥ 투자 자금의 절약뿐만 아니라 경영활동상의 위험을 분산시킬 수 있다.

⑦ 현지 기업인은 현지시장 및 제품에 대한 가치 있는 정보를 제공하고 정부 정책 및 노동조합의 활동에 관한 정보원천이 된다.

⑧ 합작기업은 국제기업이 축적해 놓은 국제마케팅 경험을 활용할 수 있다.

⑨ 더 적은 자본과 경영자원이 요구되기 때문에 규모가 적은 국제기업도 해외직접투자에 적극적으로 참여할 수 있다.

⑩ 현지 파트너와 이해관계를 같이하기 때문에 강제수용의 위험이 감소한다.

2) 정치적 장점

어떤 국가든 외국기업체에 대한 정부의 차별행위는 세계적으로 보편적인 현상이다. 이러한 상황에서 합작 투자기업이 얻는 장점에는 투자대상국 정부의 기업체에 대한 차별적 장벽을 현지 기업과의 합작투자로 돌파할 수 있다는 것이다. 그러나 이러한 정치적 장점은 외국기업에 대한 현지국의 태도와 관계되는 것이기 때문에 합작투자가 현지국의 경제체계와 실질적으로 통합되지 않고, 또한 현지국만의 복지향상에도 중점을 두지 않는다고 하면, 외국기업체는 제품에 대한 불매운동, 노동자의 작업 거부 등의 사태에 직면하게 될 것이다(조동성).

3) 사회적 장점

합작 투자의 사회적 측면과 정치적 측면을 구분하는 것이 쉽지 않으나 대체로 다음과 같은 점을 열거할 수 있다(조동성).

① 현지 파트너와 합작 투자를 함으로써 기업의 사회적 이미지를 개선하고 종업원의 사기를 높이는 등 전반적인 공동관계를 향상시킬 수 있다.

② 노사협의에 있어서 완전소유와는 달리 외국 기업에 대한 반감을 감소시킬 수 있다.

③ 합작 투자는 현지 기업으로 간주하기 때문에 본국과 현지에서 내는 임금, 취업 혜택 등에 대한 비교자료를 제출하도록 압력을 받지 않는다.

④ 합작 투자기업의 현지 채용 종업원의 사기는 단독투자 종업원의 사기보다 높은 것이 일반적이다.

2. 합작투자의 단점

현지 합작파트너와 합작투자를 함으로써 갖는 단점은 다음과 같다.

① 100% 완전소유에 의한 진출은 이익을 독점할 수 있으나 합작투자는 현지 투자가와 이익을 공유하여야만 한다.

② 합작 투자는 주로 선진국보다 개도국 파트너를 대상으로 이루어지기 때문에 자본조달 능력이 떨어진다.

③ 현지 투자기업과의 목표 및 욕구가 상이하여 갈등이 야기된다.

④ 주요 장벽은 합작법인이 실질적으로 국가 간 교역을 수반하는 세계 공략 전략을 통합하기가 매우 어렵다.

⑤ 또 다른 심각한 문제는 파트너의 목표가 양립할 수 없거나 양립할 수 없을 때 발생한다. 예를 들어, 다국적기업은 지역 파트너와 위험(risk)에 대한 태도가 매우 다를 수 있으며, 시장점유율

을 구축하거나, 더 높은 수준의 부채를 떠맡거나, 광고에 더 많은 돈을 쓰기 위해 단기적인 손실을 감수할 준비가 되어 있을 수 있다.

⑥ 합작 투자의 관리 구조 및 인력과 관련하여 문제가 발생한다.

⑦ 많은 합작법인은 파트너들 간의 세금 이해 상충으로 실패한다.

제 4 절 국제합작투자 설립 고려요인

1. 합작투자 고려요인

① 합작투자의 자본금과 지분 비율은 어떠한가?

각 투자자의 합작회사에 대한 지분 비율은 각자의 출자금액 규모에 따라 정해진다. 즉, 두 기업이 50:50의 지분 비율을 가지는 것이 아니라 한쪽이 적은 출자금을 준비하면 당연히 소수 지분권자가 되고, 이것은 필연적으로 합작회사의 운영과 관련한 소수 지분권자의 권리 보호와 경영 관여에 관한 사항이 문제가 될 수 있다.

② 유동 자금은 어떻게 조달하는가?

중국 기업 파트너는 한국 기업 투자자 측에 투자 총액을 등록 자본금보다 크게 설정하도록 요구하기도 한다. 이 조항은 유동 자금을 한국 투자자 측이 조달하도록 부담시키기 위해 삽입하는 경우가 대부분이다. 투자 총액이 등록 자본보다 클 때는 부족 금액을 차입금이라는 부채로 조달해야만 한다. 그러면 이 부채는 누가, 어떻게 조달할 것인가?

③ 투자 계약서상의 책임은 어떻게 규정되는가?

의사결정에 대한 책임 내용을 검토해봐야 한다. 기술자 및 경영관리 인원을 초빙할 때 제반 경비는 어떻게 부담하는가? 중국에서 조달되는 원자재, 시설, 설비와 사무용품 등의 구매는 어떻게 하는가? 이 부분은, 사실 중국 기업의 온전한 협조가 좋을 수도 있지만, 실리적으로는 오히려 중국 측의 이권으로 악용될 소지가 있다.

④ 이사회 조항은 어떠한가?

실제로 한국 측이 과반의 출자하고도 경영권을 완전히 중국 기업에 넘겨준 사례도 있다. 지분 비율은 중국 측과 한국 측이 30 : 70인데 이사 수를 한국과 중국이 동등하게 만들었고, 중국 측은 30%의 지분만 가지고도 한국 측의 경영방침을 좌절시킬 수 있는 영향력을 가지게 된 것이다. 조인트 벤처의 경영권은 지분이 아니라 합자 기업 이사회의 의결에 따라 결정된다는 것을 간과하는 기업이 많다.

⑤ 주식 양도의 제한이 있는가?

합작회사의 목적 달성을 위해서는 기업 간의 지속적인 협력 관계가 필요하므로 합작회사의 주주들 처지에서는 상대방의 주식 양도를 제한할 필요가 있다. 한 기업 일방이 자유롭게 그 주식을 타 기업에 양도하고 합작 관계로부터 이탈할 수 있다면 잔존 당사자가 손해를 입을 수도 있기 때문이다.

이러한 이유로 실무상 거의 모든 합작 계약에서는 주식 양도에 대한 제한을 규정하고, 상대방 당사자의 서면동의 없이는 주식의 양도, 입질 등 담보 제공을 할 수 없다고 제한하는 것이 필요하다.

⑥ 상표권 문제는 어떻게 규정하였나?

소비재 브랜드의 경우, 상표권도 또 다른 협상 요소이다. 업계에서는 유명한 다논 사례를 예로 들고 마무리하고자 한다.

글로벌 식품 기업인 프랑스 다논은 96년 당시 중국 생수 시장점유율 1위 기업이었던 와하하 식음료 유한공사와의 조인트 벤처 계약을 통해 자사 상품을 '와하하' 브랜드로 유통하며 중국에 성공적으로 안착했다. 1996년, 5개의 합작 투자 법인과 39개의 JV로 확대하는 성과까지 거두었다. 그러나 2003년 이후 두 기업 사이에 균열이 생겼다. 와하하는 자사 창업주인 쭝칭허우의 딸 쭝푸리(宗馥莉)가 설립한 무역회사를 통해 다논의 동의 없이 제품을 국외로 유통하고 신제품에 와하하 브랜드를 사용하도록 하기도 했다.

두 기업 사이의 법정 싸움이 벌어졌고, 2007년 중국 법원이 와하하의 손을 들어준 뒤, 다논이 29차례나 항소하는 한편 양국 정상들까지 사건 해결을 언급할 정도로 두 회사 간 갈등의 폭이 깊어졌다. 3년간 이어진 법정 공방은 지난해 10월 두 회사가 합의로 합작 관계를 종료하는 것으로 끝을 맺었다(doyeon kim).

2. 합작투자 분쟁 대처방안

합작투자 운영 때 다양한 분야에서 예기치 못한 분쟁이 발생한다. 그러므로 합작 투자 수행 전 다음과 같은 분야에 전략을 수립해야 한다.

① **경영전략** : 합작회사 경영 시 원천기술을 응용해 새로 개발된 파생기술의 소유권이나 현물자산의 가치 파악 등으로 갈등이 빚어지는 일이 많음으로 해결방안을 미리 계약서에 규정해두면 다툼의 소지를 줄일 수 있다.

② **소유 구조** : 주식(출자증권)의 지분, 주식 양도의 제한, 이상의 선임 및 해임, 이사회의 운영 등에 관해 상세한 규정을 둘 필요가 있다.

③ **사업 내용** : 투자대상 자산과 서비스의 범위, 합작회사가 생산한 제품의 가격, 합작 상대에게 이익배당이나 수수료 명분으로 지급되는 조건, 파트너 모회사 또는 계열회사와의 경쟁 제한 조건에 대해서도 면밀한 검토가 필요하다.

④ **경영환경의 변화** : 현지 법제가 변경됐다거나 현지와 국외의 시장 판도가 바뀌고 기술진보가 이뤄졌을 때 이에 탄력적으로 대

처할 수 있어야 한다. 가격경쟁력을 유지하기 위하여 추가적인 출자가 요청된다면 상호 견해차를 해소할 수 있는 제도 장치가 필요하다.

⑤ **학습효과의 문제** : 합작사업이 진행됨에 따라 현지와 국외 파트너 간의 관계도 변화하게 마련이다. 애초의 합작 투자 계약에 각 파트너의 기여도를 수치화하는 것도 방법이다.

⑥ **문화적 갈등의 해소** : 합작회사는 문화적 이질성을 띠게 마련이므로 업무처리의 관행을 둘러싼 갈등의 소지가 크다. 회계의 투명성을 높이는 한편, 갈등 요인을 해소하기 위한 의사소통을 원활히 하고 여러 채널의 협의 화를 구성하는 것도 좋은 방법이다(매일경제).

연 습 문 제

1. 국제합작투자에 대하여 설명하라.

2. 국제합작투자의 동기에 대하여 설명하라.

3. 소유권 전략이란 무엇인가?

4. 국제합작투자의 장·단점에 대하여 설명하라.

5. 단독투자와 합작투자에 대하여 비교 설명하라.

6. 합작투자 분쟁 대처방안에 대하여 설명하라.

제 5 장

기술과 기술이전

읽을거리

"기술을 담은 신제품 공급의 시대가 왔다" 허황된 기술로 고객 현혹하던 시대는 끝나

'전기차의 시대가 왔다' '수면테크 · 책상 위 텃밭… 세상에 없던 기술이 삶의 동반자가 된다' 'CES, 인공지능(AI)으로 통하다'

올해 1월 7일부터 10일까지 미국 라스베이거스에서 열린 소비자가전박람회 CES(Consumer Electric Show)를 다녀온 국내 언론사들의 기사 제목이다. CES는 새로운 기술을 선보이는 IT 기업들의 '장기자랑대회' 같은 플랫폼이다. 저마다 자신들의 기술력과 비전이 뛰어나다는 점을 알리면서 이를 통해 자신들의 파트너와 고객들을 넓혀 나가는 이벤트로 유명하다. 이 때문에 전 세계 언론들은 CES에서 발표되는 각종 신기술과 신제품들을 앞다투어 보도하기 시작한다. 그 기술과 제품이 신기하면 신기할수록 보도 횟수는 늘어나고, 보도횟수가 늘어나면 늘어날수록 참가한 기업들은 소기의 목적을 달성하게 된다. 매년 연초 스위스에서 열리는 세계경제포럼(다보스포럼)이 한 해의 어젠다를 선점하듯, CES 역시 IT 기업들이 기술 어젠다를 선점하기 위한 여론 전쟁을 벌이는 곳이다. 그러나 기업들이 CES를 찾는 이유는 그것뿐만은 아니다. 기업들은 CES에 참가하여 새로운 파트너들을 찾기도 한다. CES에서 각종 협업들이 많이 발표되는 이유 또한 CES에 기술 기업들의 CEO들이 대거 참가하기 때문이었다. 요약하면, 기업들이 CES를 찾는 이유를 한 문장으로 표현할 수 있다. 바로 자신들의 기술이 가진 우위를 널리 알림으로써, 자신들을 중심으로 한 생태계를 만들 수 있는 장이 CES이기 때문이다.

관람객 입장에서는 거대 IT 기업들이 가진 신기술들을 구경할 수 있고, 그 기술을 활용해 미래를 남들보다 빨리 대비할 수 있다는 이점 때문에 CES를 방문하려 한다. 특히 기업경영에서 기술이 빼어놓을 수 없는 중요 요소가 되면서 CES는 최근 수년간 급격한 인기를 얻기 시작했다. 2019년 CES 참관자 숫자는 18만 명을 넘어 사상 최고치를 기록했다. (2020년 CES 참가자 숫자는 미·중 갈등에다 보이콧CES 운동 등이 겹치면서 17만 명 초반대로 줄어들었다.) 특히 국가 경제 성장에 있어서 기술이 가장 중요한 동력 중 하나로 떠오르면서 미국 정부에서는 교통부장관이 직접 올해 CES에 날아오는 일이 연출됐다. 이방카 트럼프 미국 백악관 선임고문(트럼프 대통령의 딸)도 CES에 와서 '고용'을 주제로 기조연설을 했다. 우리나라에서도 박원순 서울시장, 원희룡 제주도지사, 권영진 대구시장 등이 대거 참석하면서 CES는 이제 정치인들도 신경 쓰는 행사가 되어가고 있다.

그러나 '분명히' 단언컨대, 이번 CES는 과거와 다른 뭔가를 보여주고 있었다. 뭔가 세상을 불편하게 만드는 기술에 대한 중요성보다는 '비즈니스' 기회가 더 강조되고 있었다. 과거처럼 CES에서 협업대상과 MOU를 체결하고 보여주기 식으로 협업을 발표하는 트렌드는 물 건너갔다. 그래서 놀랄 만한 협업 발표는 없었다. 대신 기업들은 자신이 잘 하는 점을 부각시키려 했고, 무리하여 자신의 기술들을 과시하려 하지 않았다. 관객들은 '지난해 CES의 화두였던 폴더블, 5G, 인공지능 등과 다른 올해만의 CES 기술 키워드는 무엇이냐'를 묻고 있었지만 누구도 그에 대해 뚜렷하게 대답하는 사람은 없었다. 'What is Next Big Thing?(다음 차례 기술은 뭐냐?)'이라는 질문에 명확한 대답은 제시되지 않았지만, 대신 'Anything can be Next(무엇이든 다음 차례가 될 수 있다)'라는 답들이 돌아왔다. 기술이 중요한 것이 아니라, 이제는 기술을 활용한 비즈니스 싸움이라는 메시지가 뇌리에 꽂히는 CES 2020이었다.

▶'공급의 시대'에 각광받는 CES

글로벌 저금리 시대에 돌입한 이후 미국과 일본 등은 호황을 누리고 있다. 금리인하로 인해 시중에 수많은 자금이 공급되었고, 더불어 정부 재정지출도 확대되면서 거시경제의 총수요가 늘어나고 있다는 점이 호황의 가장 근본적인 원천이라고 많은 경제학자들이 지적한다. 한마디로 시중에 돈이 많이 풀렸기에 많은 사람들이 돈을 소비 또는 투자하려 한다는 것이다. 2008년 미국 금융위기 이후 벤 버냉키 연준의장이 '헬리콥터 벤'이라는 별명으로 불렸을 정도로 미국은 약 10년간 돈을 시중에 뿌려댔다. '공포'를 권력의 원천으로 삼는 트럼프 대통령은 연준의장 또 한 공포로 (대선을 앞두고) 금리인하를 압박해 왔다. 그 결과 미국을 놓고 봤을 때 거시경제의 총수요는 더 이상 나아질 수 없을 정도로 최고조에 달해 있는 상황이다.

그러나 경제가 성장하려면 총수요만으로는 한계가 있다. 공급 또한 이를 받쳐줘야만 경제가 성장한다. (공급이 늘어나지 않을 경우 물가만 상승할 가능성이 크다.) 그런데 오늘날 미국을 중심으로 한 세계경제는 공급 또한 늘어나고 있다. 바로 인공지능, 5G, 퀀텀컴퓨팅, 블록체인, 스마트홈, 스마트시티 등 수년간 CES에서 등장하고 있는 수많은 신기술들 때문이다. CES는 바로 이처럼 늘어나고 있는 거시경제의 총수요에 발맞춰 경제성장의 또 다른 한 축인 총공급의 증가를 보여주는 전시장이라 할 수 있다. 따라서 아주 단순화하여 말하자면, CES에 새로운 기술이 많이 등장하면 할수록, 세계경제(특히 미국경제)가 나아질 것이라 예상해 볼 수 있는 것이다. 바로 이런 점 때문에 전 세계 경제인들은 그동안 CES를 주목해 왔다. 수요가 팽배하여 공급이 경제성장에 더 큰 변수가 되어버린 지금, 경제에 새로운 공급을 불어넣어줄 수 있는 기술들이 CES에서 대거 전시되기 때문이다. 오늘날 수많은 대한민국 CEO들이 CES를 참관하기 위해 날아오는 이유는 이렇게 설명이 된다. 시장의 수요를 걱정할 때가 아니라 지금은 어떻게 하면 새로운 제품을 공급해 주느냐가 더 중요한 전장이 되어 버렸기 때문이다. 그래서 CEO들은 '신기한' 것들을 찾아 CES를 방문한다.

△이방카 트럼프가 미국 라스베이거스에서 개막한 전자전시회 CES 2020에 참석해 기조연설을 하고 있다.

▶2020년 CES를 통해 새롭게 '공급'된 신기술들

이런 배경 때문에 매년 CES는 새로운 기술들을 '공급'하고 전시하기 위해 노력해 왔다. 이를테면 CES 2019에서는 LG전자가 롤러블 디스플레이를 선보였고, '벨(BELL)'랩이 하늘을 나는 전기 운송수단을 선보이기도 했다. 올해도 많은 IT 기업들이 새로움을 선사하기 위해 전시를 진행했다. 경제에 파급효과가 있는 순서대로 열거하자면 '전기차'가 가장 큰 화두였다고 할 수 있다. CES 주최 측인 CTA(전미기술자협회)는 '전기차의 10년 시대(Electric Decade)가 열렸다'고 평가할 정도. 소니가 전기차 신제품을 만들겠다고 발표했고, 중국을 중심으로 한 다국적 전기차 회사인 '바이튼'이 이번 CES에서 'M-Type'이라는 신제품을 내놓았다. 우버와 현대차는 전기로 날아가는 UAM(도심항공운송수단)을 공동으로 발표했다. 벤츠도 전기로 움직이는 아바타(AVTR)라는 새로운 콘셉트 자동차를 내놓았다. 전기라는 에너지원이 이처럼 대세가 되자, 이미 전기차 시장에서 자리를 잡고 있던 강자 테슬라의 주가가 급격히 상승하는 모습도 연출됐다.(테슬라는 CES에 참가하지도 않았다.) CES가 끝난 뒤 기아차는 11종의 전기차 라인업을 내놓겠다는 발표를 했다. '전기 마차떼 효과(Electric Herding)'가 발생하고 있는 셈이다.

한 해동안 전 세계 8800만 대가 팔려나가는 자동차 시장이 이제 내연기관에서 전기차의 시대로 새로운 공급을 예고하고 있다. 그 본격적 변화가 CES에서 관찰된 것이다. 자동차 시장은 미국만 따지더라도 연간 300조원 가량의 대형 시장이다.

다음으로 가장 큰 시장규모를 갖고 있는 신기술은 단연 '웨어러블(Wearable)'이다. 애플의 에어 팟, 애플워치 및 삼성의 이어버드 등으로 상징되는 웨어러블 시장은 올해 CES에서 뜨거운 화두 중 하나였다. CTA 측이 이번 CES에 맞춰 발표한 바에 따르면 올해 웨어러블 시장은 약 31% 정도 매출규모가 성장할 것으로 예상된다. 그런데 이는 놀랍지 않은 숫자다. 이미 2019년 웨어러블 시장은 70% 이상의 성장을 북미에서 기록했었기 때문이다. 애플의 에어팟 같은 경우는 미국 블랙프라이데이 때 가장 많이 팔린 품목 중 하나였고, 우리나라에서도 에어팟은 불티나게 판매되고 있다. 가로수길 매장에서 판매되는 에어팟의 숫자가 전 세계 2위 매출을 기록할 정도. 이번 CES에서는 델타항공이 전시장에서 승객들의 짐들을 손쉽게 옮길 수 있는 웨어러블 형태의 로봇을 선보였고, 혈압을 측정하는 웨어러블(참케어, 오므론), 통증을 치료하는 웨어러블(헬 스리안) 등도 나왔다. P&G는 기저귀에 부착할 수 있는 웨어러블 제품도 들고 나왔다. 이밖에 스마트 스피커(올해 14% 성장예상), 스트리밍 서비스(11%), 스마트홈(4%) 등도 이번 CES에서 주목받은 기술들이었다. 이 영역과 관련이 있는 기업에 종사하는 이들이라면 CES에서 어떤 기술들이 전시됐는지 조금 더 자세히 들여다보면 좋을 듯하다.

▶기업들이 '도시'를 논하기 시작했다

CES에서 전시된 '신기한' 것들은 전기차, 웨어러블, 스마트홈, 스트리밍 서비스뿐만이 아니었다. 수면테크, 베이비케어, 인공돼지고기, 복합현실(XR) 등 CES 2020은 '신기한 것들'을 모아놓은 박람회장 같았다. 그 중에서도 기자가 가장 놀란 것은 '새로운 도시'를 공급하겠다는 도요타의 발상이었다. 우리가 살고 있는 도시는 사실 경제를 살리기 위한 공급을 일으키기에 가장 좋은 수단 중 하나다. 거시경제의 총공급을 늘려야 한다고 주장하는 경제학자 폴로머 뉴욕대 교수(2018년 노벨상 수상자)가 '차터시티'라는 개념을 만들어 혁신을 장려해야 한다고 주장한 것도 우연은 아니다. CES 개막 하루를 앞둔 6일(현지시간) 도요타자동차의 사장인 도요다 아키오가 발표한 '우븐 시티(Woven City·짜여진 도시)'는 미래 모빌리티와 인공지능 등이 함께 융합된 거대한 스마트시티였다. 그 옛날 막부시대를 연 도쿠가와 이에야스의 고향인 시즈오카 현에 있는 도요타 공장을 폐쇄하고 그 자리에 21만 평짜리 스마트시티를 건설하겠다는 선언이다. 도요다 사장은 "도요타그룹 미래 방향성은 AI, 모빌리티, 로보틱스, 소재과학, 지속가능한 에너지에 맞춰져 있다"며 "이를 구현하기 위한 각종 실험을 실제 주민이 거주하는 환경에서 진행하면 어떨까라는 생각에서 이 프로젝트가 태어났다"고 설명했다.

우리나라도 스마트시티를 새로운 경제 활력을 일으키기 위한 거시경제 공급 확대 차원에서 이번 정권이 추진해 왔다. 그러나 도요타처럼 기업과 민간이 중심이 되는 도시 프로젝트가 아니라, 정부 주도의 세종 부산 스마트시티만 나오고 있다. 도요타가 CES를 통해 자신들의 존재감을 알리고 있는 데 반해, 한국의 스마트시티들은 아직 세계무대에서 이름을 알리고 매력발산을 할 기회를 잡지 못하고 있다.

▶ '그다지 새로울 것이 없었다'는 평가를 받는 CES 2020

냉정하게 말해 이번 CES 2020에서는 과거 인공지능, 블록체인, 퀀텀컴퓨팅처럼 시대를 한꺼번에 뒤바꿀 만한 천지개벽할 혁신이 등장하지는 않았다. 그래서 다수의 CES 참가자들이 "생각보다 CES 볼 것 없더라"라는 말들을 많이 쏟아내기도 했다. 기술만 놓고 보면 당연히 그럴 수 있다. 그러나 이번 CES에서는 보다 더 중요한 변화를 목격할 수 있었다. 바로 '기술에만 머무르는 기술'이 아니라 '우리 삶 속으로 들어오는 기술'이 본격화되고 있다는 움직임이다. 예를 들어 삼성전자 김현석 CE부문 사장이 인간과 교감하는 로봇 '볼리'를 내놓았다. 로봇이라는 대상 자체는 그다지 새로울 것이 없는 기술. 그러나 '볼리'를 통해 컨트롤되는 스마트홈이 현실화될 수 있다는 생각을 심어준 것 자체가 의미 있는 움직임이라고 볼 수 있다. 차상균 서울대 데이터사이언스대학원 준비단장(전기정보공학부 교수)은 "인공지능, 5G 등과 같은 첨단기술은 이제 누구나 수도꼭지만 틀면 나오는 수돗물처럼 모두가 사용할 수 있는 기술이 되었다"며 "이제는 인공 지능으로 가치 있는 무엇을 만들어 내느냐가 더 중요하다"고 말했다. 이번 CES 2020이 '기술전 쟁'뿐만 아니라 '응용전쟁'이 시작됐다는 선언과도 다름이 아니었다는 얘기다.

기술 혁신뿐만 아니라 비즈니스 혁신이 더더욱 중요해질 수 있다는 점을 강조하는 이들은 CES 2020에서 어렵지 않게 찾아볼 수 있었다. 샌디 카터 AWS 부사장은 매일경제가 CES 2020과 맞춰 개최한 매경비즈니스포럼에 기조연설자로 나서 "혁신은 '제품'에만 국한되지 않는다"며 "무엇을 중심에 놓고 생각할지부터 혁신해야 한다"고 했다. '기술'에 집중하는 것이 아니라 '고객'에 집중하는 것이 핵심이라는 것이다.

카터 부사장은 "카네기멜론 대학팀의 연구에 따르면 스타트업 CEO들은 시간의 80%를 고객들과 함께 보내는 반면 규모가 큰 대기업은 20%만 고객과 함께 보낸다"며 "그게 대기업이 실패하는 원인 중 하나"라고 말했다. 장대환 매경미디어그룹 회장도 "세상을 바꿀 수 있는 어떤 새로운 기술도, 기술 그 자체로는 의미가 없으며, 실제로 세상을 바꾸어야 하고, 그로써 인간에게 가치를 주어야만 한다"고 역설하면서 "그렇지 않다면 그 기술은 꿈 속에서만 존재하는 것일 뿐이며, 우리의 삶 속에는 아무 의미가 없는 것"이라고 말했다.

〈매경LUXMEN 제113호〉

지식은 한 국가나 기업에 대한 성장의 비결이고 경제발전 과정에 내재한 고용 창출의 원동력이다. 기술이전은 새로운 지식과 기술을 사회와 시장에, 상업적으로, 그리고 사회적 이익을 위해 이용할 수 있게 함으로써 기술의 가치를 실현할 수 있는 제3자에게 이전하는 과정이다. 요컨대 기술이전은 기술을 상업화하는 과정이다. 기술혁신에 관한 연구는 최근 상업화에 큰 관심을 보인다. 시장 수요 파악, 기술 개발 조사 및 상업화는 기술을 창조하고 발전시키는 데 필수 불가결한 부분이다. 왜냐하면, 기술혁신 능력은 경제에서 경쟁 우위의 중요한 원천으로 널리 인식되고 있기 때문이다. 따라서 지식 기반 세계에서 혁신은 왕이다.

기술은 광의로 제품이나 서비스를 생산하는 데 활용되는 축적된 지식이라고 할 수 있으며, 선진국 경제 성장에 공헌해 온 가장 중요한 요소 중의 하나이다. 또한, 기술은 우리의 현재 생활 수준을 유지하는 데 도움을 주고 있다. 기술혁신은 우리에게 작업 시간의 감소, 생산효용의 증가, 작업상태의 혁신과 재화의 흐름을 향상시켜 주고 있다. 예로, 30년 전에 암모니아를 제조하는 공장의 하루 생산용량은 150t이었으나 1970년에는 하루에 1,500t의 암모니아를 생산할 수 있었고, 1980년 초기에는 하루에 3,000t의 암모니아를 생산할 수 있었다.

농업 분야의 예로는 과거 세대의 기술혁신은 미국의 농업 분야에 노동과 토지의 생산성을 실질적으로 증가시켰다. 1910년부터 1914년까지의 옥수수 생산은 토지의 각 에이커 당 옥수수 26부 셀을 생산하는 데 35.2시간의 노동이 소요되었다. 그러나 1972년부터 1982년까지 토지의 각 에이커당 옥수수 105.3부셸 생산에 3.4시간의 노동이 소요되었다. 이와 같은 신기술은 시간이 지남에 따라 미국 농업 분야의 구조가 눈부시게 변화하고 있다는 증거다. 미국 농업 분야는 상대적으로 농업지향 체계로부터 자본 지향적으로 변형되고 있다. 결과적으로 1980년 후반에 60년 전의 농업인구(5천 5백만)와 비교해 볼 때 60%가 감소한 2천 2백만 명이 종사하고 있는 것처럼 농업 분야 노동자의 수는 실질적으로 감소하고 있다(Gold).

현재 우리 생활에 영향을 주는 유형의 기술진보는 매일 뉴스를 통해 듣고 있다. 예로, 컴퓨터 칩의 발명은 생산, 교육 및 보건 등에 커다란 영향을 미치고 있으며, 많은 공장에 로봇의 도입은 노동에 대한 필요성을 감소시키고 있다. VCR과 마이크로컴퓨터의 사용은 집, 학교, 기업 등에서 공동 장소가 되고 있고 의학 기술의 진보는 우리 사회의 수명 연장에 공헌하고 있다.

그러나 불행하게도 우리의 기술진보는 부정적인 측면이 있다. 핵폭탄의 도입은 세계의 힘의 균형을 완전히 변화시켰고, 실제 가능성으로 인간 혈통의 파괴를 만들고 있다. 현대기술을 사용하는 공장들은 공기와 물의 오염, 암, 기형아, 건강과 관련된 원인을 제공하고 있다. 예로, 군사기술 분야에 있어서 레이건 행정부는 핵으로 공격 가능성 전투에 별들의 전쟁(star wars) 기술 연구를 발표했다. 공해와의 싸움은 첨단기술 공해방지 방책이 사용되고 있으나 기술진보에 대한 우리의 역정은 끝없는 과정이라고 생각된다.

과거에 기술 대부분은 선진국에서 개발되었고 시간의 차이를 두고 다른 국가로 퍼져 나가고 있다. 예로 18세기에 영국에서 시작한 산업혁명은 차후 19세기에 북아메리카와 서유럽으로 퍼져 나갔다. 그리고 결국 20세기 초반에 일본과 러시아까지 들어 왔다. 그러나 이 과정은 아직 완결되지 않았고, 아프리카, 아시아 및 남아메리카 등의 많은 개도국은 아직 산업혁명 전의 기술을 사용하고 있다. 결과적으로 많은 개도국은 그들의 경제 성장과 개발에 대한 욕구는 기술적으로 선진국을 의존하게 됐다. 필요한 기술을 획득하기 위해 많은 개도국은 기술이전에 대한 하나의 통로로서 국제시장에 의지하게 됐다.

기술적으로 개도국에 대한 해외직접투자는 자금 유입의 자원으로서 뿐만 아니라 기술과 개도국의 경제개발에 필요한 관리 노하우의 취득의 매체로서 인식되고 있다. 첫째, 자금 유입 자원의 경우 자본이 부족할 때 해외직접투자는 개도국에 대한 필요한 자금의 제공에 대한 중요한 자원으로서 강조되었다. 자금의 부족이 점차 해결되고는 있지만, 단독으로 행하던 자본 조달이 실패하는 경우에는 기술이전에 대한 해외직접투자의 역할은 더욱 관심의 대상이 되었다.

둘째, 기술이전 매체의 경우 해외직접투자의 중요성이 인식됨에 따라 적정한 기술의 선택으로 투자 프로젝트가 성공을 거두고 이때 이전되는 기술은 개도국의 경제와 사회환경에 적합할 것이다. 그러나 자금이 풍부한 미국에 적정한 기술은 인도같이 노동이 풍부한 국가에 대하여는 완전히 적합하지가 않을 것이다. 그래서 다국적기업은 기업활동을 하려는 국가의 환경에 적합한 기술을 이전하는 것이 필요하다.

제 1 절 기술의 의의 및 정의

1. 기술의 의의

과학은 자연의 성질을 연구하는 학문이다. 공학은 물건 등을 만들기 위해 과학적 지식을 응용하는 연구 학문이다. 과학 기술은 사람의 필요에 따라 도구나 기계, 재료 등을 개발하고 사용하는 과정 등에 대한 일련의 지식 체계나 학문을 의미한다.

과학 기술의 발달은 각종 산업 발달의 토대가 된다. 18세기 이전에는 기술(technique)은 과학의 도움보다도, 장인들의 경험으로 느릿느릿 진화했다. 급격한 과학 기술의 발달을 기술혁신이라고 하며 기술혁신은 산업 구조의 변화를 가져오는 원인이 되기도 한다. 증기기관의 발명으로 대량생산을 가능하게 된 결과 산업혁명이 촉발된 것이 대표적인 사례이다. 최근 들어 급격한 정보화의 진행으로 정보 통신 산업이 크게 발달하고 있으며 통신, 인터넷 등을 주요 과학 기술로 취급한다(Wikipedia).

기술은 재료와 공정의 이용으로 투입(input)을 필요한 산출(output)로 전향시키는 것을 의미한다. 기술을 이해하는 것은 지식을 요구하고 기술의 이용은 기능을 요구한다. 기술은 인간에 의해서 창조되고 또한 인간에게 영향을 미치고 있다. 특히 상품의 생산을 통해 또는 작업 상황을 새롭게 창조함을 통해 영향을 미치고 있다.

기술의 변화는 기계, 연장, 도구 및 장비와 같은 물리적인 고안과 절차, 순서, 특정 기술의 응용과 같은 기법과 작업 방법 등에 영향을 미치고 있다. 따라서 기술은 보통 다음과 같은 분야에 영향을 미친다.

① 종업원 훈련

② 고용주 직무

③ 조직 구조

④ 일에 대한 종업원의 직업 만족과 태도

2. 기술의 정의

기술은 특별한 직무(specific task)를 성취하기 위해 투입을 산출로 전환하는 방법 및 기법 정의할 수 있다. 이와 같은 방법(method) 혹은 기법(technique)은 지식뿐만 아니라 직무를 수행하기 위한 기능(skill) 및 수단(means)을 의미하고 있다. 그리고 이와 관련해서 기술혁신은 지식의 증가, 기능의 개량, 주어진 직무를 성취하는 능력을 확장함으로써 새롭게 하거나 개량된 방법의 발견과 관련이 있다.

생산 투입이 같은 유형의 산출을 생산함에 다른 비율로서 결합할 수 있어서 우리는 주어진 제품의 생산에 다른 기술적 대체를 가질 수 있다. 원시적인 기술은 근로자가 일을 수행함에 간편한 기구를 사용한다. 아주 진보된 기술은 테이블 설계, 조립 공정의 조직 등은 컴퓨터를 사용할 것이고, 직무를 성취함에 고난도의 기구를 사용하는 잘 훈련된 근로자를 고용할 것이다. 이와 같은 두 양극단 사이에 각기 특별한 기술 수준을 대표하는 하나는 노동자들과 기계의 결합으로 폭넓고 다양한 산출을 생산할 수 있다. 기술이 노동 지향 적에서 자본 지향적으로 이전하는 과정에서 생산기술의 자본을 증가시킴으로써 얼마든지 다른 생산 대체를 창조할 수 있다.

제 2 절 기술의 선택

우리는 앞에서 논의했던 것 같이, 다른 기술의 대체는 주어진 유형의 제품생산에 대하여 사용될 수 있을 것이다. 그리고 어떠한 대체가 선택되는가에 대해 질문을 한다. 이런 질문의 답은 기술의 선택에 영향을 미치는 변수들을 모두 고려하여야만 한다. 이와 같은 변수 중에 중요한 것은 자본과 노동 비용, 기술 대체의 이용성, 시장의 크기와 성장, 기존 기술의 퇴화 등을 들 수 있다.

1. 자본 및 노동 비용

비례적으로 자본 지향적 기술의 사용 혹은 노동 지향적 기술사용에 있어서 기업이 선택을 결정하는 요인이 무엇인가?

명백하게, 기업은 주어진 제품을 생산할 때 가능한 가장 적은 생산비용으로 성취하기를 시도한다. 결과적으로 기술의 선택은 자본비용과 비교해 볼 때 비례적으로 노동 비용에 의존하게 될 것이다. 그리고 만약에 노동이 비례적으로 자본보다 더 비싸고 생산에 주어진 두 대체방법이 같다면, 기업은 더욱더 자본 지향적 기술을 사용할 것이다. 다른 한편으로는 만약에 자본이 노동보다 비례적으로 더 비싸다면 기업은 노동 지향적 기술을 사용할 것이다. 이것은 기업 자본이 풍부한 미국과 같은 선진국에서 기업 활동을 할 때는 자본 지향적 기술의 사용을 의미하지만, 인도와 같은 개도국에 있는 기업은 상대적으로 노동

지향적 기술을 사용하리라는 것을 의미한다.

2. 기술 대체의 유효성

기업에 의한 기술의 선택은 기술의 상업 타당성과 기술 대체의 유효성 등에 의해서 영향을 받는다. 이와 같은 기술 대체는 기업이 영업활동을 하는 산업에 의존한다. 몇몇 산업에서는 많은 기술의 대체가 존재하여 기업이 만족할 만한 생산기법을 선택할 수 있을 것이다. 예로, 방직산업의 생산 과정은 다른 운영에서는 쓸모없게 되고, 자본과 노동 사이의 교환이 이루어진다.

그러나 다른 산업에서는 기업이 선택할 수 있는 것으로부터 매우 적은 부분만이 대체할 수 있을 것이다. 예로, 석유산업에서의 원재료 정제는 다른 제품들을 분리해 열을 사용하는 증류 과정에 의해서 성취된다. 결과적으로 노동에 대한 자본의 대체는 기본적인 증류 과정에서 실행할 수 없다.

3. 시장의 규모와 성장

기업의 목적이 수익을 갖고 판매할 수 있는 제품을 생산하기 때문에 시장규모와 시장 성장은 기술을 선택하면서 고려하여야만 하는 가장 중요한 요소 중의 하나이다. 다국적기업의 제품에 대한 수요는 국내시장과 해외시장에 의해서 창조된다고 알려졌고 이들 시장의 규모와 성장의 잠재력은 이들 시장에서 요구되는 품질과 수량을 생산하면서 다국적기업의 기술을 선택하는 중요한 지침이다. 그래서 다국적기업의 경영자는 다국적기업이 점유하고 있는 시장의 규모와 시장점유율에 대한 지식을 얻는 것이 필요하다. 만약에 시장이 아주 작은데도 비교적 큰 공장을 선택한다면 공장은 공장의 가동능력보다 못하게 운영하여야 한다. 이 공장을 효율적으로 가동하지 못하는 것은 결국 높은 생산비용과 높은 가격의 원인이 된다. 시장이 아주 크지만, 상대적으로 작은 규모의 공장을 선택한다면 시장수요를 만족시킬 수 없고, 경쟁자에게 소비자를 빼앗길 것이다.

또한, 경영자는 가능한 시장에 대하여 많은 정보를 수집하는 것이 중요하다. 이와 같은 정보는 시장에서의 총판매량, 시장 성장률, 대체 상품 및 선호상품의 가격, 노동 훈련 비용, 노사관계 문제, 정부 법령, 경쟁기업의 시장점유율, 제품의 품질, 소비자 만족, 유통구조 등에 관련해서 중요 경쟁기업의 정보를 포함하는 최신의 정보이어야 할 것이다. 이와 같은 정보는 최적 공장 규모 선택의 지침이 될 뿐만 아니라 제품에 대한 올바른 가격을 결정하는 데 중요한 요인이 된다.

4. 기존 기술의 노후화

어떠한 산업에서든지 새로운 발명의 도입은 기존 기술의 퇴화라는 결과를 가져오기 때문에 투자 프로젝트를 시행하기 전에 이와 같은 발생 가능성에 대한 예측은 다국적기업의 경영자에게는 무척 중요하다. 이러한 예측은 기계가 노후화되기 전에 초기 비용을 조정함으로써 후일 충분한 수익이 창조되도록 할 뿐만 아니라 기술의 선택에도 도움을 준다.

그러나 새로운 기계가 소개되었을 때 이미 구형의 기계에 투자한 기업은 어떻게 할 것인가. 기업은 자동화로 전환하는데 수동 기계를 그대로 사용해야 하는가? 이에 대한 해답으로서 비용-수익분석 및 장비의 초기 비용, 노동 비용, 자본비용, 구 기계의 처분 비용 등을 고려해 보고, 구 기계에 비해 새로운 기계에 의해서 창조할 수 있는 부가적인 기대 수익을 분석하는 것이 필요하다. 만약에 수익이 비용보다 크다면, 기업은 새로운 기계를 사용할 것이다. 그렇지 않으면 구 기계의 사용이 지속할 것이다.

기계의 선택에 있어서 노후화에 관한 질문은 컴퓨터 등 새로운 혁신이 굉장히 빠른 속도의 변화를 가져왔기 때문에 오늘날의 세계에서는 더욱 중요하고 절박하게 되었다.

제 3 절 기술이전

기술의 이전 및 사업화 촉진에 관한 법률 제2조에 의한 정의 : "기술이전"이라 함은 기술이 양도, 실시권 허락, 기술지도, 공동연구, 합작 투자 또는 인수·합병 등의 방법을 통하여 기술보유자(당해 기술을 처분할 권한이 있는 자를 포함한다)로부터 그 외의 자에게 이전되는 것을 말한다.

또 한 기술이전은 한 기업에서 다른 기업으로 또는 국가와 국가 사이에 일어나는 혁신의 매개체이다. 혁신은 새로운 제품, 공정, 작업 방법 또는 전문화된 기술사용을 포함하고 있다. 모든 방법에 있어서 지식은 혁신가로부터 많은 수혜자에게 전달되고 있다.

독립적인 연구, 프로젝트 개발, 연구의 결과, 실험과 평가 등의 필요성을 추구하는 국제경영은 국가 간의 기술이전에 있어서 기본적인 매개물이다. 기술은 국가의 경제사회개발에서의 기본 요소이다. 그래서 새로운 기술의 중요성은 많은 정부에 의해서 적극적으로 장려하고 있다. 유럽 국가는 EU지역 안에 기술 카르텔 보호에 따라서 기술이전을 적극적으로 장려하고 있다. 비록 몇몇 기술이 국내 노동자에게 이해할 수 있도록 단순화하여야만 새로운 경영 아이디어와 방법의 변화에 따라서 기술의 변형이 어떻게 수행되는지 주시하여야 한다.

국경선을 넘는 기술이전은 한 기업이 단독 수혜자에게 이전할 때 나타난다. 반대로, 기술의 보급은 기술에 아주 쉽게 접근할 수 있는 많은 수혜자의 상황과 관련이 있다. 국경선을 넘는 기술이전의 동의는 파트너 간의 쌍방 협의를 요구하고, 이전된 기술의 보호에 대한 계약적인 장치를 포함하고 있어야 한다. 고난도 기술의 용어는 특허, 자본

장비, 디자인, 기술 설계서 및 유형적 형태 등을 뜻하고 있다. 반대로 간단한 기술은 기술 공정의 관리, 조직, 행정 등을 가리키고 있다. 유형적으로 고난도 기술과 결합한 지적 자산은 법적으로 보호될 수 있다. 그러나 단순 기술과 결합한 지적 자산은 보통 판권 및 특허권이 없다. 현대 산업 기술은 다양한 특성과 특허, 설계 및 기계와 컴퓨터의 사용이 더욱더 많이 개입하고 있다는 것을 인식하는 것이 필요하다. 오늘날 새로운 기술의 결정적인 관점은 경영관리와 관계가 있고, 또한 서비스, 연구개발, 생산개발, 생산기술과 기법 등을 보조하고 있다. 그러므로, 기술은 디자인 설비뿐만 아니라 타당성 투자연구, 자본장비, 기술 보조 서비스, 인력 훈련, 품질통제 시스템의 실행을 포함한 포괄적인 활동이다.

1. 기술이전을 하는 이유

기업이 기술이전을 하는 이유로는 다음과 같은 사항을 들 수 있다.

- 기업의 수익성 증대, 해외 생산은 저렴하고, 생산물은 최종 소비자 가까이 갈 수 있다.
- 기술적으로 우수한 제품의 공급을 통해 해외시장에서 경쟁의 우위를 얻을 수 있다.
- 외국 정부로부터의 장려 및 승인취득; 왜 개도국에서 다국적기업이 그들 시장에서 경영활동을 할 수 있게 승인하는 동시에 최신기술을 요구하고 있는지를 고려하여야 할 것이다.
- 자국(home)에서 한계용량(marginal capacity)을 극복하기 위하여
- 해외 국가의 자본시장 개척, 잘 훈련된 노동자 및 다른 투입물을 사용하기 위하여
- 해외 자회사의 능력과 잠재력을 증대하기 위하여 기술을 이전한다.

• 기술이전은 지식의 공식적, 비공식적 흐름뿐만 아니라 인적 자원의 흐름을 촉구할 수 있으며, 이는 정부와 기업의 축을 넘어 다양한 분야와 레벨의 사람들과 지식, 기술력들을 교류할 수 있는 장을 열게 된다(노은주).

2. 기술이전에 대한 논쟁

기술이전에 대한 정치적인 논쟁은 개발도상국에 다국적기업에 의해서 이전된 기술들이 최종적으로 그들 국가의 사회 및 경제개발에 적정한지에 대한 문제들이다. 종종 다국적기업에 의해서 이전된 기술은 지극히 자본 지향적이고, 저임금 소비자에게는 부적절한 상품을 공급하는 기술일 수도 있다. 실제로 제3세계 국가의 정부는 다국적기업에 노동 지향적인 기술을 수출하라고 재촉할 것이다. 그러나 다국적기업이 현지 시장을 위하여 값싼 산출물을 제공하기 위하여 노화된 자본장비 및 기술을 이전한다면, 다국적기업은 제3세계 국가로의 지나친 기술덤핑에 비난받을 것이다.

그리고 제3세계 국가는 기술적으로 서북유럽국가에 의존하는 원인이 될 것이고, 지속해서 경제 개도국으로 남게 될 것이다(Thorelli).

그렇지만, 다국적기업의 잠재적 수익 중의 하나는 개발도상국인 피투자 국가가 기술이전으로 수익을 창조할 수 있는 능력이 있는지다. 경제개발 과정에서 기술의 중요성을 깨달은 많은 개도국은 해외직접투자에 많은 호의를 보이고 의사결정을 할 때 중요한 고려 대상으로 심사숙고하고 있다.

기술이전은 많은 단계를 구성하고 있어서 복잡하고 시간이 많이 소비되고 또한 진행 과정에 비용이 발생한다. 이 과정은 연구 및 개발로부터 생산 계획과 디자인까지 포함한다. 기술이전은 노동 훈련, 품질통제, 경영관리 실무, 마케팅 기술 및 생산 보조를 포함하고 있다. 이와 같은 과정의 성공적인 수행은 지속적인 대화를 요구하고 또한 개입된 파트너 사이에 밀접한 협력을 요구한다. 그러나 불행하게도 기술이전 국가와 수혜국 양측이 기술이전의 잠재적 수익에 대해서는 의심하고 있고, 이는 기술이전 국가와 수혜국 사이의 논쟁과 갈등을 일으키고 있다. 이는 또한 다국적기업의 경영관리에 대하여 복잡성을 더해주고 있다.

3. 기술이전에 대한 반응

1) 기술이전에 대한 이전 국의 반응

기술이전 국가는 그들 경제기반에 해로워서 기술 수출에 대항하여 종종 역반응을 보인다. 다국적기업의 해외 자회사 생산설비는 기술 이전국가의 수출 잠재력이 감소한다고 주장한다. 또한, 몇몇 다국적기업의 수입은 그들의 해외 자회사로부터 오기 때문에 기술이전 국가의 수출은 감소하고 수입이 증가하여 결국은 기술이전 국가의 고용은 감소할 것이라고 주장한다. 또한, 외국에 기술 노하우를 제공함으로 기술 이전국가는 세계시장에서 국제경쟁력을 잃을 것이고, 이는 이전국가의 경제 성장을 감소시켜 GNP 손실을 줄 것이라고 또한 주장한다.

위의 주장은 해외에 다국적기업 확장을 반대하는 노동조합과 같은 몇몇 그룹이 원인이 되고 있다. 실제로 이는 미국에서 최근 몇 년 동안 민감한 문제로 대두됐다. 미국의 많은 다국적기업은 노동에 대한 임금의 우위를 얻기 위하여 멕시코, 싱가포르, 타이완과 같은 국가에 공장 설립을 계획하고 있다. 이들 공장은 미국에서 만든 제품을 조립하고 다시 미국으로 수출을 한다. 예로, 1982년에 미국의 몇몇 자동차 제조업자들은 싼 임금을 사용하기 위하여 멕시코 국경 도시에 조립공장을 설립했다. 또 다른 예로 제니스 라디오회사는 1979년에 아이오하 시옥스 도시에 있는 TV 공장을 폐쇄하고 멕시코와 타이완에 공장을 설립했다.

2) 기술이전에 대한 수혜국의 반응

다국적기업에 의한 기술이전의 문제는 기술이전 국가보다도 수혜국에 민감한 문제로 나타난다. 기술이전의 두려움과 다국적기업에 대한 의심으로 인하여 많은 수혜국 국민은 정부에 다국적기업을 통제할 수 있는 법령을 제정하려고 추구하고 있다. 예로, 캐나다의 직업 기술 수준을 높이기 희망하는 캐나다 정부는 캐나다에 다국적기업 생산설비를 남겨두라고 다국적기업에 장려해 왔다. 또 다른 예로, 일본은 다국적기업을 통한 패키지 투자보다는 자본, 관리나 기술 등을 분리해서 구매하거나 외국인 투자에 자본, 관리, 기술 등을 동반하지 않고 다국적기업을 통한 기술의 흐름을 제한하고 있다.

기술이전에 대한 다국적기업의 긍정적인 역할은 선진국과 후진국 양쪽으로부터 의심을 받고 있더라도, 다국적기업의 역할은 선진국과 비교해 볼 때 개도국에서 더 많은 논쟁과 문제를 낳고 있다. 개도국의 다국적기업에 의한 기술이전이 가능한 우위를 가져올 수 있냐는 문제에 대해 일부의 경제학자들이 이의를 제기했다. 비평의 두 가지 유형은 다국적기업의 기술이전에 관하여 차별화시킬 수 있을 것이다.

첫째 비평은 다국적기업의 독과점과 관련이 있다. 개발도상국으로의 기술이전에 있어서 다국적기업은 자신의 이해관계가 유리한 상태가 되도록 통제하고 있는 것이라고 논하고 있다. 이것은 기술 및 관리 노하우, 기술, 투자를 통해 개도국에 이전은 다국적기업에 독과점 힘을 갖고 있기 때문이다. 결과적으로, 외국인의 기술, 지식을 습득하는 개도국에 있어서 실질 비용은 상당히 높을 것이다.

두 번째 비평은 이전된 기술 유형과 관련이 있다. 다국적기업을 통하여 이전된 기술이 개도국에 존재하느냐에 대하여서는 적절하지가 않다. 선진국과 비교해 볼 때 개도국은 대부분이 열대나 아열대 지역에 있다. 그러므로 선진국과의 환경이 다르다. 생산에 대한 요소들은 지역적으로 아주 다른 비율로 이용하고 있다. 교육받은 경영자나, 숙련된 노동자, 기능인, 전문가 등이 상대적으로 매우 희귀하다. 선진국을 위하여 설계된 기술이 개도국에 이전된다면 기술은 개도국 경제 전반에 대하여 올바른 효과를 가지지 못할 것이다. 이 문제를 피하려고 다국적기업의 기술을 개도국의 상황에 적합하게 만드는 것이 필요하다. 그러나 기술은 진공상태로 이전되지 않는다는 것을 인식하여야만 한다.

기술의 성공적인 이전과 개도국의 국가환경에 기술을 적합하게 하기 위해서는 다국적기업의 자발적 노력 또는 능력에 의존할 뿐만 아니라 수혜국의 흡수할 수 있는 용량과 수혜국과 다국적기업과의 관계 등에 의존한다. 성공적인 제조과정 운영에 필요한 기술 또는 관리기능 부족, 적거나 정체된 시장의 존재와 개도국에 제한된 정부 정책은 기술이전과 적합 과정에서 심각한 장애를 제공해 왔다. 결과적으로 비록 다국적기업이 아주 적게 몇몇 기술이전에 대한 방법을 가졌을지라도 일반적으로 다국적기업들은 그들의 잠재력까지 기술이전을 성취하지 못하였다.

예로, 개도국에서의 미국의 다국적기업에 관한 연구에서는 다음과 같은 것이 발견됐다. 다국적기업은 그들의 기술들을 요소 비율 문제에 맞게 적합 시킨다는 것을 발견하였다. 이와 같은 개도국은 자본에 비례해서 노동이 풍부하다는 것을 말하고 있다. 또한, 미국기업은 현지 기업과 비교해 볼 때 자동화 기계 없이 운용한다고 언급하였다. 이는 미국이 자신의 기술 노하우와 훈련 능력에 의존하는 것과 관련이 있다.

다른 예로서, 라틴아메리카의 연구에 의하면 라틴아메리카 기업들은 생산기법을 선택하면서 외국기업과 같은 접근 방법을 사용한다는 것을 발견하였다. 종종 라틴아메리카의 기업들은 선진국에서 개발된 자본 지향적 기법을 사용하는데, 대부분 기업은 기능인력의 부족 때문에 부적합한 것으로 나타났다. 그 연구는 다국적기업이 라틴아메리카의 실업 문제를 해결할 수 있는 노동 지향적 기법의 설계를 시도하지 않는다는 점을 지적하고 있다.

세 번째 예로, 브라질 연구에 있어서 다국적기업들은 그들의 기술이

브라질에 적합한데도 저항한다는 것을 발견하였다. 연구에 의하면 브라질의 기술이 적합함임에도 불구하고 다국적기업의 실패는 브라질의 관대한 환경에서 적당함을 추구함이 그들의 마음이 내키지 않는 것과 관련이 있다. 이는 문화, 가치관, 관습 등인 사회적 환경과 관련이 있다고 볼 수 있다.

3) 투자국과 수혜국반응의 조정

투자국가와 수혜국 간에 기술이전에 대한 그들의 부정적인 견해를 바로 세워야 한다. 이론적으로 말하자면 자유무역은 세계 경제 복지를 극대화로 이끌어 나간다. 그리고 자유무역은 정부 중재로부터 수혜국에 이르기까지 흐르는 기술에 대해서는 양 국가에 경제적 수익이 있을 것이라고 주장했다. 그러나 정부 중재와 시장의 불안정 존재는 쌍방의 실제 시장환경 때문에 기술의 자유로운 흐름을 가로막고 있다. 또한, 수혜국과 투자국 쌍방은 기술이전 과정으로부터 수익이 없다고 믿는 이유가 있다. 그리고 필요한 정부 중재의 부재를 들 수 있다.

무역은 비교우위 이론의 교훈으로 나타난 것 같이 기술이전은 직접적인 흐름에 의한 시장의 수요와 공급을 자유롭게 허락하는 것이다. 그러나 불행하게도, 이론적으로 옳다고 느껴지는 것은 실제의 방법으로 실행되지 않고 있다. 이는 기술이전 과정에 국내 진입을 싫어하는 민족주의자의 이데올로기, 노동조합 요구와 같은 비경제적 요소 때문이다.

제 4 절 기술이전의 방법 및 전략

국제경영을 통한 기술이전은 국제 개입의 유형에 의존하고 있다. 기술이전의 방법은 재화의 수출, 라이센싱, 턴키 베이스, 경영관리계약, 프랜차이즈, 합작투자 및 단독투자 등을 있다. 이와 같은 방법 중에 단독투자는 잠재적으로 개도국에 기술을 이전하는 최고의 방법이다. 이는 이전 회사가 성공적인 운용에 대하여 필요한 기술뿐만 아니라 실질적 생산에 대하여 필요한 기술과 기능 때문이다.

1. 기술이전 방법

기술은 여러 가지 방법으로 이전이 가능하다. 기본적으로 정부 간의 협약으로 이전하는 비상업적 기술이전과 개별 기업적 차원에서 이루어지는 상업적 기술이전을 들 수 있다. 전자는 핵에너지 및 우주 연구, 양국의 원조계획 및 개발원조 등을 들 수 있고, 후자는 다음과 같이 여러 가지 방법으로 기술이전을 수행하고 있다.

1) 해외직접투자

해외합작투자를 통하여 피투자 국에 경영기술과 기법을 제공한다. 지연스럽게 투자국 기입과 피투사 기업과의 합작 부자를 통하여 경영 기법 및 기술이 이전된다. 많은 개발도상국은 경제 성장 추진과 기술을 이전받으려고 외국인 투자를 유치하고 있다.

이와 반대로 기술보유국에서는 기술 노출을 꺼리고 있어서 국가 대부분에서는 보편적인 기술을 이전하고 있다. 이와 같은 사실로 볼 때 해외직접투자는 기술이전의 중요한 연결고리라고 볼 수 있다.

2) 상품과 서비스 무역

상품과 서비스를 통한 기술이전은 장비, 공구, 제품, 원재료, 자문 등을 들 수 있다. 이는 외국기업에 수출해서 기술이전은 아주 보편적이라고 볼 수 있다. 이는 구매자들이 제품을 직접 대함으로써 모방과 연구를 통해 쉽게 기술 습득이 가능하다고 볼 수 있다.

3) 계약과 동의

이는 특허, 상표, 노하우의 라이센싱과 장비 유지 및 설비 서비스에 관한 관리계약 등과 같은 프랜차이즈를 들 수 있다. 이 경우는 기업 자신의 경영능력이 부족할 때 주로 활용된다.

4) 연구개발

연구 하청계약, 합작 연구 프로젝트 등을 들 수 있다. 특정 지역의 연구소 및 세계적 연구기관에 있는 연구원들과 연구 기회를 통하여 새로운 기술을 접할 기회가 주어지므로 자연적으로 기술을 이전할 수 있는 능력을 갖출 것이다. 한 예로 한국 대기업이 새로운 기술을 습득하기 위하여 미국 및 유럽에 연구소를 설립한 것은 현지 유능한 연구원과 합작함으로써 고품질의 제품을 생산할 수 있기 때문이다.

5) 인력

외국 기술자 고용을 통한 내부 노동자의 훈련, 전문협회의 위탁 교육, 교육기관, 연구소를 통하여 기술을 이전할 수가 있다. 1986년 1월 7일자 월스트리트 저널에 실린 기사를 보면 공학 교수, 기업의 파트너, 대기업의 기술자들은 매주 금요일 저녁만 되면 한국으로 향한다고 하였다. 그들은 그들의 기술을 누구의 허락도 없이 기술을 이전한다고 언급하였다. 이와 같은 방법으로 많은 기업이 그들의 기술을 이전받고 있다. 또한, 한국의 자동차 회사들이 글로벌 생산 및 판매를 확장하기 위하여 자동차 분야에서 세계적 명성을 가진 디자이너를 채용하고 있다.

6) 기타

외국기업의 매수나 합병 및 산업 스파이를 통한 기술이전이 가능하다고 볼 수 있다. 현재에도 많은 기업이 신기술을 얻기 위하여 외국기업과 합병을 추진하거나 매수에 나서고 있다. 한 예로 반도체의 메카라고 할 수 있는 LA의 실리콘 밸리를 들 수 있다. 한국의 여러 기업이 기술을 이전받기 위하여 합병이나 매수를 통하여 또는 현지 기술자들의 고용으로 인한 기술을 습득하기 위하여 현지에 참여하고 있다.

2. 기술이전 전략

국제 기술이전에서 중요성은 이전되는 기술상의 우위로부터 잠재적인 수익의 적정성에 대한 것이 기업에 의해서 선택되어야 할 중요한 전략이다. 이러한 전략은 기업의 경쟁 우위와 기업 내 사정에 따라서 기술이전 전략을 가질 수 있다.

1) 이전전략

(1) 턴키 프로젝트

턴키 프로젝트(turn-key project)는 생산설비를 건설하고 설비가 가동되어 생산이 개시될 수 있는 시점에서 소유권자에게 넘겨주는 계약이다(정구현). 미국 등을 비롯한 여러 국가에서 많은 기업은 디자인, 건설 등에 턴키 프로젝트를 전문화하고 있다. 이와 같은 경영방식에서 계약자는 인적 자원의 훈련을 포함한 프로젝트의 모든 사항에 관한 관리에 참여한다. 계약의 완성에 있어서 소비자는 기업을 운영할 수 있도록 완전히 준비된 상태 아래에서 계약자로부터 키를 인수한다.

특히 일본 기업들은 이 전략을 많이 사용하고 있다. 턴키베이스 하의 플랜트 수출은 일본 수출에 많은 부분을 차지하고 있다. 예로 1982년에 미쯔비시 기업은 중동 산유국에 몇몇 일본 기업과의 협력 아래 네 개의 정유소와 가스공장을 건설하였다. 수출 규모에서 오일 정제의 하루 용량은 10만 배럴인 450만 달러 어치를 생산하였다. 몇몇 중동국가들은 매일 250만 배럴을 생산할 수 있는 정유소를 계획하였다.

턴키 플랜트 수출 형태의 이미 판매 전략은 화학, 제약, 석유 정제 산업 등에 폭넓게 사용되고 있다. 대부분 미국기업과 다른 국제기업들은 그 기술사용으로부터 생산된 제품을 판매하는 것보다 이들 산업에 대하여 새로이 개발된 기술을 판매하는 것을 주된 경영활동으로 하고 있다. 이들 기업은 그들의 수익을 새로운 세대의 기술개발에 재투자하고, 기술 구매자로부터의 잠재적 경쟁에 대한 것은 고려하지 않고 있다. 완성된 제품의 판매에 있어서 국제기업들은 제품이 상업화가 되었을 때 그들의 소유 기술로부터 이익을 얻는다. 이 같은 경우에 기술의 직접 판매는 새로이 나타나는 경쟁자들에게 불리하게 작용하고, 시장에서 판매자의 경쟁 우위를 감소시킨다. 그런데도, 완제품을 생산하는 기업은 턴키 전략을 사용할 수 있다.

(2) 라이센싱

라이센싱이란 두 개의 기업이 일정 기간에 특정한 기술을 사고, 파는 거래를 가리킨다. 기술이전에 있어서 라이센싱 방식은 가장 전형적인 기술이전 형태이면서 동시에 가장 빈번하게 이용되는 기술이전 방법이다. 라이센싱의 거래는 주로 제조기업에서 이루어지고 있다. 라이센싱은 많은 상황에서 수익적이고 다른 방식과 비교해 볼 때 우월하다. 라이센싱은 자금, 경영 경험이 부족한 작은 기업에서는 특별한 우위를 가지고 있고, 직접투자를 통해서 국제적으로 확장하는 데 필요하다고 볼 수 있다. 많은 대기업은 그들과 해외 합병 또는 합병되지 않은 파트너에 라이센싱을 폭넓게 사용하고 있다.

일반적으로 라이센싱 전략은 독특한 기술, 기업 규모, 제품 성숙도, 기업의 현지 경험 정도, 수혜국가의 환경 장애 등에 의존하고 있다. 라이센싱은 로열티의 일반적인 흐름에 대하여 매력적인 전략을 가질 수 있을 것이다.

3. 기술 이전가격

기술에 대한 시장이 아주 불안정하고 가격 정보를 쉽사리 입수할 수 없으므로 기술이전에 대한 가격 결정은 복잡한 문제이다. 이 복잡성은 다국적기업이 선택할 수 있는 것으로부터 다른 보상 패키지의 존재에 의해서 더욱더 복잡해진다. 이와 같은 패키지는 로열티 또는 라이센싱 수수료로부터 기술 보조와 다른 서비스의 제공에 대한 손익, 라이 센서(licensor)에 의해서 공급된 상품, 라이센시(licensee) 지분으로부터의 배당, 협정으로부터의 세금측정액 등을 근거로 해 만든 것이다.

국제적 기술이전의 가격이 복잡하고, 협상에 관한 표준 모델의 부족으로 인하여 다국적기업의 기술과 전혀 관련이 없는 외국 바이어와의 협상에서 다국적기업의 성공 여부는 다국적기업의 협상 기술과 교섭력에 의존한다.

기술이전의 가격 문제는 우리가 알고 있는 것보다도 이전가격에서는 더욱 복잡하다. 이전가격은 모회사이든 또는 자회사이든 간에 혹은 자회사 상호 간에 거래된 상품과 서비스의 가격과 관련이 있다. 이전가격은 각기 다르게 관계할 때 기업 가족에 의해서 정착되기 때문에 그들은 시장가격을 반영하지 않을 것이다. 종종 특별한 상품 혹은 서비스에 대한 시장가격은 존재하지 않을 것이다. 결과적으로 다국적기업은 자금의 송금이 금지되었으므로 외환 통제의 극복 혹은 세금을 최소화하여 이전가격을 사용하고 있다. 세율이 국가 간에 달라서 높은 세율을 가진 자국에서의 세금부과와 비교해서 낮은 세금부과 국에 있는 자회사에 상품과 서비스를 수출하는 모회사는 높은 이전가격으로 맞추어야 한다. 이는 수혜 국가에 낮은 세금과 외국 자회사 순익감소의 효과가 있다. 같은 방법으로 만약에 자회사가 낮은 세금 국가에 있다면, 다국적기업은 낮은 이전가격을 부과함으로 세금을 최소화할 수 있다. 그러나 관세가 존재한다면, 다국적기업은 이전가격을 정책에 명확하게 하려면 세금과 관세 양쪽 모두 고려할 것이다. 이는 높은 이전가격을 상품과 서비스의 판매에 대한 높은 가치를 의미하기 때문이다. 마찬가지로 낮은 이전가격은 상품과 서비스의 판매에 대한 낮은 가치를 의미한다. 관세가 수입 가치에 의해서 부과되기 때문에, 이는 높거나 혹은 낮은 관세 비용에 대항하여 이전가격의 세금 효과를 측정할 것이다.

피투자국의 세금 절약이 부가적인 관세 비용보다 더 크다면 높은 이전가격이 부과될 것이다. 관세의 절약이 부가적인 세금보다 더 크다면 낮은 이전가격을 사용할 것이다. 외환 통제는 다국적기업에 의한 본국 송금을 막는다. 이와 같은 통제를 우회하는 데 다국적기업을 자회사에 높은 이전가격을 부과할 것이다. 그리고 외환 통제를 강요한 피투자 국가로부터의 수익을 본국에 송환할 것이다.

다국적기업의 다른 환경 아래서 이전가격을 사용할 것이다. 배당에 세금을 부과했을 때, 피투자국의 화폐가 급속도로 하락할 때 나타나는 비용을 최소화하기 위하여 다국적기업은 이전가격을 사용한다. 다국적기업 수익에 관한 이중과세와 배당세금 때문에, 다국적기업은 배당금을 본국으로 송금하는 대신에 높은 이전가격을 사용하는 자금을 이전할 것이다. 피투자 국가의 화폐가 급속도로 하락한다면, 다국적기업은 높은 이전가격 정책을 채택함으로써 다국적기업 자신을 보호할 수 있을 것이다.

4. 기술예측

새로운 기술은 매일 소개되고, 기술 변화의 예측은 기업의 의사결정 과정에 절대적으로 필요한 부분이다. 이와 같은 예측은 기업의 노후화의 문제와 관련된 준비뿐만 아니라 생산 활동에 필요한 노동자 수 또는 노동자 종류 등을 예측할 수 있게 해준다. 이는 필요한 기능과 함께 노동자의 채용과 훈련에 대한 것을 계획할 수 있게 해준다. 즉, 필요한 기능과 함께 노동자의 채용과 훈련에 대한 것을 계획할 수 있게 하고, 이것에 의해서 특정한 시장에서의 더 나은 경쟁을 할 수 있게 해준다. 일반적으로 기술예측은 다음과 같은 다른 접근 방법이 있다. ① 전문가 견해 추구, ② 통계적인 추세로부터의 추정, ③ 계량화된 모델을 사용한 예측 등이 있다.

첫째, 가장 쉬운 접근 방법은 주어진 기술에 관하여 미래에 대한 전문가의 의견을 묻고 또한 과학적인 전문가에게 가져오는 데 있다. 그러나 불행하게도 이와 같은 예측은 비록 훌륭한 과학자라 할지라도 커다란 오류의 결과가 나올 수 있다. 예로, 노벨상 수상자인 핵물리학자 루터퍼드는 대규모의 핵에너지 사용은 예상되지 않는다고 예측하였다. 그러나 오늘날 우리가 아는 바와 같이 핵에너지는 아주 여러 분야에서 커다란 규모로 사용되고 있다.

둘째, 접근 방법은 통계적 추세의 추정에 기반을 두고 있다. 이는 주어진 제품 또는 공정의 개량률에 관한 역사적인 자료의 시스템과 과거에 개발된 단계의 추세를 분석하는 것을 의미한다. 예컨대, 추세가 긍정적이라면, 이와 같은 추세가 지속적이라고 추측할 수 있다. 이 접근 방법의 단점은 과거의 추세에 영향을 미쳤던 변수들이 미래에도 영향을 미친다는 것이다. 결과적으로, 이러한 예측은 완전하게 잘못된 결과를 가져올 수도 있을 것이다.

마지막 접근 방법은 예측 모델의 사용을 근거로 하고 있다. 이는 변수들을 계량화함에 있어 기술적 변화의 다른 관점을 관련시키는 과학적인 방법이다. 통계적인 기법의 계량과 최근의 컴퓨터 응용 및 진보와 함께 이 접근 방법의 신빙성은 해마다 중요성을 더해 가고 있다.

제 5 절 기술과 문화

기술혁신은 진보된 과학 지식과 함께 인적 또는 비인 적 자원의 개발을 요구하기 때문에, 기술혁신은 기술이 도입된 장소에서 문화와 상호작용을 한다. 이와 같은 혁신은 새로운 기술의 도입으로 영향을 받거나 변수의 변화를 이끌어 가고 있다. 이들 변수는 경제 · 가치 · 종교 · 정치 · 사회조직 · 교육제도 등을 포함하고 있다(〈도표 5-1〉 참조).

〈도표 5-1〉 기술과 문화

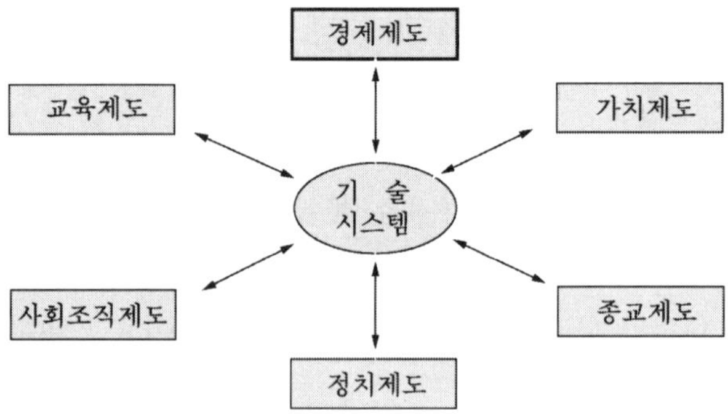

1. 기술과 경제시스템

경제 제도에 대하여 새로운 기술의 영향은 새로운 기술도입으로 인한 효용의 증가를 가져온다. 효용에 관련해서 다음과 같이 다른 방법으로 규정지을 수 있을 것이다 : ① 같은 투입량으로부터 산출의 증가, ② 비슷한 양의 투입으로부터 같은 산출의 생산, ③ 제품생산 품질의 혁신.

위에 주어진 정의와 같이 경제시스템의 효용 증가는 기술 변화를 위해서 이루어지고 있다. 이것은 주어진 상품과 서비스의 단위에 사용된 자원의 상대적인 양의 변화를 이끌어 가는 것을 가리키고 있다. 효용의 개선은 같은 양의 자원으로 더 많은 재화를 생산하거나 혹은 국가 또는 국제시장에 좋은 가격으로 좋은 제품을 생산하는 시스템의 원인이 된다. 다시 말해서 새로운 기술이 도입된 것에 대한 효용의 증가는 한국의 GNP 증가의 원인이 되고, 그 국가의 경제 상황을 변화시키고 있다. 사실은, 새로운 기술의 이전은 개발도상국가의 개발 과정에 공헌해 온 중요한 요소 중의 하나이다. 그리고 이 기술이전이 개도국의 경제 성장을 촉진하므로 많은 개도국은 다국적기업에 의존하고 있다.

많은 연구는 국가 기술 변화가 어떻게 경제 성장에 영향을 미쳤는지에 대하여 측정해 왔다. 예로, 경제학자인 로버트 슬로우의 연구는 1929년부터 1957년까지 미국에 고용된 각 개인의 국가 수입에서 총 증가의 40%는 기술 변화로 기인할 수 있다고 결론을 내렸다. 최근의 한 예로서 에드워드의 연구는 1929년부터 1982년까지 미국에서 고용된 각 개인의 국가 수입에서 총 증가의 55%는 기술개량으로 기인하고 있다고 보고하였다. 비록 이와 같은 연구가 국가 경제 성장에 관한 기술의 중요성이 눈에 띄게 유용하더라도, 그들의 결론들은 아주 정확하지가 않다. 왜냐하면, 경제 체계에 영향이 미치는 무수히 많은 요소를 고려하는 데 매우 곤란하기 때문이다. 그럼에도 기술은 국가 경제에 중요한 효과가 있다는 것은 확실하다.

경제효용의 증가와 경제개발의 공헌과 더불어 기술은 한 국가의 국제무역에 중요한 역할을 한다. 기술은 국제무역 유형을 설명하는 가장 중요한 요소로 고려되고 있다.

2. 기술과 가치체제

문화가치란 무엇이 옳으며 그른가에 대해 관계하고 있는 사회의 태도나 신념들인데, 이 문화가치는 그 사회에서 개발되고 사용되는 기술을 결정하는 데 중요한 역할을 담당한다. 예를 들어, 최근 미국에서 개발되어 널리 사용되고 있는 연기 탐지기 — 연기 탐지 때 음향을 발생시킨다 — 는 미국인들 사이에서 안전에 관한 관심이 증대하고 있음을 나타내 주고 있어야 한다. 또 하나의 예로서, 미국에서 문화가치를 지닌 과학 기술에는 공해방지를 위한 장치, 다이어트 식품, 운동기구, 그리고 간편하고 빠르게 할 수 있는 인스턴트식품들이 있다.

3. 기술과 종교체계

사회 가치체계는 종교적인 신앙에 의해서 영향을 미치기 때문에 종교는 변화하는 사회관점과 기술혁신에 대하여는 큰 영향을 미친다. 예로, 미국에 보수 종파인 아미쉬와 메노니치(Amish & Mennonie)는 모든 현대 사회를 동반하는 사회적인 병을 이끌어 갈 것이라는 이유로 그들의 사회 안에 어떠한 새로운 기술의 도입을 반대하고 있다. 그리고 그들은 지속해서 말과 이륜마차를 타고 있다. 자동차의 사용은 10대의 임신, 음주운전, 약물중독과 같은 사회문제를 이끌어 가는 심각한 첫 단계라고 주장하고 있다.

또 다른 예로서 잉글랜드에 대한 인디아의 독립을 주장한 간디는 기술 산업화 반대에 대해 "니바나"(nirvana or wantlessness) 혹은 "욕심 없는" 한두 개념을 사용했다. 그는 자기 추종자가 기계에 심취되는 것을 경계하라고 충고했다. 기계와 같이 일을 하는 사람은 기계와 같이 되고, 모든 예술 감각과 기능을 잊어버린다고 주장하고 있다.

4. 기술과 정치시스템

정치체계는 기술에 의해서 영향을 받고 있다. 또한, 정치체계는 기술 또는 기술의 개발과 미래 방향의 본질에 영향을 미친다.

기술은 정치체계의 확실한 목적 때문에 진보할 수 있다. 예로 스타워즈(star wars) 무기체계에 관한 미국의 계획은 레이저빔과 전기와 관련된 기술의 미래의 분야를 향한 동작 연구와 개발을 시작했다. 또 다른 예로, 미국 우주프로그램은 위성 기술에 많은 진보와 결과를 낳았고, 통신 혁신에 커다란 공헌을 가져왔다.

기술의 진보는 평온한 정치적 체계를 어지럽힐 것이고 변화에 대하여 반대할 것이다. 예로, 노동조합 지도자는 새로운 기술이 실업자를 창출한다는 이유로 기술에 대하여 저항해 왔다. 기술의 진보는 환경적인 오염과 도시 부패, 환경보호의 목적 아래 환경법 제정 등과 같은 결과를 가져왔다. 기술로 인한 환경문제는 환경을 깨끗이 사용하는 더 많은 기술개발의 결과를 가져왔다.

5. 기술과 사회조직 시스템

각자 다른 것과 관련된 사회에서의 개인 혹은 집단에 의해서 질서 또는 규범인 사회조직은 기술에 의해서 영향을 받고 또한 기술에 영향을 미친다. 최근 일본 기술의 진보는 기술에 대한 사회조직의 효과에 대해 좋은 예를 보여주고 있다. 많은 관찰자는 일본의 기술이 진보하는 데 대한 중요한 이유 중의 하나가 사회조직과의 관련이 있다고 믿고 있다.

기술은 기술적으로 진보된 분야에 노동자의 이주를 권장함으로 사회질서에 영향을 미칠 수 있을 것이다. 산업화가 농업 분야로부터 임금이 높은 산업 분야에까지 노동자의 이주 원인이 기술에 의해서 이루어졌다. 특별히 개발도상국에서는 사실로 나타나고 있다. 이와 같은 이주는 같은 농장에서 한 가족이 농업 분야의 일을 하는 사회질서에 대항하고 있다.

6. 기술과 교육제도

공식 또는 비공식의 교육제도는 기술에 영향을 미치고 또한 기술에 의해서 영향을 받는다. 공식적 교육기관인 대학, 기업의 연구·개발 부서는 그들의 지속적인 과학적 노력으로 또는 과학자 그룹을 통해 기술의 개발에 대한 기본적인 자원을 제공한다. 비공식 교육기관에서는 다른 기술이 매일 개인에 의해서 개발되어진다. 이와 같은 기술들은 우리의 생활에 거대한 영향을 미쳐왔다. 예로 비행기를 발명한 라이트 형제와 전화기를 발명한 알렉산더 그레암 벨을 들 수 있다.

기술은 연구·개발과 교육의 새로운 방법에 기술 제공으로 교육제도에 큰 영향을 미치고 있다. 예로, 오늘날 마이크로컴퓨터는 수학을 배우는데, 그림을 그리는데, 그리고 알파벳을 익히는 데에 영향을 미치고 유치원에서도 가르치고 있다. VCR의 발명은 교육프로그램을 간단하게 기록함과 작동함으로 교육에 중요한 공헌을 해 왔다.

간략하게 요약한다면, 기술은 문화의 다른 관점에 의해서 중요하게 영향을 미치고 있다. 다국적기업은 기술이전의 자원으로서 많은 개도국에서 추구하고 있어서 이와 같은 개도국에서의 다국적기업의 영업활동 성공은 현대기술의 도입과 실행에 있어 그들의 능력에 의존하고 있다. 현대기술의 도입과 실행은 폭넓게, 기술과 상호작용하는 것과 문화와 예리하게 대립하는 요소들을 이해하는 것이 필요하다. 다른 문화 환경에서 어떠한 기술이 적절한가 하는 문제를 다루는 것이 개도국에서 가장 민감한 문제이다.

연 습 문 제

1. 기술 문제에 있어서 자국(home)과 수혜국(host)과의 반응을 설명하라. 수혜국과 모국 간의 기술이전에 대해서 왜 갈등이 일어나는가?

2. 선진국은 세계시장에서 경쟁을 유지하기 위하여 그들의 기술을 다른 국가에 이전하는 것을 가로막고 있다. 동의하면 설명하라.

3. 기술과 문화는 어떠한 관계가 있는가?

4. 기술예측이란 무엇인가?

제2편

글로벌환경과 이문화

제 6 장

국제경영과 이문화관리

읽을거리

경쟁 밀리고, 문화 무시해 혼쭐… 인도시장 진출 실패한 GM · 엔론 · 켈로그

인도가 모든 기업에 약속의 땅인 것만은 아니다. 인도의 문화와 생활 습관을 무시했다가 큰코다친 글로벌 기업도 있고, 치열한 경쟁을 견디지 못하고 철수한 기업도 있다. 미국 최대 자동차 제조업체인 제너럴모터스(GM)가 그런 경우다. GM은 지난 5월 "인도에서 쉐보레 브랜드 판매를 중단하겠다"고 발표했다. 쉐보레는 GM이 인도에서 판매하고 있는 유일한 브랜드였다. 처음에는 GM도 인도 시장에 적극적으로 투자할 계획이었다. 2015년 GM은 10억달러(약 1조1,300억원)에 달하는 투자 계획을 발표했다. 당시 GM은 2020년까지 인도 자동차 시장 점유율을 3%로 끌어올리겠다고 밝혔다. 하지만 올해 3월까지도 GM의 인도 시장 점유율은 1%가 채 되지 않았다. 결국 GM의 선택은 인도 시장 철수였다.

치열한 경쟁에 밀려난 GM

인도는 떠오르는 자동차 대국이다. 골드만삭스에 따르면 인도 자동차 판매량은 2015년 300만대에서 2025년 600만대로 증가할 전망이다. 거대 시장을 놓치지 않기 위해 글로벌 자동차 제조사들이 인도로 몰려들고 있다. 인도 자동차 시장 1위 업체인 마루티 스즈키는 7억8,000만달러를 투자해 2020년까지 인도에 세 번째 공장을 지을 계획이다. 마루티 스즈키의 뒤를 쫓고 있는 현대차도 1조2,000억원을 투자해 인도에 첫 공장을 짓겠다고 발표했다. 경쟁이 치열해지면서 후발주자들은 갈수록 힘들어지고 있다. 몇 발 앞서 있는 경쟁사를 따라잡기 위해서는 더 많은 돈을 투자해야 하는데 그런다고 해서 성과가 있을지도 미지수이기 때문이다.

GM은 인도 자동차 시장 경쟁에서 살아남지 못했다.
사진은 인도에 있는 GM 공장에 주차된 쉐보레 차량들. /블룸버그

지역주민 반발에 쫓겨난 엔론

회계 부정 사건으로 악명 높았던 미국의 에너지 기업 엔론(Enron)도 대표적인 인도 진출 실패 기업이다. 엔론은 1992년 인도 서부 마하라슈트라주의 다브홀(Dabhol)에 천연가스 발전소를 짓겠다고 발표했다. 투자 규모가 30억달러에 달해 당시 기준으로 인도 최대의 외국인 투자 프로젝트였다. 다브홀 발전소 인근에는 9만여명의 주민이 살고 있었다. 주로 농업이나 어업에 종사하는 이들이었다. 그런데 발전소가 지어진 이후 인근 해수 온도가 오르면서 어획량이 줄고, 농사에 필요한 물이 부족해지기 시작했다. 지역주민들은 다브홀 발전소 측에 문제를 제기했지만 달라지는 건 없었다. 지역주민들의 반발이 계속되자 환경운동가와 정치인이 합세했다. 시위 진압 과정에서 지역주민이 폭행을 당하는 일이 발생하자 국제 인권 단체들까지 엔론을 비난했다. 처음에는 엔론에 호의적이었던 인도 언론마저 돌아섰다.

엔론에 대한 부정적인 여론이 높아지자 인도 정부는 엔론과의 계약을 재검토했고 결국 2001년 6월 계약을 파기하기에 이른다. 설상가상으로 그해 말에 대규모 회계 부정이 밝혀지면서 엔론은 파산 신청을 하게 된다. 다브홀 프로젝트 실패가 엔론 파산의 직접적인 원인은 아니었지만, 엔론이 인도 진출 실패로 날린 돈만

10억달러에 달했다.

인도의 한 식료품 매장에 켈로그의 시리얼 제품이 진열돼 있다. /블룸버그

인도 문화 무시, 큰코다친 켈로그

세계적인 간편식 브랜드 '콘플레이크(Corn flake)'로 유명한 켈로그도 인도 시장에서 어려움을 겪었다. 켈로그는 1994년에 6,500만달러를 투자해 인도에 생산설비를 마련하고 대대적인 시리얼 판매에 나섰다. 하지만 좀처럼 성과가 나지 않았다. 인도의 식습관을 고려하지 않았기 때문이다.

인도인들은 도사(인도식 팬케이크) 같은 전통 음식을 아침식사로 즐긴다. 더욱이 인도에서는 우유를 따뜻하게 데워 마시기 때문에 과자처럼 생긴 시리얼에 찬 우유를 부어 먹는 건 낯설 수밖에 없었다. 시리얼 가격이 인도의 전통적인 아침식사보다 세 배 이상 비싼 것도 문제였다. 이후 켈로그는 인도인의 기호에 맞는 제품을 내놓으며 전략을 수정했고, 지금은 인도 시장에 안착했다.

주민 반대에 12년 표류한 포스코 제철소

지난 3월 인도 현지 언론들은 포스코가 일관제철소 건설 부지를 반환하려 한다고 보도했다. 일관제철소 건설을 위해 포스코가 인도 오디샤주(州)에 확보한 부지 중 1,092만㎡(약 2,700에이커)를 주정부에 반환하려 한다는 내용이었다. 오디샤 주정부가 포스코에 토지 세금 등으로 140여 억원을 지급하라고 하자 포스코는 부지를 반환하겠다고 답한 것이다. 포스코의 요청을 받은 오디샤 주정부는 지난 4월 760만㎡(약 1,880에이커)의 부지를 돌려받았다. 12년 동안 난항을 겪어온 포스코의 오디샤 일관제철소 프로젝트가 사실상 무산된 것이다.

포스코는 인도 오디샤주에 일관제철소를 짓기 위해 12년간 노력했지만 지역주민의 반대에 부딪혀 실패했다. /블룸버그

오디샤 일관제철소 프로젝트는 포스코 인도법인이 오디샤 주정부와 2005년 양해각서(MOU)를 체결하면서 시작됐다. 포스코는 오디샤주 파라딥 해변에 연산 1200만t의 일관제철소를 짓고 인접한 철광석 광산에서 채굴한 원료를 가져다 쓴다는 계획을 세웠다. 철광석 광산 근처에 제철소를 지으면 생산 비용을 절감할 수 있다. 포스코는 이 프로젝트를 위해 120억달러를 투자할 계획이었다.

하지만 지역주민들의 반발이 거세지면서 공사는 시작도 못했다. 지역주민들은 생활 터전을 지키겠다며 공사 현장으로 들어가는 진입로를 막았다. 경찰이 시위대를 진압하는 과정에서 지역주민이 총상을 입기도 했다. 사태가 악화되자 여러 시민단체(NGO)가 포스코와 인도 정부를 비난하고 나섰다. 국제앰네스티의 인도 지역 조사관인 라메시 고팔라크리시난은 2011년 발표한 공식 성명에서 "(오디샤 일관제철소 건설은) 지역사회에 잠재적으로 엄청난 영향을 끼칠 수 있다"며 "2,000명의 주민이 공유지를 이용하지 못해 빈곤해질 것"이라고 말했다.

표류하는 일관제철소 건설을 위해 한국 정부가 나섰지만 허사였다. 2010년 이명박 당시 대통령이 인도 총리를 만나 지원을 요청했지만, 지역주민들의 반발을 꺾을 수는 없었다. 인도 중앙정부와 주정부의 대립도 문제였다. 차우다리 비렌다 싱(Chaudhary Birender Singh) 인도 철강부 장관은 지난달 기자들을 만나 오디샤 주정부를 공개적으로 비난했다. 주정부가 포스코의 일관제철소 건설을 위해 충분한 노력을 기울이지 않았다는 이유에서다. 인도에서는 중앙정부와 주정부의 세금정책이나 산업정책이 다른 경우가 있기 때문에 기업들이 진출 과정에서 어려움을 겪을 수 있다.

〈조선비즈〉

"청바지 입은 꼰대"…직장인 88% "기업문화 변화 미흡"

대한상의-맥킨지, '한국 기업문화 2차 진단 보고서' 발표

국내 기업들이 불통·비효율·불합리 등으로 요약되는 후진적 조직문화에서 탈피하기 위해 노력하고 있으나 여전히 근본적인 변화에는 이르지 못하고 있다는 평가가 나왔다. 일부 개선 조짐이 있지만 대다수 직장인은 여전히 '청바지 입은 꼰대' '무늬만 혁신' 등과 같은 냉소적인 반응을 보인다는 것이다. 대한상공회의소와 글로벌 컨설팅 전문업체 '맥킨지'는 14일 '한국 기업의 기업문화와 조직건강도 2차 진단보고서'를 내놨다. 이번 보고서는 2016년 1차 진단 후 2년간의 개선 실태를 파악하기 위한 것으로, 직장인을 대상으로 조사한 '기업문화 진단 결과'와 주요 기업을 분석한 '조직건강도 심층진단 결과' 등을 담았다.

대기업 직장인 2천여명을 대상으로 한 조사에서는 2년 전 후진적 기업문화 요소로 지적 받았던 습관적 야근, 비효율적 회의, 불통의 업무 방식 등이 다소 개선됐으나 여전히 낙제 수준인 것으로 나타났다.

'기업문화 개선 효과를 체감하느냐'는 질문에 '근본적인 개선이 됐다'는 응답은 12.2%에그쳤다. 전체의 59.8%는 '일부 변화는 있으나 개선된 것으로 볼 수 없다'고 답했고, '이벤트성일 뿐 전혀 효과가 없다'는 응답 도 28.0%에 달했다. 세부 항목별로는 '야근'이 31점에서 46점으로 개선됐으나 50점을 밑돌았고, 회의(39점 → 47점), 보고(41점 → 55점), 업무지시(55점 → 65점)도 모두 상승했지만 여전히 낙제 수준이었다. 회식은 77점에서 85점으로 유일 하게 '우수'로 평가됐다. 대한상의 관계자는 "무늬만 혁신, 보여주기식, 청바지 입은 꼰대 등 부정적인 견해가 많았다"면서 "기업의 개선활동이 대증적 처방에 치우쳐 있어 조직원들의 피로와 냉소를 자아낸 것"이라고 설명했다.

대기업 3개, 중견기업 3개, 스타트업 2개 등 모두 8곳을 대상으로 실시한 조직건강도 분석에서도 7곳이 글로벌 기업에 비해 약체인 것으로 진단됐다.

조직건강도는 기업의 조직경쟁력을 종합평가하기 위해 맥킨지가 1991년 개발한 진단 방식으로, 9개 영역 37개 세부 항목으로 구성된다. 지난해까지 글로벌기업 1천800여곳에 적용됐다.

이번 진단에서 책임소재, 동기부여 항목에서는 국내 기업이 글로벌 평균과 비교해 상대적으로 우위를 보였으나 리더십, 외부 지향성, 조율과 통제(시스템), 역량, 방향성 등 대다수 항목에서 뒤처진 것으로 평가됐다. 대한상의는 조직건강을 해치는 3대 근본원인으로 비과학적 업무 프로세스와 비합리적 성과 관리, 리더십 역량 부족 등을 꼽았다. 그러면서 국내 기업문화의 근본적인 변화를 끌어내기 위한 4대 개선 과제로 빠른 실행 업무프로세스, 권한 · 책임 부여된 가벼운 조직체계, 자율성 기반 인재육성, 플레잉 코치형 리더십 육성 등을 제안했다.

대한상의 관계자는 "기업문화 개선 방향을 논의하고 성공사례를 공유하는 콘퍼런스를 개최하는 한편 플레잉 코치 리더십 육성을 위한 교육 프로그램을 운영할 예정"이라면서 "기업문화 개선의 지침서로 삼을 기업 문화 표준매뉴얼 등도 제작 배포할 계획"이라고 말했다.

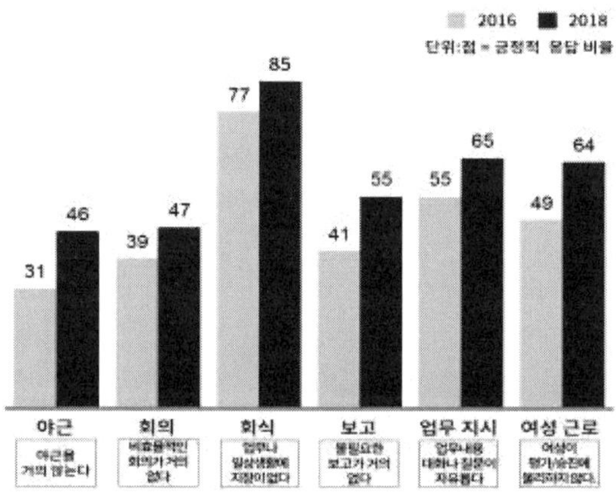

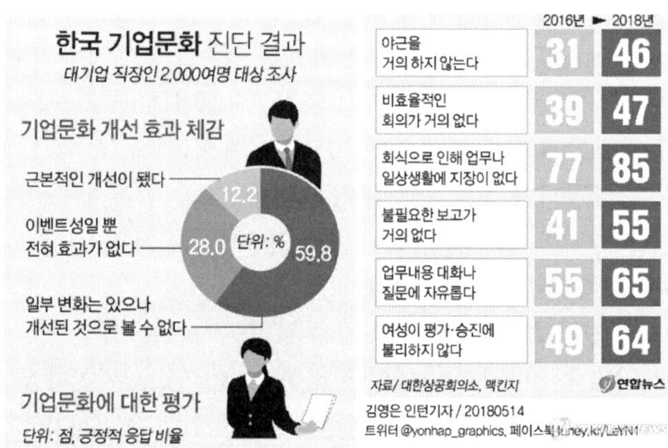

〈연합뉴스, 2018/05/14〉

유럽의 한 컨설팅회사가 수행한 조사에서 문화적 차이가 비즈니스 수행상 가장 힘든 영역이란 점을 밝힌 적이 있다. 또 다른 조사에서도 35%의 임원이 문화의 차이가 해외 비즈니스에서 가장 힘든 문제라고 답한 것으로 나타났다. 문제는 이러한 문화적 차이가 비즈니스에서 간과된다는 점이다. 따라서 문화적 차이가 수면 위에 드러나고 진단되기까지는 많은 시간을 요구한다.

어떤 프랑스·미 합작회사는 합작회사로 출발한 지 8년 만에 문화의 차이에서 생긴 문제를 깨닫게 되었다. 미국 관리자들을 면담한 프랑스 컨설턴트는 프랑스 직원들에 대한 많은 불만을 듣고는 놀라지 않을 수 없었다. 처음에는 하찮은 것으로 보였는지 몰라도 8년이 지나도록 이러한 불만을 해결하지 못했다면 매우 심각한 일이다.

영국 레스터에 있는 구두점을 예로 들어보자, 이 구두점은 이슬람교도들이 밀집해 있는 지역에서 아랍어로 "알라신만이 유일한 신이다."라는 구호를 담은 구두 광고를 펼쳤다. 그런데 광고를 시작한 지 며칠 두 안 돼서 항의의 표시로 자동차로 구두점 창문을 들이박고 불까지 지르는 사건이 발생했다. 이 구두점은 광고를 통하여 이슬람교도들의 시선을 끌려는 의도는 좋았는데 알라신을 땅을 딛는 구두와 연관시키는 일은 모욕적이라는 점을 사전에 이해하지 못했다.

다음 사례는 미묘한 문화적 차이가 엄청난 재앙을 불러올 수 있다는 점을 보여 준다. 유럽 지역의 교두보로 영국의 버밍햄 근처 섬유기계 제조회사를 인수한 미국기업의 사례이다. 회사를 인수한 직후 미국 관리자는 생산에 차질을 주는 가장 중요한 문제는 차 마시는 시간이라고 판단하여 이에 뺏기는 시간을 조정하려 했다. 영국 근로자들은 500cc짜리 큰 잔에 찻잎을 담가 우려내어 마시는 데 한 번에 보통 반 시간을 소비한다. 경영진은 노동조합에 차 마시는 시간을 한 번에 10분으로 하자는 제안을 했다. 노동조합 측은 이 제의를 받아들여 그렇게 해봤지만 결국 실패했다. 그러던 어느 월요일 아침 근로자들이 폭동을 일으켰다. 이 미국회사는 이에 아랑곳하지 않고 차 자동판매기를 설치하고 컵도 직무에 충실하고 회사에 충성하도록 격려하는 내용이 적힌 작은 종이컵으로 바꿨다. 그 이후 차 마시는 관습을 놓고 갈등은 계속되었고 결국 자동판매기를 치운 후에도 근로자들은 작업을 거부하여 그 회사는 마침내 문을 닫고 말았다.

이러한 불행한 사례를 낳는 원인은 행태, 가치 및 신념이 문화마다 다르다는 점뿐만 아니라 그 문화권에서 이의 중요성이 과소평가되는 데 있다. 한 문화권에서 사람들이 중요하게 여기는 것이 타 문화권에서는 전혀 달리 생각될 수 있다. 문제는 우리에게 중요한 것이 타 문화권에서 얼마나 중요한 것인지는 알기가 어렵다는 점이다.

문화는 우리가 다른 사람을 인지하는 렌즈 역할을 한다. 또 한 문화는 우리가 세상을 보는 방식과 세상이 우리를 보는 방식을 왜곡시킨다. 더욱이 우리에게는 우리 자신의 문화를 다른 이를 평가하기 위한 준 거점으로 사용하는 경향이 있다. 문화의 차이를 인지하는 일이 비즈니스에 대한 위협과 기회를 예측하는 데 필요한 첫 단계이다. 그러나 인지의 수준을 넘어 유익한 상호작용을 만들기 위해서 우리는 이러한 차이를 논의의 대상으로 삼아야 한다(최윤희).

제 1 절 국제기업과 이문화

1. 이문화

바야흐로 지구촌 시대이다. 지금까지 인간과 인간을 가로막아온 사회적 · 문화적 · 국가적 · 민족적 · 인종적 · 경제적인 장벽, 그리고 여행 상의 제한과 전달 수단의 한계도 모두가 서서히 없어져 가고 있다. 이젠 지도자로서 사람이 달라서 교류하기 어렵다느니 하는 등의 말은 할 수 없게 되어가고 있다. 이와는 달리 개인이나 집단 속의 다양성에 대해서도 대처할 수 있도록 이를 위한 기법을 부단히 닦아 나가야 한다.

경영자의 상황에 있는 자에게 있어 이문화 간 교육, 이문화 간 훈련이 필수적인 것은 바로 이와 같은 이유 때문이다. 복잡하기 짝이 없는 「세계」라는 시장에서 업무를 수행하려면 이런 교육은 불가결한 것이라 하겠다. 이런 점을 가장 잘 반영해 주고 있는 것이 다국적기업이다. 해외에 자회사를 만들어 대표를 파견, 복수 국민이 있는 환경 속에서 변혁을 가능케 하려 하고 있기 때문이다. 일개 조직 내지 한 나라의 문화를 연구함에서는 특정 집단이 어떤 요인에서 정신적인 지주와 특이성을 갖게 되는가를 분석하려 하지만, 그 과정에서 그 집단 외의 사람과 의사전달을 하려 할 때 외부인이 알고 있어야 하는 점, 이해하고 있어야 하는 점은 무엇인가를 동시에 배워야 한다. 이는 컨설턴트로서 조직의 문화를 깊이 통찰할 필요가 있는 사람이라든가, 판매원으로서 어느 한 나라에 지역에서 지역으로 그 지역의 하위 문화로 옮겨 일하는 사람, 또는 기술자로서 해외에 파견된 자들에게는 특히 유용한 것이다. 어떤 경우이든 문화적 차이에 대한 기법이 필요해지기 때문이다. 전문직을 가지고 있는 자, 또는 경영층 상부에 있는 자로서 2개국 이상에 걸쳐 일해야 하는 사람에게도 다원적 인식과 다변 문화·이문화에 대한 지식이 더욱 중요성을 띠게 된다(김수주).

문화적 제약을 초월해서 범문화적이 된다는 것은 바로 말해 코스모폴리탄이 됨을 말한다. 이 말을 사전에 풀이한 정의는 흥미롭다. 세계에 속하는 사람, 그리고 정치적·사회적·경제적·이론적으로 말해서 한 가지 일에 집착하지 않는 사람, 지역적·민족적·국가적 편견, 그리고 어떤 일에나 구애되지 않는 사람이라고 되어 있다. 문자 그대로 코스모폴리탄이란, 세계 어느 곳에 가거나 일을 멋지게 완수하는 사람을 말한다. 이 장의 주제는 21세기 지구촌에서 슬기로운 업무 수행을 어떻게 수행할 수 있느냐의 문제를 연구하려는 것인데, 이를 위해서는 우리가 모두 코스모폴리탄이 되어야 한다. 그중에서도 특히 지도자적 위치에 있는 사람은 더욱더 그러하다. 이문화에 대응할 수 있는 자질을 최대한으로 발휘하기 위해서는 다음과 같은 개념을 인지하여야 한다(김수주).

1) 코스모폴리탄

감수성이 예민한 동시에 혁신적이고도 참가적인 지도자가 됨으로써 다원적 환경 속에서 자유롭게 행동할 수 있어야 함을 말한다. 즉, 복수 국적과 문화를 내부에 지닌 조직의 대표로서 살아가는 동안 변화와 그 격차가 가속도적으로 확대되는 데에 대처할 수 있어야 한다. 그러기 위해서는 타인에게 관용적이고 유연해야 하며 또한 환경 차이에 따른 다른 태도에 대해서도 적극적으로 수용할 수 있는 동시에 필요할 때에는 자신의 행동방식과 인식을 바꿀 수 있어야 한다.

2) 타문화간 커뮤니케이션

자신이 수행하고 있는 역할이 타인에게 어떻게 비치고 있는가, 그리고 개인의 욕구·가치관·기대 등은 모두 문화에 따라 달리 나타난다. 이와 같은 문화요인이 의사소통에 어떤 영향을 주고 있으며 또한 성장 과정에서 자신의 경영자상을 적절히 조정해 나감으로써 장래 더욱 성장할 수 있는 인물이 되는 것과 나아가 상대방 특히 타문화 출신 상대방에게는 그 문화에 맞는 다른 경영자상이 있다는 점을 인식해야 한다. 따라서 경영자는 언어적인 방법이건 비언어적인 방법으로라도 이문화와의 의사소통 방법에 개선을 도모하여야 한다. 필요한 외국어를 단순히 기술적으로 배우는 것으로 만족할 것이 아니라, 예컨대 같은 언어로 얘기하더라도 문화에 따라 상징하는 바와 의미가 달라지는 점을 깊이 인식할 수 있게 된다.

3) 문화에 대한 감수성

문화라는 것의 일반적 특징을 특정조직, 인종 집단, 문화적 경험과 통합시킨다. 우선 문화가 인간의 행동에 어떻게 영향을 미치는가를 배우고, 이어서 여러 문화의 양식과 중요과제, 문화적 공통성, 나아가서는 매크로 문화와 마이크로 문화의 다양성을 배운다. 세계인으로서의 경영자라면 문화에 대한 이와 같은 지식을 기초로 문화를 달리하는 사람들과의 관계에 효과적으로 대처할 수 있을 것이다.

4) 문화 변용

특정 문화(국내의 하부조직문화도 포함)에 순응·적응하는 일을 말하며 개인과 집단의 정신적 지주는 무엇이고, 무엇이 귀속의식을 불러일으키는가, 그리고 자신이 정신적인 지주로 삼고 있는 것과 다른 것이 나타났을 때 받은 충격은 어떠한 것인가 등을 알아야 한다. 문화배경이 다른 종업원을 상대할 때는 스스로 이에 순응해야 하고 자신의 민족문화만이 우수하다는 태도를 보여서는 곤란하다.

5) 경영·관리에 대한 문화의 영향

물적·인적 자원의 관리·운영에 문화가 어떠한 영향을 미치는가를 인식하도록 해야 한다. 경영이나 관리를 할 때 있어 의사결정을 하는 데 있어서 문제해결·감독·평가 등의 요인 등을 고려할 수 있으나 자신이 태어난 국가의 문화와는 보는 관점이 크게 달라질 수 있다. 코스모폴리탄형 경영자는 자신의 문화권 내에서는 상사로부터 허용되는 일일지라도 다른 문화권 내에서는 허용되지 않으므로 노동분쟁 등이 발생하는 일도 있음을 알아야 한다. 그렇게 되면 근대적 경영원리를 현지 환경에 맞추거나 현지인을 교육하려고 노력하게 될 것이다.

6) 복수 문화권 속에서 실적을 올리는 일

문화에 대한 이론과 통찰을 실제로 전체 실적에 관련되는 상황 속에서 응용하는 일을 말하며, 경영자는 "현지 국가에서의 생산성에 영향을 미칠 수 있는 민족의 특징을 이해하도록 해야" 한다. 외국에서의 업무 전개, 문화 충격, 귀국보고서 등을 읽는 방법, 기업환경의 변화, 문화적인 핸디캡, 제약 요인의 극복 등에 대해 특별한 배려를 해야 한다.

7) 국제적 업무라는 개념의 변화

업무 수행 방법은 전 세계적으로 상호의존 관계에 있는 것이다. 정치적인 이데올로기는 다르나(자본주의국가든 공산주의 국가든 간에) 경영자라는 이른바 조직 특유의 하부문화라는 것이 형성되어가고 있다는 것을 이해해야 한다. 민간부문에서는 컴퓨터라든가 MIS, RP, 회계기법 등에 관한 새로운 기술을 더욱 광범위하게 수용하지 않으면 안 되게 되어 있다.

그러나 코스모폴리탄형 경영자는 한발 더 나가 문화적인 차이가 표준적인 업무기법에 어떤 효과를 가져오는가, 또한 그것의 결과가 수익성, 조직에의 충성심, 종업원의 상벌 등에 어떻게 영향을 미치는가를 이해하도록 해야 한다. 또한, 경영원리가 어떠해야만 보편적으로 수용되는가를 알도록 해야 한다.

8) 세계문화의 출현

글로벌 경영자는 각 문화 간에 있는 전통적 장벽을 극복하기 위한 여러 가지 변화 조류에 낙오되지 않고, 국경을 초월한 인간의 욕구에 잘 대처하고, 나아가 개개의 문화사회에 보탬이 되는 새로운 시장과 서비스를 개발하는 것, 즉 지구인에게 공통되는 국제적인 문화 전개에 민감해져야 한다. 그럼으로써 개인적으로는 물론 직무적으로도 자기 자신과 종업원의 자기 계발에 도움이 되는 동시에 다른 나라와 업무 관계개선을 위한 방도를 취할 수 있게 된다.

무역 증진은 풍요롭지 못한 국가와 부의 분배, 각 국민과의 문화적·경제적 교류 등을 통해 전 세계의 번영과 발전에 도움을 주고 있다(김수주).

2. 문화의 유형

1) 선형적 행동문화와 복수 행동적 문화

전 세계의 수백 개에 이르는 문화는 대체로 세 집단으로 나눌 수 있는데, 그것은 직무수행 지향적이면서 매우 계획적인 집단(선형적 행동), 사람 지향적 집단(복수 행동), 그리고 내향적이며 남의 말에 귀를 기울이기는 청취형 집단(반작 용적)이다.

〈도표 6-1〉 선형적 행동과 복수 행동 척도

1.	독일인, 스위스인	선형 행동
2.	미국인(앵글로 색슨계 백인 신교도)	
3.	스칸디나비아인, 오스트리아인	
4.	영국인, 캐나다인, 뉴질랜드인	
5.	호주인, 남아프리카공화국인	
6.	일본인	
7.	네덜란드인, 벨기에인	
8.	미국 하위 문화권(유대인, 이탈리아인, 폴란드인)	
9.	프랑스인	
10.	체코인, 슬로베니아인, 헝가리인	
11.	북부 이탈리아인	
12.	칠레인	
13.	러시아인, 기타 슬라브인	
14.	포르투갈인	
15.	폴리네시아인	
16.	스페인인, 남이탈리아인, 지중해 지역 주민	
17.	인도인, 파키스탄인	
18.	남미인, 아랍인, 아프리카인	복수 행동

자료 : 최윤희, 『글로벌 비즈니스맨과 이문화관리』, 영풍문고, 1997, p. 23.

선형적 행동(linear-active)문화 권의 사람들은 한 번에 한 가지 일을 처리하여 그 일에 매우 집중하고 일정대로 그 일을 수행한다. 이런 문화권의 사람들은 이런 방식으로 하는 것이 더 효율적이고 더 많은 일을 할 수 있다고 생각한다. 반면 복수 행동적(multi-active) 문화권은 매우 융통성 있는 생활방식으로 구성되어 있다. 이 문화권 사람들은 자신들의 방식으로 해야 더 많은 일을 해 낼 수 있다고 생각한다. 이들은 일정표와 시간 엄수에는 별 관심이 없다. 이들 문화권의 사람들은 사람이 만든 약속보다는 현실을 더 중요하게 여긴다(최윤희).

2) 반작용 문화

반작 용적 문화권 사람들은 내향적(introvert)이고 많은 말보다는 독백과 비언어적 커뮤니케이션 이용에 능숙하다. 이 문화권 사람들은 침묵을 잘 견딜 뿐만 아니라 침묵을 매우 의미 있는 대화의 한 부분으로 여긴다.

일본인들은 반작 용적 문화 또는 청취(listening) 문화에 속하여 대화 중에도 먼저 말을 꺼내기보다는 상대방의 말을 들은 다음 그에 반응을 보이거나 자신의 견해를 정한다. 이러한 문화는 일본인에게만 국한된 문화가 아니고 중국, 대만, 싱가포르, 한국, 터키 및 핀란드도 이에 속한다. 유럽의 경우에는 핀란드인들만 강한 반작 용적 문화권에 속하지만, 영국인, 터키인 및 스웨덴인들도 상황에 따라 '청취' 문화로 분류된다.

3) 데이터 지향적 · 대화 지향적 문화

사람들의 상호작용은 커뮤니케이션뿐만 아니라 정보의 수집과정에도 관련되는데, 이와 같은 상호작용은 대화 지향적 문화와 데이터 지향적 문화에도 영향을 미친다. 데이터 지향 문화는 많은 정보를 수집한 후 그 정보를 바탕으로 행동에 옮긴다. 스웨덴, 독일, 미국, 스위스 및 북유럽 국가의 경영자들은 정보를 수집하고 그 정보를 토대로 앞으로 나아간다. 이탈리아인, 남미인, 아랍인 및 인도인들이 대화 지향적 문화권에 속하는데, 대화 지향 문화권 사람들은 친구, 동료 기업인, 친지와 같은 개인적 정보 네트워크를 통하여 미리 많은 정보를 가진 다음 비즈니스 협상 테이블에 앉는다. 대화 지향 문화와 복수 행동 지향 문화권 사람들의 행동 패턴은 매우 상관관계가 높다.

〈도표 6-2〉 데이터 지향·대화 지향 문화권

1.	남미인	대화 지향적 문화권
2.	이탈리아인, 스페인인, 포르투갈인, 프랑스인, 지중해 지역 주민	
3.	아랍인, 아프리카인	
4.	인도인, 파키스탄인	
5.	칠레인	
6.	헝가리인, 루마니아인	
7.	슬라브인	
8.	미국 하위 문화권	
9.	벨기에인, 네덜란드인, 룩셈부르크인	
10.	영국인, 호주인	
11.	스칸디나비아인	
12.	북미인(앵글로 색슨계, 백인 신교도) 뉴질랜드인, 남아프리카인	데이터
13.	독일인, 스위스인	문화권

자료 : *Ibid.* p. 25.

〈도표 6-3〉 반작용 문화

1.	일본	강한 반작용 문화
2.	중국	
3.	대만	
4.	싱가포르, 홍콩	
5.	핀란드	
6.	한국	
7.	터키	
8.	월남, 캄보디아, 라오스	
9.	말레이시아, 인도네시아	
10.	대평양 군도(피시, 통가 등)	
11.	스웨덴	이따금 보이는 반
12.	영국	작용 문화

자료 : *Ibid.* p. 26.

4) 시간의 이용

문화권마다 시간에 관한 관점이 다르다. 동양 문화권과 서양 문화권, 심지어 동양 문화권 내(서양 문화권도 마찬가지로)에서도 국가마다 시간은 달리 해석된다. 서구 지역인 미국과 멕시코는 시간을 정반대의 개념으로 인식한다. 서유럽의 경우 스위스인들의 시간에 관한 태도는 이탈리아인들과는 아주 큰 대조를 이룬다. 태국인들은 시간의 흐름을 일본인들과는 아주 다르게 평가한다. 앵글로색슨인, 독일인 및 스칸디나비아인들은 시간을 선형적으로 이용하여 한 번에 한 가지 일을 처리하는 단일시간 지향적이다. 스페인, 이탈리아와 같은 서유럽인과 아랍인들은 복수 행동 지향적이어서 일정표나 시간을 엄수하는 일에 별로 관심을 두지 않는다. 이들은 인간관계를 맺는 일에 더 많은 관심을 둔다. 그렇지만 몇몇 동양 문화권에서 시간은 선형적인 것도 아니고 사건 · 사람과 관련된 것도 아닌 순환적인 것으로 인식된다. 순환적 시간은 쓰임의 대상인 물품이 아니다. 시간은 무한정으로 공급되는 대상이다. 많은 아시아인이 시간을 이처럼 해석하지만, 그중에서도 태국 문화권이 이에 해당한다.

3. 이문화의 연구

문화에 대한 지식은 일반적인 지식이든 개별문화에 대한 지식이든 간에 여러 집단의 학습된 행동을 통찰함에 도움이 된다. 어떤 국민, 민족이 그 나라의 국민 · 민족으로 형성된 연유는 무엇인가, 즉 풍속 · 습관, 가치관 · 신앙, 태도 · 사고방식, 계층과 역할, 시간적 · 공간적 관계, 언어적 · 비언어적 의사소통 과정 등을 이해하는 데 크게 도움이 된다. 이와 같은 연구를 함에 기초가 되는 자료는 인류학, 심리학, 이문화 간 커뮤니케이션, 언어학 등 여러 가지 행동과학에서 이용하고 있다. 이와 같은 학문을 통한 정보를 배움으로써 더욱 바람직한 세계인이 되고, 국외에서 더욱 효과적으로 일을 처리하게 되고, 나아가 국제적 사업에서 긴장을 완화, 분쟁도 해결할 수 있게 된다. 이런 능력을 익힌다는 것은 경영 및 관리능력 증대, 그리고 전문직 능력개발을 위한 일환으로서 필수 불가결한 것이다(김수주).

이문화 간 문제의 연구는 기업 간 경쟁에 유리할 뿐 아니라 종업원을 해외에 파견시킬 때의 비용 절감에도 크게 도움이 된다. 70년대 후반에 이란에 진출했던 2개의 큰 다국적기업에서는 같은 나라에 파견한 인원 중 각 50~80%의 종업원들이 임기 이전에 귀국해 버린 것으로 보고되고 있다. 그럴 뿐만 아니라 이들 종업원이나 이들의 부양가족을 미국에 보내는 비용이 가족당 5만 5천 달러 또는 15만 달러(보충 요원 파견비는 포함되지 않음)나 들었다. 이에 비한다면 해외파견 종업원에게 "이문화 속에서 효과적으로 일하려면 어떻게 해야 하는가를 교육하는 것 따위는 비용면에서 비교"가 되지 않는다. 따지고 보면 만일 외국인이 이란 국민의 마음을 잘 읽고 있었다면 해외기업이나 대사관 등의 존재에 그토록 심한 반발을 하지 않았을 것이다.

1979년 1월 8일자 '*Time*'지에 실린 다음과 같은 보도는 음미할 만하다. 최근 들어 이와 같은 소원한 상태를 극복해 보려는 목적으로 어느 미국회사가 신규 파견사원을 대상으로 하는 오리엔테이션 코스(30~50시간 정도의)를 마련, 미국·유럽·일본 등 약 1백여 기업에 호응을 요청한 일이 있었다. 페르시아어 입문, 이란 역사, 문화적·사회학적 소개 등이 내용으로 된 코스였다. 그러나 단 한 개 기업도 이와 같은 비용을 부담하고 참여하려는 기업은 나타나지 않았다. 이란의 경제·정치 상황이 불안정하기 때문이라는 이유에서였다.

인적 자원개발을 위한 투자액과 환멸을 느끼고 임기를 다 채우지 못하고 귀국하는 사원이 어느 정도의 낭비를 가져오게 되고 또한 이들을 받아들인 나라에 대해 어느 정도의 피해를 주는가는 서로 비교 검토해 볼 만한 문제라 하겠다.

이문화 간 문제에 대한 학습은 다음과 같은 이익을 주게 된다.

① 해외 또는 국내의 특정 민족과 쉽사리 교류할 수 있어 생산성 향상을 가져오게 된다.

② 영업실적, 이윤 향상 외에 국제친선과 고객과의 관계개선을 도모하게 된다.

③ 외국인, 소수민족, 여러 인종에 대한 인간관계 개선능력 향상을 가져다 준다.

④ 국내·해외시장에 대한 이해는 물론, 이에 관한 보고서를 이해하는 데 쉬워진다.

⑤ 조직문화와 종업원의 행동에 대한 통찰력이 높아진다.

⑥ 외국인이 본사에 파견될 경우 그들의 필요성이 무엇인가를 민감하게 감지할 수 있다.

⑦ 귀국 후에 자국 문화와 조직에의 재참여가 쉬워진다.

⑧ 자신에게 관련된 문화적 유산을 더욱 이해하게 되는 동시에 이를 이문화에 의해 효과적으로 반영시킬 수 있다.

경영관리층, 영업사원, 기술계 직원 등이 각기 세계시장 내에 있는 문화적 차이를 인식하게 되면 해외관계는 전반적으로 향상된다.

문화라는 것은 특정 환경 내에서 집단의 문제해결을 위한 하나의 도구이다. 이를 통해 특정 집단이나 민족이 자기 현실을 성취하는 동시에 자신들만이 그들 주위에 특이한 세계를 만들어 자신들의 운명을 결정해 나아가는 것이다.

4. 커뮤니케이션에서의 문화요인

문화의 배경을 달리하는 두 사람이 다음과 같은 상황에 놓이게 되었다고 가정하자.

자신이 이런 상황에 놓이게 된 것으로 생각하고 질문에 대답해 보도록 한다(김수주).

◇ 당신은 중국에서 어느 기술훈련 계획에 참여하면서 당신 감독하에 있는 중국인을 평가하는 일도 맡게 되었다. 이들 중국인 가운데 어느 한 사람과는 친근한 사이가 되어 가족들과도 알고 지내는 사이가 되었다. 이 중국인은 붙임성 있고, 근면하지만 아무래도 지도 성이 없

었다. 당신은 이런 점을 평가표에 기록한 다음 그 중국인 상사와도 이 문제를 상의하게 되었다. 그런데 그 뒤 이 중국인은 당신을 찾아와 "우린 서로 친구나 다름없는데 왜 그런 말을 내 상사에게 했느냐"고 따졌다. 그래서 당신은 "물론 친구 사이이지만 나는 그런 보고를 해야 할 의무가 있다"라고 설명했지만, 이 중국인은 도저히 이해되지 않는 모양이다. 실적에 대한 평가를 잘못된 것으로 생각하는 문화적 차이가 있는 것일까, 있다면 그것은 도대체 무엇인가.

◇ 당신은 어느 일본의 기업과 계약 교섭을 하고 있다. 그런데 때때로 일본 측은 침묵해 버리는 것이다. 게다가 미국인의 측면에서 볼 때 교섭 속도가 너무나도 느리다. 사소한 일을 결정하는데도 시간이 너무 걸린다. 그래서 재촉을 하다 보면 "좀더 시간이 걸릴 것 같습니다"라고 대답하는 바람에 조바심만 더 난다. 당신이라면 이럴 때 어떻게 하겠는가, 교섭과 정은 어떻게 되어 있는가. 일본인의 교섭 스타일은 어떤 것인가.

◇ 당신은 사우디아라비아에서 어느 계약관계를 최종적으로 마무리 지으려 하고 있다. 상대방은 이 나라의 실업가들이다. 상대방이 까다로운 교섭 상대라는 것은 알고 있지만 얘기할 때는 좀처럼 서로의 시선이 맞지 않는 것이다. 그럴 뿐만 아니라 상대방이 당신 곁에 징그러울 정도로 너무 가까이 다가오기 때문에 귀찮아지기까지 한다. 악수해도 상대방은 힘차게 손을 잡으려 하지도 않는다.

만찬에 초대되었을 때 당신은 왼손잡이라서 음식을 왼손으로 먹었다. 결국, 교섭은 실패로 끝났다. 이유는 무엇인가. 원인을 알고만 있었다면 커뮤니케이션은 더욱 잘 이루어졌을 것으로 생각되는 문화적 요인은 없었던 것일까.

◇ 당신은 흑인관리자로서 뉴욕시에 있는 어느 공장에서 푸에르토리코인 노동자를 부하로 거느리고 있다. 당신은 영어로만 말할 줄 알기 때문에 부하들이 스페인어로 얘기하는 것이 마땅치 않다. 당신은 또 부하들이 당신을 험담할 때면 으레 스페인어를 사용할 것으로 짐

작하게 된다. 그들은 또 웃기를 잘하는데 왜들 웃는 것일까. 스페인계가 많은 곳에서는 감독도 어느 정도는 스페인어를 아는 것이 좋다고들 말하는데 왜 그래야만 하는가. 부하는 왜 모국어 쓰기를 좋아하는가. 기업은 어떻게 하면 영어 교육을 개선할 수 있는가. 아니면 영어 같은 것을 아예 교육하지 않는 것이 좋다는 말인가.

커뮤니케이션에 있어서 문화는 여러 가지 면에서 영향을 미치는데, 위의 예는 그중 몇 가지를 예시한 것이다. 현재까지 미국의 실업가는 문화가 개인이나 조직의 행동을 좌우하게 되는 데 대해서는 별로 관심을 보인 적이 없었다. 그러나 이 문제가 자칫 잘못을 초래하게 됨은 물론 비용 또한 크게 뒤따르게 된다는 점에서 복수문화 환경에서 일하는 관리자와 경영자, 기술자 등이 다음과 같은 의문을 제기하기 시작하였다.

① X국의 사회 습관, 비즈니스 습관에 대해 나는 무엇을 알고 있어야 하는가.

② Y국에서 교섭하면 최상의 성과를 올리기 위해서는 어떤 수완과 기능이 필요한가.

③ Z 국의 국민에 대해 나는 어떤 편견을 가지고 있는가.

④ 이런 것이 어떻게 나의 행동에 영향을 미치고 있는가.

지금까지는 조직행동학도 문화적으로 미국의 관점만을 반영한 것이었으나 오늘날에는 연구대상지 역의 문화가치 · 규범 등과 함께 여러 가지 측면에서 재검토되고 있다. 이와 같은 관점의 변화와 조류의 변화를 최근에 와서 시도하기 시작한 것이기는 하지만 앞으로 교섭과 관리 면에서도 유능한 인재를 육성하게 될 것으로 보인다.

홀(E. T. Hall)의 『문화를 초월하여(*Beyond Culture*)』란 저서에 의하면, 문화 연구, 인종학 연구는 미국인에게는 특히 중요하다고 한다. 흔히 그들은 자신들과의 차이에 대해 관용을 보이려는 것이 아니라 자신들과 틀리는 것은 열등한 것으로 생각하려는 경향이 있기 때라는 것이다. 최빈국의 원조계획도 수용자 측의 반감을 불러일으키는 경우가 많다. 원조 공여를 하는 측의 사람이 받는 측의 사람을 어떻게 대하는가가 원인이 된다(김수주).

5. 문화와 시스템

1) 친족시스템

이것은 가족관계, 자손의 재생산, 훈련, 사회화의 방법을 말한다. 미국에서의 전형적인 가족이란 핵가족이며, 말하자면 모두가 자립하고 있는 것을 가리킨다. 장소가 바뀌게 되면 대가족이 중심이 되어 부계 내지는 모계 중심사회로서 몇 세대가 한군데에서 함께 사는 가족도 있다. 이러한 가족은 자식들을 교육하는 데에도 큰 영향을 미칠 뿐만 아니라 국가발전에까지도 그 발자취를 남기게 된다. 예로 미국 국내에서의 경영자는 흑인이나 멕시코인 근로자들을 감독하기 위해서는 가족이라는 사회가 갖는 힘과 의미를 잘 파악하고 있지 않으면 안 된다. 베트남이든 중국이든 모두가 같은 경우라고 말할 수 있다. 가족의 영향, 가족에 대한 충성심은 일하는 데에도, 교섭하는 데 큰 영향을 주게 된다.

2) 교육시스템

어떤 사회의 아이들이 어떤 방법으로 정보·지식·기능·가치관을 배우는가 하는 문제를 말한다. 예를 들면 인도에 공장을 설립하려고 한다면, 훈련과목 중에서 암기과목이란 것을 포함해야 할 것이지만 장소가 바뀌게 되면 그보다 정도가 높은 교육기술을 기대하는 사회도 있을 것이다. 또한, 학교 교육 이외 교육의 역할에 대해서도 생각해 볼 필요가 있다.

3) 경제체제

어떤 사회가 재산과 서비스를 어떤 방법·수단으로 생산하고 분배하는가를 가리키는 것이다. 일본의 경제체제는 가족의 연장으로 보아서 집단지향이 매우 강하기 때문에 대부분 외국인은 이러한 것을「일본 주식회사」라고 보고 있다. 그리고 세계는 자본주의권과 사회주의권으로 갈라져 있다고 말할 수 있는데, 양 체제는 이데올로기를 넘어서서 지역협력의 조짐이 분명해지고 있다.

4) 정치 시스템

이것은 어떠한 통치 형태를 택해서 질서를 유지하고, 권력을 행사하고 있는가를 말하는 것이다. 통치 형태 중에는 아직 추장이 지배하는 부족이 있는가 하면 중동 같은 데에서는 국왕이 실권을 쥐고 그 일족이 통치하고 있다. 그 밖에 민주주의를 택하는가 하면, 사회주의를 택하기도 하고, 또는 그 중간 형태를 택한 나라가 있다. 세계 전체의 추세가 국민주권 국가에 있다고 하더라도, 현실의 경영자는 비록 시대를 역행하는 경우일지라도 있는 그대로 다양한 정치형태에 대처해 나가지 않을 수 없다.

5) 종교 제도

인생의 물적 측면을 초월한 곳에서 인생의 의미와 동기를 제공하는 것이 바로 종교 제도이다. 문화의 정신적인 측면과 초자연적인 측면을 어떻게 보느냐 하는 것을 말하는 것이라고 할 수 있다. 종교 제도는 다양한 분야에서 중요성을 언급한 바와 같이 이 종교 제도에 따라서는 이집트의 피라미드나 유럽의 르네상스와 같은 높은 차원으로 국민 전체를 끌어올릴 수 있는가 하면 정지상태인 과거로 폐쇄해 버릴 수도 있다. 인도의 역사를 해석하고 장래를 점쳐 보는 데에도 그 종교가 지닌 내세관을 통해 알 수 있다. 또 이슬람교와 그리스도교를 축으로 삼아 한 나라 안의 다양한 문화를 통일하는 것도 가능하다.

제 2 절 다국적기업의 문화

다국적기업은 자국 문화가 아닌 다른 나라 문화 속에서 업무를 추진하게 되는 것이므로 그에 따라 독특한 마이크로 문화, 즉 사풍이 만들어지게 된다. 조직, 환경 및 경영체로서의 기본적인 특질을 지니게 되는 동시에 여러 나라 문화의 공생상태를 반영하는 것이 되는 셈이다. 뉴욕 매킨지사의 루쓰(J. Lutz)는 국제기업에서는 다음과 같은 실용주의적인 방법이 가장 바람직스럽다고 하였다(최윤희).

세계시장에서 기업 활동을 전개할 경우 지사를 어떻게 조직하면 가장 적합한 조직체가 되는 것일까? 첫째는 국제업무에 다양성을 갖게 하는 점이다. 각 지역의 전통과 업무 내용, 시장 특성, 권한 집중방식・분산방식 등에 알맞은 활동을 할 수 있는 조직으로 만드는 일이다. 그뿐만 아니라 지리적으로 멀리 떨어진 곳에서 업무를 하게 되는 것이므로 그에 따른 조직의 개혁이 필요하다는 것이다. 예컨대 기획실에서도 제품 부문의 다각화를 계획해야 한다. 금융 면에서도 본사와의 외환업무와 자금 융통 방법을 마련해야 하며 물자 공급체제를 갖추어 매매를 기동적으로 해야 한다. 인사에서는 국적 여하를 불문하고 세계에서 유능한 자를 모아 훈련・개발하여 배치하는 동시에 대외 홍보관계에서도 본사와 현지 쌍방의 지역사회 문제를 통일적으로 파악하도록 해야 한다. 요컨대 국제적으로 업무를 전개하기 위해서는 이문화의 존재한다는 현실에 기업이 대응케 하고 있다.

이렇게 되면 다국적기업은 갖가지 사풍의 집합체가 된다. 예컨대 흡수・합병으로 여러 자회사가 각국에 만들어졌다고 가정하자. 그러면 본사의 사풍이 자회사에 커다란 영향을 미치게 됨은 물론이지만 반대로 자회사로부터의 영향도 받게 됨으로써 본사의 사풍도 종전의 사풍만으로는 통용되기 어렵게 된다.

1. 이질 문화의 관리

텝스트러(V. Terpstra)는 국제업무에 종사할 때 고려해야 할 요인으로서 다음과 같은 다섯 가지 점을 들고 있다.

1) 문화적인 안정성의 차이

이는 현지의 마이크로 문화가 안정선에 있는가의 문제이다. 마이크로 문화가 불안정한 것일수록 미래 예측이 불가능하게 된다. 그렇게 되면 변동에 따라 신속히 대처해야 하므로 현지에 전문가를 두는 체제가 필요해진다.

2) 문화적 복잡성

이는 한 국가의 문화가 로-콘텍스트(low-contexts) 문화이냐, 아니면 하이-콘텍스트(high-context) 문화이냐를 구별하는 문제이다. 하이-콘텍스트 문화 속에서 업무를 전개함에서는 본사의 상층부 문화에 숨겨진 의미가 있음을 인식하고 대처하도록 해야 한다.

3) 문화적 적대감

현지의 문화가 자사의 목표와 규범·가치관 등에 대해 어느 정도로 위협이 되고 있는가에 관한 문제이다. 자사가 현지에서 어떻게 보이는가에 따라 현지 사회에 수용되기도 하고 반대로 거부되기도 한다. 현지에서의 협력관계, 정치적 환경, 물적·인적 자원의 확보, 그리고 자본, 또는 호의적으로 나오고 있느냐에 따라서 위험을 초래할 수도 있다. 이에 대해 자사 측에서도 현지 문화와의 통합·협력을 어느 정도 유지하느냐에 따라 최종적으로 철수 문제까지 나오게 된다.

4) 문화적 이질성

이는 자국의 문화와 새로운 문화가 얼마나 다른가를 보여 주고 있다. 본래의 문화와 유사한 문화권에서 업무를 하는 편이 비교적 수월하다.

예컨대 영국 국적의 다국적기업일 때 영연방제국 내에서는 약간 유리할 것이다. 반대로 새로 진입하려는 국가문화가 본질에서 이질적인 문화였으면 본사로서는 자회사나 자회사 종업원을 조정하기 어려운 문제이다. 경영 자체를 보다 다각적인 경영으로 변환시켜야 할 경우도 있을 것이다. 본사에서 파견된 자는 더욱 문화적 충격을 받게 되기도 한다.

5) 문화적 상호의존성

어떤 문화가 다른 문화에 얼마나 다른가를 보여 주는 부분이다. 그 나라는 자원이나 원료공급, 또는 시설 면에서 어느 정도는 타국에 의존하고 있으며, 새로운 기술이나 작업 방법을 어느 정도로 채용하고 있으면서 그에 순응하고 있는가, 그리고 외국에서 들어온 기업의 활동을 어느 정도로 엄격하게 지켜보고 있는가 등 광범위한 문제섬을 발할 수 있다.

Terpatra는 다국적기업이 이와 같은 해외업무의 불규칙성을 어떻게 대처해야 하는가에 대한 전략을 몇 가지 들고 있다. 예컨대 환경충격 평가・비교, 요인분석, 문화 정보조사, 컴퓨터 시뮬레이션, 사회적 비용・편익 분석, 시스템 다이내믹스 및 모형화(model ling), 사회지표・생활의 질에 관한 모니터링, 위험도 분석과 시나리오 분석, 추세의 추정, 기술예측, 해외 담당 부분설치 등이다. 또한, 효과적으로 해외업무를 수행하기 위해서는 진출국과 본국, 그리고 국제환경 등의 조화가 필요하다. 이를 위해서는 본사의 문화를 현지 언어와 커뮤니케이션, 법률과 정치, 가치관과 신념, 교육과 훈련, 기술과 자원, 또는 사회제도 등에 적응시키도록 노력해야 한다.

2. 이질 문화 환경에 대한 적응

해외에서 국제 경영활동을 수행하고자 하는 기업은 현지의 문화적 요소가 자기 기업의 국제 경영활동에 미치는 방안을 마련하는 것이 무엇보다도 중요하다. 현지 문화의 측면에서 보았을 때 새롭고 복잡한 국제경영 형태일수록 현지 문화에 대한 철저한 분석이 필요하다. 여러 가지 문화적 요소들은 그 요소 하나하나가 국제 경영활동에 영향을 미친다기보다는 오히려 이들이 복합적으로 국제 경영활동 전반에 영향을 미친다고 할 수 있다.

리(J. A. Lee)는 이질 문화에 대한 적응으로서 제품 면에서의 적응, 개인적인 면에서의 적응, 제도적인 면에서의 적응이 중요하다고 주장하고 있다.

1) 제품정책의 적응

싱어 사(Singer Machine Company)의 재봉틀 판매 경험은 바로 이질적 문화 환경에 대한 제품정책의 적응을 보여 주는 좋은 예라고 할 수 있다. 싱어사는 이슬람국가에서는 부인의 지위가 한정되어 있고 외부인과 격리되어 있다는 점을 고려하여 재봉틀을 부인들에게 직접 판매하지 않고, 그들의 남편들에게 재봉틀을 이용하는 경우 얼마나 작업을 손쉽게 할 수 있는가를 교육함으로써 판매에 성공하였다.

2) 개인적인 적응

국제경영 활동의 경우 해외에 파견된 관리자 자신뿐만 아니라 배우자나 그 가족도 현지에 잘 적응할 수 있어야 한다. 특히 현지에 파견된 관리자는 현지의 언어를 습득해야 하고 대인관계나 시간개념과 같은 현지인의 행동 패턴에도 개인적으로 적응해야 한다.

3) 제도적인 적응

현지 문화에 적응하기 위해서는 조직구조나 조직 정책도 현지에 맞게 적응하는 것이 필요하다. 미국 다국적기업들은 현지인을 채용하면서 그들의 출신 지역이나 관계 당파와 관계없이 서로 협동적으로 일할 수 있을 것이라는 가정하에서 채용하고 있다. 그러나 레바논에서 국제 경영활동을 전개하고자 하는 경우 팔레스타인 이슬람교도 난민과 본토 기독교 레바논인을 동시에 고용한다면 과연 그들이 협동적으로 일할 수 있을 것인가를 생각해 보아야 한다(강태구).

제 3 절 동 · 서양 경영문화의 비교

최근 Arthur Anderson 경영 컨설팅사는 아시아, 미국 및 유럽 기업의 임원 400명을 대상으로 동 · 서양의 경영문화, 경영 스타일 및 비즈니스 관행에 관한 설문조사 결과를 발표한 바 있다. 조사 결과 중 우리가 주목해야 할 사항을 중심으로 소개하기로 한다(최윤희).

1. 경영 스타일

응답자 대부분이 서구 경영을 개방적, 직접적, 대결적(confrontational)으로 특징짓는다. 이들은 서구 경영 스타일을 유연성 있고 창의적이며 하급 직원에 대한 권한 이양을 장려하는 것으로 본다. 의사결정은 개인의 직관보다는 통계에 바탕을 두고 집단의 일체감보다는 개인적 솔선이 중요시된다. 아시아 경영 스타일은 연공서열, 사람과의 관계와 친척 관계에 큰 가치를 두는 것으로 나타났다. 또한 온정주의(paternalistic)를 중시하고 기업에 대한 충성심에 가치를 두며 종신고용을 지원하는 것으로 나타났다. 그리고 질보다는 양을 강조하는 경향이 높다.

〈도표 6-4〉 경영 스타일의 특성

동 양	서 양
· 연공서열, 인간관계와 가족관계에 높은 가치를 둠 · 온정주의 · 종신 고용을 부여하고 해직을 거부함 · 기업 충성도 강조 · 여성의 임원직에 대한 저항감 · 질보다는 양 강조	· 공개적, 직접적이고 대결적 · 탄력적이고 창의적 · 하급 직원에 대한 권한 이양 독려 · 자료와 통계를 선호하고 직권을 거부함 · 사람 지향적이기보다는 생산성 지향 · 집단보다는 개인의 솔선이 강조됨 · 단기 이익을 중요시함

자료 : *Ibid.* p. 29.

2. 비즈니스 관행

아시아 응답자와 서구 응답자 모두 비즈니스 연줄과 친구 관계가 비즈니스를 수행하는 데 가장 중요한 요소라고 동의한다. 그러나 아시아에서는 이것만으로는 충분치 못하다. 정부와의 연줄과 가족관계가 상당히 중요하다. 아시아에서 대인관계를 중요시하는 관행은 선물이나 편의를 베푸는 일과 뇌물 제공에 대한 태도의 차이에서도 반영된다.

그 차이는 작지만 아시아 지역에 파견된 서양기업 임원의 태도는 서양 현지 기업 임원보다는 아시아 현지 기업 임원들의 태도와 더 가깝게 나타난 점이 흥미롭다. 이런 현상은 시간이 흐름에 따라 외국기업 임원들이 자신들의 가치를 강요하기보다는 주재국인 아시아 지역의 행태와 관행을 수용하는 경향을 의미한다.

또 아시아 기업 임원들은 경영자가 갖추어야 할 자질 가운데 '미래에 대한 예측력'을 가장 중시하고 있는데 비해 서양기업 임원들은 '참모들에 대한 충분한 지원 및 동기부여 능력'을 첫째로 꼽았다.

〈도표 6-5〉 사업상 중시하는 관계(복수 응답)

	아시아 기업 임원(%)	서양기업 임원(%)	아시아에 진출한 서양기업 임원(%)
비즈니스 관계	90	93	96
현지 정부 관계	80	50	81
개인적 친분 관계	73	72	78
현지 기업의 가족관계	65	25	60
선물 또는 편의 제공	32	13	48
현지 동창 관계	32	25	44
뇌물 제공	74	4	23

자료 : *Ibid.* p. 30.

3. 성공의 지표

아시아와 서양기업 임원들은 성공의 기준에 유사한 견해를 표시한다. 이들 모두 경영계로부터의 존경이 가장 중요한 지표이다. 높은 보수는 다음 순이다. 서양 기업인 중 27%가, 아시아인 중 18%가 보수를 매우 중요하다고 지적한다. 아시아 기업 임원과 서양기업 임원의 큰 차이는 중요한 직함을 갖느냐에서 나타난다. 아시아 기업 임원들에게 이것은 절대적인 성공의 지표가 되지만 서양기업 임원들에게는 별로 중요치 않다.

〈도표 6-6〉 성공의 지표

순위	아시아 기업 임원	서양기업 임원
1	경영계에서의 존경	경영계에서의 존경
2	좋은 보수	좋은 보수
3	신속한 승진	부하 직원으로부터의 존경심
4	중요한 직함	신속한 승진
5	부하 직원으로부터의 존경	

자료 : *Ibid.* p. 31.

연 습 문 제

1. 이문화란 무엇인가?

2. 왜 국제경영에서 이문화 관리가 중요한가?

3. 이질 문화에 적응하려면 어떠한 요소를 고려해야 하는가?

4. 동·서양 경영문화를 비교하라.

5. 국제업무에 종사할 때 고려하여야 할 요소를 설명하라.

제 7 장

다국적기업과 환경요소

읽을거리

다국적기업의 변모 - 펩시와 GE의 해외 현지화 전략

펩시 인도의 실험은 현지의 파트너십을 통한 현지화 전략을 통해서도 성공의 폭을 넓히고 있다. 기존에 확보하고 있는 기술과 연구 인프라를 현지의 다른 기업이나 연구소와 접목해 새로운 시장을 창조하고 있는 것이다.

본사 획일적 지휘는 '옛말'…
다른 제품 • 전략으로 글로벌 마케팅

다국적 기업들이 변신을 시도하고 있다. '다국적 기업'이라는 이름처럼 '여러 나라에 위치한 기업'이라는 점은 변화가 없으나 구조가 완전히 바뀌고 있는 것이다. 한 국가에 본부를 둔 기업이 다수의 외국에 지점이나 분점 등을 개설, 본부의 지휘통제를 받고 인력을 파견받는, 혹은 현지에서 채용하면서도 본부의 지휘와 통제를 받는 개념이 지금까지의 다국적 기업이었다.

그러나 이같은 개념은 현지의 실정과 환경 등의 영향을 고려하지 않은 경우가 많아 시행착오를 거듭해왔다. 일부 다국적 기업은 현지의 분사나 지점망에 일부의 재량권을 줘 그 한계 내에서 위치한 회사들은 그냥 이름만 펩시나 GE라고 쓸 뿐 아예 전혀 다른 회사로 운영된다. 특히 인도와 중국의 경우 자유로이 활동할 수 있도록 했다. 다국적 기업의 대명사인 펩시와 제너럴일렉트릭(GE)이 대표적이다.

두 회사는 이머징 마켓에 위치한 경우 아예 철저하게 현지의 운영에 맡기고 있다. 즉 미국 본사와 이머징 마켓 국가들에 우 별도로 설립된 독립 회사로 운영되고 있다. 물론 회사의 소유형태나 총수의 인사 등에 있어서야 본사의 입김을 벗어날 수 없으나, 그 운영방침이나 방법, 경영 등은 각자 나름대로 알아서 움직이는 것이다.

콜라회사에서 벗어난 펩시 인도

이같은 다국적 기업의 변화는 이머징 마켓에서만 찾아볼 수 있는 것이 아니다. 최근에는 유럽에 위치한 경우에도 유사한 변화가 감지된다. 이제 다국적 기업은 이름만 같을 뿐 실제로는 개별회사로 움직이고 있는 셈이다.

이런 변화의 근저에는 두 가지 목표가 놓여 있다. 즉 현지 회사들은 철저하게 해당 지역의 시장을 활성화해야 하고 성공해야 한다. 펩시 인도는 미국의 펩시와 같은 이름과 로고를 사용하지만 판매하는 품목은 다르다. 펩시의 CEO인 인디라 누이는 이 회사를 미국에서처럼 콜라를 파는 회사가 아니라 건강에 좋은 음료를 파는 회사로 바꾸어놓았다.

누이는 기존 식음료시장이 소비지향적이며, 때때로 정크푸드라고 손가락질 받는 것이 바람직하지 않다는 판단에 따라 몸에 좋은 건강식품 및 음료 회사로 회사 이미지를 바꿔야 한다고 판단했고 실제로 그의 작업은 성공적으로 이뤄지고 있다.

이 변화를 위해 누이는 기존에 프리토레이와 같은 감자 칩과 콜라 등으로 대표되는 유흥적인 음식(Food-for-fun)을 만들어내던 기존 제조패턴을 과감하고도 빠르게 개혁, 이제는 몸에 좋은 음식(Good-for-you) 생산자로 변모시켰다. 콜라 내신 오렌지 주스나 퀘이커 등과 같은 건강식 시리얼 등을 주력제품으로 내세우고 있는 것이다.

펩시 인도는 주력제품과 전략이 본사와 다른 만큼 이미지도 180도 다르다. 누이는 이같은 회사의 이미지 변신에 따른 이익극대화 모델로 현재 이머징 마켓을 적극적으로 공략하고 있다. 성장 속도는 놀라울 정도다. 막 성장한 이머징 국가의 소비자들이 건강에 신경을 쓸 수 있는 여유를 갖게 됐다는 점에 착안, 그들의 니즈를 파고든 것이 성공의 비결로 꼽힌다. 현재 한해 100억달러 정도인 판매량을 오는 2020년, 즉 10년 뒤에는 3배로 늘리겠다는 목표다.

누이가 이같은 변모를 염두에 둔 것은 펩시라는 회사가 미국에서는 이미 이전부터 청량음료로 시작해 발전을 해와 청량음료 내에서는 더 이상의 제품변화는 사실상 어렵다는 점, 신흥공업국들에서도 청량음료에 대한 부정적인 시각이 있는데다 건강식품에 대한 의식이 많이 고취돼 있다는 점 등을 고려한 것이었다. 게다가 인도는 새로운 시도를 해보기 좋은 시장으로 판단됐다. 시장의 규모 또한 거대해서 새로운 시도가 성공한다면 막대한 이익을 실현할 수 있는 곳으로 기대됐다.

벼농사에 진출한 콜라회사

펩시 인도의 실험은 현지의 파트너십을 통한 현지화 전략을 통해서도 성공의 폭을 넓히고 있다. 기존에 확보하고 있는 기술과 연구 인프라를 현지의 다른 기업이나 연구소와 접목해 새로운 시장을 창조하고 있는 것이다. 비단 음료만이 아니다. 음료를 넘어 자신들의 강점을 활용할 수 있다면 어디든 진출하고 있다.

또한 펩시 인도는 지난 4월 인도의 대표적인 기업인 타타차(Tata Tea)사와 합자, 건강에 좋은 식품과 음료개발에 들어갔다. 합자를 통해 인근 방글라데시나 스리랑카, 동남아시아권의 기근 다발지역이나 상시적인 영양부족 현상을 겪는 지역에 그들의 제품을 공급한다는 계획이다.

지난 2006년에는 벼농사에도 발을 내밀었다. 펀자브 지방의 농업대학과 손잡고 트랙터를 이용해 직접 파종하는 벼농사를 시작한 것이다. 이 방법은 물을 가둬놓고 벼를 심은 뒤 이를 자라게 해 모종을 내는 기존의 방식에 비해 여러 장점이 있었다. 모종을 키우지 않아도 되기 때문에 일손이 줄어든다. 또 물 사용을 30% 줄이면서 탄소가스 방출은 무려 70%나 감소시킬 수 있었다.

품도 덜 들고 친환경적인, 획기적인 펩시 인도의 농사법은 인도 곳곳에 급속히 전파되고 있다. 편할 뿐만 아니라 기근 해소에도 크게 기여하고 있어서다. 최근에는 이 농사법을 기근이 자주 발생하는 국가로 수출하는 방안도 검토하고 있는 것으로 알려졌다.

펩시 인도의 행보는 미국에서라면 상상하기 어려운 것이라 할 수 있다. 과연 미국 내의 펩시 본사가 벼농사에 관심이나 가질 수 있을지도 의문이지만, 가진다 해도 성공할 수 있는지도 장담할 수 없기 때문이다.

GE 인도 이미지 제고 통해 판매증가

펩시와 마찬가지로 GE 역시 전 세계에서 건강한 사회를 구축하는 데 앞장서면서 이미지 변모가 이뤄지고 있다. 지난해 GE는 헬시매지네이션이라는 계획을 발표했다. 이 말은 건강을 뜻하는 헬스(Health)와 상상을 의미하는 이매지네이션(Imagination)을 합성한 말로 건강을 염두에 두는 상상이라는 의미다.

실제 내용에서는 GE사가 운용하는 경영주체들을 총망라해 인류에게 건강을 제공한다는 의미를 담으면서, GE의 의료기기 제조사가 만드는 기기들을 더 많은 이들이 접할 수 있도록 한다는 것이다. 이미지 제고와 판매 증가를 동시에 이뤄내겠다는 얘기인 셈이다. GE의 헬시매지네이션 전략은 인도의 병원 사업에서 대표적인 사례를 찾을 수 있다.

인도의 병원에는 최근 많은 분자영상장치(Molecular Imaging)가 보급되고 있다. 분자영상장치는 암을 조기진단하는 데 사용되며, 이 장치를 설치해서 운영하는 데 상당한 노력과 기술을 필요로 하기 때문에 도입하는 것보다 운영하는 것에 더 많은 자금이 들어간다. 그럼에도 인도의 병원들이 이 값비싼 기기들을 도입하고 있다는 것은 그만큼 많은 수익을 내고 있다는 것을 뜻한다. GE도 이를 파악, 이 시장을 적극적으로 공략하고 있다.

GE의 전략 핵심은 분자영상장치를 사용하기 위해 반드시 필요한 FDG라는 인체투입약품의 공급을 최대한 편리하게 하는 데에 있다. FDG를 흡수하지 않으면 영상이 보이지 않는다. 문제는 FDG가 매우 불안정한 구조로 되어 있다는 점이다. 인체에 투입돼 영상장치를 보여주게 한 뒤 사라질 정도다.

FDG는 인체 외부에서도 쉽사리 변질된다. 신속하게 유통되지 않으면 도로 위에서 성질이 바뀌어 이용할 수 없는 경우가 부지기수다. 문제는 인도의 교통 인프라가 매우 열악하다는 점이다. 10명분을 주문하면 보통 6~7명분이 상하고 고작 3~4명분만 건지기 일쑤다. GE는 바로 이 점을 파고들었다.

GE 인도는 인도의 FDG를 생산할 수 있는 업체와 교통기관, 그리고 이 장치를 이용할 수 있는 건강센터를 전략적인 위치에 따라 건설해 나갔다. 그 결과 미국 등에서 수입되던 FDG가 인도에서 대량으로 생산되며 필요한 곳에 적시에 공급할 수 있게 됐다. FDG의 공급이 원활해지면서 GE의 분자영상장치 판매도 확대됐다. 2000년 인도에서 단 한 대에 불과했던 이 장치는 현재 25대까지 보급됐다. 이것이 바로 GE가 구상하고 있는 헬시매지네이션이다.

펩시나 GE처럼 다국적 기업이면서도 현지에서 전혀 다른 형태의 업무를 하거나 아예 다른 상품을 다루고 더 많은 이익을 실현하면서도 이미지를 높이는 사례는 더욱 빈번해질 것으로 보인다.

많은 다국적기업이 같은 업무를 하는 업체가 여러 국가에 존재한다던 종전의 개념에서 벗어나 이름만 같을 뿐 제각기 다른 회사로 변모되고 있기 때문이다. 종전의 다국적기업의 개념에 이제 겨우 진입한 한국의 다국적기업들이 어떻게 이러한 변화에 적응해 나갈지 궁금해지는 대목이다.

〈미주경제신문 편집국장〉

제 1 절 다국적기업

1. 다국적기업의 정의

다국적기업 최초의 형태는 17세기 초 영국·프랑스, 네덜란드 등이 인도에 세운 동인도회사로 알려져 있다. 그 당시 유럽에서는 후추가 금과 비슷한 수준의 가치를 가지는 물건이 있었다. 후추는 인도에서 생산되기 때문에 배를 통해 가져와야 했다. 그러나 태풍과 같은 자연재해로 배가 침몰하는 경우가 많아서 성공적으로 후추를 싣고 온 배는 막대한 돈을 안겨주었다. 그래서 사람들은 후추를 인도에서 가지고 오기 위해 조금씩 투자금을 나눠서 여러 척의 배를 띄우고 그 가운데 성공한 것을 나누는 형태의 합작회사를 설립하는데 이것이 바로 동인도회사의 시작이었다. 동인도회사는 인도, 아메리카 대륙 등 식민지에 진출하여 무역하는 다국적기업으로 진화하였다.

그러나 현재와 같은 의미의 '다국적기업'이란 용어는 미국 뉴딜정책을 계획한 '데이비드 릴리 엔털'이 1953년에 출간한 「대기업의 새로운 시대(Big Business: A New Era)」에서 처음으로 사용되었다(Edunet).

다국적기업(multinational company)은 한 나라 이상에 지점(branches), 사무실(offices) 또는 생산 시설(production facilities)을 갖춘 기업을 가리킨다. 일부 학자들은 해외에서 전체 사업의 적어도 4분의 1을 수익을 창출하는 기업을 다국적기업으로 간주한다고 하였다. 그러나 기업의 모든 사업 활동이 순전히 수출에서 비롯되고 해외에 사무실, 공장 또는 생산 시설이 없는 경우 다국적기업이 아니다.

유엔(UN)에 따르면, 세계 100대 다국적기업은 세계 무역의 약

40%를 장악하고 있다. 지난 100년 동안 세계 최대 다국적기업 대부분은 서유럽(Volkswagen, Nestle, BP), 미국(Ford, Coca-Cola, Procter & Gamble) 또는 일본(Toyota, Sony, Mitsubishi)이었다.

세기(century)가 시작된 이래, 한국(삼성, 현대), 멕시코(Grupo Bimbo, Cemex), 중국(레노보, 화웨이 Lenovo, Huawei) 등 다른 지역에서 새로운 다국적기업이 등장하고 있다.

2. 기업이 해외로 진출하는 이유

기업은 다음과 같은 몇 가지 가능한 이유로 다국적기업이 된다.

첫째, 새로운 시장을 얻기 위하여 - 기업은 국내시장 포화점에 도달했을 때 새로운 시장을 찾아야 할 필요가 있다. 처음에는 다른 나라에 수출하는 것으로 시작할 수도 있지만, 결국 해외에 생산, 유통, 판매 시설을 세울 것이다.

둘째, 비용 절감 - 노동비와 토지는 해외에서 더 낮을 수 있다. 기업들은 항상 수익을 증대시킬 방법을 찾고 있다. 비용 절감은 기업이 해외에 진출하는 이유 중 한 가지 방법이다. 예를 들어 멕시코의 자동차 공장 근로자는 미국 근로자보다 시간당 6분의 1 미만의 임금을 받는다.

셋째, 높은 수준의 세금을 피하려고 - 많은 나라가 다양한 수준의 법인세를 가지고 있다. 해외에 설립하면 기업이 세금을 줄일 수 있다.

넷째, 무역장벽을 극복하기 위해 - 일부 국가는 보호무역주의 정책을 취하고 있다. 다만 해외 기업이 현지에서 제품을 제조할 때만 시장에 완전히 접근할 수 있도록 허락한다.

다섯째, 정보보조금 - 예를 들어, 1980년대 영국 정부는 많은 외국 기업들에 재정적 유인책을 제공함으로써 많은 외국 기업들을 끌어들였다.

3. 왜 기업은 다국적기업이 되는가?

많은 기업이 다국적기업이 되고 싶은 이유가 있다. 그 중이 일부는 다음과 같다.

1) 생산비 절감에 대한 접근(Access to lower production costs)

특히 개발도상국에서 생산을 시작하면 생산 비용을 적게 들이기 때문에 기업이 세계에 진출하는 것은 매우 일반적인 이유이다. 아웃소싱의 방법도 있지만, 다른 나라에 제조 공장을 세우는 것이 훨씬 더 저렴할 수 있다.

2) 국제시장을 겨냥한 근접성(Proximity to target international markets)

기업의 목표 시장이 있는 국가에서 사업을 시작하는 것이 유리하다. 그것은 운송비를 줄이는 데 도움이 되며, 다국적기업들에 소비자 정보뿐만 아니라 소비자 피드백과 정보에 더 쉽게 접근할 수 있게 해준다.

3) 관세 회피(Avoidance of tariffs)

기업이 상품을 판매하는 국가 내에서 제품을 생산하거나 제조할 때 수입 쿼터 및 관세가 면제된다.

기업이 다국적기업으로 발돋움하게 만드는 유인은 무엇일까? 가장 중요한 것 중 하나가 국내법이다. 국내법은 국가별로 다른데, 이 국내법이란 것이 기업을 구속하기도 하고, 도와주기도 한다. 따라서 기업은 행동에 제약이 걸리는 곳을 피하고, 활동이 자유롭고 보다 많은 지원을 받을 수 있는 곳을 찾아 여기저기로 떠나기 마련이다. 예를 들어 한국의 게임 규제를 피해 일본으로 본사를 옮긴 넥슨이 있다.

그런데 법에 따른 제약이나 혜택도 분야에 따라 달라서, 넓은 범위를 커버하는 기업이라면 보다 많은 국가로 진출하는 것이 이득이다.

여기에 시장이나 자원 접근성도 영향을 미친다. 따라서 애플은 제품 개발은 우수한 개발 인력과 시장이 있는 미국에서 제품을 설계하되, 제품 생산 자체는 인건비가 저렴한 중국에서 하는 것이다. 물론 여기서 중국의 인건비가 저렴한 것은 중국 노동법이 그걸 허용하기 때문이다. 이 외에도 해외 투자와 관련된 규제 및 혜택도 기업의 해외 진출에 영향을 주는 요인이다.

이 외에도 각국 시장별로 특화된 제품 개발 및 마케팅을 위해 각국에 지사를 설치하기도 한다. 맥도날드의 예를 들면, 한국에만 있는 불고기버거와 일본에만 있는 데리야키 버거, 이슬람권에서 판매하는 생선버거 등을 모조리 미국 본사에서 개발한다면 회사가 자칫 지나치게 비대해지고 업무가 복잡해질 공산이 크다. 하지만 불고기버거는 한국 맥도날드에서, 데리야키 버거는 일본 맥도날드에서 각각 개발, 판매한다면 훨씬 효율적인 업무 수행이 가능할 것이다(librewiki).

4. 다국적기업이 진출 국가(host country)에 제공하는 혜택

다국적기업을 유치함으로 현지 국가에 제공하는 이점은 다음과 같다.

- 투자, 고용, 소득
- 사업 기회
- 제품과 서비스 개선
- 국제수지개선
- 임금개선
- 세계화 촉진
- 상호의존적

다국적기업(MNC)은 진출국에 여러 가지 이점을 제공한다. 진출국에서 기업활동 함으로써 투자, 고용, 소득 수준이 높아진다. 진출국 산업도 MNC를 통해 해외로부터 최신 기술을 받는다.

현지국에서 운영함으로써, 지역 상인과 시장 중개인들은 더 많은 사업 기회를 얻는다. 다국적기업은 경쟁을 창출하고 지역 독점을 깨뜨린다. 경제학자들은 이것이 지역 경쟁자들을 더 열심히 노력하게 만들고, 이것은 우수한 제품과 서비스로 이어진다고 말한다. 다국적기업이 운영하기 때문에 더 많은 상품을 생산함으로써, 현지국은 더 많은 수출을 하고 수입을 줄일 수 있다. 따라서 국제수지를 개선한다.

다국적기업은 일반적으로 저소득 국가와 신흥 국가의 현지 고용주보다 더 나은 임금을 제공한다. BMW 자동차 공장에서 일하는 멕시코 근로자는 농장 주나 국내 회사에서 일하는 다른 사람과 비교할 때 시간당 더 많은 수입을 올리며 더 나은 직업 전망할 것이다.

경제학자들은 다국적기업이 신흥국들이 더 빠르게 발전하도록 돕는다고 말한다. 전 세계 다국적기업의 확산은 급속한 경제 세계화의 하나로 국경을 넘어 사람, 기술, 자본재 및 서비스의 이동성 등이 일어나고 있다. 기업과 국가는 점점 상호의존적으로 변하고 있다.

5. 다국적기업의 특징

모든 기업이 다국적기업이라고 불릴 수 있는 것은 아니다. 그런 이름을 가지려면 반드시 충족해야 하는 특징이 있다. 다국적기업의 특징은 다음과 같다.

1) 큰 자산과 매출액(Very high assets and turnover)

다국적기업이 되려면 사업의 규모가 커야 하며 물리적 및 재정적으로 엄청난 양의 자산을 소유해야 한다. 그 회사의 목표는 매우 커서 그들은 상당한 이윤도 낼 수 있다.

2) 지점 네트워크(Network of branches)

다국적기업들은 각기 다른 나라에서 생산과 마케팅 활동을 운영하고 있다. 각 나라에서는 여러 지점과 자회사를 통해 기능(경영 기능 ; 판매, 재무, 인사, 마케팅, 국제)사무소를 하나 이상 감독한다.

3) 통제(Control)

다른 국가의 사무소 관리는 본국에 있는 하나의 본사에 의해 통제된다. 따라서 명령의 원천은 본국에서 찾을 수 있다.

4) 지속적 성장(Continued growth)

다국적기업은 계속 성장하고 있다. 다른 나라에서 활동하는 동안에도 그들은 끊임없이 현신(upgrading)하고 합병과 인수(M&A)를 통해서 경제적 규모를 늘리기 위해 노력한다.

5) 정교한 기술(Sophisticated technology)

기업이 글로벌화 되면 투자가 크게 성장할 수 있도록 해야 한다. 실질적인 성장을 달성하기 위해서는 특히 생산 및 마케팅에서 자본 집약적 기술을 사용해야 한다.

6) 올바른 기술(Right skills)

다국적기업들은 첨단 기술을 사용하고, 노동사를 관리하며, 거대한 사업체를 운영하며, 막대한 자금을 처리할 능력이 있는 최고의 경영자들만을 고용한다.

7) 강력한 마케팅 및 광고(Forceful marketing and advertising)

다국적기업의 가장 효과적인 생존 전략 중 하나는 마케팅 및 광고에 막대한 비용을 지출하는 것이다.

8) 좋은 품질의 제품(Good quality products)

자본 집약적인 기술을 사용하기 때문에 최고급 제품을 생산할 수 있다.

제 2 절 다국적기업 현황

1. 다국적기업 현황

〈도표 7-1〉에서 보여주는 바와 같이, 한국 16개 기업이 2019년 포천이 선정한 세계 500대 기업(Fortune Global 500) 리스트에 올랐다. 포춘 글로벌 500은 웹스터 사전에 등재될 정도로 권위와 역사를 자랑하는 세계 기업 순위 리스트로, 연결재무제표 상 매출액 기준으로 다국적기업을 평가해 매년 7월 상위 500대 기업을 발표한다.

16개 한국 기업 중 최고위 위치는 글로벌 15위인 삼성전자가 1위를 차지했다. (글로벌 IT 기업 순위는 애플에 이어 2위). 매출 2,215억 7,940만 달러를 기록해 지난해보다 3계단 떨어진 15위를 기록했다. 그 뒤는 SK 홀딩스(73위), 현대차(94위), POSCO(171위), LG전자(185위), 한국전력(193위), 기아차(227위), 한화(261위), SK하이닉스(335위), GS칼텍스(376위), 현대모비스(393위), 삼성생명(426위), KB금융지주(434위), 삼성물산(444위), CJ(463위), LG화학(490위)이 자리를 지켰다.

한국 기업 중 전년도 대비 순위가 가장 많이 오른 기업은 107계단 상승한 SK하이닉스였고, 가장 많이 하락한 기업은 17계단 떨어진 한화였다. LG화학은 올해 포춘 글로벌 500 리스트에 신규 진입했고, 지난해 483위를 기록했던 LG디스플레이는 올해 500대 기업에서 탈락했다(Fortune Korea).

한편 월마트(Walmart)는 6년 연속 1위에 올랐고, 중국 에너지 기업 시노펙과 네덜란드 정유사 로열더치셸, 차이나내셔널패트롤리엄(CNPC), 중국스테이트그리디(State Grid)이 그 뒤를 이어 톱5에 자리매김했다.

국가 별로는 미국 기업 121개, 중국 119개 기업이 올라 글로벌 공룡 기업 수에서 G2가 대등한 모습을 보였다. 다음으로 일본 52개, 프랑스 31개, 독일 29개, 한국 16개, 캐나다 13개의 500대 기업을 보유하고 있다.

〈도표 7-1〉 포춘 글로벌 500대 기업

순위	포춘 글로벌 500	순위	한국 기업 포천 500	500대 국가별 기업 수	
1위	월마트	15위	삼성	미국	121개
2위	시노 팩 그룹	73위	SK	중국	119개
3위	로열 더 위치	94위	현대	일본	52개
4위	차이나내셔널패트롤리엄	171위	포스코	프랑스	31개
5위	스테이트그리드	185위	LG	독일	29개
6위	사우디아람코	193위	한국전력	한국	16개
7위	비피	227위	기아자동차	캐나다	13개
8위	엑손모빌	261위	한화		
9위	폭스바겐	335위	하이닉스		
10위	토요타	376위	GS칼텍스		
11위	애플	393위	현대모비스		
12위	버크셔헥셔웨이	426위	삼성생명		
13위	아마존	434위	KS 금융 그룹		
14위	유나이티드헬스그룹	444위	삼성물산		
15위	삼성전자	463위	CJ		
		490위	LG화학		

자료: Fortune 500, 2019.

2. 다국적기업의 유형

다국적기업은 네 가지 범주로 존재한다.

- 본국에서 강력한 입지를 가진 분산 된 기업 - 본사에 강력한 통제력을 가지고 해외 자회자, 지사 등을 조직, 관리, 통제하는 유형을 가리킨다.

- 값싼 자원을 이용할 수 있는 비용 우위를 확보하는 글로벌 중앙 집권 기업.
- 모기업의 R&D를 기반으로 하는 글로벌기업.
- 세 가지 범주를 모두 사용하는 초국가적 기업입니다.

여러 종류의 다국적기업들 사이에는 미묘한 차이가 있다. 예를 들어, 다국적기업의 한 종류인 초국적 기업은 적어도 2개국에 본거지를 두고, 본거지를 통해 현지 대응을 직접적으로 수행함으로 많은 국가에서 사업을 전개할 수 있다. 네슬레사는 본사 안팎에서 사업 및 운영 결정을 집행하는 초국가적 법인의 한 예다.

한편, 다국적기업은 적어도 두 개의 국가에서 공장을 통제하고 관리한다. 이러한 유형의 다국적기업은 소유권 주장을 담보하기 위해 현지 국가(host) 공장에 직접 투자하여 거래 비용을 회피하기 때문에 외국인 투자에 참여할 것입니다. Apple 사는 외국인 투자를 통해 비용 이점을 극대화하려고 시도하는 다국적기업의 좋은 사례를 보여주고 있다.

3. 다국적기업의 장점과 단점

국제적인 기업활동을 수립하는 데는 여러 가지 이점이 있다. 인도와 같은 외국에 진출하게 되면 회사는 장거리 운송과 관련된 거래 비용 없이 인도의 제품 수요를 충족시킬 수 있습니다. 기업은 자본이 가장 효율적이거나 임금이 가장 낮은 시장에서 영업을 시작하는 경향이 있다. 같은 품질의 제품을 저렴한 비용으로 생산함으로써 다국적기업은 가격을 낮추고 전 세계 소비자들의 구매력을 높인다. 여러 국가에서 사업을 운영하는 다국적기업은 사업이 다른 곳에서 수행되더라도 세율이 낮은 국가에서 공식적으로 사업을 운영함으로써 세금 변동을 활용할 수 있다. 다른 혜택으로는 지역 경제의 일자리 증가 촉진, 회사의 세수 증가 가능성, 상품의 다양성 증가 등이 있다.

세계화의 절충안, 즉 낮은 가격의 가격은 국내 일자리가 해외로 이주하기 쉽다는 것이다. 이것은 경제 체질의 변화가 장기 실업의 원인이 되지 않도록 유연한 노동력을 갖는 것이 경제에 중요하다는 것을 암시한다. 이러한 점에서, 새로운 기술에 대응한 교육과 새로운 기술의 육성은 유연하고 적응력이 뛰어난 인력을 유지하는 데 필수적이다.

다국적기업에 반대하는 사람들은 기업이 독점(특정 제품에 대한)을 개발하고 소비자의 가격을 상승시키며 경쟁을 억누르고 혁신을 억제하는 방법이라고 말한다. 그들은 또한 다국적기업 활동이 토지 개발과 지역 자원(천연자연)의 고갈을 조장할 수 있어서 환경에 해로운 영향을 끼친다고 한다.

다국적기업을 호스트(host) 국가 경제에 도입하면 소규모 지역 기업이 몰락할 수도 있다. 운동가들은 또한 다국적기업들이 윤리적 기준을 위반하고 윤리적 법을 회피하고 자본으로 사업 의제를 활용한다고 비난했나.

4. 다국적기업을 반대하는 이유

반 다국적 옹호자들은 이 거대 기업이 자국이나 선진국에서 규제 및 정책 등으로 활동할 수 없는 방식을 인권과 환경 기준이 낮은 국가에 들어가서 유영한다고 주장한다.

예를 들어 다국적기업들이 일자리 수를 줄이고, 결정이 자기 뜻대로 되지 않으면 다른 곳으로 옮기겠다고 위협함으로써 정치인과 정부 정책에 너무 많은 영향을 미칠 수 있다는 우려도 있다.

그들이 다양한 세금 체계를 가진 여러 다른 나라에서 운영되고 있어서, 다국적기업들은 오늘날 언론으로부터 그들이 해야 할 것보다 훨씬 적은 세금을 지불하고 있다는 비난을 받고 있다.

그들은 룩셈부르크와 같이 매우 낮은 세율의 국가에 자회사 및 관련 사업체의 정교한 네트워크를 구축한 것으로 비난을 받고 있으며 주요 경제의 법률 허점을 통해 세금을 크게 줄이는 방법을 고안하고 있다. 소규모 회사들은 이것이 그들이 경쟁하는 것을 훨씬 더 어렵게 만든다고 말한다.

조세 정의 네트워크에 따르면, 지지 단체는 다음과 같이 주장하고 있다. "오늘날 세계의 모든 다국적기업은 역외 조세회피처에 여러 계열사를 두고 있다. 그들은 해외에서 수조 달러의 세금이 부과되지 않거나 거의 세금이 부과되지 않는 이익을 보유하고 있으며, 그 금액은 빠르게 증가하고 있다."

제 3 절 다국적기업의 환경 요소

기업의 많은 외부 환경 요소는 기업의 선택 방향, 행동, 내부 상황에 영향을 미친다. 기업의 생존과 성공은 기업의 환경 상태를 통제할 수 없는 요소들이 기업에 얼마나 크게 관련되어 있는지에 달려 있다. 이들의 외부 환경 요소들은 기업에 긍정적인 상황과 기회 또는 부정적인 장애, 위협 등을 이끌어 나갈 것이다. 비록 환경이 국내적 또는 국제적 기업에 대한 현실이라 할지라도 이와 같은 환경을 기업에 적용하는 것이 매우 어렵다.

여기에서는 다국적기업이 직면한 광범위한 환경문제를 중심으로 설명할 것이다. 첫째, 우리는 광범위한 환경 요소들을 간략하게 소개하며, 둘째, 국제기업 환경의 본질에 대하여 논하고, 셋째, 이들 환경을 형성시키는 요소들에 대하여 상세히 설명할 것이다. 넷째, 국내환경과 국제환경의 모델을 보여주고, 다섯째, 국제경영 정보의 자원을 나열하고, 마지막으로 환경평가에 대하여 논의할 것이다.

1. 거시적 환경 요소

일반적으로 환경 요소들은 상호 관련된 원격환경(remote environments)과 직무환경(task environments) 요소로 구분할 수 있다. 〈도표 7-2〉는 기업경영에 대한 두 가지의 환경 요소에 영향이 미치는 것을 보여주고 있다.

두 가지 환경 요소 사이의 차이점을 간단하게 설명하고 이 요소들의 심도 있는 논의는 차후에 설명할 것이다.

〈도표 7-2〉 기업 외부환경

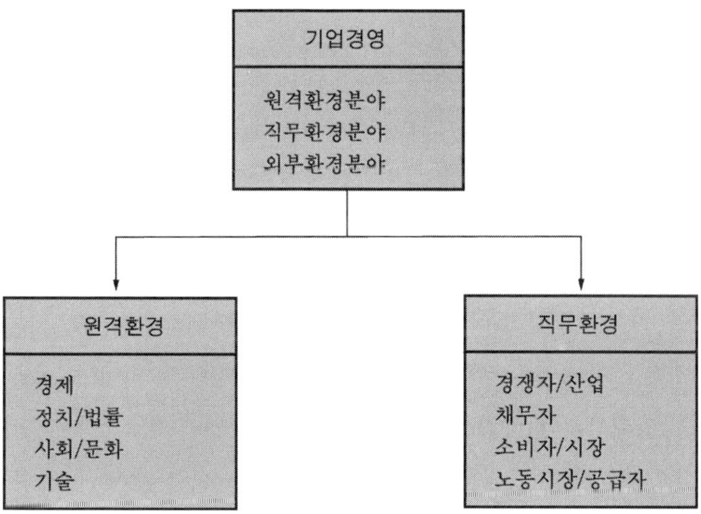

1) 원격환경

원격환경은 기업의 외부환경 요소들로 구성되어 있다. 이들 환경 요소들은 기업에 커다란 영향을 미친다. 그러나 기업은 이들 요소에 대하여 상호 영향을 받지 못하고 있다. 원격환경은 정치, 경제, 법률, 사회, 문화, 기술 및 지리 요소 등으로 구성되어 있고 외국 기업이 통제가 불가능 한 요소이다.

2) 직무환경

직무환경은 다국적기업에 직면하고 직접적으로 기업에 영향을 미치는 영업환경 요소들로 구성되었다. 이와 관련된 환경은 기업에 관련된 필요한 자원의 획득과 상품 혹은 서비스를 시장에 유리하게 이끌어 가는 환경 요소를 들 수 있다. 직무환경에서 가장 중요한 요소는 기업의 경쟁 및 산업 위치, 소비자나 시장 상황, 그리고 공급자, 채권자 및 노동시장과의 관계 등을 들 수 있다.

2. 국제경영환경

국제경영환경은 세 가지의 중요 부분으로 구성되어 있다. 본국(home country)의 국내환경(domestic environment), 현지국(host countries)의 국내환경인 외국환경(foreign environment), 그리고 국제환경(international environment)을 들 수 있다. 이와 같은 것은 기업이 국제적으로 활동하는 바와 같이 외국환경에 진입하기 전에 정치, 경제, 법률 등으로 다양하게 구성된 국제환경을 통과하는 것을 보여주고 있다. 이러한 다양한 국제환경 요소들은 기업의 해외 영업활동을 방해하거나 도움을 줄 것이다. 여행가들이 한 국가로부터 다른 국가로 여행할 때 많은 어려움에 봉착하는 것과 같이 다국적기업은 정치, 경제, 사회 그리고 국내 경영활동에서 직면하지 않는 다른 장애 요소 등에 직면한다.

1) 국내환경

(1) 국내환경

국내환경은 자국(home country)에서 발견된 모든 원격 및 직무 요소들로 구성되어 있다. 이 요소들은 국내 활동뿐만 아니라 해외 활동에도 영향을 미친다. 국내에 정치, 경제 및 사회 상황 따라서 제공되는 특혜, 외국인 투자, 수출의 감소 등에 정부는 새로운 정책을 세울 것이다. 예로, 정부가 외화 부족에 직면할 때, 자금을 국외로 이전하는 것을 금지할 것이다. 이란, 멕시코, 베네수엘라 등을 들 수 있다. 이들 국가에 기반을 둔 다국적기업에 대한 해외확장 가능성을 제한하고 있다. 다른 한편으로는 국내 실업률이 높을 때 해외 생산설비 이전과 다국적기업 상품의 수입을 제한할 것이다. 예로, 1986년 이집트 정부는 과세를 부과함으로써 일련의 수입제한을 발표하였다.

(2) 국내환경 모델

〈도표 7-3〉는 기업이 유일하게 국내환경에서 운용할 때 존재하는 기업 관계를 보여주고 있다. 기업은 상품과 서비스, 정보, 공해, 임금, 급여, 세금 등이 국내환경의 상황으로 이루어진다. 그동안 모든 기업은 원격 및 직무환경에 의해서 영향을 받아왔다. 국내기업의 몇몇 환경 요소인 화폐, 언어 등은 변하지 않는다.

〈도표 7-3〉 국내환경 모델

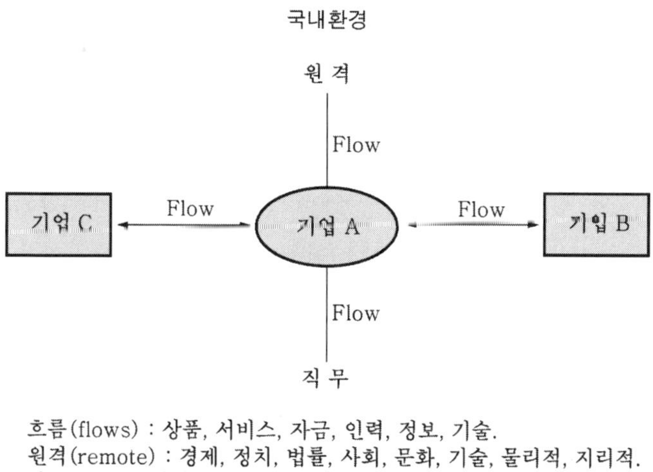

흐름(flows) : 상품, 서비스, 자금, 인력, 정보, 기술.
원격(remote) : 경제, 정치, 법률, 사회, 문화, 기술, 물리적, 지리적.
직무(task) : 경쟁산업, 소비자 산업, 공급자, 채권자, 노동.

2) 외국환경

외국환경은 다국적기업이 활동하는 현지 국가에서 직면한 원격 및 직무 요소의 모든 것과 관련이 있다. 국내환경에 존재하는 같은 원격 요소와 직무 요소는 외국 현지에서도 같은 환경에 직면한다. 비록 같은 환경의 카테고리를 응용한다고 하더라도 외국 국가의 본질과 가치관이 국내환경과는 아주 판이할 수 있을 것이다. 국내환경 안에서 행정상의 많은 요소도 변함없이 직면하게 된다. 단일 화폐, 동족 및 친숙한 문화, 공통 언어 그리고 잘 발달한 하부구조 등 이들 요소는 기대되고, 받아들여지며 종종 무시되기도 한다. 그러나, 국제경영 활동에서 소수의 고정요소 혹은 장애 요소가 있다. 즉, 기회 및 위협은 현지국의 상황에 의해서 다양하게 의존하고 있다. 서부의 다국적기업에 대한 예로 정치적 차이는 다국적기업이 동부 블록 국가에서 활동할 때와는 아주 다르다. 또 한 문화적 차이는 대부분 아시아 또는 아프리카 국가에서 아주 다를 것이다.

외국환경 요소의 다른 관점은 그들의 가치를 평가하고 예측하기에는 몹시 어렵다. 외국환경에 대하여 익숙함(familiarity)과 정보의 부족은 부적절한 평가와 예측을 낳고 있다. 외국환경에서 정치 및 법률 요소들은 평가에 있어서 가장 어려운 요소일 것이다. 이것의 예로는 이란 혁명으로 인한 갑작스러운 정치적 변화를 들 수 있다. 몇몇 개도국에서 정치적인 쿠데타는 쉽게 일어나고 있다. 쿠데타는 하룻밤 사이에 반(anti) 해외 직접투자 정부에서 친(pro) 해외직접투자 정부로 변하게 될지도 모른다.

현지 국내 상황과 함께 국제행정에 익숙하지 못하고, 높은 불확실성 그리고 해외 기업활동을 포함한 요소의 다양성은 더 많은 복잡한 의사결정 과정을 요구하고 있다. 그렇지만 이런 차이에도 불구하고 국제경영 결정을 포함한 관리는 매력적이고 가치가 있을 것이다.

3) 국제환경

(1) 국제환경

국제환경은 국내와 국제환경 사이의 상호작용으로부터 일어나고 있다. 국제환경은 다양한 경제, 법률, 정치적 요소 등으로 구성되어 있다. 이 환경에 포함된 것은 유엔(UN) 및 부속기관과 같은 국제조직, EU와 같은 지역조직, WTO, 국가 간 FTA, 와 같은 국제협약을 기반으로 형성되어 졌다.

국내환경, 외국환경, 국제환경 등을 요약하면 다국적기업 활동에 세 가지의 독특한 환경에 직면하고 있다. 비록 국내와 국제환경이 독특하다 할지라도, 비슷한 환경 요소들로 평가에 사용될 수 있는 것이다. 다시 말하자면, 비록 차이가 있을지라도 각각의 환경은 원격 요소와 직무 요소로 구성되어 있다. 다음 절에서는 원격 및 직무환경 요소들을 자세하게 설명하였다.

2) 국제환경 모델

〈도표 7-4〉는 국제경영 영업활동의 기본모델을 보여주고 있다. 두 개의 다른 국가에 있는 기업 A와 B는 기업의 상호교환 형태로 관계를 맺고 있다. 국경선을 넘는 것은 상황이 복잡하다. 상호교환의 조건은 국제기관(WTO, FTA 등)과 협약에 따라서 이루어진다. 상호교환은 무역 특례를 줌으로써 성장시킬 것이고 국가 간의 무역장벽은 협의로 감소할 것이다. 두 국내기업 사이의 상호교환과는 달리 무역장벽과 특혜의 존재는 순수하게 경제적 합리성에 기초를 두고 있지 않다.

환경의 현지 국가 요소들은 상호교환 과정에 따라 기업이 직면한 국제환경 요소로서 더욱 복잡하게 되었다. 이들 현지 국가 요소인 국제법, 시스템, 외환 등은 국내기업이 국내에서 직면한 것과 아주 다르다.

〈도표 7-4〉 국제환경 모델

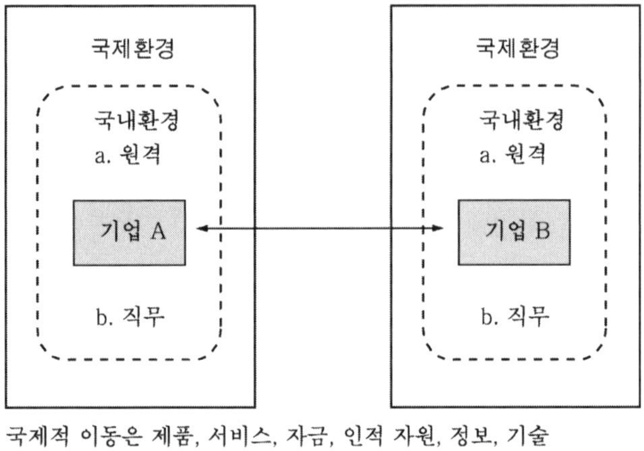

제 4 절 글로벌 원격환경

1. 원격환경

이미 설명한 바와 같이 원격환경은 기업 영역 밖의 요소들로 구성되어 있다. 원격환경은 경제, 정치, 법률, 사회, 문화, 기술, 지리 등과 같은 요소들로 구성되어 있다. 이들 요소는 기업에 다수의 기회, 위협, 장애 등을 제공한다. 대부분 다국적기업은 이들 요소에 대한 어떠한 상호 영향을 발휘할 수 있는 능력을 소유하고 있다. 예로, 금리가 높고 자동차 판매가 낮을 때, 개인 자동차 업자들은 판매 특혜—자동차 할부에 대한 낮은 금리, 리베이트 등—을 제공하고 판매를 촉진할 것이다. 그러나 다른 자동차 업자들은 자신의 매출을 증가시키기 위해서 국가의 금리는 낮출 수 없을 것이다.

최근의 예로는 미국의 국제수지 적자에 해결하기 위한 방책으로 미국은 1980년대 초기에 달러 강세로 전환했다. 비록 몇몇 미국 수출업자들이 효과적인 마케팅 전략을 통해 해외 판매의 증대를 유지했을지라도 미국 달러 가치의 영향으로는 적자를 감소시킬 수 없었다. 다른 예로 1989년 6월에 민주화가 터지기 전까지는 중국의 정치적 개혁에 따른 미국과 사이는 더 나은 관계를 형성할 수 없었다. 그러나 이들의 광범위한 혁신과 개발되지 않은 중국 시장에 미국 제조업자와 수출업자가 진입할 기회를 주었다. 이는 미국 기업뿐만 아니라 다른 국가 기업들도 동등한 기회를 얻는 것이다.

1) 경제 요소

경제 요소는 한 국가 또는 세계 경제 상황에 따라 기업 영업활동에 영향을 미치는 변수와 관련이 있다. 따라서 다국적기업은 현재 영업활동을 하거나 혹은 하기를 원하는 국가의 경제 상황을 이해하여야만 한다. 경제 요소의 중요성과 국제경영에 대한 다국적기업의 영향은 이 책의 전체를 통해 논의되고 있다. 그리고, 경제 요소의 상세한 설명은 이 부분에서 제시되지 않는다. 아래 목록은 다국적기업이 고려하여야 할 몇 가지 주요 경제 요소를 포함하고 있다.

① 문제 국가에 경영순환 단계를 고려하여야 한다. 이것은 그 국가의 불경기, 쇠퇴기, 경제 회복기 또는 번영기 등의 기간을 가리키고 있다.

② 가격수준에서의 인플레이션과 디플레이션의 경향을 연구하여야 한다. 심한 인플레이션일 경우에는 임금과 가격통제를 수행해야 한다.

③ 화폐 정책, 이는 화폐의 공급과 화폐 안정의 수준을 이해하여야 한다.

④ 재정정책, 이는 정부의 지출과 세금의 수준이 분석되어야 한다.

⑤ 국제수지 흑자와 적자 등을 연구하여야 한다.

⑥ 경제성장, 국가 GDP의 변화율이 예측되어야 한다.

⑦ 금리, 실업률, 인플레이션 등이 연구하는 것이 필요하다.

⑧ 화폐가치의 절상과 절하를 예측하여야 한다.

2) 정치적 · 법적 요소

국가, 연방, 주, 지방 정부는 기업에 직접적으로 영향을 미친다. 정부는 해외직접투자, 외국인 소유권, 계약법, 쿼터 및 관세, 임금 및 가격통제, 고용 기회 요구, 국내 고용인구, 직업안정 및 보건표준, 공해통제표준 등과 관련된 문제에 규정과 법을 제정한다. 이들 법률은 기업이 어떻게 경영하느냐에 따라 변화될 수 있다.

정부의 태도는 다국적기업의 기회와 위협을 증가시킬 수 있다. 정부는 더 많은 기업경영에 대하여 기회를 쉽게 제공할 수 있다. 다음은 정부 활동의 예를 들어보자.

① 정부 계약을 통해 정부가 만든 제품과 서비스에 대한 수요는 많은 시장 기회를 창조, 유지, 증진과 배제 시킬 수 있다. 유럽에서 러시아의 송수관은 수백억 달러 계약과 함께 의류산업과 같은 다국적기업에 제공되었다. 많은 양의 오일달러는 OPEC 국가들이 다국적기업에 많은 구매와 계약을 부여할 수 있게 해준다.

② 현지국 정부는 다국적기업을 유치하기 위하여 정부의 장려와 유인책을 제공할 수 있다. 예로 이집트 정부는 1974년 외국인 투자에 대하여 개방정책을 시작하였고, 이집트에서 산업활동을 하는 외국 기업에 대하여 8년 동안 세금 혜택을 제공하고 있다. 이와 같은 유인책은 국가 대부분에서 투자를 유치하기 위하여 유인책을 제공하고 있다. 모든 투자에 대하여 같은 유인책을 제공하지 않고 있으며, 자국의 경제에 주는 효과에 따라서 유인책을 제공하고 있다. 미국은 현대자동차와 LG화학을 유치하기 위하여 공장용지를 무상으로 제공하였다.

③ 자국 정부(home country government)는 수출에 대한 저금리 대출과 같은 방법으로 수출을 장려 혹은 특혜를 제공할 수 있다.

④ 자국 또는 외국에 있어서 정부 정책의 변화는 기업에 대한 기회와 새로운 경영 성장을 이끌어나갈 수 있다. 예로 1987년 10월 4일 미국과 캐나다는 자유무역을 하는데, 국경선 4,000마일을 개방하는 협

정에 서명했다. 이 협정은 양 국가와 양국의 다국적기업에 대하여 새로운 기회를 이끌어 갈 것이라고 기대하고 있다.

만약에 다국적기업이 정치적, 법률적 환경에 관해 연구하고 변화에 대응한다면, 그들 기업은 성장할 것이다. 각국은 정치적 또는 법률적인 독특한 체계를 갖고 있다. 국제경영에서 정부의 중재는 아주 다양하다. 다국적기업은 많은 계층의 정부와 관계해야만 한다. 외국 국가에 진입할 때 기업은 국제무역과 외국인 투자에 관한 국가의 법과 규칙 등에 광범위하게 직면한다.

3) 사회 · 문화적 요소

사회, 문화적 요소인 신념, 가치관, 태도 및 라이프스타일 등은 다국적 기업활동에 영향을 미친다. 이들 요소는 사회구성원의 문화, 인구통계학, 생태학, 교육, 윤리, 종교 등은 그 사회의 근원의 뿌리가 되고 있다. 이들 요소는 구성원에 의해서 공유되고 학습을 통해 한 세대로부터 다음 세대로까지 경유하고 있다. 그러므로 사회, 문화는 동석인 요소이다. 사회, 문화 요소의 일정한 변화는 인간이 필요로 하고 원하는 것에 따라서 환경 상태를 통제하고 접합시키는 것은 인간 노력의 결과이다.

해외에서 효과적으로 사업을 수행하기 위하여 국제경영자는 현지 국가의 문화를 이해하는 것이 필요하다. 무엇을 해야 하는지를 아는 것은 무엇을 하지 말아야 하는지를 아는 것만큼 중요하다. 사회, 문화 요소의 이해와 관리는 다국적기업에 있어서 가장 중요한 직무이다.

4) 기술요소

다국적기업은 기업의 활동으로 특정한 산업의 형태를 이끌어 가는 기본적 기술변화를 알아야 한다. 이러한 변화는 새로운 재료의 개발을 의미할 수 있고 또는 제품, 공정, 생산성 등의 개혁을 의미할 수 있다. 기본적인 기술은 많은 산업을 통하여 충분한 효과를 가진 기술의 획기적인 약진과 관련 있다. 이들은 레이저, 컴퓨터 칩, 통신 네트워크, 합성섬유, 로봇 등의 개발이 포함된다. 예로, 로봇 산업은 자동차 산업에 혁명을 가져왔고 생산성이 많이 증가하였다. 또 다른 예로서 합성섬유의 경제적 사용에 대한 진보와 함께 합성섬유의 개발은 전력산업의 원재료 자원으로서 천연오일에 대한 사용을 가져올 수 있게 하였다. 세 번째 예로서 과거에 컴퓨터가 우주산업에 어떻게 변화를 주었는지 고려하여야 한다.

기술의 상태는 동적일 것이고 급속도로 변하거나(인터넷과 컴퓨터 산업) 혹은 안정적이고 매우 천천히 변화할 것이다. 기술변화가 나란히 머무는 것은 경쟁의 가장자리 유지에 절대적으로 필요하다. 생산성 연구·개발 부서는 응용된 기술 안에서 기본적 기술의 변형과 기업에 대한 새로운 제품과 공정의 개발이 필요하다. 기술의 외적 혹은 내적 변화는 제품수명주기, 생산공정, 마케팅 전략 등에 영향을 미친다.

보통 기업경영은 연구·개발 연구소를 통해서 혹은 다른 기업의 기술이전을 통해서 그들이 응용된 기술의 본질을 변화시킬 수 있다. 그러나 소수의 기업만이 기본적 기술연구를 수행할 수 있는 능력과 자원을 소유하고 있다. 보통 기본적인 기술의 진보는 정부, 중요 연구센터와 대학교, 혁신적인 기업 등에 의해서 수행해 온 연구 효과의 결과이다. 대부분이 통제할 수 없는 원격환경 요소에 기본적인 기술을 포함하는 것이 그 이유이다.

새로운 제품 혹은 공정기술은 특허 또는 판권에 의해서 보호될 수 있다. 이와 같은 보호는 다국적기업 경쟁의 기반을 가질 수 있다. 예로, 새로운 제약에 관한 특허는 몇 년 동안 약을 단독으로 제조함으로써 제약회사는 수익을 향유할 수 있게 된다. 이와 같은 보호의 시효가 만료됐을 때 다른 기업으로부터의 경쟁은 그 제약을 제조함으로써 적은 이익을 얻을 것이다. 기업이 새로운 기술을 개발하면서 기술의 경쟁력과 그 기술이 수익을 창출할 수 있는 유용성 평가에 주의하여야만 한다. 예로, 질레트(Gillete)사가 스테인리스 면도날을 개발하였을 때, 면도날의 드문 교체와 판매에 대한 두려움을 가졌다. 그리고 그 기업은 그것을 판매하지 않기로 하였다. 대신에 Gillette 사는 영국의 정원기구 제조업자인 윌키슨(Wilkinson)사에 스테인리스 면도날 기술을 판매하였고, 면도날 시장에서 판매하는 것을 금지하지 않았다. 그러나 윌킨슨 칼날이 소개되어 졌을 때 아주 잘 팔렸고, Gillette 사는 큰 실수였음을 깨달았다. 유일하게 기술시장 경험은 결과적으로 Gillette 사를 회복할 수 있게 만들었다. 요약하자면, 양질의 기술개발, 이용, 보호는 기업에 대한 경쟁우위를 제공하기 때문에 중요하다.

5) 물리 · 지리적 요소

어느 나라든 같은 물리적 및 지리적 환경을 갖고 있지 않다. 국가의 영토 크기, 지리적 위치, 천연자원, 기후, 강, 호수, 산림 등은 국제경영의 물리적 환경을 구성하고 있다. 어떠한 국가에서든 기업은 환경적 요소에 의해서 많은 영향을 받는다. 특히 사회, 문화, 정치, 경제, 시장 혹은 유통 요소 등의 물리적 요소에 의해서 영향을 받는다. 또한, 물리적 환경은 인종과 언어와 같은 문화적 특징들을 만들고, 토지 사용, 운송, 병참 술, 상업 흐름 등을 결정한다.

지리학적 위치는 국가의 정치적 환경을 설명할 수 있다. 예로, 정치적 불안정은 중앙아프리카 혹은 중동지역과 같은 세계 여러 지역에 있는 여러 나라의 특징이다. 다른 예로, 중국과 러시아 같은 사회주의 이웃과 한반도에 밀접하게 근접해 있는 일본은 동·서 국가와 같은 균형된 정치적 관계를 유지해야 한다.

사막, 산림, 호수, 산, 평원, 강 등은 국가의 지형학을 구성한다. 지형학은 제품의 유통과 분리된 시장, 적시에 필요한 제품의 적용 및 포장 등에 영향을 미친다. 지형학은 제품의 창고와 운송에 영향을 미치고 국가의 환경에 영향을 미친다.

인구분포는 기후와 지형학에 따라서 영향을 미친다. 이란 또는 터키 같은 평원과 사막이 있는 산악 국가들은 지역별로 기후가 아주 다양하다. 예로, 여름 동안에 이란의 북부 산악에는 눈으로 덮여 있고 남쪽에는 거의 100°F의 기온을 발견할 수 있다. 이들 국가의 인구중심은 사막을 빠져나가고 또한 물이 풍부한 대로 이전하는 경향이 있다.

남아프리카 아마존강, 아프리카의 나일, 유럽의 라인강과 같은 내수로는 운송과 시장접근에 편의를 제공할 수 있다. 기후는 다국적기업의 제품믹스에 영향을 미칠 것이다. 같은 기업이 어떠한 국가에서는 히터를, 다른 지역에서는 에어컨을 판매한다.

계절상품을 생산하는 기업은 예측할 수 없는 기후변화로부터 위협을 받을 것이다. 예로, 미국에서의 1978년 겨울에 적은 양의 눈은 스키 리조트, 눈 만드는 제조업자, 눈 제거 장비 등에 관련된 기업에 예측과 전략의 변화를 가져다주었다.

기후 상태의 평가에 따라 몇몇 기업들은 기상학자를 고용하고 혹은 기후 예측기업의 서비스를 사용한다. 예로 시어스(Sears)와 로이벅(Roebuck)사는 에어컨, 히터, 스노타이어 등과 같이 기후에 민감한 상품에 대한 재고를 결정하면서 날씨 예측자료를 사용한다.

유능한 경영자는 기회를 추구하기 위해서 또는 위협을 제거하기 위하여 지리적 환경을 자세히 조사할 것이다. 다시 말해서 경영자들은 지리적 환경 상태가 다국적기업 목표를 성취하는 데보다 나은 장소가 있다면 결정을 시도할 것이다. 경영자는 부가적인 대안을 갈기 위하여 적합한 입지의 환경을 찾을 것이고 또한 새로이 시작한 분야에 대하여 맞는 환경을 찾을 것이다.

2. 직무환경

위에서 설명한 바와 같이 직무환경은 특정 기업활동에 직접적으로 영향을 미치는 환경 요소를 가리킨다. 해외에서의 기업활동은 다양한 방식으로 이루어지고 있다. 어떤 기업은 자원을 확보하기 위해서, 또 다른 기업은 시장개척과 제품을 생산하기 위해서 진출한다. 다양한 방식의 경영활동을 함에 있어서 순탄한 것은 아니다. 기업활동에 다양한 환경 요소들 들로 쌓여 있다. 기업에 직접적으로 미치는 요소로는 경쟁자, 산업, 시장, 소비자 시장, 노무 시장, 공급자 등이 있다.

1) 경쟁과 산업 분석

다국적기업 경영자는 각 국가에서 기업이 직면한 산업 상황과 경쟁 상태를 분석하여야 한다. 이는 기업이 주어진 시장에서 경영활동을 유지하여야 하는지를 결정할 것이다. 그것은 기업경영을 수행하면서 기업이 필요한 전략이 무엇인지를 가리키고 있다.

2) 산업 분석

산업은 상품과 서비스를 제공하는 같은 기업집단을 가리킨다. 이는 동종 제품을 생산·판매하는 기업들을 가리킨다. 이와 같은 산업의 예로 자동차, 은행, 신발, 강철, 의류 등을 들 수 있다. 경쟁환경에서 다국적기업의 성공적인 운영을 위해서는 다국적기업의 임원들이 글루벌 산업 상황을 정확하게 평가하고 이해하여야만 한다. 정확히 평가하기 위해서는 다음과 같은 분야를 평가하여야 한다.

① 산업구조는 전략적으로 중요한 특징을 분석해야 한다. 이들 특징은 경쟁기업의 수와 크기, 시장의 소비자와 구매 측면, 유통구조, 산업에서의 수직적 통합의 한계, 산업의 크기와 지리적 영역, 산업에서 여러 특징을 포함하고 있다.

② 산업이 이동하는 방향을 분석하여야 한다. 제품수명 주기 단계는 산업에 있어서 기본적인 변화를 이끌어가고 있다. 산업구조의 중요한 변화는 장기투자 기회에 영향을 미치고, 다국적기업에 의해서 전략적 조정이 필요하다는 것이다. 광범위한 환경 요소는 산업 진보에 영향을 미친다.

③ 산업의 기초가 되는 경제적 특징을 분석한다. 이들 특징은 자본 투자액, 비용구조, 경제단위, 정상적인 수익 마진, 내부 현금의 흐름,

가격구조 등을 들 수 있다.

3) 경쟁 분석

경쟁에 대하여 분석이 필요한 세 가지 요소는 다음과 같다.

① **경쟁자의 진·출입** : 산업에서 중요 경쟁자의 진입과 진출을 분석한다. 다국적기업은 경쟁에 관하여 질문할 것이다. 경쟁이 어떻게 변해 왔느냐? 새로운 경쟁자들이 시장에 진입합니까? 잠재적 합병은 경쟁산업에 강한 경쟁자를 소개하는 것이다. 예로, 많은 산업 분석가들은 미국 항공산업 합병에 미친 파장이 미국을 강한 항공사로 이끌어 나갈 것이라고 믿고 있다.

② **대체 이용도의 분석** : 품질의 유효성, 제품과 서비스의 적은 비용의 대체는 다국적기업이 영업하는 시장에서의 기업 수익성과 성공에 영향을 미친다. 예로, 새로운 태양열 기업의 증가는 전력공장의 원유 사용에 대한 수요를 감소시킬 것이다. 이는 오일 경영에 참여한 기업에 부정적인 영향을 미칠 것이다. 사카린과 같은 인공 설탕의 금지는 다국적기업의 설탕 제품에 대한 수요를 증가시킬 것이다.

③ **경쟁자의 중요 전략변화 분석** : 중요 경쟁자에 의한 전략 추이는 다국적 경영자가 연구하여야 하는 가장 중요한 요소이다. 예로, 미국 현대자동차는 매출을 증가시키기 위해서 무상서비스 기간을 10년 제시하였다. 이 같은 전략은 경쟁사의 중요한 관심사가 되었다.

경쟁자 분석에 대한 틀을 제시하면, 이 모델을 기반으로 하여 경쟁자 분석은 경쟁자 대응 측면의 개발을 이끌어간다. 모델의 첫 번째 구성 요소는 각 경쟁자의 미래 목표의 특징을 포함한다. 두 번째 구성 요소는 산업 또는 산업에서의 다른 기업에 관한 경쟁자 가설의 분석을 포함하고 있다. 세 번째 구성 요소는 경쟁자의 현재 전략 상태를 포함한다는 것이다. 이와 같은 전략은 항상 존재하고 또한 인지하여야 한다. 이 과정은 경쟁자의 행동과 활동을 주의 깊게 분석하도록 요구한다. 경쟁자 분석의 미지막 구성 요소는 경쟁자의 강점, 약점, 자원 등을 포함한 경쟁자 능력과 관련이 있다.

4) 소비자 · 시장 요소

직무환경 분석을 이끌면서 가장 가치 있는 결과는 기업 소비자들의 이해와 그들이 필요한 것과 원하는 것을 배우는 것이다. 현재(current)와 잠재적(potential) 소비자 윤곽의 개발은 다국적 경영자에게 시장규모, 자원 할당, 소비자 수요 유형, 기업의 전략적 영업계획 등의 변화를 예측할 수 있게 해준다.

소비자 윤곽은 지리적, 인구통계학적, 구매자의 소비자 행동유형 등에 대한 정보를 포함할 것이다. 소비자 윤곽의 첫 번째 구성 요소는 지리적 요소이다. 국제경영에서 지리적 영역의 중요성은 앞에서 논의했다. 구매자를 위한 제품의 매력은 지리 때문에 다양하게 고려할 수 있다. 예로, 에어컨은 기온 평균이 70°F 또는 이하일 때는 잘 판매되지 않는다.

소비자 유곽의 두 번째 인구통계학적 요소는 소비자집단의 차별화에 대한 것이 가장 공통으로 이용되고 있다. 이들 변수는 소비자 세분화를 통한 기술적 특징을 가리키고 있다. 이들 변수는 나이, 성, 가족규모, 라이프스타일, 수익, 혼인 여부, 직업, 교육, 종교, 인종 혹은 윤리적 배경, 사회계층, 국적 등을 포함한다. 선진국에서의 자료를 수집, 계량화, 예측하는 데는 쉽지만, 개도국에서의 자료 수집은 매우 어렵다. 이들 국가에서 이용할 수 있는 자료들은 정확하지 않을 것이다. 다른 인구 통계적 요소 중의 하나는 기본적인 수요 요소이다. 이는 주어진 국가에서 일반적인 인구와 관계가 있으며 가장 중요한 기본적인 수요 요소이다.

(1) 인구 증가율과 추이

시장에서의 사람의 수는 제품과 서비스에 대한 수요에 커다란 영향을 미칠 수 있다. 대규모 인구는 잠재적인 많은 수의 구매자를 의미할 것이다. 많은 개도국에서의 인구의 증가는 다국적기업에 대한 새로운 기회를 이끌어 간다. 인구의 추이는 또한 마케팅 노력 집중에 영향을 준다. 선진국에서의 인구집중은 시내 중심부로부터 교외까지 이동하고 있다. 새로운 쇼핑센터와 교외 지역 쇼핑센터의 개발은 이 변화에 대응하고 있다. 많은 개도국에서의 지방으로부터 도시지역으로의 인구이동은 도시에서 쉽게 접근할 수 있는 시장 확장을 의미한다.

(2) 연령추이

연령분포의 추이는 제품과 서비스에 대한 기본적인 수요를 변화시킨다. 출생률의 감소와 건강 증진 때문에 시장에는 장년층이 많고 소년 층이 적을 것이다. 이는 장년층을 목표로 한 제품과 서비스의 수요는 증가할 것이고 소년 층은 감소한다는 것을 의미한다. 예로, 1970년대의 유아감소에 따라 존슨앤드존슨사는 성인에 대한 유아 샴푸의 사용에 대하여 광고를 시작했다. 두 번째 예로서 연령 추세에 따라서 음료 회사들은 그들의 상업목표를 다른 연령집단에 두었다.

(3) 수익분배

한 국가에서 복지와 수익의 분배는 그 국가 인구의 구매능력에 대한 깊은 영향을 미친다. 몇 국가에서의 소수집단은 복지와 수입의 분배를 요구한다. 이는 많은 개도국에서 실제로 나타나고 있다. 결과적으로 인구의 큰 비율은 제품과 서비스를 구매할 수가 없다.

소비자 윤곽의 세 번째 구성 요소는 심리적 요소(psycho graphic factor)이다. 심리적 실험은 소비자의 현재, 미래, 개성, 라이프스타일을 측정한다. 이는 소비자 윤곽의 중요한 구성 요소이다. 심리적 실험에 사용된 몇몇 변수들은 물리적 활동, 의무감, 보수주의, 권위주의, 리더십, 구매자의 야망 등이 포함된다.

마지막으로 소비자 행동에 관한 자료는 소비자 윤곽의 완성에 있다. 이 정보는 사용률, 수익 예상, 제품에 대한 의식, 최종 사용, 제품 로열티, 소비자의 시장 요소(가격, 질, 서비스, 광고, 판매촉진)의 민감도 등이 포함된다.

5) 자원의 확보

다국적기업은 그들에게 필요한 재무 서비스, 원재료, 노동 및 다른 서비스 등에 관한 것들을 공급자, 채권자, 노동시장에 의존한다. 공급자, 채권자, 노동 요소 등과 같은 자원의 확보는 다국적기업의 신뢰성 있는 관계할 뿐만 아니라 순조로운 영업활동과 장기 생존에 있어 필요하다. 좋은 관계는 기업이 특별한 요구를 했을 때 지극히 필요하다. 특별히 이들의 요구는 호의적인 가격, 신용 조건, 빠른 배달, 보통 주문량보다도 적거나 큰 것 등에 대한 것이다. 다국적기업은 이 관계의 강점을 평가할 것이다.

성공적인 기업은 유능한 종업원이 필요하다. 노동자의 직무환경은 기업의 인사 정책—채용, 선발, 승진—에 크게 영향을 미친다. 이중의 가장 중요한 것은 원주민 또는 비원주민 고용, 현지 고용률, 필요한 기술과 지식의 이용성, 현지 임금수준, 고용주로서의 기업 명성 등에 관한 수혜국가의 정책을 포함한다.

공급자, 채권자, 노동자원의 직접적인 관계와 자원의 비용과 이용성에 관한 재원 교섭력에 따라 다국적기업 경영자는 그들의 이용성과 비용에 관한 장기적인 추세를 분석하여야 한다. 다국적기업 경영자는 원재료, 보조부품(sub assemblies), 에너지, 자본, 노동 등의 장기 비용과 이용도를 평가할 것이다.

요약하자면, 다국적기업은 폭넓은 환경 요소와 대면하는 것이 필요하다. 다국적기업의 환경은 원격환경과 직무 또는 직접적인 환경 등으로 구성한다. 원격환경은 경제, 정치, 법률, 사회, 문화, 기술, 물리적 지리 요소 등을 포함하고 있다. 직무환경은 경쟁산업, 소비자 시장, 자원, 공급자, 채권자, 노동의 재원 등으로 구성된다. 다국적기업은 세계 경영 활동에 국내환경과 외국환경의 원격 및 직무 요소들과 부딪쳐야만 한다. 더 나아가 국내기업과 달리 다국적기업은 국제환경을 변화시키는 경제, 법률 및 다양한 정치 요소 등에 직면한다. 환경 요소는 다국적기업에 긍정적인 상황 혹은 부정적인 상황으로 이끌 수 있다. 다국적기업의 생존과 성공은 다국적기업의 환영상태가 얼마나 많은 통제불능 요소와 관련되어 있느냐에 달려 있다.

연 습 문 제

1. 원격환경과 직무환경이란 무엇인가?

2. 경쟁 분석이란 무엇인가?

3. 산업 분석이란 무엇인가?

4. 국내환경, 외국환경, 국제환경에 대하여 간단하게 설명하라.

5. 다국적기업이 직면한 거시적 환경요인에 대하여 간단히 설명하라.

6. 왜 기업이 다국적기업이 되려고 하는가?

7. 기업이 해외로 진출하려는 이유는?

제 8 장

글로벌시장 진입방법과 전략적 제휴

읽을거리

결혼으로 보는 기업 간 '전략적 제휴'의 성공법

혼자서는 할 수 없는 일도
파트너와 함께 헤쳐나가야
제휴 후 소홀해지면 실패

지난해 10월, 세기의 커플이 결혼 발표를 했다. 자신의 분야에서 내로라하는 스타인 두 사람의 결합이어서 전 세계 사람의 이목이 집중됐다. 두 사람은 동반자가 돼 불확실한 미래를 함께 대비하기로 했다는 결혼 소감을 밝혔다. 특히 이번 결혼은 세계적인 스타 A씨가 결혼 상대인 B씨에게 적극적으로 구애해 성사된 것으로 알려져, 사람들의 놀라움은 더욱 컸다.

위 이야기는 지난해 도요타자동차(A씨)와 소프트뱅크(B씨)가 전략적 제휴를 맺었다고 발표한 것을 결혼에 비유한 것이다. 도요타와 소프트뱅크는 인공지능(AI)을 활용해 자율주행차, 커넥티드카 등 미래차 사업을 함께하는 합작회사 '모네 테크놀로지(이하 모네)'를 세우기로 했다. 일본을 대표하는 '리딩 컴퍼니'들의 결합은 뜨거운 관심을 받았다.

도요타는 일본 제조업에서 압도적 1위이며, 소프트뱅크는 통신업에서 선두를 달리는 기업이다. 콧대 높은 자동차 명가 도요타가 통신사 소프트뱅크에 먼저 제휴를 제안한 것으로 전해져 놀라움이 더욱 컸다.

도요타가 전략적 제휴를 통해 달성하고 자 하는 것은 급변하는 환경 속에서도 지금처럼 자동차 산업의 주도권을 유지하는 것이다. 당장은 도요타가 1위 자동차 회사일지라도, 그 지위를 잃을 수도 있다는 위기의식이 크기 때문이다.

우버, 그랩 등 차량 공유 업체를 필두로 자동차를 '소유'하는 것이 아닌 '대여'하는 것으로 소비자들의 인식이 점차 전환되고 있다. 게다가 자율주행시대가 되면 소프트웨어를 개발하는 IT 회사가 주도권을 가져갈 가능성도 크다.

이런 이유로 도요타는 AI나 차량 공유 관련 회사들에 선제적으로 투자해왔던 소프트뱅크와 손을 잡고 미래를 대비하는 것이다. 지금은 혼다 자동차와 히노자동차도 모네에 총 2억4,995만엔(약 25억7,700만원)을 출자해 지분 10%를 보유하고 있다.

도요타와 소프트뱅크의 사례처럼, 기업들은 지속적인 성장을 위한 묘책 중 하나로 전략적 제휴를 선택한다. 전략적 제휴를 하면 기업은 다른 회사의 자원과 기술을 활용할 수 있는 기회를 갖게 된다. 새로운 사업에 뛰어들거나 고객군을 확대할 때도 모든 자원과 기술, 인력을 구비하고 시작할 필요가 없다. 결혼한 부부가 배우자와 부부동반 모임에 참석하면서 배우자의 친구를 소개받기도 하고, 아이를 낳기도 하면서 새로운 기회의 문을 여는 것과 비슷하다.

여러 방면에서 기업 간 전략적 제휴는 결혼과 비슷한 요소를 갖고 있다. 최적의 파트너를 물색하고, 함께하고 싶은 상대의 마음을 사로잡아야 하며, 함께하기로 한 이후에는 관계를 유지하기 위해 서로에 대한 배려가 필요하다.

실패하는 경우가 많다는 점도 결혼 생활과 비슷하다. 미국의 컨설팅 회사 밴티지파트너스(Vantage Partners)에 따르면 기업 간 전략적 제휴 중 70%가 실패한다. 영원한 사랑을 약속하며 결혼했던 부부도 끊임없이 다투다 이혼으로 관계를 끝내는 경우가 비일비재한 것처럼, 전략적 제휴도 별다른 성과를 내지 못하고 파트너십을 종료하는 경우가 부지기수다.

글로벌 사무 가구 회사 '스틸케이스(Steelcase)'의 폴 샌더스(Paul Sanders) 비즈니스 혁신 담당 디렉터는 프랑스 인시아드 경영대학원에 기고한 글을 통해 "행복한 결혼 생활을 위한 조언을 기업 간 전략적 제휴에 적용하면 성공적인 결과를 낼 확률이 높다"고 분석했다. 그는 기업 간 전략적 제휴가 체결되는 과정을 결혼 과정에 빗대며 "시기별로 맞춤 전략을 구사해야 성공적인 제휴 결과를 만들어 낼 수 있다"고 봤다. △결혼 전 △신혼 △부부 생활 등 결혼 생활을 위해 거치는 시기별로 기업 간 전략적 제휴에 적용할 수 있는 전략들을 소개한다.

도요타와 소프트뱅크의 합작회사 모네가 3월 28일 일본 도쿄에서 열린 미디어 간담회에서 공개한 콘셉트 카./블룸버그

시기 1 | 결혼 전
차선책 NO, 최고의 파트너를 고르자

샌더스 디렉터는 "혼자서는 할 수 없는 것들을 달성해줄 수 있는 최고의 협력 파트너를 골라 그와의 관계를 다지는 데 집중해야 한다"고 했다. 일단 최적의 파트너를 찾았다면, 다른 차선책을 생각지 말고 직진해 전략적 제휴를 맺을 수 있도록 최선을 다하라는 의미로 풀이된다.

샌더스 디렉터가 속한 스틸케이스는 최근 덴마크의 맞춤형 디자인 가구 회사 '볼리아닷컴'과 전략적 제휴 계약을 맺었다. 볼리아닷컴은 흔히 '북유럽 스타일'로 불리는 무채색의 깔끔한 가구를 판매한다. 이 제휴 덕에 스틸케이스는 틀에 박힌 사무용 가구 디자인에 볼리아닷컴의 북유럽 스타일 가구 디자인을 적용할 수 있었다. 볼리아닷컴 입장에서도 스틸케이스와의 제휴는 새로운 판매로를 개척하는 기회가 됐다. B2C(기업 대 개별 소비자)에 한정돼 있던 판매망을 스틸케이스를 통해 B2B(기업 대기업)로 확장할 수 있었기 때문이다.

국내에서는 국내 핀테크(FinTech·금융과 정보기술의 결합) 기업 최초로 유니콘(기업 가치가 1조원을 넘긴 비상장 회사)이 된 비바리퍼블리카와 P2P대출(투자자의 투자금을 대출자에게 빌려주는 형태의 금융) 업권의 1위 테라펀딩의 제휴 사례가 대표적이다. 비바리퍼블리카는 간편 송금 서비스를 제공하는 스마트폰 앱 '토스'의 운영사다. 2017년 비바리퍼블리카와 테라펀딩은 토스앱에서 테라펀딩의 부동산 소액투자 서비스를 이용할 수 있도록 제휴를 했다.

당시 비바리퍼블리카는 테라펀딩에 '부동산 P2P대출 투자 상품을 토스 고객들이 별도의 회원가입 없이 이용할 수 있게 하자'고 제안했다. 토스가 단순한 송금 앱을 넘어 '종합 금융 서비스 플랫폼'이 되려면, 다양한 형태의 금융 서비스를 앱 안에서 구현할 수 있어야 했기 때문이다. 게다가 토스 이용자들이 실망하지 않도록 손실율이 낮은 투자 상품을 제공해줄 수 있는 파트너가 필요했다.

이를 위해서는 이용자가 가장 많으면서 전문성이 확고한 P2P대출 중개회사와의 제휴가 필요했다. 당시 100여 개가 넘는 P2P 대출 중개회사 중 대출 취급액 기준 1위사였던 테라펀딩은 최고의 선택지였다. 테라펀딩이 취급하는 부동산 건축자금 대출은 관련 전문 인력이 많이 필요해, 비바리퍼블리카에서 새로 부서를 꾸려 시작하기에는 쉽지 않은 분야였기 때문이다.

테라펀딩도 비바리퍼블리카의 제안을 적극 검토했다. 당시 소액 투자자를 대거 모집해야 했던 테라펀딩에 토스는 새로운 고객군을 확보할 수 있는 채널이었기 때문이다. 당시 토스는 이미 다운로드 수가 1000만회를 넘어선 영향력 있는 앱이었다. 두 회사는 2019년 현재까지도 돈독한 제휴를 이어오고 있다. 테라펀딩에 따르면 제휴가 시작된 2017년 6월부터 2019년 3월 말 현재까지 테라펀딩 투자금의 40%가 토스에서 모집됐다.

시 런치의 위성 발사대 '오션 오딧세이'/위키피디아

시기 2 | 신혼
동반자 관계 돈독히 다지라

샌더스 디렉터는 전략적 제휴 계약을 맺은 직후를 신혼에 비유했다. 신혼은 부부에게 '상대방이 운명을 함께할 만한 동반자'일지 가늠해볼 수 있는 시기다. 서로의 미래에 대한 과감한 투자처럼, 믿음을 주는 행동을 통해 상대방에게 신뢰감을 주는 것이 중요하다.

그는 "신혼집 구매 자금이 부족할 때 제각기 대출을 받아 돈을 보태는 신혼부부의 모습을 떠올려 보라"면서 "제휴 초기 과감한 투자를 통해 서로에게 헌신하는 모습을 보여주면 관계가 돈독해질 것"이라고 분석했다. 금전적인 투자뿐 아니라, 기업이 보유한 기술이나 노하우를 전수해주는 것도 중요하다고 그는 덧붙였다.

기아자동차와 장난감 회사 영실업은 제휴 초기 단계부터 서로에 대한 파격적인 투자를 통해 돈독한 협업 관계를 만들고 성과를 냈다. 영실업은 지난 2007~2008년 무렵, 로봇으로 변신하는 자동차 완구 '또봇'을 만드는 프로젝트를 시작했다. 하지만 아무 자동차 디자인을 가져다가 완구를 제작했다가는, 기업의 상표권을 침해할 수 있다는 위험이 있어 제휴할 자동차 회사를 찾아야 했다.

고심 끝에 영실업은 기아차에 제휴를 제안했다. 대기업인 기아차가 과연 중소기업의 제안을 받아들일까 싶었지만, 의외로 적극적으로 제안을 검토했다고 한다. 한찬희 당시 영실업 대표는 2014년 '이코노미조선' 인터뷰를 통해 "맨땅에 헤딩하는 심정으로 기아차에 협업을 제안했는데, 기아차가 흔쾌히 협력 의사를 밝혔다"면서 "지금도 기아차에 감사하는 마음이 크다"고 말했다.

당시 기아차는 영실업에 자사 제품의 디자인과 로고 사용권을 줬다. 나아가서, 자동차 디자인을 완구 제품에 맞게 일부 변경할 수 있도록 기아차는 영실업에 자율권까지 건넸다. 여기에 더해 영실업으로부터 아주 적은 사용료를 받는 등 파격적인 혜택도 부여했다. 대신 영실업은 또봇 제품을 기아차에 제공해 홍보나 마케팅에 활용할 수 있도록 했다.

또봇은 2009년 11월부터 판매를 시작해 완구 업계 판매량 1위 장난감으로 자리매김 했고, 관련 애니메이션과 캐릭터 상품이 제작되는 등 돌풍을 일으켰다. 기아차는 미래 고객인 아이들에게 일찌감치 자사의 자동차 모델을 친숙한 브랜드로 각인시키는 효과를 거뒀다. 또봇은 이종(異種)기업 간, 대기업과 중소기업 간의 대표적인 전략적 제휴 성공 사례로 꼽힌다.

반면, 미국의 항공기 제조사 '보잉'이 주도해 총 4개국의 전략적 제휴로 1995년 합작 설립된 민간 위성 해상 발사 회사 '시 런치(Sea Launch)'는 제휴 기업끼리 헌신하지 않고 자신의 이익만을 챙기다 2009년 결국 파산했다. 이 회사는 보잉이 지분의 40%를 보유했고, 러시아의 'RSC-에네르기아(RSC-Energia·지분 25%)', 노르웨이의 '아커(Aker·지분 20%)', 우크라이나의 항공 관련 기업(지분 15%)이 법인 설립에 참여했다. 당시 최초로 설립된 민간 위성 발사 회사인 '아리안 스페이스'에 대적하겠다는 목표로 시작된 초대형 글로벌프로젝트였다.

시 런치는 1999년에는 첫 위성 발사체를 쏘아 올리기도 했다. 하지만 적자를 면치 못하며 버티다가 2009년 6월 파산을 신청했다. 제휴 파트너들이 합작법인을 경영하면서 설립 직후부터 각 사의 이익을 극대화하는 데에만 전념했기 때문이다. 일례로 이들은 합작법인에서 만드는 위성 제조에 필요한 부품을 공급할 때 합작법인을 상대로 거래 수수료까지 받아 챙기면서 비용 부담을 줄이기는커녕 더 했다.

게다가 제휴 파트너들의 관심사도 제각각 이었다. 보잉을 제외한 나머지 회사들은 처음부터 합작법인의 설립 목표인 '민간 위성 발사 사업'보다는 항공기술 습득, 해상 구조물 판매 등 다른 것에 더 큰 관심을 갖고 있었다. 2010년 러시아의 RSC-에네르기아가 다른 제휴 파트너들이 보유한 지분 대부분을 매수하면서 파산에서 벗어났다. 하지만, 초기 주주 구성과 달리 시 런치는 4개국의 합작법인이 아닌 러시아 기업이 대주주인 회사로 바뀌었다.

전략적 제휴를 통한 기업의 사업 기회 창출

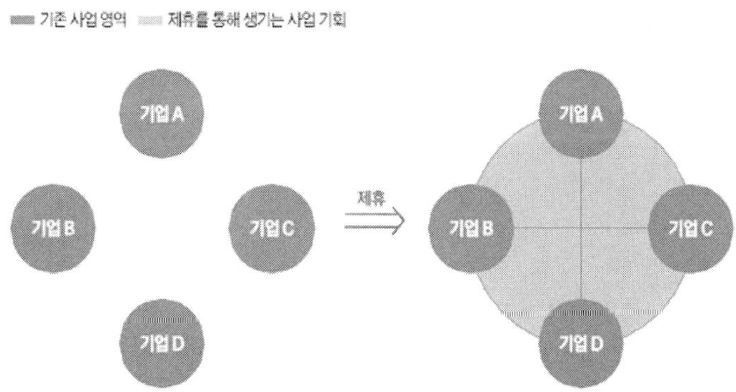

시기 3 | 안정기
내 거라고 안심 말고 꾸준히 배려하라

신혼기를 거치고 관계가 안정됐다고 파트너의 소중함을 잊어서는 안 된다. 진솔한 속마음을 꾸준하게 교환하며 건강한 관계를 유지해야 한다. 소홀하게 대하다가는 애써 쌓은 신뢰가 한순간에 무너지고 관계가 끝날 수 있다. 샌더스 디렉터는 전략적 제휴를 맺는 기업들을 '자주 얼굴을 보지 못하는 주말 부부(long distance marriage)'에 비유했다.

그는 "제휴를 맺은 기업들은 (한 회사에 있는 것처럼) 자주 만나지는 못하기 때문에 '제휴 운영 위원회'나 '운영 관리팀' 같은 공식 창구가 필요하고, 관계를 돈독히 하는 데에는 비공식적이면서도 정기적인 대화도 중요하다"면서 "(제휴 기업 간) 대화가 활성화되면, 실시간으로 의견을 나누고, 당면한 문제를 함께 해결할 수 있게 된다"고 전했다. 이미 체결한 제휴라고 해서 안심하지 말고, 제휴사와의 소통을 소홀히 하지 말라는 의미다.

미국의 대형 제약사 '일라이 릴리(Eli Lilly)'는 신약 관련 핵심 기술을 보유한 기업 및 연구소와 전략적 제휴를 맺으며 성장해 왔다. 이 회사는 1999년부터 전략적 제휴 관련 업무를 전담하는 '제휴 관리국(OAM·Office of Alliance Management)'을 만들어 제휴사들과의 관계를 관리하고 있다. OAM은 연구소와 거대 제약사, 정부, 대학 등 모든 제휴 파트너들과의 성과를 체계적으로 정리해 관리한다. 일라이 릴리는 공식 홈페이지를 통해 "OAM은 제휴가 생산적으로 작동하도록 해야 하는 책임이 있다"고 명시하고 있다.

OAM이 특별한 이유는 이뿐만이 아니다. 일라이 릴리는 업무상 발생할 수 있는 '문화적 차이'를 해소하는 데 노력을 기울인다. 제휴가 실패하는 중요한 원인 중 하나가 문화적 차이에 의한 갈등이라는 점을 제대로 파악한 것이다. 이를 위해 OAM은 본사 직원들에게 "실수를 했다면 주저하지 말고 사과하고 해결책을 마련해 업무를 제자리로 돌려놓으라"는 지침도 제시한다.

〈조선비즈〉

제1절 글로벌시장 진입방법

기업경영을 국제화할 때 선택할 수 있는 여러 가지 진입 방법을 가지고 있다. 이 장에서는 기업이 선택해야 하는 다양한 유형의 외국 진입 방법에 중점을 둘 것이다. 다른 기업 환경, 목적 및 목표가 어떠한 진입방식의 유형에 가장 적합할까요? 해외 진출 때 이러한 다른 진입 방법을 사용한 조직의 예도 제공될 것이다. 다른 것보다 우수한 진입 방법은 없으며, 대신 기업의 상황, 목적 및 목표는 특정 진입 방법에 가장 적합할 것이다. 기업의 내부 자원과 능력, 그리고 진입 국가의 환경은 외국 진입 방법을 선택할 때 중요한 고려 사항이다.

내부 및 외부 환경의 변화는 점점 더 많은 기업이 국경을 넘어 사업을 확장하고 있다는 것을 의미한다. 무역장벽 제거, 국가 간 자유무역 협정, 그리고 신흥 중산층과 같은 외부 요인은 전 세계 기업들에 더 매력적으로 보이도록 만들었다. 수익 증대, 시장점유율 증가, 글로벌 브랜드화와 같은 내부 요인은 기업이 국제화 할 수 있는 더 많은 동력이 되고 있다. 국제화의 원동력이 많고, 따라서 국제화의 잠재적 이점이 있지만, 최고의 진입 방법은 없다. 모든 기업은 국제화가 필요한 다른 이유가 있을 것이며, 이러한 다른 이유가 진입 방법을 선택하는 데 영향을 미칠 것이다. 기업은 자신의 상황에 가장 적합한 진입 방법을 선택하기 위해, 전 세계에 진출할 때 원하는 몰입 수준, 유연성, 통제, 존재감 및 위험 수준을 결정해야 한다. 수출, 라이선스, 프랜차이즈지, 합작 및 완전 소유의 자회사를 포함한 많은 외국 진입 방법이 존재한다. 이번 장에서는 이러한 외국 진입 방법을 더 자세히 분석한다.

〈도표 8-1〉 해외시장 진입방법

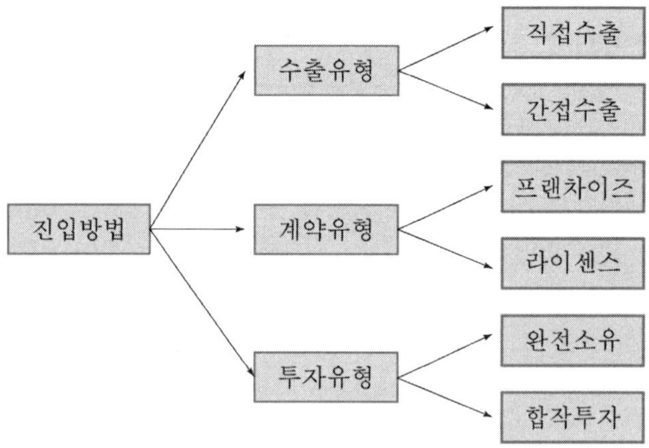

1. 수출(exporting)

수출이란 국내에서 생산되고 판매되는 상품을 국경을 넘어 판매하는 것이다. 수출에는 간접 수출, 직접 수출 및 협력 수출 등의 세 가지 유형이 있다. 간접 수출은 해외시장 및 관련 위험이 효과적으로 노출되지 않기 때문에 가장 낮은 위험 진입 방법이다. 중개인을 통해 해외시장에 판매가 이루어지는 방식이다. 수출은 기업이 처음 새로운 시장에 진입했을 때 사용하는 일반적인 방법이다. 기업은 이 옵션을 위험성이 낮고, 몰입이 적으며, 새로운 시장에 브랜드 노출을 가져오기 때문에 선택한다. 많은 기업은 외국시장이 그들의 브랜드를 수용하는지 알아보기 위해 간접 수출을 진입 방법으로 선택한다. 외국시장이 수용적인 상황에서 조직은 더 높은 몰입, 더 높은 존재감 및 더 높은 위험 외국 진입 방법 전략을 사용하여 외국시장에서의 존재를 더욱 깊이 파고들 수 있다. 무역장벽의 제거, 운송비가 저렴해지고, 더 효율적이기 때문에 수출이 전 세계적으로 더욱 보편화 되었다.

직접 수출은 중개인에게 상품을 판매하는 대리인이 관여하지 않는다는 점을 제외하면 간접 수출과 같다. 직접 수출은 외국시장에 노출되기를 원하지만 다른 유형의 진입 방법과 관련된 위험을 줄이고자 하는 기업에서 사용하는 매우 일반적인 진입 방법이다.

협력 수출은 기업들이 외국시장 진입전략으로 사용할 수 있는 또 다른 수출 옵션이다. 기업은 유통 네트워크를 사용하기 위해 다른 외국 또는 현지 기업과 계약을 체결하여 이 진입 방법을 사용한다. 이 진입방법은 기업이 다른 진입 방법과 함께 발생하는 위험 없이 해외 시장에 도달할 수 있도록 한다. 수출하는 상품이 다른 상품의 판매를 방해하지 않는 한, 협력 수출은 일반적으로 상호 이익이다. 협력적인 수출이 성공하기 위해서는 수출되는 제품이 다른 제품과 경쟁하는 것이 아니라 보완해야 한다.

1) 장점

수출은 두 가지의 뚜렷한 장점을 갖고 있다. 첫째 장점은 수혜국에서 실제적인 제조 운영을 설립하는 비용을 피하는 것이다. 둘째 장점은 기업이 경험 곡선(experience curve)과 지역경제(location cconomies)를 성취할 수 있도록 수출이 도움을 준다는 것이다. 경험 곡선(experience curve)이란 생산 경험이 축적됨에 따라 제품 단위당 생산비가 낮아지는 현상을 말한다. 중심화된 지역에서 생산물을 제조하고 그것을 다른 국가시장으로 수출함으로써 기업은 전 세계적인 판매량으로부터 실제적인 규모경제(scale economies)를 도달할 수 있다. 결국, 이것이 Sony가 전 세계적인 TV 시장을 차지하게 된 방법이고, Matsushita가 VTR 시장을 차지하게 된 방법이며, 많은 일본의 자동차기업들이 미국 자동차 시장에서 잠식하기 위해 이용했던 방법이다.

2) 단점

첫 번째 단점은 만약 생산품을 제조하는 데 비용이 적게 드는 지역이 있다면, 본국으로부터의 수출은 부적합할 것이다. 그래서 세계적이거나 초국가적 전략을 추구하는 기업들은 가치창조의 관점에서 가장 유리한 지역에서 제품을 제조하고 그 지역으로부터 전 세계로 수출하고 있다. 물론 이것은 수출에 반하는 주장이라기보다는 수혜국으로부터 수출하는 것이 유리하다는 것이다. 많은 미국의 전자 기업들은 그들의 제조지역을 값싸고 기술이 뛰어난 노동력을 이용할 수 있는 동아시아 지역으로 옮겨왔고 그곳에서 미국을 포함한 전 세계로 수출한다.

두 번째 단점은 특히 대량 생산의 경우 비싼 수송비용이 수출을 비경제적으로 만들 수 있다. 이러한 문제를 극복하는 한 가지 방법은 현지에서 대량생산하는 것이다. 이러한 전략으로 인해 기업은 대규모 생산으로부터 생산비를 절감할 수 있고 동시에 수송비용을 절약하게 된다. 예로, 많은 다국적 화학기업들은 현지에서 생산하여 여러 나라에 수출하고 있다.

세 번째 단점은 관세로 인해서 비경제적으로 된다는 것이다. 비슷하게도 수입국 정부에 의한 관세의 위협 때문에 수출은 매우 위태로워질 수 있다. 실제로 많은 일본 자동차기업들이 미국의 제조공장을 설립하도록 결정을 내리게끔 일본 자동차 수입에 관세를 부과시킨 것은 미국 의회의 암시적인 위협이었다. 1990년까지 미국에서 팔린 일본 자동차의 거의 50%가 현지에서 제조되었다. 사실 1985년에는 0%의 수준이었다.

수출의 네 번째 단점은 기업이 각 국가의 마케팅을 위임하는 순간에 발생한다. 이것은 수출을 막 시작하는 기업에 공통적인 문제이기도 하다. 현지 중개상은 종종 경쟁기업들의 생산품을 운반하고 그 대가로 로열티를 받는다. 그러면 현지 중개상은 기업이 마케팅을 운영하는 경우에 비한다면 그 기업만큼 잘하지는 못할 것이다. 따라서 이 문제를 극복하고 현지 마케팅(local marketing)을 취급하기 위하여 자회사를 설립하는 것이다. 그렇게 함으로써 기업은 그 나라의 마케팅을 통제할 수 있고 생산품을 제조하는 데 비용상의 이득을 초래할 수 있다.

2. 라이센스(Licensing)

국제 라이센스는 외국기업에 무형자산을 사용할 수 있는 권리 허용을 국경선을 넘어 국가 간 이루어지는 협정이다. 이 자산은 일반적으로 무형이며 상표, 특허 및 생산기술 등을 포함한다. 라이센스 취득자는 당사자 간의 계약에 명시된 권리에 대한 대가로 수수료를 내야 한다. 라이센스는 위험성이 낮고, 경제 및 정치 상황에 대한 노출이 낮으며, 투자 수익률이 높고, 현지 정부가 선호하기 때문에 일반적으로 선택된다. 마이크로소프트(MS)와 월트디즈니(Walt Disney Co.)는 라이센스를 진입 방법으로 삼아 해외시장에서 성공을 거둔 다국적기업의 사례를 들 수 있다. 이러한 예에서 라이센스는 매우 성공적이었고 의심할 여지 없이 올바른 외국시장 진입 방법이었지만 라이센스는 한계가 있다. 라이센스는 소유권자의 잠재적 이익을 줄이고, 라이센스에 대한 통제력 부족으로 인해 제품 인지도에 영향을 미치고, 잠재적인 미래의 경쟁자를 육성할 수 있다.

1) 장점

라이센싱의 장점은 기업이 외국시장에 진출하는 것과 관련된 마케팅 개발비용과 위험을 부담할 필요가 없다는 점이다. 라이센싱은 해외 운영을 개발하는 데 자본이 부족한 기업들에 매력적인 옵션이다. 게다가 라이센싱은 기업이 현지 환경에 친숙하지 못하거나 정치적으로 불안정한 외국시장에 실제적인 재정 재원을 맡기고 싶지 않을 때 매력적일 수 있다. 즉, 다음과 같은 경우에 라이센싱은 선호된다(장세진).

① 진출 예정국에 수출이나 직접투자에 대한 무역장벽이 존재할 경우 라이센싱은 유일한 진출 방법이 된다.

② 수송비가 비싸거나 국가 간에 상품을 이동하는 데 큰 비용이 소요되는 경우 라이센싱은 효율적인 국제사업 운영 방법이 된다.

③ 기술과 서비스와 같이 이전 방법이 복잡하거나 이전 비용이 많이 소요되는 무형자산의 경우 라이센싱은 효과적인 해외사업 운영 방법이 될 수 있다.

④ 투자국의 정치적 위험이 클 경우, 기업들은 위험부담을 줄이기 위해 직접투자보다 라이센싱을 선호하게 된다.

2) 단점

다른 한편 라이 검출은 세 가지의 심각한 약점을 갖는다.

경험 곡선(experience curve)과 지역경제를 자각하는 데 요구되는 제조, 마케팅과 전략에 대한 철저한 통제—세계적이고 초국가적 기업들이 흔히 행하고 있는 전략에 대한 통제—을 기업에 마련해 주지 못한다. 라이센싱은 전형적으로 제조 운영을 설립하는 각각의 라이센싱을 받는 사람과 관련된다. 이점은 중심화된 지역에서 생산품을 제조함으로써 경험 곡선과 지역경제를 깨닫는 기업의 능력을 심각하게 제한한다.

둘째로 라이센싱은 경쟁자를 만들 위험이 있다. 라이센싱은 기술이나 무형자원을 일정 기간 공여하는 것이다. 그러나 그러한 기술들은 라이센스 공여 기간이 끝나더라도 계속해서 사용될 수 있다. 또한, 라이센스를 받은 기업이 공여된 기술을 자기 것으로 만들어 장기적으로 자신의 경쟁자로 등장할 수 있다(장세진).

라이센싱의 세 번째 단점은 자사의 브랜드나 기술에 대한 보호와 통제가 힘들다. 기술적인 노하우는 많은 다국적기업들의 경쟁적 장점의 토대를 구성한다. 대부분의 기업들은 노하우의 사용 방법을 통제하고 싶어 한다. 그리고 기업은 그것을 라이센싱해 줌으로써 기술에 대한 통제력을 상실할 수 있다. 많은 기업은 라이센싱 합의의 틀 내에서 노하우에 대한 통제력을 유지할 수 있다고 생각하는 실수를 저질렀다. 예를 들어 RCA 주식회사는 한때 칼라 TV 기술을 수많은 일본기업들에 라이센싱해 주었다. 이러한 일본기업들은 재빠르게 그 기술을 습득하여 그것을 미국 시장에 진입시키는 데 이용했다. 현재 일본은 RCA 브랜드보다 미국 시장에 큰 시장점유율을 갖는다. 현재 일본기업들이 맥도널 더글러스로부터의 라이센싱 아래, 뛰어난 FSX 전투기를 생산하도록 허락을 해준 의회의 1989년 결정에 대한 비슷한 우려를 나타내고 있다. 그 결정에 대한 비평가들은 일본이 FSX 기술을 이용해서 보잉사와 맥도널 더글러스와 전 세계시장에서 경쟁할 상업적 항공산업의 개발에 경쟁자가 되지 않을까 걱정을 한다.

3. 프랜차이즈(Franchising)

프랜차이즈는 반 독립적인 사업주(프랜차이즈)가 회사의 상표를 사용하고 제품 및/또는 서비스를 판매하기 위해 가맹점에 수수료와 로열티를 내는 외국시장 진입전략이다.

프랜차이즈 패키지의 조건과 조건은 계약에 따라 다르지만, 일반적으로 장비, 운영이나 관리 매뉴얼, 직원 교육 및 위치 승인을 포함한다. 프랜차이즈 패키지의 약관은 계약에 따라 다르지만, 일반적으로 장비, 운영이나 관리 매뉴얼, 직원 교육 등의 내용을 포함한다. 프랜차이즈는 일반적으로 사용되며 국경을 넘는 시장 진입에 성공적인 방법이지만 프랜차이즈를 추구하는 기업은 프랜차이즈의 긍정적 측면과 부정적인 측면을 모두 고려해야 한다. 프랜차이즈의 가장 일반적인 장점은 이미 성공적인 전략을 활용하고, 가맹점은 일반적으로 현지 지식을 가지고 있으며, 주식 기반(equity based) 외국 진입 방법보다 위험성이 적으며, 가맹점은 외국시장과 관련된 위험에 노출되지 않는다는 것이다. Subway, 7-Eleven, Pizza Hut 및 McDonalds는 프랜차이즈를 외국시장 진입 방법으로 사용하여 성공한 기업의 몇 가지 대표적인 사례이다. Subway는 1965년 미국에서 설립되었다. 프랜차이즈를 외국시장 진입전략으로 사용하여 107개국에 42,000개 이상의 매장을 보유하게 되었다. Subway 사는 현재 세계에서 가장 큰 프랜차이즈이며, 프랜차이즈가 얼마나 성공적일 수 있는지 강조한다. Subway의 경우와 마찬가지로, 프랜차이징은 다른 해외 진입 방법을 사용할 가능성이 거의 없는 사업에 급속하게 확장 되고 있다.

일반적으로 프랜차이징은 외국시장 진출에 인기 있고 성공적인 방법이지만 몇 가지 잠재적인 단점이 있다. 이러한 단점은 프랜차이즈에 대한 완전한 통제력을 갖지 않아 브랜드 품질이 저하되고, 프랜차이즈가 로열티 수수료만 받고, 완전한 이익이 되지 않기 때문에 이익을 극대화하지 않으며, 미래의 경쟁자를 육성할 가능성을 포함한다. 이러한 잠재적인 단점은 기업에 해로울 수 있지만, 프랜차이즈는 프랜차이즈 업체가 보상이 위험보다 크다고 믿기기 때문에 계속해서 외국시장 진입 방법으로 선택한다.

많은 점에 있어서 프랜차이징은 라이센싱(licensing)과 유사하다. 다만 프랜차이징이 라이센싱(licensing)보다 장기간이라는 점과 라이센싱이 제조기업에 의해 주로 추구되는 반면, 프랜차이징은 주로 서비스기업에 의해 사용된다는 점에 차이가 있다. 예를 들어, Pizza Hut사와 Sheraton Hotel은 프랜차이징에 의해 국제적으로 팽창해 왔다(Dunning and McQueen). 프랜차이징 합의로 영업권을 주는 사람은 일시금과 영업권을 받는 사람의 이익에 대한 보답으로 영업권을 받는 사람에게 브랜드를 사용할 제한된 권리를 판다. 대부분의 라이센싱 계약과는 반대로 영업권을 받는 사람은 경영 방법에 관한 엄격한 법칙을 지키기로 동의한다. 그래서 Pizza Hut 기업이 외국기업과 프랜차이징의 합의를 시작할 때 그것은 기업이 세계 어디서나 Pizza Hut의 이름으로 운영하는 같은 방식으로 레스토랑을 운영해 주기를 기대한다.

1) 장점

진입방식으로서의 프랜차이징의 장점은 라이센싱의 장점과 유사하나. 특히 기업은 자체적으로 외국시장에 진입하는 데 비용과 위험을 없앨 수 있다는 큰 장점이 있다. 그 대신에 영업권을 받는 사람이 전형적으로 그러한 비용과 위험을 감수한다. 그래서 서비스기업은 프랜차이즈지 전략을 사용하면서 값싼 비용으로 그리고 신속하게 전 세계적인 시장을 이룩할 수 있다.

2) 단점

기술이나 브랜드에 대한 통제를 유지하기 힘들다는 것과 잠재적인 경쟁자를 키울 수 있다는 단점(장세진, p. 212)이 현존하기는 하지만 라이센싱의 경우보다 뚜렷하지 못하다. 프랜차이징은 서비스기업에 의해 사용되기 때문에 경험 곡선과 지역경제를 달성하기 위해 제조를 조정할 필요성을 고려할 이유가 없다. 프랜차이징의 더한층 중요한 단점은 질적인 통제이다. 프랜차이즈지 합의의 기반은 기업의 브랜드가 생산품의 품질에 관하여 소비자에게 메시지를 전해 주는 것이다.

그래서 한국의 Sheraton Hotel에 투숙한 여행 중인 경영자는 뉴욕에서 받았던 방, 음식, 서비스의 같은 특징을 기대한다. 이것은 외국의 프랜차이징을 받은 자들은 질에 관하여 염려하지 않을지도 모른다는 점에서 문제를 던져준다. 형편없는 질적인 서비스의 결과는 외국시장에서의 판매를 상실하는 차원을 넘어서서 기업의 세계적인 명성을 떨어뜨리는 상황까지 확장될 수 있다.

예를 들어, 여행 중인 경영자가 한국의 Sheraton에서 나쁜 경험을 겪게 되면 그는 또 다른 Sheraton 호텔에 가지 않고 동료들도 그곳에 가지 않도록 충고할 것이다. 그러나 외국의 영업권을 받은 자들로부터 기업이 지형적으로 멀리 떨어져 있다는 것은 프랜차이징을 주는 사람이 그러한 형편없는 서비스를 발견하는데 어렵게 해준다. 게다가 엄청난 수의 영업권을 받은 사람들(Pizza Hut의 경우 수만 명)은 질적인 통제를 어렵게 해줄 수 있다. 이러한 요인 때문에 질적인 문제는 지속적일 수 있다.

이러한 단점을 극복하는 한 가지 방법은 기업이 팽창하는 지역에 자회사를 설립하는 것이다. 자회사는 전적으로 단독투자 기업이나 외국회사와의 합작투자기업(joint venture)의 형태로 설립된다. 둘 중 한 가지 경우에 있어서 자회사는 특별한 나라나 지역을 통해 프랜차이징을 확립할 권리와 의무를 진다. 아주 근접한 접근과 감독할 소수의 프랜차이징은 질적 통제의 도전을 줄여준다.

게다가 자회사는 최소의 기업에 의해서 소유된 것이기 때문에 기업은 자회사의 자체의 경영자들을 두어 그 나라나 지역에 프랜차이징을 잘 조정할 수 있도록 도와줄 수 있다. 이러한 조직적 협약은 실제로 매우 만족스럽게 되었고 피자헛, 켄터키 후라이드 치킨, 힐튼 인터내셔널 등은 국제운영을 확장하는 다른 기업들에 의해 사용되고 있다.

3. 합작투자(Joint venture)

기업은 여러 가지 이유로 합작 투자를 외국시장 진입방법으로 선택할 수 있다. 예를 들어 다른 당사자와 위험을 나누고 서로의 강점을 활용하기 위해서 선택할 수 있다.

그러나 합작 투자가 성공하려면 합작 투자를 구성하는 두 개 이상의 기업이 다음과 관련하여 공통 목표를 가져야 한다; 진입 시장, 시장의 허용 가능한 위험, 보상 수준, 기술 공유, 공동 제품 개발 및 현지 정부 법의 순응 등이다. 파트너 간에 다음과 같은 조건이 존재할 경우 합작 투자가 번창하는 경우가 많다: 목표가 같고, 시장 선두주자에 비해 작은 시장점유율, 경쟁우위나 지적재산을 포기하지 않고 서로 배울 수 있다.

적절한 상황에서, 합작 투자는 기업이 이전에 스스로 할 수 없었던 새로운 시장에 접근할 수 있도록 할 수 있다. 이러한 상황의 주된 제한은 일반적으로 현지 정부다. 현지 정부는 자국 기업들에 대한 위협, 환경에 대한 위협, 산업의 장기적 번영에 대한 위협 등의 이유로 완전 소유의 외국인 투자(단독투자)에 제한을 가할 수 있다. 이것의 실제적인 예는 인도 시장에 진출하는 싱가포르 항공이다. 인디안 익스프레스(The Indian Express, 2014)에 따르면 인도 정부는 국내 항공사 산업에 진출하는 외국 항공사에 전액 출자 자회사(단도투자)로 진입하는 것에 제한을 가하고 있다.

그러나 싱가포르 항공은 타타(Tata) 그룹과 합작 투자를 시작했으며 SIA / 타타(Tata) 동맹의 지분 49%를 소유하고 있습니다. 싱가포르 항공사는 인도의 국내 항공사 시장에 진출하기를 원했지만, 완전히 소유하는 자회사(단독투자)로 진출하는 것은 불가능했다. 이 상황에서 합작 투자기로 진입하는 것은 최대 노출, 최대 헌신, 최대 유연성 및 최대한의 잠재적 보상을 가능케 했기 때문에 싱가포르 항공사에는 최고의 진입 방법이었다.

1) 장점

합작기업은 많은 장점을 갖고 있다. 먼저 기업은 현지국의 파트너가 가진 현지국의 경쟁적 조건, 문화, 언어, 정치체계 그리고 운영체계에 대한 지식으로부터 이익을 얻을 수 있다. 그래서 많은 미국의 기업들의 경우 합작기업은 기술적인 노하우와 생산품을 제공하는 미국의 기업과 마케팅 전문지식을 마련해 주는 현지국의 파트너로 이루어진다. 따라서 합작 투자는 현지국에서의 경쟁을 위해 필연적인 그 나라의 지식을 마련해 주는 현지국 파트너의 기여와 밀접한 관련이 있다.

둘째로, 외국시장으로의 진입에 개발비용과 위험이 클 때, 기업은 이러한 비용과 위험을 현지국의 파트너와 분담함으로써 이익을 얻을 수 있다.

셋째로, 많은 나라에 있어서 정치적 고려로 인해 합작기업은 유일한 실행 가능한 진입방식이 될 수 있다. 더욱이 연구조사에 따르면 현지국의 파트너와의 합작기업은 국유화에 대해 낮은 위험에 직면한다는 것이다. 이것은 현지국 정부 정책에 영향력을 갖는 현지국의 지분 파트너들이 국유화에 반대를 언급하는 데 기득권을 갖고 있기 때문인 것처럼 보인다.

2) 단점

이러한 장점에도 불구하고 합작기업에는 두 가지의 주요한 단점이 있다. 먼저 라이센싱의 경우처럼 합작기업을 시작하는 기업은 파트너에게 기술상의 통제력을 상실하는 위험을 감수한다. 보잉767 항공기를 만들기 위해 Boeing과 일본기업의 조합 사이에 합작기업은 생각지도 않게 일본에 상업 항공 기술을 넘겨줄까 하는 두려움을 갖는다. 그러나 합작기업 협약은 이러한 위험을 최소화하도록 짜 맞추어질 수 있다. 하나의 옵션은 합작기업에 있어서 대부분의 소유권을 갖는 것이다. 이것은 지배적인 파트너가 기술에 대한 통제력을 발휘하도록 해준다. 이러한 경우의 문제점은 소수의 소유권을 기꺼이 감수하려는 외국 파트너를 찾기가 어려울 수 있다는 점이다.

두 번째 단점은 합작기업이 자회사에 대한 철저한 통제력을 기업에 주지 않는다는 점이다.

4. 단독투자(Wholly Owned Subsidiary)

완전 소유의 자회사(단독투자)란 기업이 100%의 소유권을 가지고 해외시장에 진입하는 과정을 말한다. 완전히 소유한 자회사를 세우는 두 가지 방법은 인수(Acquisition)와 그린필드(Green field investment) 사업을 통해서이다. 인수는 새로운 시장에 진입하는 방안으로 외국기업을 매입하는 것이다. 그린 필드(Green field) 운영은 외국시장에 새로운 조직과 법인을 설립하는 것이다. 해외시장에 대한 노출을 최대화하면서 위험을 줄이고자 하는 많은 기업은 진입 방안으로 인수를 선택할 것이다. 인수는 이미 확립된 브랜드 이름과 고객 기반을 사용하기 때문이다.

그러나 인수나 그린필드는 서로 우월하나고 산주하지 않으며, 디 유익한 진입 방법은 기업의 상황, 목적 및 목표에 따라 달라진다. 전액 출자된 자회사는 앞서 언급한 모든 진입 방법보다 더 많은 위험을 발생하지만, 올바르고 적절한 상황에서 실행되면 일반적으로 높은 보상(이익)을 초래한다. 전체 소유의 자회사로 시장에 진입하는 기업은 높은 통제력, 높은 책임감, 높은 존재감, 높은 위험/보상하고 있다.

완전히 소유한 자회사는 조직이 다양한 지리적 지역(geographic regions), 시장 및 다른 산업에 접근할 수 있도록 한다. 올바른 시장에 진입하고 좋은 경영을 통해 전액 출자한 자회사는 정치적 변화, 법적 변화 및 여러 부문의 쇠퇴와 같은 시장 변화에 대한 좋은 방어책(good hedge)이다.

어떠한 진입 방법도 서로 우월하다고 여겨지지 않는다. 기업 운영을 국제화하기로 선택할 때, 기업은 먼저 최적의 수준을 결정해야 한다. 이는 가장 적절한 진입 방법을 선택하기 위해 몰입, 유연성, 통제, 존재감 및 위험 등의 수준을 가리킨다. 기업의 내부 자원과 능력은 외국 진입 방법을 선택할 때 또 다른 중요한 고려사항이다.

시장 진입은 또한 기업 운영을 국제화하려는 기업 계획에 있어서 또 다른 중요한 고려사항이다. 외국시장에 대한 분석은 회사가 시장 환경에 대한 더 나은 이해를 얻는 데 도움이 될 것이다. 기업 운영을 국제화하기 위하는 과정은 상당히 어려우며, 외국시장 진입 방법을 선택하는 과정도 그러하다. 이 때문에 우월한 해외시장 진입 방법이 없는 것이다. 주어진 예에서 올바른 상황으로 실행되면 각 진입 방법이 성공할 수 있다는 것이 분명하다.

1) 장점

여기에는 명백한 세 가지의 장점이 있다. 먼저 기업의 경쟁적 장점이 기술적 능력에 근거할 때 단독투자는 기술적 능력에 대한 통제력을 잃어버릴 기회를 축소해 주기 때문에 선호 받는 진입방식이 될 것이다. 이러한 이유로 많은 첨단기술 기업들이 해외 사업확장을 위해서 이러한 진입방식을 선호한다. 예를 들어서, 반도체, 전자 그리고 제조산업과 같은 기업들이다.

둘째로, 단독투자는 세계적 전략조정에 참여하기 위해 필연적인 여러 나라 사이에 운영상의 철저한 통제력을 기업에 준다. 즉, 한 나라에서 얻은 이익을 사용해서 또 다른 나라에 경쟁적 공격을 추구한다.

셋째로, 자회사는 기업의 전체 시스템에서 다른 자회사들과 생산품을 교류하면서 생산설비나 완성품의 부품을 제조하는 데 전문적으로 될 것이다. 그런 세계적 생산 시스템을 확립하는 것은 각 계열회사의 운영에 대한 높은 통제력을 요구한다. 여러 가지 운영들은 어떻게 생산하는지 얼마나 많이 생산하는지 그리고 어떻게 값이 정해질 것인지에 대한 결정적인 사항을 받아들여질 준비가 되어 있어야 한다. 라이센싱을 받는 자나 합작기업 파트너들이 그런 보조적인 역할을 받아들이려 하지 않기 때문에 단독투자들의 확립이 필연적이다.

〈도표 8-2〉 진입방식의 장점과 단점

진입방식	장 점	단 점
수출	규모의 경제 실현가능	높은 수송비, 관세장벽, 현지 마케팅 대리인과의 문제
라이센싱	낮은 개발비와 위험	범세계적인 전략적 조정이 어렵다. 기술에 대한 통제부족
프랜차이징	낮은 개발비와 위험	범세계적인 전략적 조정이 어렵다. 품질관리의 문제점
합작사업	현지 동업자의 지식이용 개발비와 위험의 분담	범세계적인 전략적 조정이 어렵다. 기술에 대한 통제부족
단독투자	기술의 보호, 범세계적인 전략적 조정을 위해 필요한 엄격한 통제 가능	모든 개발비와 위험의 자체 부담

자료 : Hill and Jones, p. 260.

2) 단점

다른 한편 단독투자를 세우는 것은 외국시장에 진출하는 가장 값비싼 방법이다. 이것을 행하는 기업들은 값비싼 비용과 해외운영을 설치

해야 하는 위험을 감수해야 한다. 만약 기업이 현지국의 기존 기업을 취득한다면 새로운 문화에서 경영하는 것과 관련된 위험은 덜할 것이다. 그러나, 그러한 취득은 다른 문화를 결합하려고 노력하는 것과 관련된 문제들을 포함하는 부가적인 전체 문제를 일으킨다.

제 3 절 전략적 제휴

전략적 제휴라는 용어는 잠재적 또는 실제적 경쟁사들 사이에 서로 협력하겠다는 협동적 합의를 말한다. 전략적 제휴란 둘 이상의 기업들이 각자의 전략적 목표를 달성하기 위해 협력하는 것이다. 공동 투자, 공동 개발, 공동 마케팅, 공동 유통, 공동 서비스, 장기조달계약 등의 방법으로 구체화된다. 전략적 제휴를 하는 이유는 시장 확대(해외시장 진출 등), 자금 조달, 위험 분담, 기술 도입 등이 있다. 특히 규모의 경제가 작용하는 분야에서 더욱더 효과적이다.

사실 많은 전략적 제휴가 성공적이며 성공을 거두었다는 것이다. 위험 수준을 제한하는 다양한 수준과 특정 목적으로 파트너 관계를 맺을 수 있다. 인수합병(M&A)과 비교할 때 전략적 제휴는 새로운 시장을 침투하거나, 새로운 제품을 만들거나, 브랜드를 성장시키거나, 더 낮은 비용으로 제조하는데 더 간단하고 효과적인 방법이다. 혼자 가서 유기적으로 새로운 사업을 성상시키기보다는 전략적 제휴를 통해 더 빠르고 저렴하게 갈 수 있다.

최근 들어 많은 분야에서 제휴하지 않는 기업을 찾아볼 수 없을 만큼 제략적 제휴가 기업의 목표를 달성하는 핵심의 키의 역할을 하고 있다. 세계시장에서 전략적 제휴의 사례를 보면서 보다 나은 미래의 전략적 제휴를 이끌어 나갈 수 있을 것이다.

• Starbucks and Barnes&Noble: 많은 서점이 고객층의 부족으로 문

을 닫지만, 전략적 제휴를 맺은 소수의 서점은 계속 번창하고 있다. 한 예로 스타벅스와 제휴한 반스앤드노블이 있다. 두 회사의 이익을 위해 공간 비용을 분담하면서 그 들이 가장 잘하는 일을 하였다. 스타벅스는 커피를 끓이고, 반스앤드노블은 책들을 비축하였다. Barnes & Noble과 Starbucks는 파트너십을 통해 매출을 늘리고 새로운 시장에 진출했다.

- Ford and Eddie Bauer: 포드 익스플로러 에디 바우어 버전을 기억할지도 모른다.

  자동차 전체에 걸쳐서 고급 가죽 시트와 기타 고급스러운 기능들이 적용되었다. 그리고 차 자체와는 별도로 에디 바우어는 포드 브랜딩이 달린 수화물 세트를 생산하고 있었다. 이 공동 브랜드 상품들은 두 회사 모두에게 훌륭한 광고 포인트였다.

  주요 판매 포인트는 차량이 이전에 외국 자동차 제조업체가 보유한 틈새시장인 고급 SUV 시장을 채웠다는 것이다. 포드가 에디 바우어와 제휴했을 때, 미국 땅에서 생산된 세련된 스포츠 유틸리티 차량을 요구하는 소비자들은 만족했다.

- Spotify and Uber: 스포티파이와 우버는 우버 고객들에게 스테레오 제어를 제공하기 위해 제휴했다. 모든 Spotify 소비자가 Uber를 사용하는 것도 아니고, 모든 Uber 승객도 Spotify 계정을 가지고 있지 않다. 전략적 제휴를 통해 각 회사는 기존의 다른 고객 기반에서 잠재 고객을 찾고 동시에 두 제품을 모두 홍보 할 수 있다.

- Google and Luxottica: 명품 아이웨어와 최첨단 기술. 그들이 함께 일하는 것을 생각하지 않을 수도 있지만, 이상하게도 그 제휴는 각 회사가 시장에서 성공하는 데 필요한 것이다. 룩소티카는 고급 시장에 고급 품질의 안경을 제공할 수 있으며, 기술이 가격을 움직이는 것이라는 명분을 부여하고 고객 기반을 다양화함으로써 시장점유율을 유지하고 증가시킬 수 있다. 반면 구글은 고급

스러운 기술을 제공하고, 기술과 관계없이 프리미엄이 안경을 찾고 있는 소비자들에게 다가갈 수 있다.

- Hewlett-Packard and Disney: 판타지아가 탄생하는 동안 디즈니사 휴렛팩커드로부터 오디오 장비를 샀다. 디즈니사가 자체 인프라를 위해 HP의 IT 팀에 크게 의존했기 때문에 전략적 동맹은 계속되었다. 스페이스(SPACE), HP 엔지니어, 디즈니 엔지니어들이 기술적으로 가장 진보된 승차감을 만들기 위해 나란히 일하고 있다.

또 다른 국제적 전략적 제휴를 보면 다음과 같다.

- Star Alliance: 제휴 네트워크를 통한 규모·범위의 경제 실현. 에어 캐나다(Air Cananda), 유나이티드 항공(United Airline) 등 약 25개의 항공사 제휴 조직인 스타 얼라이언스가 형성됐다.
- 삼성전자&IBM의 제휴: 상호특허 공유를 통한 신제품개발에 역량 집중
- 현대캐피탈&GE의 제휴: 안정적 투자재원 확보 및 신인도 향상
- 상업용 767대 형 제트기를 생산하기 위하여 Boeing과 일본 기업조합 사이에 맺은 협동 계약
- 상업용 항공 엔진 군을 세우기 위해 General Electric과 프랑스의 Senecma 사이의 제휴
- 새로운 반도체 기술을 개발하기 위해 Siemens와 Philips 사이에 합의
- IBM 생산품과 경쟁할 수 있는 대형 고속컴퓨터의 새로운 시대를 개발하기 위해 일본의 Fujitsu와 영국의 ICL 사이의 합의
- Canon이 Kodak의 이름으로 판매용 중간형 복사기를 제조하게 된 Kodak과 Canon 사이의 제휴
- 마이크로 프로세서를 제조하는 기술상의 노하우를 공동출자하기 위해 Motorola와 Toshiba 사이의 합의

〈도표 8-3〉 전통 · 현대 전략적 제휴

구 분	전통적 기업 제휴	현대적 기업 제휴
협력목적	*경제적 보완	*범세계적 경쟁우위 확보
협력관계	*주로 선/후진국은 수직적 분업 관계 *경쟁 미약	*주로 선진국 경쟁기업 간의 수평적 네트워크 *기술표준 설정, 제휴기업 간에도 부분 경쟁
협력 분야	*기술이전 및 생산하청 등 단순 협력	*기술표준설정, 공통마케팅, 기술 교환, 공동 개발, 생산/판매 등 광범위하고 복합적

1. 전략적 제휴의 목적

MK Luxmen에서 전략적 제휴의 목적을 다음과 같이 제시하였다.

(1) 재무 및 위기관리: 대규모 투자 위험성 분담, 대외 신용도 제고

전략적 제휴를 통해 투자에 있어서 쉬운 자본조달을 구현할 수 있다. 외부의 투자 재원 확보는 자사의 투자 위험을 줄일 수 있으며, 이는 효율적인 자본 운용 성과 창출로까지 이어진다. 또한, 안정적인 재원의 확보는 대외 신용도를 제고시키는 역할을 한다.

(2) 연구 및 개발: 기술 공유와 이전, 업계 기술 표준화

상호 간의 기술 교환을 통해 기술력 확보를 위한 시간의 단축과 비용의 절감을 구현할 수 있다. 연구 및 개발에 있어서 상호협력은 양자 간의 기술력을 단시간 내에 증대시킬 수 있으며, 이를 통해 시장 지위 강화의 효과를 구현할 수 있다.

(3) 구매 및 조달: 대량규모를 통한 비용 절감, 안정적인 보품조달

Value Chain 상의 전 방위 업체와의 제휴를 통해 제품 생산·개발을 위한 안정적인 원류 확보·조달을 구현할 수 있다. 이는 원가절감 및 비효율업무 제거를 통해 기업이 핵심역량에 집중할 수 있게 해주

고 기업 경쟁력을 강화할 수 있는 초석을 마련하게 해준다.

(4) 생산관리: 규모와 범위의 경제달성, 생산성 향상

전략적 제휴는 생산 공정을 더욱 효율적으로 만들어 준다. 생산기지의 공유, 선진 경영기법 도입 등 제휴를 통해 생산성을 제고할 수 있으며 규모의 경제 구현을 통해 비용 절감의 효과까지 창출할 수 있다.

(5) 판매 및 마케팅: 이종 업종 간 공동 마케팅, 신규시장의 창출

전략적 제휴는 이종 산업 간의 기술 융합을 가능하게 하며 융합된 신기술을 통한 신시장 창출을 유도한다. 또한, 공동 마케팅을 통해 시장의 선점 및 지위 강화의 역할을 한다.

2. 전략적 제휴의 장점

기업들은 여러 전략적 목적을 위해서 실제적이거나 잠재적인 경쟁사들과 동맹을 맺는다(Ohmae).

첫째로 이 장 앞에서 주지된 바와 같이 전략적 제휴는 해외시장으로의 등장을 쉽게 해준다. 예를 들어 모토롤라는 일본의 셀 방식 전화시장에 접근하기가 매우 어렵다는 것을 알았다. 1980년대 중반에 그 기업은 공식적, 비공식적인 일본의 무역장벽에 대해서 비난했다. 모토로라에 전환점은 1987년에 나타났는데, 그 해에 모토로라는 마이크로프로세서를 제주하기 위해 도시바와 제휴를 맺고, 계약대로 도시바는 모토로라에 뛰어난 경영자를 포함하는 마케팅 원조를 마련해 주었다. 이것은 궁극적으로 모토로라에 정치적인 도움을 주어 일본 시장에 진입할 수 있는 정부승인을 받고 통신시스템에 할당된 라디오 주파수를 얻을 수 있게 하였다. 모토로라는 이제는 일본의 무역장벽에 대하여 비난하지 않는다. 비록 사적으로 그러한 장애물이 존재하는 것을 인정하기는 하지만, 도시바의 도움으로 모토로라는 그 장애물을 극복하는 기술을 얻게 되었다.

둘째로, 기업들이 전략적 제휴하는 이유는 새로운 상품을 개발하는데 소요되는 고정비용을 분담할 수 있다는 것이다. 모토로라가 도시바와 동맹을 맺은 또한 이유는 마이크로프로세서를 제조하기 위해 소요되는 높은 고정비용을 분담하려는 욕망 때문이다. 마이크로프로세서 경영은 자본이 너무 많이 들기 때문에—모토로라와 도시바는 각각 10억 달러 가까이 비용을 이바지했다—어떠한 기업이든지 간에 독자적으로 비용과 위험을 제공하기는 어렵다. 유사한 예로 보잉767 비행기를 만들기 위해 보잉사와 일본기업들 사이의 제휴는 80억 달러를 분담하려는 보잉사의 욕망으로 이루어졌다.

셋째로 제휴는 기업이 단독으로 쉽게 개발할 수 없는 기술과 자산을 결합하는 방법이다. 이것은 Ford-Mazda의 제휴에서 나타난 요인이다. 여기서 Ford는 마케팅과 디자인의 노하우를 이바지했고 Mazda는 엔지니어링과 제조의 노하우를 이바지했다. 다른 예는 프랑스의 Thompson과 일본의 JVC 사이에 제휴로서 비디오·카세트·레코드를 제공하는 경우이다. JVC와 Thompson은 핵심능력을 교역하고 있었다. Thompson은 생산기술과 제조기술을 필요로 하지만 JVC는 유럽 시장에서 성공하는 법을 배울 필요성이 있다. 양 진영은 이득에 대한 공평한 기회가 있다고 생각한다. 비슷하게도 1990년에 AT&T는 기술적인 숙련을 교역하기 위하여 일본의 NEC 기업과 거래를 시작했다. AT&T는 NEC에 컴퓨터에 도움이 되는 디자인 기술을 줄 것이며 NEC는 AT&T에 논리 컴퓨터 칩에 기초가 되는 기술을 줄 것이다. 그러한 핵심능력(core competencies)의 교역은 많은 전략적 제휴의 성공적 기초가 되는 것처럼 보인다.

넷째로 기업이 이익이 되는 산업에 기술적 표준(technological standard)을 세우도록 도와줄 제휴를 형성하기 위해서다. 예를 들어 1992년에 Philips NV는 자신이 개발시켰던 디지털 콤팩트 카세트(DCC)시스템을 제조하고 판매하기 위하여 세계적 경쟁사인 Matsushits와 제휴했다. Philips의 동기는 Matsushita와 결탁이 레코딩 전자

산업과 소비자에 새로운 기술적 표준으로서 DCC 시스템을 확립하도록 도움을 준다는 것이었다. 이러한 문제는 중요하다. 왜냐하면, Sony가 새로운 기술적 표준으로서 확립되기를 바라는 경쟁적인 미니콤팩트 디스크를 개발해 왔기 때문이다. 두 가지의 기술은 매우 유사하여서 단지 하나의 새로운 표준만이 자리를 잡을 수 있다. 새로운 표준이 되는 기술은 성공하는 경우가 될 것이다. 패배자는 수십억 달러의 투자를 단숨에 날리게 될 것이다. Philips는 Matsushita와의 제휴를 그 경기에서 승리하기 위한 전술로 보고 있다.

3. 전략적 제휴의 단점

위에서 언급한 장점은 매우 중요하다. 그런데도 경영자들은 경쟁자들에게 새로운 기술과 시장에 다다를 수 있는 저렴한 통로를 제공해 준다는 점에서 전략적 제휴를 비난하고 있다. 예를 들면 Robert Reich와 Eric Mankin이 주장하는 바에 따르면, 미국과 일본기업 사이에 전략적 제휴들은 많은 미국기업의 경쟁적 성공에 기초가 되는 프로젝트 엔지니어링과 생산처리기술을 얻고 높은 소득과 가치를 유지하려는 일본 전략의 일부분이라고 본다(Reich and Mankin). 그 연구는 일본은 기계산업과 반도체 산업에서의 성공은 대부분 여러 가지 전략적 제휴를 통해 습득된 미국 기술로 이루어졌다고 본다.

그리고 그들이 주장하는 바에 따르면 미국의 경영자들은 일본에 새로운 발명품을 전해 줄 뿐만 아니라 완성품에 대한 미국으로의 판매와 유통망을 마련해 주는 전략적 제휴를 통해서 일본이 목표를 달성하는 데에 원초적인 역할을 하고 있다고 보고 있다. 이처럼 전략적 제휴는 단기간의 이익을 불러일으키지만 궁극적으로 그 결과는 미국기업들을 실속이 없게 만들어 전 세계시장에서 경쟁적 장점을 상실하게 만든다고 래치와 맨킨은 주장하였다.

그리고 제휴들은 위험성을 갖고 있다. 만약에 기업이 주의를 기울이지 않는다면 기업은 받는 것보다 더 많은 것을 잃어버리게 될 수 있다. 다른 한편 기업 사이에 성공적인 제휴를 이끈 많은 예가 있다. 물론 거기에는 미국과 일본기업들 사이의 제휴를 포함한다.

Motorola-Toshiba 제휴, Ford-Mazda 제휴, 25년이 된 Fuji와 Xerox의 제휴가 어떻게 아시아에서 사진복사기를 세우고 판매하는지를 안다는 것은 매우 어렵다. 이러한 모든 경우에 양 진영은 제휴로부터 이익을 보았던 것처럼 보인다. Reich와 Mankin의 예가 시사하는 바가 있어서 의문점은 어떤 제휴 하에서는 양 진영기업이 왜 이익을 보고, 반면에 다른 제휴들 하에서는 왜 한 기업에 이익을 얻고 나머지 다른 기업에 손해를 입히는가 하는 것이다.

제 4 절 전략적 제휴방법

1. 파트너 선택

전략적 제휴를 작용하도록 만드는 요점 중의 하나는 적합한 파트너를 선정하는 것이다. 파트너, 즉 좋은 동맹자는 세 가지 주요 특성이 있다. 먼저 좋은 파트너는 기업이 전략적 목표를 달성하도록 도와준다. 다시 말하면, 파트너는 능력이 부족할지라도 전략적 목표 — 신기술개발, 신제품개발, 해외시장진입 등 — 에 가치를 두는 능력을 갖춰야 한다.

또 다른 좋은 파트너는 제휴의 목적에 대한 기업의 비전을 공유한다. 만약에 두 기업이 갑자기 다른 안건을 가지고 제휴에 접근한다면 쌍방의 관계가 조화를 이루지 못하게 될 것이고 마침내 갈라서게 될 것이다.

마지막으로 좋은 파트너는 자신의 목적만을 위해 기회주의적으로 제휴를 활용하도록 노력하지 않는다. 즉, 기업의 기술적 노하우를 수용하려 하지 않는 것이다. 이러한 점에서 페어플레이라는 명성을 가진 기업들은 최고의 동맹 관계를 갖는다.

예를 들어 IBM은 너무도 많은 전략적 제휴와 관련되어 있어서, 기업이 개별 제휴파트너들에게 거칠게 다루지 않게끔 권하고 있다. 그런 행동은 훌륭한 동맹자가 된다는 IBM의 이념에 어기고, IBM이 어렵게 세운 명성을 변색시키고 미래에 제휴파트너를 추구하는 데 더 어렵게 만드는 것을 미리 방지하기 위한 것이다. IBM이 제휴에 큰 중요성을 덧붙이기 때문에 일종의 기회주의적 행동에 참여하지 않을 것 같다. 이와 같은 IBM의 명성은 Sony, Toshiba, 그리고 Fuji 사가 일본 이외의 기업들과 경험한 제휴의 역사 속에서도 일본기업들이 기회주의적으로 행동하는 것을 막고 있다. 그러나 결코 불가능한 것은 아닐 것이다.

이러한 세 가지 특징을 가진 파트너를 선정하기 위하여 기업은 그 제휴 후보자들에 관한 포괄적인 조사를 할 필요성이 있나. 좋은 파트너를 선정할 가능성을 높이기 위해 기업은 다음과 같이 조사해야 한다.

① 가능한 동맹자들에 관한 많은 유용한 정보를 수집하여야 한다.

② 제 3자의 입장에서 자료를 모아야 한다. 제3의 집단들은 잠재적 파트너들, 그들과 거래를 가진 투자은행가들, 그리고 그들이 이전에 제휴를 가진 적이 있는 기업들을 포함한다.

③ 동맹을 취하기 전에 좀 더 많이 잠재적 파트너를 알아야 한다. 이것에는 제휴가 옳다는 것을 확신하기 위하여 선배경영자들 사이에 얼굴을 맞대는 모임들을 포함해야 한다.

2. 제휴구조

파트너를 선정한 후에 제휴는 안전장치(safeguard)가 포함되도록 조직(structure)되어야 한다. 그래서 파트너에 너무 많은 것을 빼앗길 가능성이 있는 기업의 위험이 용납될 수 있는 수준까지 줄어들게 된다.

먼저 제휴는 이전되도록 의도되지 않은 기술이 넘어가는 것을 불가능한 것은 아닐지라도 어렵게 하도록 마련될 수 있다. 특히 설계, 개발, 제조 및 제휴로 제조된 상품의 서비스는 다른 참여자에게 그들의 누설을 보호하는 차원에서 민감한 기술을 방어하기 위하여 조직될 수 있다. 상업용 항공 엔진을 만들기 위해 General Electric과 Snecma 사이에 제휴할 때 GE는 생산 절차의 특정한 부분을 보호함으로써 지나친 이전(excess transfer)이라는 위험을 줄였다. 모듈 방식(modularization)은 GE가 주요 경쟁기술로 간주하는 것으로 이전을 차단하는 반면에 Snecma로 하여금 최종 조립품(final assembly)에 접근을 허용했다. 비슷하게 보잉767 항공기를 만들기 위한 Boeing과 일본기업 사이의 제휴에 있어서 Boeing사의 경쟁 중심요소로 간주한 연구, 설치 및 마케팅 기능 등에 접근을 차단하는 반면에 일본이 생산 기술에는 공동참여하도록 허용했다.

둘째로, 계약상의 안전장치는 상대방에 의한 기회주의의 위험에 대항할 수 있도록 작성되어야 한다. 예를 들어 TRW는 미국에 자리한 일본 소유의 자동차 공장으로 안전벨트, 엔진 밸브, 핸들 기어를 생산하는 일본 자동차 부품공급사들과의 전략적 제휴를 맺는데, TRW는 미국 자동차기업들에 부품을 공급하기 위하여 일본기업들이 TRW와의 경쟁을 차단하는 조항을 각 제휴 계약에 담고 있다. 이렇게 함으로써 TRW는 일본기업이 TRW와 경쟁하기 위해 북미 시장에 접근할 가능성을 미리 차단하였다.

셋째로, 제휴의 양 진영은 미리 상대방이 탐내는 기술을 교환하기로 동의할 수 있다. 이로 인하여 평등한 이득의 기회를 얻기 위해서다. 교차 라이센싱 협약은 이러한 목표를 달성하는 방법 중 한 가지이다. 모토로라와 도시바 사이에 제휴를 맺을 때 모토로라는 도시바에 마이크로프로세서 기술을 라이센싱해 주었고 도시바는 모토로라에 메모리 칩 기술을 라이센싱해 주었다.

3. 제휴 운영

상대방이 선정되고 적절한 제휴조직에 동의했다면 기업이 직면한 임무는 제휴로부터의 이득을 극대화하는 것이다. 모든 국제경영 활동에 있어서 중요한 것은 문화적 차이를 감수해야 한다는 것이다. 경영관리 스타일에 있어서 많은 차이점은 문화적 차이 때문이고 경영자들은 상대방과 거래할 때 이와 같은 점을 참작할 필요가 있다. 그러나 이러한 차원을 넘어서 제휴로부터의 이득을 극대화하는 것은 파트너 사이에 신뢰감을 가지는 것과 상대방으로부터 배우는 것과 관련이 있는 것으로 보인다.

1) 신뢰감을 세우는 것

제휴를 성공적으로 운영하는 데 따른 "trick"의 부분은 기업경영자들 간에 상호적 관계를 설정하는 것처럼 보인다. Ford와 Mazda 사이에 전략적 제휴로부터 끌어낼 수 있는 한 가지 교훈은 다음과 같다. Ford와 Mazda는 경영자들이 제휴와 관련된 문제들을 토의할 뿐만 아니라, 상호 간에 더 잘 알 수 있는 충분한 비업무적 시간(non-work time)을 마련해 주는 일종의 모임을 하게 하였다. 이러한 계기를 통한 경영자 간의 믿음은 양 기업 사이에 우정을 토대로 신뢰감을 세우고 조화로운 관계를 마련해 준다는 것이다. 더욱이 돈독한 개인적 관계는 두 기업 사이에 비공식적 운영 네트워크를 육성시켜 준다. 이러한 네트워크는 공식적인 맥락에서 발생하는 문제들을 해결하는 데 이용될 수 있다.

2) 파트너로부터 배우기

Gary Hamel과 Yves Doz 그리고 C. K. Prahalad는 주요한 다국적기업 간에 15가지의 전략적 제휴를 5년간 연구한 뒤에 다음과 같은 결론을 내렸다. 제휴로부터 기업이 얻는 소득에 대한 결정적 요소는 제휴파트너로부터 얼마나 배울 수 있는가 하는 능력이라는 것이다. 그들은 일본기업과 서양(유럽, 미국) 파트너들 사이에 여러 가지 제휴에 초점을 맞추었다. 일본기업은 서양 파트너와의 모든 제휴에서 무엇이든 배우려는 강한 노력을 해왔다.

그러나, 서양의 기업들은 일본 상대자들로부터 배우기를 원하는 것처럼 보이지 않았다. 서양 기업들은 제휴라는 것을 배울 기회라기보다는 비용분담이나 위험 공유장치로 간주하려는 경향이 있었다. 예를 들어서 1985년에 구성되어 오늘도 여전히 운영하는 Chevrolet Nova를 세우기 위해 General Motors 사와 Toyota 사이에 제휴를 고려해 보자. 이 제휴는 소위 New United Motor Manufacturing이라고 불리는 공식적 합작기업으로 조직되었다.

그리고 각 진영은 50%의 평등한 지분을 갖는다. 그리고 그 합작기업은 California의 Fremont에 자동차 공장을 설립한다. 일본 경영자에 따르면 Toyota는 제휴로부터 재빨리 목표 대부분을 완수했다. '우리는 미국의 공급과 수송에 관하여 배웠다. 그리고 우리는 미국의 노동자들을 관리 운영할 수 있다는 신념을 가졌다. 그러한 모든 지식은 신속하게 1988년 토요타 Kentucky 주의 공장을 Gorge town으로 옮겨왔다.' 다른 한편 GM이 얻은 모든 것은 새로운 생산품 Chevrolet Nova에 불과하다. GM 경영자들은 Toyota와 제휴함으로써 얻은 지식이 GM 사 내부에서 잘 이용되지 못했다고 비난했다. 그들은 일본 시스템에 관하여 GM 사의 엔지니어들과 노동자들은 교육을 한 팀으로 결합하였어야 했다고 믿는다 (Wysocki).

제휴를 통한 이익을 극대화하기 위하여 기업은 상대방으로부터 배우고, 조직 내에 지식을 응용하려고 노력해야 한다. 모든 조직체의 피고용인들은 상대방의 장단점을 잘 알고 획득한 특별한 기술이 기업의 경쟁력을 보장할 수 있어야 한다고 교육받는다. Hamel, Doz and Prahalad는 이것은 이미 일본기업들 사이에 표준적 실행이라고 지적

한다. 예를 들어 그들은 다음과 같이 말했다. 우리는 상대방 공장견학에서 일본 개발 엔지니어와 동행을 한다. 이 엔지니어는 의무적으로 공장설계, 수많은 생산단계, 그리고 라인이 운영되는 비율, 고용인의 수 등을 주목했다. 그는 제조상의 책임을 전혀 갖고 있지 않음에도 불구하고 이러한 사실을 기록했다. 그러한 헌신이 배움을 크게 향상했다.

가치 있는 배움은 조직 전체에 걸쳐 확산하여야 한다. 이것을 성취하기 위하여 제휴에 관련된 운영자들은 제휴파트너 기술을 전 조직원에게 교육해야 한다.

4. 성공적인 전략적 제휴를 위한 제언

서로 다른 목적을 가진 두 개 이상의 기업들이 전략적 제휴를 추구할 경우 성공보다는 실패할 가능성이 더욱더 크다. 양사 간의 문화적 차이, 비전의 문제, 추구하는 가치의 차이, 정보보안 등 업무의 전 분야에 걸쳐 전략적 제휴의 성공을 저해하는 요소들이 존재한다.

미국의 저명한 컨설턴트인 조엘 블리크(Joel Bleeke)의 조사에 의하면 전략적 제휴의 유지 기간은 평균 7년 정도에 불과하고 계약 파기 또는 인수로 인한 전략적 제휴의 종결이 무려 80%에 이른다고 하니 성공적인 전략적 제휴의 달성과 그 유지가 쉽지 않음을 알 수 있다. 기존 전략적 제휴의 실패·성공사례 분석을 통해 도출된 성공적 제휴를 위한 7가지의 제언은 다음과 같다(MK Luxmen 제9호).

1) 명확하고 측정 가능한 목표를 설정하라.

전략적 제휴에 있어서 명확하게 설정된 목표가 없거나 측정할 수 있지 않은 목표를 설정한 경우 의도한 목표를 달성할 수 없으며 파트너와 갈등이 발생할 수 있다.

IBM은 '최적의 솔루션 제공을 통한 고객 확보'라는 목표에 따라 단독 개발 대신 Siebel과의 전략적 제휴를 추진했고 이를 통해 자사의 플랫폼에 맞춘 솔루션을 개발해 20여만 명의 충성 고객을 확보할 수 있었다.

2) 목표 달성에 적합한 파트너를 선정하라.

상대 기업의 과거 명성과 발자취에 현혹되기보다는 제휴의 목표 달성에 적절한 역량을 보유한 파트너를 선정해야 한다. 개방형 인프라의 활용은 최적의 제휴파트너 발굴에 한 방안이 될 수 있다. 소비재 기업인 P&G는 C&D 모델을 통해 광범위한 파트너 풀(Pool)을 구성하고 기술 발굴 및 공정혁신을 위한 최적의 제휴파트너를 선정하고 있다.

3) 경영진이 지속해서 전반적인 일정과 결과를 직접 챙겨라.

전략적 제휴에서 경영진의 역할은 협상 체결에 끝나지 않고 지속적인 관심과 중간 점검을 통해 제휴를 성공으로 이끄는 것이다. 월트디즈니는 경영진의 주도로 HP와 마케팅 캘린더를 공동 사용하여 일정에 따른 체계적인 계획과 기대되는 효과를 파트너에 명확하게 공유함으로써 기대했던 마케팅 효과를 얻을 수 있었다.

4) 자사의 핵심역량 유출을 방지하라.

경쟁우위의 원천인 핵심역량 유출 시 파트너가 경쟁자로 돌변할 수 있으므로 제휴의 한계를 명확히 하고 파트너의 전략 변화를 예의 주시해야 한다. 일본기업과 제휴했던 일부 미국기업은 단기 이익에 집착, 무분별하게 노하우를 전수해 향후 일본기업들과의 경쟁에서 패하는 결과를 낳았다.

게이트 키퍼(Gate Keeper)는 이러한 보안의 문제를 해결할 수 있는 좋은 예가 될 수 있다. 제휴파트너가 접근할 수 있는 사람과 시설물을 지정하고 공식적인 통로를 통해서만 정보를 교환하는 제도를 구축하면 무분별한 정보의 유출을 방지할 수 있을 것이다.

5) 파트너의 문화를 존중하고 이에 대한 유연성을 키워라.

상대 문화에 대한 이해가 부족할 경우 상호불신이 초래되고 핵심역량 흡수에도 불리하게 작용하므로 상대방의 입장을 포용하는 자세가 필요하다.

2003년 빈티지 파트너스(Vantage Partners)사의 130여 사례 조사 결과 전략적 제휴의 실패 원인 중 50% 이상이 파트너와의 문화적 차이에서 오는 갈등이었다.

6) 제휴의 목적에 대해 직원들과 공유하라.

제휴가 기술의 유출로 끝나느냐 아니면 조직에 활력을 불어넣느냐는 직원들이 제휴의 목적을 얼마나 이해하느냐에 달려 있다. 제휴는 경쟁업체를 가까이에서 관찰할 기회를 제공하며 이러한 기회는 경영진이 아닌 직원들에게 주어진다. 직원들에게 명확한 목표 의식 부여와 그에 따른 성과 지급을 통해 제휴의 실효성을 높여야 한다.

7) 제휴 포트폴리오를 주기적으로 구조를 조정하여라.

글로벌 컨설팅 업체인 맥킨지(Mckinsey)의 조사 자료에 의하면 전략적 제휴를 체결한 기업의 약 70%는 현재 맺고 있는 제휴의 성과에 대해 만족하지 못하고 있으며 개선책이 필요하다고 응답했다.

하지만 전략적 제휴의 구조조정은 다른 의사결정 조직을 가진 복수의 파트너 참여, 제휴에 대한 재협상 돌입 등으로 쉽게 실행할 수가 없다.

한 조직의 사업 단위의 구조조정에 비해 약 2~3배의 노력이 더 필요하다. 이러한 비효율적인 상황을 방지하기 위해 Gate Review System을 도입해 제휴 포트폴리오를 주기적으로 관리할 필요가 있다. 단계별 일정과 성과 목표를 설정하고 달성되지 못한 제휴 관계에 대해 문제가 악화되기 전에 필요한 조처하거나 미래가치 등을 평가해 지속 여부를 판단해야 한다.

시스코(Cisco)는 전략적 제휴 체결 후 12~18개월 정도를 유예기간으로 설정하고 Gate Review 방식을 도입해 제휴의 개선, 연장, 종료 등을 결정하는 조정을 수행하고 있다.

제 5 절 한국기업의 전략적 제휴

오늘날 전개되고 있는 세계 경제 변화의 가장 큰 특징은 국경 없는 경제의 전개이다. 이와 같은 변화는 여러 요인이 작용한 결과인데, 국제무역 확대에 따른 세계시장의 형성, 정보, 통신, 운송기술의 혁신에 의한 공간의 극복, 다국적기업의 증가 및 경영 확대, 냉전체제의 종식, 경제블록의 대두 등이 그 대표적인 요인이라 하겠다.

이에 대응하기 위하여 기업들은 전 세계를 대상으로 하여 경영자원을 동원하며 기술개발, 조달, 생산, 판매 등 모든 경영활동을 전 세계적으로 전개하는 국제화 전략을 추구하고 있다.

최근 주목을 받는 기업 간의 전략적 제휴는 R&D 비용 및 위험의 경감, 규모의 경제 실현, 신공정 · 제품 기술의 신속한 개발 및 확보, 시장 진입 및 확대, 경쟁방식의 조정, 경영자산의 공유 등이 주요 동기가 되고 있으며, 다수의 기업이 자신의 경쟁우위 요소를 바탕으로 하여 각자의 독립성을 유지하면서 전략적으로 상호협력관계를 형성함으로써 제3의 기업에 대하여 경쟁우위를 확보하고자 하는 새로운 경영전략으로서, 일방적이 아니며 쌍방 경영전략의 결과라는 점에서 종래의 제휴와 구별된다.

전략적 제휴의 특성을 종래의 제휴와 비교하면, 종래의 제휴는 직접적인 경쟁을 회피하기 위하여 수동적인 시장접근이나 기술이전을 통한 현지 기업과의 협력에 치중되었거나, 최근의 전략적 제휴의 경우 형태는 비슷하여도 내용 면에서는 다음과 같이 전략적인 성격을 더하고 있어서 많은 차이가 있다.

〈도표 8-4〉는 첨단기술 공동 개발과 관련된 주요 전략적 제휴사례

를 열거한 것으로 최근의 경향은 다음과 같은 공통적인 특성이 있다.

첫째, 선진국 중심의 전략적 제휴가 대부분이다. 세계의 전략적 제휴의 90% 이상이 선진국, 특히 미국, 일본, EU의 3국 간에 이루어지고 있으며, 제휴 관계는 주로 경쟁 관계에 있는 선진국의 세계적 정상기업 간에 이루어지고 있다. 전략적 제휴의 근본 동기가 보완적 경영자산의 공유에 있으므로 경영자산의 보완성이 높은 선진국 기업 간에 전략적 제휴가 더욱 활발히 전개되고 있는 것은 당연하다. 또한, 급격한 기술변화에 대처하고 R&D 비용과 위험의 분담도 선진국 기업 간에서 더욱 쉽기 때문이다.

〈도표 8-4〉 종래의 제휴와 전략적 제휴의 특징 비교

구분	종래의 제휴	전략적 제휴
체제	선·후진국 기업간 수직적 분업 체제	주로 선진국 경쟁기업간 수평분업 체제
설립	신규사업체 설립	대부분 기존 기업 유지
추진	산업협력 혹은 해외 진출 전략의 하나로 추진	주로 경쟁기업 서로 추진
제휴목적	시장접근, 기술이전 및 전수	경쟁기업 간 범세계적 경쟁우위 확보를 위한 상호협력

자료 : 한국산업기술진흥협회, 「글로벌 기술경영을 위한 전략과 정책과제」

둘째, 정부의 적극적 지원 및 환경조성하에 진행되고 있다는 점이다. 선진국 간의 전략적 제휴의 강화는 전략적 제휴의 효과를 극대화하려는 선진국 정부의 환경조성에 따라 더욱 강화되고 있다. 차세대기술을 좌우하는 중요한 대형 프로젝트와 관련하여 선진국 정부들은 선진국 기업 중심의 Club을 형성하도록 유도하여 개도국의 진입에 대하여 장벽을 쌓고 기술보호주의를 강화하고 있다.

셋째, 제휴 범위의 확장 및 형태의 다양화가 수반되고 있다. 전략적 제휴는 전 세계의 많은 기업을 상호연계하고 있다. 각 기업의 전략적 제휴선의 수가 증가하고 있으며 대형기업과 각각 다른 형태의 전략적 제휴를 추진하거나 제휴의 내용이 복합적으로 추진되는 경우가 많다. 제휴의 범위가 과거에는 기술이전이나 신시장 개척 등에 한정되었으나

최근에는 공동연구, 범세계시장으로의 진출, 신사업의 창출 및 판매 제휴 등으로 확대되고 있다.

〈도표 8-5〉 첨단기술 공동개발과 연관된 주요 전략적 제휴 사항

제 휴 기 업	제휴내용
애플-모토롤라-AT&T 소니-마쯔시다-필립스	개인용 통신기 개발
TI-하다찌	256M DRAM 개발
마쯔시다-소니-필립스	차세대 AV개발
IBM-캐논	소형 컴퓨터부문 포괄적 개발·생산제휴
마이크로소프트-댄디	컴퓨터와 가전을 통합한 정보 가전기기 공동개발 및 판매
캐논-코닥	차세대 복사기 공동개발
후이쯔-애널로그	차세대 직접회로 개발 포괄적 제휴
도시바-애플-IBM	차세대 반도체 공동개발, 멀티미디어 관련 기기 공동개발
일렉트로닉스-샤프	냉장고, 세탁기 등 가전제품 공동개발
산요-마쓰시다-일렉트로닉스	전자레인지 및 핵심부품 공동개발
도시바-시너지세미컨덕터	고성능 WS용 초고속 IC공동개발 판매
모토롤라-미쓰비시	반도체분야 업무제휴
세가-GE	게임용 소프트웨어 공동개발
IBM-시어즈	국제정보시스템 구축, 서비스사업
롤스로이즈-P&W 가와사키중공업-MTU	항공엔진 공동개발
P&W-러시아일류선	항공엔진 공동개발

자료 : *Ibid.*, p. 27.

넷째, 첨단산업 및 대규모 기업 중심으로 이루어지고 있다. 전략적 제휴가 가장 활발한 산업 분야는 반도체, 정보·통신, 자동차, 항공산업 등 기술변화가 급격하고 연구집약도가 높은 첨단기술 분야 중심이며, 산업구조의 변동이 급격하여 이익도 크나 위험부담도 큰 분야들이다. 이들 산업은 대규모 기업들이 선도하며 수출 비중이 높고 국제적 사업 전개라는 특징을 지니고 있다.

한편 우리나라에 있어서 기업 간의 전략적 제휴는 1992년 이후 전자업체를 중심으로 추진되기 시작하였는데, 각 사가 보유하고 있는 특허의 상호 라이센스, 국내 가전업체를 중심으로 공동생산 및 교환 판

매와 공동기술개발, 각 사가 독자적으로 개발한 부품이나 제품의 상호 구매, 국내외 수주나 해외 진출 시에 공동대응 등의 4가지 방향에서 대체로 진행되고 있다.

국내기업과 외국기업 간의 제휴는 주로 대기업에 의해 추진됐으며 외국기업과의 합작투자나 OEM, 또는 외국기업으로부터의 기술 도입 형태가 대부분이며, 그 외에 공동기술개발, 판매 및 생산 제휴 등의 형태도 있다.

〈도표 8-6〉 국내기업과 주요 전략적 제휴 현황

구분	제 휴 형 태	제 휴 업 체	제 휴 내 용
기술 제휴	특 허 공 유 공 동 개 발 공 동 개 발 시 스 템 공동관리, 운영	엘지전자-삼성전관 엘지산전-기아기공 오리온전기-대한중석 삼양사-부산파이프	TV관련 특허 약 2,000건 상호공유 국산 로봇개발 추진 텅스텐 합금와이어 공동개발 전산시스템의 공동구축 및 관리 (한국 ICM 설립 운영)
생산 판매 제휴	공동생산판매 부품상호구매 공동 마케팅	삼성전자-엘지-대우 삼성차-대우중공업 화승-국제-코오롱	대형 가전제품의 공동생산, 판매 국산화한 중장비핵심부품 구매 해외공동매장 설립, 공동미케팅
해외 진출 협력	국제입찰참여 해외건설수주 해외진출업체간협력	현대, 대우, 삼성 현대건설-쌍용건설 유럽지역 TV완제품-부품생산업체	사우디 발주 원유운반선 공동수주 싱가포르 선택시티 공동수주 TV 부품산업체간 협력강화로 여타 업체에 대한 부품 공급
관민 협력 연구	관민공동개발 관민공동개발	정부, 삼성-엘지-오리온전기 등 ETRI, 업체 공동연구	HDTV용 브라운관 공동개발 전자교환기(TDX) 공동개발

자료 : *Ibid.*, p. 28.

한국기업의 선진국 기업과의 제휴 방법은 대체로 반도체의 전략적 제휴 발전단계와 유사한 과정을 밟아 왔다. 즉, OEM 중심의 단순 조립생산 제휴, 합작 투자에 의한 생산·기술협력, 라이센싱에 의한 기술이전, 라이센싱 및 공동기술개발 단계로 점진적으로 이행됐는데, 일부 첨단기술산업에서 공동기술개발 등 기술제휴가 시도되고는 있으나, 자동차·반도체 등의 일부 업종을 제외하고는 전반적으로 아직 활발한 기술제휴가 전개되지 못하고 있다. 이러한 요인은 국내기업 대부분이 기술적 기반이 취약한 데다 제휴 자체를 기술 도입을 위한 수단으로 간주하고 있어 기업 간 제휴에 따른 실질적 효과가 잘 나타나지 않고 있다.

우리나라 기업들의 주요 산업별 전략적 제휴 현황은 다음과 같이 특징화할 수 있다.

첫째, 한국의 전략적 제휴는 한국기업이 선도적으로 추진하거나 기술적·생산적으로 월등히 우수한 경쟁력을 가지고 추진한 것이 아니라, 외국기업의 기술을 이전받기 위하여 혹은 수출목적으로 외국기업들이 경쟁우위를 가지고 있는 상태에서 자본·OEM·기술제휴가 이루어진 경우가 대부분이었다.

둘째, 제휴 형태 면에서는 OEM이 가장 많고, 일방적 라이센싱에 의한 기술이전 위주로 기술제휴가 이루어지고 있으며, 합작 투자에 의한 포괄적 제휴의 비중은 거의 없고 공동 기술개발이나 라이센싱에 의한 기술제휴 또한 매우 적다. 공동 기술개발 시 참여 업체 간의 이해 갈등을 조정할 수 있는 공동연구기반이 취약하고 특히 제휴목표를 정확히 설정하지 않은 채 제휴를 추진하여 성과가 미흡하다.

〈도표 8-5〉 주요 산업별 외국기업과의 전략적 제휴 현황

구분	제 휴 형 태	제 휴 기 업	제휴내용
자동차	기술·자본제휴 기술제휴 복합제휴	현대차-미쓰비시 대우-이스즈-닛산 기아-마쯔다-포드	자본참여 및 기술도입 상용차관련 기술제휴 생산-기술제공-판매의 복합제휴
전자산업	기술·생산제휴 기술제휴 기술·생산제휴	삼성전자-미TI 삼성전자-도시바 엘지전자-히다찌	자본·기술제휴로 반도체 공동생산 메모리반도체 공동개발, 특허공유 기술, 생산설비의 효율적 결합
기 타	기술제휴 기술·생산제휴	동일방직, 델코 등 9회사 한국 모토로닉스-일본 컴퓨터지니	CIM시스템 공동개발 및 운영 기술상호공유 및 제품공동개발

자료 : *Ibid.*, p. 29.

셋째, 순수한 합작사업을 통하여 경쟁력을 높이기 위한 기업활동을 전개하기보다는 지분 확보를 통한 경영권장악을 상대적으로 더 중요시한다.

연 습 문 제

1. 수출의 장단점에 대하여 설명하라.

2. 라이센싱의 개념과 장 · 단점을 설명하라.

3. 프랜차이징의 장점과 단점을 설명하라.

4. 진입방식의 선정에 관해서 설명하라.

5. 전략적 제휴의 장점과 단점을 설명하라.

6. 제휴 방법에 있어서 중요한 요인은 무엇인가?

7. 한국기업의 전략적 제휴 특징에 관해서 설명하라.

8. 전략적 제휴의 목적에 대하여 설명하라.

제9장

기업의 글로벌와 현지화

읽을거리

현지화의 다섯 가지 우수 사례 : 빅 브랜드는 어떻게 할까요?

현지화(localization)는 글로벌 정체성을 확립하는 열쇠입니다.

제품을 다른 시장에 판매할 때 고객에 공감을 일으킬 수 있어야 합니다. 현지화는 그 공감을 일으키는 가장 중요한 방법입니다.
오늘은 해외 진출 기업 및 수출바우처 기업들의 글로벌 진출에 있어 대형 브랜드들의 현지화 우수 사례를 통해 성공적인 글로벌 마케팅을 위한 현지화에 대해 말씀드리려고 합니다.

텍스트리는 지속적으로 수출바우처 참여기업이 해외 진출을 위해 필수적인 현지화에 대해 다양한 정보를 제공하여 글로벌 브랜드로 성장하는데 조금이나마 도움이 될 수 있는 현지화 정보를 제공해 드리고 있습니다.

현지화는 특정 시장의 제품 또는 서비스를 다른 특정 시장 또는 시장의 요구사항을 충족시키도록 하는 프로세스입니다. 수출바우처 기업들과 해외 진출 기업들은 현지화 작업을 할 때 타겟 국가의 다른 문화적 가치를 고려해야 합니다.

어떤 나라들은 한 가지 특정 가치에 공감할 수 있겠지만, 다른 나라는 그렇지 않을 수 있습니다.

예를 들어, 노란색은 미국과 영국에서는 밝고 긍정적인 색이지만 프랑스에서는 노란색이 질투, 배신, 약점 및 모순과 연관된다고 합니다. 10세기에 프랑스인들은 반역자와 범죄자들의 문을 노란색으로 칠했다고 합니다.

번역만으로는 충분하지 않습니다. 해외에 진출하는 수출바우처 기업들이 진정으로 현지 시장에 적응하려면 올바르고 적절한 현지화가 필요합니다. 오늘은 제품을 성공적으로 현지화 한 5개의 글로벌 브랜드를 알아보는 시간을 갖도록 하겠습니다.

1. 코카콜라

지난 2013년과 2014년에 코카콜라는 "Share a coke" 캠페인을 시작했습니다. 이 캠페인은 대중의 마음을 사로잡는데 성공했습니다. 병 레이블에 있는 코카콜라 로고 대신 "코카콜라를 존과 나누세요!"라는 간단한 문구를 배치했습니다. 각 콜라 라벨에는 모두 다른 이름이 붙어 있었습니다. 이 캠페인은 코카콜라가 소비자들과 직접적으로 연대와 공감을 일으키게 만들었습니다.

아일랜드의 캠페인에서는 Aoife와 Oisín과 같은 아일랜드어 이름을 추가했고, 중국의 캠페인에서는 중국의 문화적 가치를 고려한 좋은 현지화를 보여주었습니다. 중국에서는 사람의 이름을 언급하는 것이 예의가 없는 것으로 간주됩니다. 보통 중국에서는 성(姓)으로 부르고 존댓말을 붙이곤 합니다. 이름을 직접적으로 사용할 수 없는 경우에 사람들에게 공감과 울림을 불러일으키기 위해서는 어떻게 해야 할까요? 코카콜라는 이름 대신 '친한 친구', '동급생'과 같은 용어를 사용했습니다.

이것은 문화적인 경계를 꿰뚫는 동시에 마케팅 캠페인에 충실할 수 있는 좋은 방법이었다고 볼 수 있겠습니다.

2. 삼성

삼성전자는 2010년까지 프랑스 시장에 진출하지 못했고, 애플, 소니, 노키아와 같은 경쟁사들이 프랑스 시장을 독점하고 있었습니다. 그러나 삼성전자는 후에 지금과 같이 프랑스 시장에서 독창적인 전략으로 시장을 꿰뚫는데 성공했습니다. 프랑스 사람들의 예술에 대한 진실성을 고려한 삼성은 미술 전시회를 마련했습니다. 삼성은 파리의 쁘띠 팔레(Petit Palais)에서 전시를 개최해 고화질로 새 TV에 예술작품들을 선보였습니다. 첫 달에만 전시회에는 60만 명의 방문객을 기록했습니다. 이와 함께 삼성은 현지에서 제작된 애플리케이션에 대한 프로모션과 함께, 프랑스에서 성공적으로 자리 잡게 되었습니다.

삼성은 한국의 기업이고, 사실 프랑스 회사가 아니기 때문에 삼성이 마케팅 자료를 그냥 번역하여 프랑스에 유통했다면 이러한 성공에 도달하지 못했을 것입니다. 그러나 삼성은 그들의 브랜드에 프랑스인들의 예술에 대한 사랑과 인식을 활용한 현지화로, 삼성전자가 프랑스 국민에게 편안하게 느껴지도록 많은 노력을 기울였습니다.

3. KFC

KFC는 현지화에 있어 1980년대에 중국에서 큰 실수를 했습니다. KFC의 캐치 프레이즈 "finger-licking good"이 중국에서 "손가락을 뜯어먹어라"라고 잘못 번역되었기 때문입니다. 이로써 KFC는 중국 시장에서 철수할 뻔했지만, 그들은 중국에서 메뉴를 조정하여 소비자의 열광적 반응을 이끌어 냈습니다.

KFC는 "켄터키 프라이드 치킨"루 유명하지만 중국 시장에 합류하기 위헤 중국의 현지 음식을 추가했습니다. 중국의 죽, 전통 중국식 아침 식사 빵 및 다양한 쌀 기반 요리와 같은 음식을 선보였습니다.

이것은 다양한 계층의 소비자에 호소력 있는 전략이었습니다. 나이 든 사람들은 전통적인 요리에 호의적인 반응을 보이고, 젊은 사람들은 새로운 미국식 식사를 시도하게 되었습니다. 광범위한 음식의 스펙트럼은 모든 사람들이 KFC에서 무엇인가를 즐길 수 있게 만들었고, 중국에서의 KFC가 성공적으로 현지화하는 데 도움이 된 또 하나의 좋은 사례입니다.

4. 도미노

도미노는 인도에서 외국 패스트푸드 시장의 약 20%를 점유하고 있습니다. 이것은 맥도날드, 서브웨이, 피자헛과 같은 브랜드보다 훨씬 우수한 점유율입니다. 어떻게 이렇게 거대한 브랜드를 능가하게 되었을까요?

실제로 KFC가 중국에서 했던 것과 상당히 비슷합니다. 서부의 서양식 피자는 인도 현지인들에게 어필하지 않았습니다. 이 요리는 인도에서 익숙했던 것과는 정 반대였습니다. 그래서 도미노는 독창성을 발휘해 인도에서 익숙한 요리를 메뉴에 추가하기로 합니다.

인도에 있는 도미노 피자의 대표인 Narendra Jaravta가 인도인들에게 익숙한 재료를 포함한 피자를 메뉴에 추가했습니다. 인도 지사에 현지 직원을 고용함으로써, 그들은 인도 시장이 정확히 원했던 것을 파악할 수 있었습니다. 이것은 현지화할 때 취해야 할 가장 중요한 단계 중 하나입니다.

5. Nintendo

1980년대에 Nintendo는 가정용 비디오 콘솔 게임의 대표적인 브랜드로 자리매김했습니다. 그들의 성공의 핵심은 미국 소비자를 위해 어떻게 콘텐츠를 현지화했는가에 있습니다.

미국의 Nintendo는 일본에서 오는 게임에 대해 검열을 많이 진행했습니다. 1980년대 미국은 상대적으로 보수적인 곳인 반면 일본은 미국에 비해 사회적으로 자유롭고 진보적인 사회였습니다. 닌텐도 오브 아메리카 (Nintendo of America)는 이 미국 시장 내에서 가족 소비자들을 타겟으로 하여 그들에게 어필할 수 있도록 목표를 설정했기 때문에, 성행위, 비속어 및 죽음과 상실에 대한 언급을 모두 삭제했습니다.

결과적으로 닌텐도는 80년대 후반과 90년대 초 가정용 비디오 게임 엔터테인먼트 시장을 주도하게 되었습니다. 어느 정도 시간이 걸리긴 했지만, 오늘날 Nintendo는 모든 가족을 아우를 수 있는 건전하고 성공적인 개발자로 여겨지게 되었습니다.

〈자료: TEXTree〉

경제, 금융, 무역 및 통신 통합을 향한 전 세계적인 움직임이다. 세계화는 국가와 국경을 넘어 자본, 상품 및 서비스의 자유로운 이동과 상호 연결된 또는 상호 의존적인 세계에 대한 더 넓은 미래를 향한 지역 및 국가적 관점의 개방을 의미한다.

오늘날 전개되고 있는 세계 경제변화의 가장 큰 특징은 국경 없는 경쟁의 전개이다. 이와 같은 변화는 여러 요인이 작용한 결과인데, 국제무역 확대에 따른 세계시장의 형성, 정보, 통신, 운송기술의 혁신에 의한 공간의 극복, 다국적기업의 증가 및 경영 확대, 냉전체제의 종식, 경제블록(FTA)의 대두 등이 그 대표적인 요인이라 하겠다.

이에 대응하기 위하여 기업들은 전 세계를 대상으로 하여 경영자원을 동원하며, 기술개발, 조달, 생산, 판매 등 모든 경영활동을 전 세계적으로 전개하는 국제화 전략을 추구하고 있다(한국산업기술진흥협회). 또한, 세계화 경영환경 요소들이 급변하면서 글로벌 상호의존성이 지역적으로 계속 심화하고 있다. 그리하여 지역경제의 블록화가 늘어나고 세계 경제 통합이 급진전하고 있다. 그에 따라 이 지구상에서는 기업 활동무대인 시장의 국제화 → 국경 없는 무한대 경쟁으로 표현되는 기업경쟁의 세계화 → 기업과 그 활동(기업 자원 조달·생산·마케팅·재무·연구개발 등)의 세계화 → 경영성과(매출액, 이익 등) 창출 장소의 국제화 등이 급속하게 진행되고 있다. 그 결과로 세계는 이미 "총체적 자본주의 시대"에 돌입해 있고, 따라서 모든 기업은 물론이고 모든 국가와 개인들까지도 서로가 경쟁 관계에 돌입해 있다.

이러한 추세는 곧 다가올 21세기에는 더욱 가속될 것이 틀림없으므로, 한국의 경우 국가적인 생존뿐만 아니라 국제경쟁력의 회복 및 강화를 위해서도, 한국기업들과 그 경영층은 국제화/다국적화/세계화 등으로 표현되는 전략적인 변환(strategic transformation)을 최우선으로 추진하고 또는 실현해야만 한다(반병길).

위에서 언급한 바와 같이 국가 간의 무한 경쟁 시대가 도래함에 따라 기업경영에도 세계화 방안이 필수적인 요소로 대두되고 있으므로 생산시스템에 대하여 세계화 전략을 수립하고, 현지국의 상대적 장점을 고려하여 해외 생산거점을 구축하든가, 부가가치가 높은 새로운 기업 창출 등으로 다각화를 추구하여야만 한다.

제 1 절 글로벌화의 개념과 출현 배경

1. 글로벌화의 개념

글로벌화란 무역, 금융, 생산, 자본, 인력 등을 가장 효율적인 국가로 자유롭기 이전하여 기업활동을 자유롭게 하는 것을 말한다. 최근 들어서는 경제, 문화, 국방 등을 넘어서 모든 분야에 세계화가 촉진되고 있다. Thomas L. 프리드먼 교수는 글로벌화를 다음과 같이 정의를 하고 있다. 글로벌화란 시장, 국가, 기술 등이 전에 볼 수 없이 냉혹하게 통합되는 것이다. 개인, 기업, 국가가 과거 어느 때보다 더 멀리, 더 깊이, 더 저렴하게 도달할 수 있도록 시장 등이 통합되는 것이다.

국가 및 산업에서의 글로벌화를 추진하는 이유는 국가의 입지, 인구, 사회문화 등에 따라 다양하게 추진하고 있다. 국가 대부분은 세계화를 통하여 자국 경제의 활성화와 국민경제의 복지를 높이는 데 있다고 볼 수 있다. 1980년도 후반 이후 많은 사회주의 국가도 경제 활성화의 하나로 시장을 개방하고 무역 및 투자 자유화를 추진하였다. 이처럼 글로벌화를 적극적으로 추진하는 여러 이유 중의 하나는 세계인의 수요의 동질화에 있다고 볼 수 있다. 이는 세계인의 의식주가 같아지고 있다는 것을 의미한다. 기업이나 인간이 필요한 물건들은 한국 시장에서 구매할 수 있을 뿐만 아니라 뉴욕이나, 영국에서도 같은 물건을 쉽게 구할 수 있다. 그만큼 세계화를 통하여 하나의 커다란 시장을 가질 수 있어서 많은 국가 및 기업에서 세계화를 추진하고 있다고 볼 수 있다.

2. 세계기업의 출현 배경

1) 세계기업의 출현 배경

(1) 세계 경제 성장과 판매력의 확대

글로벌 기업이 출현하게 된 배경에는 세계 경제 흐름에 몇 가지 큰 변화가 생겼기 때문이다. 우선 세계 경제가 선진국뿐만 아니라 한국을 비롯한 개발도상국의 눈부신 경제 성장으로 큰 활력을 보인다는 점이다. 개발도상국의 높은 경제 성장은 생산능력과 제품에 대한 구매력이 전 세계적으로 확대되었다는 것을 의미한다. 향후 10~15년 안에 아시아 국가들은 전 세계 경제력의 50%를 차지할 가능성이 크다. 또한, 개발도상국에서는 인적 자원(human resources)의 가격이 선진국보다 저렴한 것이 일반적인데, 글로벌 기업은 이를 새로운 부가가치 창출의 원천으로 이용할 수 있을 것이다. 이러한 일련의 과정은 개발도상국과 선진국 모두에게 성장의 원동력으로 작용하며, 글로벌 기업에 제품을 판매할 수 있는 시장의 확대를 의미한다.

(2) 인적 자원과 기술의 세계적 확산

우수한 인적 자원이 선진국뿐만 아니라 개도국에도 폭넓게 확산하고 있는 점도 큰 의미를 지닌다. 인적 자원의 확산은 그동안 선진국이 독점하던 첨단기술이 더욱더 쉽게 개도국으로 전파될 수 있는 기반을 제공한다.

(3) 첨단기술의 발전

다음으로 산업혁명 이후 첨단기술의 발전이 새로운 단계를 맞이하고 있다는 점이다. 정보·통신기술의 눈부신 발전은 두 가지 측면에서 세계를 변혁시키고 있다. 그 하나는 전 세계를 하나의 동질적인 집단으로 이끌어 나간다는 것이고, 두 번째는 정보·통신기술의 발전이 이제 글로벌 기업들에게 전 세계적인 관점에서 경영활동을 수행하는 데 드는 비용을 크게 절감시키고 있다는 것이다(김신).

3. 기업의 세계화 동기

기업의 세계화 동기는 기업의 업종과 목적에 따라 상이하다고 볼 수 있다. 그러나 대부분의 동기는 앞에서 언급한 바와 같이 거의 비슷하다고 볼 수 있다. 이러한 동기를 보면 다음과 같다.

① 시장의 불완전과 위험을 고려한 투자수익률이 국내보다 해외가 더 높은 경우

② 현지국 기업이 가지지 못한 독점력을 뒷받침하는 경쟁우위(우월한 기술, 마케팅능력, 정보)를 갖추고 있을 때

③ 국내산업의 동종 확장이 경쟁자나 독점금지법에 따라 차단되는 것을 회피하고자 할 때

④ 기술우위 경제에서 해외에서 혁신 신제품을 직접 생산하여 경쟁우위의 잠식을 막고자 할 때

⑤ 기업의 위험 분산 욕구(portfolio의 구성)

⑥ 주주의 이익 극대화 이외의 비경제적 동기(우연한 자극, 새로운 기회, 경쟁 위협, 매출원가의 증가, 시장점유율 확대, 경영자의 태도)

⑦ 불완전한 국제경쟁에서 노동, 자본, 노하우들을 국제간에 효율적으로 이동하여 범세계적인 최적 자원 배분을 모색할 때

앤소프(Ansoff)는 기업의 세계화 과정을 다음 세 단계로 구분하고 있다.

〈도표 9-1〉 Ansoff의 세계화 모형

<table>
<tr><th>단계</th><th>활동 수준</th><th>활동에 필요한 조건</th><th>활동에 대응하는 전략 기준</th><th>현지 관리자의 책임</th></tr>
<tr><td rowspan="2">수출</td><td>대리점을 통한 판매</td><td>낮은 수출 비율
진입장벽 없음
현지 수요〉 공급능력</td><td rowspan="2">특유한 경제환경
적절한 성장
제품수명주기의 연장
규모의 경제</td><td rowspan="8">없음

판매지원

판매 최적화

프로젝트 이익의 최적화

현지의 이익 최적화

세계적 최적화에의 공헌

세계적 경쟁에의 공헌</td></tr>
<tr><td>현지 판매 사무소</td><td>높은 수출 비율
진입장벽 없음
수요=공급
강한 경쟁력
애프터서비스 중시</td></tr>
<tr><td rowspan="4">제국</td><td>현지 마케팅</td><td>특유한 환경
차별적 마케팅전략
격심한 경쟁</td><td>특유한 환경</td></tr>
<tr><td>현지 생산</td><td>장벽
현지 비용 우위</td><td>현지자원에의 접근</td></tr>
<tr><td>현지 연구·개발</td><td>특유한 시장요구</td><td>기술의 우위성
기술의 수명 주기</td></tr>
<tr><td>현지 다각화</td><td>현지 성장 기회
현지 자금 조달</td><td>적절한 성장, 최적 규모
상승효과
경쟁우위</td></tr>
<tr><td rowspan="2">다국적</td><td>생산/자원/연구·개발의
세계 최적화</td><td>세계적인 경쟁
세계적인 최적 규모
세계적인 상승효과의 우위성</td><td>규모의 경제</td></tr>
<tr><td>세계적인 다각화
글로벌 포트폴리오</td><td>세계적인 기업과의 경쟁</td><td>장·단기 포트폴리오의 균형
프로젝트 최적화</td></tr>
</table>

자료 : 전경련, 「우리나라 해외투자법인의 현지화 실태와 개선과제」, 1993, p. 3.

첫째, 해외시장에서의 경쟁력을 유지할 수 있는 생산요소가 국내에 있을 때 나타나는 수출단계이다. 둘째, 세계시장 수요의 상대적 감퇴와 선진 제국의 보호주의 무역장벽에 대응하여 판매는 물론 생산거점까지를 해외에 이전하는 국제단계(현지국 또는 지역지향 단계)이다. 셋째, 전 세계시장의 체계가 더욱 공고하게 확립되고 관세장벽 등의 국경선이 사라지며 세계적 수송망의 발달로 운송비의 비중이 작아질 때 그리고 세계 곳곳에서 경쟁기업의 도전이 격심하게 나타날 때, 세계에서 가장 저렴한 원가 구조를 갖는 국가에서 생산된 제품을 전 세계시장에서 흡수하는 다변화된 생산·판매체계를 갖추는 다국적 단계

(세계지향 단계)이다.

또한, 해외 활동 수준에 따라 8단계로 세분하여 각각의 활동에 필요한 조건, 활동에 따른 전략, 현지 관리자의 책임 등을 분석하고 있다(〈도표 9-1〉 참조).

첫째 단계에서는 자본, 노동력, 기술 등 생산요소의 경쟁우위가 국내에 있으므로 생산 및 관리거점은 국내에 두고 판매만 해외에서 이루어지게 된다. 그러나 둘째 단계부터는 위의 이유로 인해 해외직접투자가 본격적으로 진행된다.

이상과 같은 기업의 세계화는 통합화와 현지화라는 두 개의 방향으로 진행된다. 통합화는 현지화의 바탕 위에서 세계에 존재하는 생산요소를 전 세계적 관점에서 최적으로 조달, 활용하려는 조직적이고 네트워크화된 전략으로 현지화가 어느 정도 진척되었을 때 비로소 통합화의 움직임이 나타나는 것이 일반적이지만, 양자의 관계는 거의 동시에 추구되어야 할 과제로 인식된다. 이에 따라 일본기업에서는 한편에서는 통합회를 추진하고 다른 한편에서는 현지화를 수행한다는 의미에서 Glocalization이라는 신조어도 등장하였다.

위에서 말한 세계화 단계에서 둘째 단계의 중심과제가 경영활동의 현지화(현지 국화 또는 지역화)이고, 셋째 단계의 중심과제는 경영활동의 전 세계적 총합화라 할 수 있다.

그러나 지역주의의 대두에 따라 이러한 기업들의 전형적인 세계화 양상이 바뀌고 있다. 즉 기업의 다국적화가 지금까지 기업 국제화의 중심과제였으나, EU, NAFTA 등 전 세계적으로 지역주의가 확산함에 따라 일본이나 유럽제국의 기업들은 다 지역화를 새로운 과제로 인식하고 있다. 이에 따라 기업 체계화의 최종 목표도 과거의 다국적 기업에서 여러 지역기업으로 바뀌고 있다.

다국적기업에서는 세계를 하나로 보며 세계적인 연대조직망을 갖고 생산비용이 가장 낮은 곳에서 생산하여 가장 유리한 지역에 제품을 판매하는 글로벌 물류가 이루어지도록 본사가 조정하고 통제한다. 즉 본사에서 세계 산재한 현지 기업들을 직접 관리하며 전체기업 측면에서의 전 세계적인 이익 극대화(또는 최적화)를 도모하게 되는 것이다.

〈도표 9-2〉 다국적기업의 세계화 전략

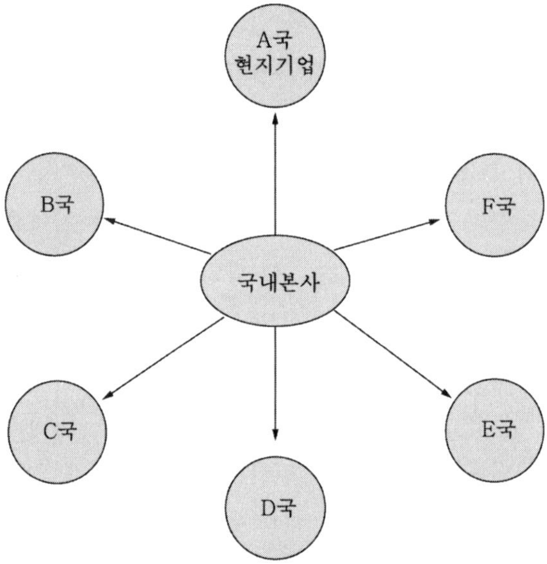

자료: 함중만, 「한·일 비교를 통한 해외투자기업의 현지화 전략에 관한 연구-동남아시아를 중심으로」, 생산성본부, 1996, p. 20.

그러나 다지역 기업(Multi-Regional Company)은 세계를 지역들의 집합으로 보고 각 지역 내에 현지화를 행하여 제품개발, 생산, 판매를 개별지역 내에서 완결하고 관리에 있어서도 지역 기업활동이 세계적으로 확대된다는 것은 여러 가지 의미를 내포하고 있다.

첫째, 기업활동의 지리적 범위(geographic scope)가 한 국가에서 세계 여러 나라로 넓어진다는 것이다.

둘째, 세계에서 여러 가지 사업을 동시에 수행할 수 있을 정도로 사업 범위(business scope)가 확대되는 사업 다각화의 의미가 있다.

셋째, 기업이 세계 어느 곳이든지 가장 효율적인 국가에서 경영활동을 수행할 수 있도록 하는 기능 범위(functional scope)가 확대된다.

넷째, 기업이 새로운 국가, 사업 및 기능 활동에 참여하는 방식이 다양해진다. 이처럼 기업 세계화의 현상은 의도적인 것이 아니라 세계 경쟁을 통한 국제적 수준에서의 자본이동의 결과이다. 즉 세계 경쟁구조의 급속한 변화가 국가나 기업이 세계화하지 않으면 존립하지 못할 여건을 조성해 가고 있는 것이다(함중만).

IBM은 다음 네 가지 이유에서 세계화에 많은 관심이 있다.

첫째 이유는 IBM은 총수입의 60% 이상을 미국 외의 다른 지역에서 거두어들이는 세계적 기업이기 때문이다.

둘째, IBM이 세계화에 대해 꾸준히 연구하는 이유는 IBM의 고객 중 가장 큰 500개의 고객이 회사 총수입의 20% 이상 즉, 130억 달러를 차지하고 있으며, 이들 세계의 고객 기반이 국내의 고객 기반보다 두 배나 빠른 속도로 성장하고 있기 때문이다. 이들 국제적인 고객들의 요구는 아주 중요한 유인책이다.

셋째, IBM의 전략이 전 세계에 걸쳐 수천 개에 이르는 사업 상대와 협력하는 것이기 때문이다. IBM의 국제적인 규모나 중요성을 이용하는 데 골몰하고 있는 많은 사업 상대들과 함께 일하는 것은 IBM이 이전에는 부분적으로만 다루어 보았던 새롭고도 어려운 문제들을 일으킨다.

넷째, 세계화하는 데 필연적으로 따르는 사업 기회 때문이다. IBM은 세계화가 새로운 적용과 서비스의 장을 열어줄 것이라고 믿고 있다. 이런 이유가 바로 1990년대 대부분 산업의 경쟁 환경을 규정지어 주고 있다(김광수).

IBM이 다른 10개의 회사와 공동으로 개발한 세계화된 회사의 정의는 다음 세 가지 견해를 종합한 것이다.

① 세계화라는 것은 한 회사가 제품·마케팅·생산 물류 및 연구개발에 대한 전 세계적인 계획을 세울 수 있게 해주는 세계화 전략과 관련된 사업 개념이라는 것이다. 세계화를 계속 추진하고 있는 회사들이 이런 회사와 활동들을 전체적으로 파악하고 그것들을 세계적 체계

라는 사고방식에 의해 추진되는 것으로 취급한다.

세계화한 회사는 경계가 거의 없거나 전혀 없으며, 가장 유리한 곳에서 임무 위주의 사업을 착수한다. 예를 들어, 연구개발은 연구개발 인력이 실제로 있는 곳이면 어디서나 이루어질 수 있다. 본부의 위치 따위와 같은 내부적인 결정은 시장이나 개개의 고객들에게 투명하게 밝혀진다. 세계화한다는 것은 회사의 영향력 내에서 회사의 범위와 존재를 확장하는 것을 의미한다. 다시 말해서 실제 설비가 있는 영역보다 더 넓은 영역을 가지는 것이다.

② 세계화한 회사는 지역 고객의 요구에 민감하고 각 지역 고객들을 동등하게 지원해 줄 수 있는 유통사업 체계를 가지고 있어야 한다. 세계적인 회사는 기본적인 가치체계, 원칙 그리고 사업체계를 가지고 있으며, 영업하는 지역별로 그곳에 맞게 그것들을 조정하게 된다. 세계화한다는 것은 고도의 문화적 다양성과 이해를 요구한다.

두 번째의 결론은 세계화되는 과정과 관계가 있는 것이다. '세계화한다'라는 개념은 그것을 쉽게 설명하는 것이 실행하기보다도 더 어렵다. 세계화 과정은 리처드 놀런이 얘기한 근본적인 기업 변신에 있어서 빠질 수 없는 요소다. 놀런에 의하면 기업 변신은 여러 해에 걸쳐 진행되며, 그 추진력은 많은 사업 상대들과 함께 일하는 것은 IBM이 이전에는 부분적으로만 다루어 보았던 새롭고도 어려운 문제들을 일으킨다.

③ 세계화한 회사는 세계적인 체계로서 보이고 기획되어야 하는 측면과 각 지역의 요구사항에 민감해야 하는 측면 간의 균형을 유지하는 법을 배워야 한다. 조직의 힘은 지역의 요구가 적절히 충족되고 있는가를 분명히 할 뿐 아니라 그와 동시에 통합성을 유지하고 회사의 통합된 세계적 체계들의 주요 국면들이 손상을 입지 않도록 하는 데 효과적으로 쓰여야 한다. 이 균형의 문제가 가장 어렵다. 이는 단순히 영업상의 균형이 아니라 조직 전반에 걸친 힘의 분배와 재분배다. 연구에 참여했던 한 임원은 다음과 같은 말로서 전반적인 분위기 혹은

감정을 정확히 잡아냈다. "회사 내 사람들의 문화는 우리의 세계화 목표를 실현하는 데 있어서 심각한 장애물이다. 그것은 지나치게 자국 위주로 집중되어 있다." 또 다른 사람도 그와 비슷한 견해를 말한다. "우리는 세계화 원칙을 세우는 데 있어 이해할 만한 철학을 가져야 한다. 그리고 그 원칙이 실제로 실천에 옮겨질 수 있다고 우리 모든 종업원에게 확신시켜야 한다."

④ 세계화하는 데 필연적으로 따르는 사업 기회 때문이다. IBM은 세계화가 새로운 적용과 서비스의 장을 열어줄 것이라고 믿고 있다. 이런 이유가 바로 1990년대 대부분 산업의 경쟁 환경을 규정지어 주고 있다.

3) IBM이 후원한 세계화 연구

IBM이 다른 10개의 회사와 공동으로 개발한 세계화된 회사의 정의는 세 가지 견해를 종합한 것이다(김광수).

첫째, 세계화라는 것은 한 회사가 제품 · 미케팅 · 생산 물류 및 연구개발에 대한 전 세계적인 계획을 세울 수 있게 해주는 현재와는 근본적으로 전혀 다른 상태에 도달할 수 있다는 비전이고, 한 기업의 거의 모든 측면에서 동시에 일어나는 변화와 관련된다.

다른 회사들과 마찬가지로 IBM도 놀라운 변신 개념과 관련된 엄청난 변화에 직면해 고군분투하고 있다. IBM이나 연구에 참여한 다른 회사들은 위에서 언급한 규모나 정도의 변화를 관리해 본 경험이 없다. 그러나 다른 방법이 없는 듯하고 세계화는 변화를 관리하는 전통적인 종래의 접근법으로는 달성될 수 없음이 분명하다.

변신이라는 맥락에서 연구대상이었던 모든 회사의 임원들은 비록 세계화의 개념을 현실로 옮기는 데 있어서 발전을 보이지만, 아직도 자기들의 목표와는 멀리 떨어져 있다고 지적한다. 놀라운 것은 세계의 서로 다른 지역(일본 · 유럽 · 미국)에 있고, 서로 다른 업종(서비스 · 제조 · 금융)에 속한 회사들이 모두 변신과 관련된 비슷한 문제에 직면하고 있다는 점과 세계화를 위해 필수적인 것으로 보고 있는 과정이 매우 같다는 점이다. 그 동질성이 아주 많이 두드러진다.

연구의 세 번째 결론은 세계화하기 위한 효과적인 변신 과정에 따르는 6개의 주요 요소를 명시하고 있다. 이 목록들이 완전하지는 않으며 더 손질이 가해져야 하지만, 이들 6개 요소는 세계화를 앞서 시작하려는 회사들에 그 기본 발판을 제공해 줄 것이다.

(1) 요인 1 : 세계화 전망의 공유

세계화 과정의 첫째 핵심요소는 전체 종업원들이 세계화 비전을 공유하고 소위 세계적인 사고방식을 만들어내는 것이다. 연구에 참여했던 회사의 대부분 임원은 이상을 가지고 있었으나 그들의 종업원 중에도 그들의 비전을 공유하고 있다고 확신하는 사람은 아무도 없었다. 큰 조직체 전체가 그러한 개념을 공유하기란 무척 어려운 일이다.

「하버드 비즈니스 리뷰」와의 인터뷰에서 성공적인 세계화기업 중 하나인 아시아 브라운 보베리 사의 사장 퍼시 바네비크는 비전 공유의 중요성을 언급했다. 그는 자기 회사를 '고 가식' 회사라고 했는데, 자기 비전을 임원들에게 전달하는 데 투명성을 보장하기 때문이다. 그는 개인적으로 2,000개가 넘는 고가를 여행하면서 회사에 대한 자신의 비전과 그 비전이 의미하는 바를 설명하러 다닌다고 했다. 비전이 공유되려면 비전은 단순히 구호 수준을 넘어서고 회사가 처음 생긴 나라의 언어의 의미체계를 뛰어넘어야 한다.

그리고 비전이 공유되었는지를 결정하기 위해서는 비전이 미친 영향을 시험하고 종업원들의 구매력(buy-in) 결정이 필요하다. IBM은 스스로 이름 붙인 '시장 주도의 품질(market driven quality)'을 위해 애써 왔다. IBM은 실제로 종업원의 구매력을 측정하고 이 측정이 고객 만족과 품질측정 바로 다음으로 중요한 회사의 실적 척도로 등장하게 되었다. 그리하여 이 개념을 이해하고 이를 가지고 뭔가를 할 수 있는 사람의 숫자는 IBM은 월례보고가 있을 때 사장이 세 번째로 보는 정보가 되었다.

(2) 요인 2 : 측정능력

세계화 과정의 주요 요소 중 두 번째 것은 우선순위를 정하고 세계화를 향해 가는 과정을 측정하는 능력이다. 만약 세계화 과정이 10년이 걸린다면 이 기간에 전략을 잊어버릴 이유가 10여 가지는 될 것이다. 내가 들은 바에 따르면 세계화 추진계획의 필요성을 충분히 인식한 어느 대형 은행의 최고경영자는 "올해는 사정이 매우 어려우니까 내년부터 시작하기로 하자"고 말했다 한다. 처음부터 목표와 척도를 정하고 그것들을 장기계획과 연결하고, 그 장기계획들을 다시 즉각적인 결과를 가져올 수 있는 단기적인 행동들로 세분한다. 그리고 이 즉각적인 결과들은 다시 최고경영자들이 원하는 세계화의 계획과 프로젝트 추진에 사용될 수 있다.

(3) 요인 3 : 지역과 세계의 균형 유지

지역적으로 민감한 활동과 세계적인 통합 간의 균형을 유지하는 데 유용한 도구와 방법론들을 개발하는 것이 바로 세계화 과정의 세 번째 주요 요소다. '올바른' 지역-세계 간의 균형을 유지하는 것은 개개 회사와 그 경영층에 의해 좌우된다.

IBM은 이런 균형을 유지하기 위해 사업과 정을 사용하기로 했다. IBM은 고객의 요구를 이해하는 것부터 제품과 서비스를 제공하는 데 따른 15개의 과정을 규정지었다. 고객과 관련된 최전방의 사업과 정은 가장 지역 특성에 맞게 조정되어야 할 부분이며, 반면에 보다 일반적인 성격을 지닌 최후방 활동은 더 조직화한 세계적인 시각에 의해 결정된다. 사업 과정에 대한 이러한 분석은 지역적 합리화에서부터 기업 전체의 수술에 이르기까지 많은 리엔지니어링 기회를 시사하고 있다.

〈도표 9-3〉 세계화 전략의 유무와 공유된 전망

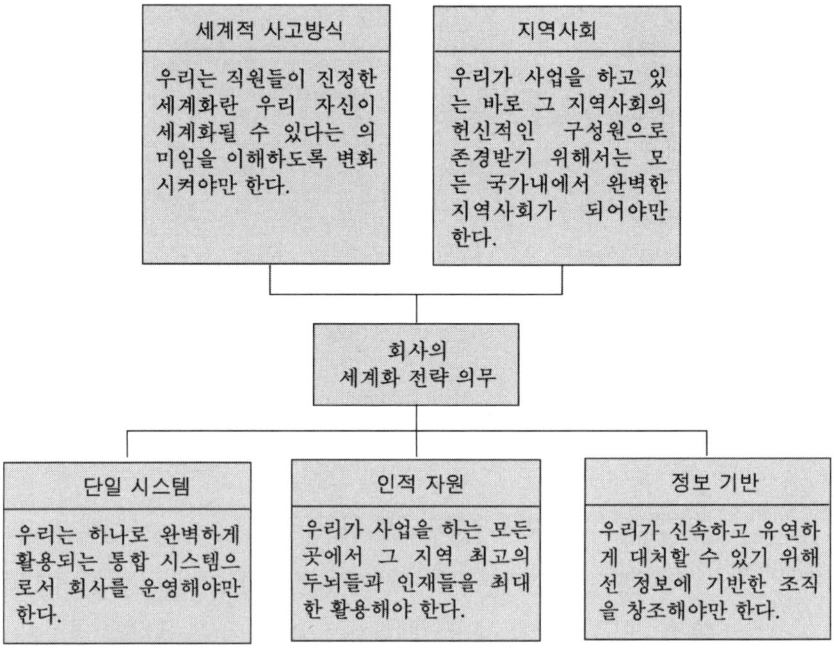

자료 : 김광수, 『미국 하이테크 산업의 세계화 전략』, 전자신문사, 1995, p. 328.

(4) 요인 4 : 정보 기술(IT)

연구대상이었던 10개 회사 중 9개 회사가 정보 기술을, 세계화 목표를 달성하는 데 있어서 필수 불가결한 5대 요소 중 하나로 꼽았다. 그리고 나머지 1개 회사는 정보 기술을 '우리의 생존에 꼭 필요한 것'이라고 했다. 세계화 추세가 계속되면서 우리는 특정 시스템에 대한 전례 없는 규모의 투자뿐 아니라 정보 기술 기반구조의 지출이라는 새로운 물결을 보게 될 것이다.

세계화 목표를 위한 정보 기술 계획은 여러 가지 공통된 특성을 나타낸다.

① IT가 장기적인 가치를 부가시킬 수 있는 분야를 구분함으로써 IT 와 사업전략의 연관성을 이해하기 위해서 세계화 기획의 틀

을 사용한다.

② 세계적 사업을 위한 기술 구조의 청사진을 포함한 결과물을 가진 IT 구축과정을 시작한다.

③ 그 세계적인 IT 포트폴리오 — 제품 및 과정의 지원, 조정과 통제 시스템 — 에 의해 제공되는 기회들을 명시한다.

④ 세계적인 IT 자원의 배치와 사용전략을 개발한다.

(5) 요인 5 : 세계 고객들에 대한 이해

다섯 번째 요소는 세계화한 회사가 진정으로 세계화의 요구를 가진 고객들을 가졌는지 아닌지를 결정하는 것이다. 그다음으로는 회사가 지역 고객의 요구를 이해하는 것과 마찬가지로 정확하게 그들의 요구를 이해할 수 있는 방법을 찾아내는 것이다. 이는 이번 연구의 주요 목적이었으며, IBM이 현재 추구하고 있는 흥미로운 몇 가지 사업 기회를 드러내 주었다.

(6) 요인 6 : 협력 파드너

세계화 과정의 여섯 번째 주요 요소는 협력 전략과 관계가 있다. 연구에 참여한 모든 사람이 인정한 두 가지 요구가 있다. 그중 하나는 세계적인 협력 파트너를 찾는 데 있어서 보다 활발한 선택과정에 대한 요구이고, 둘째는 지역, 국내, 대륙, 그리고 세계라는 차원에서 적절한 협력을 모색하는 것이다.

세계적 차원의 협력 파트너와 서비스 파트너라는 측면에서 기업들은 다음과 같은 몇 가지 공유된 특성을 살펴야 한다.

① 해당 업계에 영향을 미칠 수 있는 주요 업체들을 판별하여 연구할 환경을 살펴보는 과정.

② 파트너와 잠재적인 역할에 대한 내부적인 관리를 교육하는 프로그램.

③ 오래 끄는 협상이 아닌 신속하게 거래를 끝낼 수 있는 능력.

제 2 절 글로벌화 촉진

1. 글로벌화를 촉진하는 요인

1) 규모의 경제

기업이 세계시장에 진출하고자 하는 것은 자국의 시장의 규모보다 세계시장은 수백 배 이상의 커다란 시장 규모를 가지고 있기 때문이다. 기업이 국내시장을 위한 생산활동과 판매 활동을 한다면, 생산 규모와 판매 규모가 아주 작아서 생산과 개발에 있어서 비용이 많이 발생하고 결국 높은 제품가격으로 이전하기 때문에 해외에 진출한다고 볼 수 있다. 따라서 제조원가 등에 이점이 없으므로 완제품을 시장에 나왔을 때 경쟁력이 현저하게 떨어진다고 볼 수 있다. 따라서 기업으로서는 커다란 시장에 진출해서 보다 많은 생산량과 판매량의 증대에 따른 경쟁력을 얻을 수 있다.

국제화를 촉진하는 요인은 생산성이 보다 중요시되기 때문에 노동집약적인 방식이 아닌 자본 집약적인 생산방식을 통한 규모의 경제가 중요시되고 있다. 규모의 경제가 이루어지고 있을 때 기업의 경쟁력이 높아진다고 볼 수 있다. 기업의 경쟁력은 대량생산을 통한 시장에서의 가격경쟁력이라고 볼 수 있다.

그러나 산업화가 잘 이루어지지 않은 국가와 산업화를 추진하는 국가는 자국의 경제환경에 맞는 산업화를 추구하고 있다. 많은 동남아시아, 남미, 아프리카 등은 높은 실업률을 해소하기 위하여 자본 집약적인 산업보다 노동집약적인 산업에 더욱더 투자를 기울이고 있다. 이와 반대로 미국, 일본 및 유럽 선진국들은 경쟁력을 높이려고 모든 산업에서 자본 집약적인 산업을 통한 규모의 경제를 가지려고 한다.

2) 기술진보

국제화를 촉진하는 또 하나의 요인은 빠른 기술발전과 진보를 들 수 있다. 기술발전과 진보를 가져온 이유는 기업의 연구개발(R&D) 투자에 과거보다 더 많이 투자한다고 볼 수 있다. 국내 제약사의 총매출액 대비 연구개발비를 보면 셀트리온이 매출액 대비 R&D 투자 비중이 39.4%였고 한미약품(18.4%) 대웅제약(13.6%) 종근당(12.3%) 등이 10%대 투자 비중을 보였다. 바이오시밀러 개발을 위해 투자단계인 삼성바이오에피스는 매출액 대비 R&D 비용이 104%에 달했다. 로슈, 존슨앤드존슨, 노바티스 등이 포진한 글로벌 10대 바이오제약 기업의 지난해 연구·개발 비용은 718억 달러로 우리 돈으로 환산하면 81조 2,000억 원에 이른다. 셀트리온, 한미약품 등이 속한 국내 10대 바이오 제약기업의 전체 연구·개발 비용은 1조 1,272억 원으로 글로벌 10대 바이오제약 기업의 연구·개발 비용의 72분의 1에 불과하다. 이처럼 높은 연구개발비는 국내시장 생산 및 판매만으로는 높은 연구개발 비용을 충당할 수가 없다.

3) 소비자 수요의 동질화

시장개방, 무역자유화, 투자 자유화 등으로 인하여 한국 시장에 외국기업이 자유롭게 진입하고 한국기업은 외국 어느 국가든 자유롭게 진출하고 있다. 소비자들은 해외 어느 곳에 가든 원하는 제품을 구할 수 있다. 특히 기능성 제품(전자제품, 스마트폰, 오디오, 자동차, 냉장고, 에어컨, TV)과 서비스 제품(맥도널드, 피자헛, 빕스, 도미노피자, 배스킨라빈스 등, 로메인, 신라면 등)은 세계 어느 곳에서도 구매할 수 있다. 기업의 국제화의 커다란 요인은 소비자 기호가 점차 동질화되어 간다는 점이다. 나이키와 아디다스 운동복은 전 세적으로 주목을 받는 제품이다. 게스(Guess) 리바이스(Levi's)청바지 등은 한국뿐만 아니라 전 세계 국민이 즐겨 입는 청바지가 되었다. 맥도널드 햄버거는 소고기를 먹지 않는 인도에서도 성황리에 영업활동을 하고 있다.

소비자 수요의 동질화에 대한 또 하나의 이유는 세계 경제 성장이다. 특히 개발도상 국가의 시장 개방화에 따른 무역 증대와 경제 성장을 이룩하고 있다. 이에 따라 신흥공업국과의 국민 소득수준이 향상으로 인하여 소비도 늘어났고 이에 따라 수입도 증가하였다. 최근 들어서 개방화 정책에 따른 무역, 투자, 문화 및 여행 등이 국가 간 상호 의존성이 높아지는 것이 국제화를 촉진하는 중요한 요인이 되고 있다.

〈도표 9-4〉 글로벌 제약사와 국내 제약사의 R&D 비중

1	로슈	R&D비용(억달러)	114.2	셀트리온	R&D비용(억원)	2640
		증가율(%)	20		증가율(%)	36.1
		매출액 대비 R&D 비중(%)	22.8		매출액 대비 R&D 비중(%)	39.4
2	존슨앤존슨	R&D비용(억달러)	99	한미약품	R&D비용(억원)	1626
		증가율(%)	0.5		증가율(%)	-13.1
		매출액 대비 R&D 비중(%)	12.6		매출액 대비 R&D 비중(%)	18.4
3	노바티스	R&D비용(억달러)	90	삼성바이오에피스	R&D비용(억원)	1537
		증가율(%)	0.8		증가율(%)	-30.4
		매출액 대비 R&D 비중(%)	18.5		매출액 대비 R&D 비중(%)	104
4	화이자	R&D비용(억달러)	78.7	녹십자	R&D비용(억원)	1170
		증가율(%)	3		증가율(%)	14.8
		매출액 대비 R&D 비중(%)	14.8		매출액 대비 R&D 비중(%)	11.3
5	머크	R&D비용(억달러)	71.9	대웅제약	R&D비용(억원)	1080
		증가율(%)	7.3		증가율(%)	8.1
		매출액 대비 R&D 비중(%)	18		매출액 대비 R&D 비중(%)	13.6
6	아스트라제네카	R&D비용(억달러)	58.9	종근당	R&D비용(억원)	1022
		증가율(%)	-1.7		증가율(%)	11.8
		매출액 대비 R&D 비중(%)	25.7		매출액 대비 R&D 비중(%)	12.3
7	사노피	R&D비용(억달러)	54.5	유한양행	R&D비용(억원)	865
		증가율(%)	1.8		증가율(%)	19
		매출액 대비 R&D 비중(%)	15.2		매출액 대비 R&D 비중(%)	6.6
8	일라이 릴리	R&D비용(억달러)	52.4	동아에스티	R&D비용(억원)	726
		증가율(%)	9.3		증가율(%)	21.8
		매출액 대비 R&D 비중(%)	24.7		매출액 대비 R&D 비중(%)	13

4) 경제통합 및 무역장벽의 감소

1995년 WTO 출범 이후 지역경제통합인 자유무역협정(FTA)이 폭발적으로 늘어나고 있다. 자유무역협정은 회원국 간 상품, 서비스, 투자, 지재권, 정부조달 등에 대한 관세 및 비관세 장벽을 완화함으로

써 상호 간 교역 증진을 도모하는 특혜 무역협정을 의미하며 특히 관세철폐에 주요 초점이 맞춰져 있다. 지역 무역협정(RTA: Regional Trade Agreement)은, 자유무역협정→ 관세동맹 → 공동시장 → 단일시장 등의 단계를 통해 경제통합으로 나아간다.

2017년 10월 기준 WTO를 통해 파악된 지역 무역협정(RTA) 발효 건수는 455건이며, 이 가운데 상품무역을 다룬 자유무역협정(FTA)이 254건으로 가장 큰 비중을 차지하고 있다. 시기별로 보면 지역 무역협정은 1995년 WTO 출범 이후 급증하기 시작하여 전체 455건의 협정 중 1995년 이후에만 전체의 89.0%에 해당하는 405건이 발효된 것으로 파악되고 있다. 한국의 FTA 발효된 국가는 칠레, EFTA, ASEAN, 인도, EU, 페루, 미국, 터키, 호주, 중국, 뉴질랜드, 캐나다, 베트남, 콜롬비아 등 52개국이다.

지역경제통합의 주목적은 국가 간의 경제적 장벽을 낮추기 위한 정부 간의 노력으로 하나의 시장 혹은 하나의 경제권역으로 형성해 나가는 것을 의미한다. 따라서 지역경제통합은 국가 간 역내무역 창출과 더불어 경제효과를 크게 나타나고 있어서 대부분 국가는 더 많은 국가와 경제통합을 선호하고 있다. 경제통합이 이루어진 국가 간의 최종 목적은 관세철폐 등에 따른 자유무역에 있다. 따라서 역내 기업들은 경쟁력 우위에 따라 국제시장에 더 쉽게 진출할 수 있고, 또한 국가 간 가장 효율적인 방법으로 무역을 증대시킬 수 있다.

제3절 글로벌 유형과 이점

1. 글로벌화의 유형

기업의 활동은 주로 수출을 통하여 해외에 시장에 진출하였으나 1995년 WTO가 출범한 이래 서비스 및 지식재산권 등에도 국가 간 교역이 활발하게 이루어지고 있다. 또한, 국가 간 경제통합의 하나인 자유무역협정(FTA)으로 해외투자가 활발하게 이루어지고 있다. 특히 개발도상국에선 외국인 투자를 유치하기 위하여 자국의 규제를 철폐하는 동시에 외국투자기업이 원하는 정책과 유인책을 제공하고 있다. 최근 들어 많은 개발도상국도 자본시장의 자유화로 인하여 많은 기업은 자본비용이 저렴한 국가에서 필요한 자본을 손쉽게 조달하고 있다. 따라서 국제화가 급진적으로 진전되고 있다. 이는 국가 간 경제의 상호 의존성이 높아져 간다는 것을 의미한다. 이러한 국제화는 여러 분야에서 급속도로 이루어지고 있는데 특히 시장의 국제화와 생산의 국제화가 가장 활발하게 이루어지고 있다고 볼 수 있다.

1) 시장의 글로벌화

시장의 글로벌화는 세계의 시장으로 변화한다는 것을 의미한다. 이는 세계는 "하나의 시장이다"라는 것을 의미한다. 이러한 환경의 변화는 자유무역과 시장개방이 국가 경제에 커다란 효과를 가져다준다는 것을 알기 때문이다. 1980년대 한국을 비롯한 많은 나라에서 자국 시장을 보호하자는 보호 무역주의자들이 자유무역과 시장개방을 반대하였다. 그러나 여러 국제기구인 GATT, IMF 및 World Bank 등이 지속해서 시장개방을 설득하여 오늘의 세계 경제뿐만 아니라 한국경제도 높은 성장을 가져온 것에 대해서 부정하는 학자는 없다. 이처럼 지속적인 시장개방으로 인하여 많은 국가의 소비자들이 소비패턴과 소비자의 욕구가 비슷해져 가고 있다.

앞으로 국가 무역장벽이 점차 더 낮아져 감에 따라 국가 간 시장의 환경은 더욱 더 동질화되어 간다고 볼 수 있다. 어느 국가에 가든 쉽게 원하는 그것을 구매할 수 있다고 볼 수 있다. 한국에서 발행한 신용카드, 농심의 신라면, 삼성냉장고, LG 세탁기, 현대자동차 등 수없이 많은 제품 등을 해외에서 손쉽게 구매할 수 있다. 이와 반대로 독일, 미국, 영국 제품 등도 한국 시장에서 쉽게 구매할 수 있다. 물론 과거에는 개인적으로 통신을 통해 해외 직접구입이 불가능하였지만, 최근 들어서 손쉽게 원하는 국가에서 원하는 제품을 이른 시일 안에 구매할 수 있다. 이는 무역자유화와 시장 자유화, 금융시장 자유화로 인한 혜택이라고 볼 수 있다.

시장의 국제화가 가장 빠르게 성장하는 분야는 기능성 제품이라고 볼 수 있다. 필립스의 헤어드라이어, 다리미, 오디오, 삼성 스마트폰, TV, 냉장고, 세탁기, 현대 자동차, 벤츠의 자동차 등을 기능성 제품이라고 하는데 이와 같은 제품은 세계 어느 시장에서 구매할 수 있다. 물론 소비재 제품인 한국 농심사의 신라면, 맥도날드, 버거킹, 도미노피자 등도 어느 국가에 가서도 맛있게 먹을 수 있다. 선진국인 미국은 서비스 무역이 전체 무역량의 80% 이상을 차지하고 있는 것으로 볼 때 많은 분야에서 동질화가 이루어질 것으로 예측되다.

2) 생산의 글로벌화

생산의 글로벌화는 국가 간 가지고 있는 자원의 격차로 인하여 생산비 차이를 보이므로 글로벌화가 촉진되고 있다. 따라서 기업은 제품의 경쟁력을 높이려는 하나의 수단으로 해외생산이 이루어지고 있다. 제품의 경쟁력은 품질뿐만 아니라 생산 효율성을 의미하기도 한다. 한국의 많은 기업이 중국, 베트남 등에서 제품을 생산하는 것은 저렴한 임금을 이용한 생산 효율성을 높이기 위함이라고 볼 수 있다. 물론 거대한 시장이 존재하기도 하지만 기업의 제품경쟁력을 통한 진출이 우선시하기 때문에 현지 생산을 한다고 볼 수 있다.

동남아시아 국가의 외국인 직접투자의 순위를 보면 미국, 일본, 독일, 영국, 한국 등의 선진국의 기업이 대부분을 차지하고 있다. 물론 선진국들이 경영자원의 우위를 가지고 있기 때문이지만 투자 대부분을 차지하고 있는 이유는 저렴한 인건비 때문이라는 것을 부정하는 학자는 없을 것이다. 이들 국가의 기업은 현지 생산해서 현지 국가에도 판매하지만 대부분 세계시장에 공급하고 있다. 앞으로도 자원의 격차 및 지리적 입지를 이용해서 기업의 경쟁력을 높이려는 기업활동이 더욱더 늘어날 것으로 본다.

이와 같은 이유는 많은 사회주(미얀마, 베트남, 중국 등)의 국가들이 더 많은 개방화를 추진하고 있으며, 외국인 투자를 유치하기 위하여 제도개선, 인센티브제공 등 기업 유인책을 개발하고 제공하고 있다.

2. 글로벌화의 이점

국제화의 이점은 범국가 기업적인 측면에서 긍정적인 측면을 논하면 다음과 같다. 국제화는 자유무역과 시장개방을 추구하는 정책이다. 이와 같은 정책으로 문호를 더욱 개방하므로 자유롭게 국내기업과 외국기업이 교류가 증대되어 가는 것을 의미한다.

그러므로 국가 간의 자유로운 무역 활동을 통해 경제 성장을 이룰 수 있다. 기업의 긍정적인 측면을 보면 각 국가 문호의 개방과 국가의 진·출입이 자유로워짐에 따라 생산 요소비용이 가장 저렴한 국가에 진출해서 필요한 제품을 생산할 수 있다. 이는 국가 간 가지고 있는 자원의 격차로 인하여 경영자원이 이동하여 경영활동을 한다고 볼 수 있다.

또한, 기업 인재의 채용도 국적을 불문하여 가장 유능한 인재를 손쉽게 채용할 수 있다는 것이 커다란 장점이라고 볼 수 있다. 국가시장을 개방하기 전 또는 자본시장 개방 전에는 해외에서 자본을 조달할 수가 없었다. 그러나 최근 들어서는 기업의 신용도에 따라 자유롭게 필요한 자금을 자유롭게 조달할 수 있다.

또한, 국내기업으로써 국내시장에서의 기업활동은 매우 제한적이다. 시장의 규모가 작고 소비자층도 많지 않아서 기업의 성장은 제한적이라고 볼 수 있다. 그러나 기업이 국제화되어서 해외시장 진출은 시장의 규모가 국내시장과 비교할 수 없이 크므로 표준화를 통한 규모의 경제가 가능하다. 국제화의 장점을 요약하면 다음과 같다.

1) 요소비용이 저렴한 곳에서 제품을 생산할 수 있다.
2) 국적을 불문하여 유능한 인재를 고용할 수 있다.
3) 자본이 풍부한 국가에서 자율적으로 조달할 수 있다.
4) 표준화의 가능성으로 경쟁력을 높일 수 있다.
5) 국가 간의 자유로운 무역 활동을 통해 경제 성장을 이룰 수 있다(이윤선).

제 4 절 기업 글로벌화의 촉진요인

1. 세계화와 기업의 글로벌화

1) 기업의 글로벌화

국제화란 국제교류 및 이해증진을 위한 상호의존 증대를 의미한다. 다시 말해서 국가 간 관계에 초점을 맞춘 상호 간의 교류를 높여가는 것을 말한다. 초기의 국제화는 경제 분야에서 시작하였지만 최근 들어서는 사회문화, 국방 등 모든 분야에 국제화를 추진하고 있다. 국제화의 최종목적은 국가 간 상호교류를 통해서 자국의 경제 성장과 더 나은 삶의 높이기 위한 하나의 방법으로 추진하고 있다.

기업의 국제화란 국내기업 중심에서 해외시장으로 점차 넓혀져 가는 것을 의미한다. 초기의 국내기업은 국내에서 제품생산·판매를 주로 한다고 볼 수 있다. 시간이 흘러감에 따라 국내소비 자의 반응에 따라 또는 기업의 정책에 따라 새로운 시장을 개척하기 위하여 해외로 진출하고 있다. 기업이 지속해서 성장하기 위해서는 국내시장에서는 기업 성장이 제한적이고 규모의 경제가 불가능하므로 시장 규모가 큰 해외 시장으로 눈을 돌린다고 볼 수 있다. 물론 모든 나라의 기업들이 같다고는 볼 수 없다. 미국, 독일, 중국 같은 나라는 인구 규모가 크고 시장이 크기 때문에 자국에서도 기업 성장이 가능하다고 볼 수가 있다.

〈도표 9-5〉 기업의 국제화 단계

	1기 국내기업	2기 국제기업	3기 다국적기업	4기 세계기업
핵심사업	국내사업	수출	해외직접투자	해외직접투자
전략목표	국내시장 점유율 확대	수출시장개척 및 점유율 확대	수입장벽 극복 혹은 안정적 현지시장 확보	범세계적 효율성의 확보를 통한 세계시장의 장악
조직구조	기능식 조직	해외수출부(기능)	지역본부	지역본부 + 통합 조정스태프
인사관리	-	본사 관리자의 해외 파견	본사 관리자 해외파견 + 현지채용	다양한 국적의 경영 관리자 활용
자금조달	자본의 국내조달	자본의 국내조달 또는 정부지원	해외 자본시장의 활용	국제금융회사의 독립
경영자의 태도	자민족 중심	자민족 중심	다민족 중심	지구중심
국내 예	대부분의 중소기업과 하청기업	종합무역상사, 일반무역회사 및 직접수출을 하는 소수 제조회사	해외 생산시설투자, 해외자원 개발·투자 등을 시도하는 기업	삼성전자, LG전자, 현대전자 등
국외 예	미국 대부분의 기업	일본의 종합무역상사, 서구의 Trading House	도요타, 소니, 다우케이컬 등	네슬레, 로열더치셸, 유니레버, 포드 등

그러나 한국, 대만, 홍콩, 유럽의 대부분 국가는 인구뿐만 아니라 시장의 규모가 매우 작아서 기업이 성장하기 위해서는 해외 진출이 필연적이라고 할 수 있다. 다시 말해서 기업의 국제화란 기업활동이 국제적으로 발전해 나가는 과정이라고 볼 수 있다. 이는 기업의 해외시

장진출 하는데 일정한 단계를 거처 기업 국제화가 이루어진다고 볼 수 있다.

즉 국내생산 국내 판매 활동을 거쳐서 외국시장에 수출을 추진하게 된다. 창업 초기부터 해외시장을 염두에 두고 제품을 생산하는 기업을 점차 늘고 있지만 매우 드물다고 볼 수 있다. 기업의 국제화 단계는 〈도표 9-5〉와 같이 진행된다고 볼 수 있다. 1단계 국내중심 기업 2단계 국내 및 해외중심기업 3단계 다국적기업 4단계 글로벌기업 중심으로 이루어진다.

2. 기업의 글로벌 촉진요인

국내기업 및 세계 경제 환경의 변화가 빠르게 변화가 이루어지고 있다. 따라서 기업이 국제화 시장에 참가하게 되는 원인과 촉진요인은 시장요인, 정부 요인, 경쟁요인 등으로 설명할 수 있다.

1) 시장요인

각 국가의 시장개방과 자유무역의 가속화로 빠르게 세계시장이 동질화되어가고 있다. 이는 시장의 규모가 점차 확장되어가는 것을 의미한다. 이처럼 국내시장 중심에서 벗어나 세계시장에 참가케 하는 촉진요인으로 볼 수 있다. 각 국가의 시장이 개방하기 전에는 자국 시장 중심으로 생산 및 소비가 이루어졌고, 해외국가에서 생산한 제품은 특히 일부분의 국내소비자 만 사용하였다. 그러나 최근 들어 국제화 및 개방화에 따른 각 국가의 개방화 정도가 과거보다 활짝 열려 각 국가 간의 교역이 아주 급속도로 증가하였고, 어느 국가에 있든 간에 원하는 제품을 손쉽게 구매할 수 있다. 이처럼 국제화에 따른 교역의 증가를 가져왔고 이로 인한 소비자의 욕구가 점점 동질화되어가고 있다. 다시 말해서 국가 간의 생활 방식과 소비자의 기호가 국가 간 수렴되고 동질화되고 있다는 것을 말한다. 예로 맥도널드, 피자, 스파게티 등이 서구지역뿐만 아니라 세계 어느 나라에서든 이 같은 음식을 애용할 수 있다. 또한, 독일 맥주의 경우 과거에는 독일에서만 구매할 수 있었으나 최근에는 세계 어느 나라에서든 구입할 수 있다. 이처럼 시장의 개방이 기업의 국제화를 촉진하는 것으로 작용하고 있다.

2) 비용요인

기업의 국제화로 인하여 규모의 경제를 가져올 수 있다. 자국 시장은 세계시장과 비교해 매우 적기 때문에 규모의 경제를 실현하기가 불가능하다고 볼 수 있다. 세계시장에 참가함으로 규모의 경제를 실현할 뿐만 아니라 제품의 경쟁력과 기업 성장을 가져올 수 있다. 또한, 자국 시장에서 생산하는 제품의 라이프 사이클과 제품의 개발비용이 문제가 되고 있다.

예로 핸드폰의 사이클을 보면 한국은 쇠퇴기에 접어 들어가고 있지만, 베트남, 필리핀 등은 도입기 또는 성장기에 있다고 볼 수 있다. 이처럼 기업이 해외시장에 참가함으로써 제품에 대한 사이클을 늘려갈 수 있고 또한 제품 개발비용도 줄여나갈 수 있다. 또한, 국가 간의 입지 특위 변수가 달라서 기업이 경쟁력을 높일 수 있는 국가로 진출하게 된다. 다시 말해서 국가 간의 생산 요소비용인 재료비, 노무비, 제조간접비 등이 차이가 있어서 생산성과 생산 요소비용을 고려해서 생산 국가를 선택하게 된다.

3) 정부 요인

기업의 국제화는 정부의 정책에 많은 영향을 받는다. 정부 정책 요인의 변화는 관세장벽이 축소, 비관세 장벽 감소와 각국 정부 간의 우호적인 무역에 관한 제도와 정책 등이 있다. 이처럼 정부 요인의 변화가 기업이 해외시장의 참여를 촉진하고 있다.

또한, 각 국가 간에 FTA(자유무역협정) 협정으로 인하여 문호의 개방은 기업이 글로벌 시장참여를 촉진하고 있다. 또한, 각국의 정부는 세계시장의 참여가 자국의 경제 성장에 중요한 역할을 하고 있어서 외국기업이 국내에 들어올 수 있도록 많은 제도의 개선과 유인책을 사용하고 있고 이와 반대로 다국적기업이 해외시장에서 기업활동을 할 수 있도록 정책적인 지원책을 쓰고 있다.

4) 경쟁요인

WTO 구축과 FTA 협정으로 세계무역량이 지속해서 증가하고 있다. 각 국가의 시장이 완전히 개방됨에 따라 경쟁적인 터전으로 변하게 되었다. 경쟁력에서 살아남으려는 기업은 글로벌 차원에서 생산 효율성을 가질 수 있는 국가로 생산기지를 결정된다. 또한, 시너지 효과를 얻을 수 있는 기업의 인수·합병 등이 증가하고, 글로벌 경쟁을 시도하는 새로운 경쟁자들이 등장한다.

따라서 경쟁력이 없는 기업은 도태되고 경쟁력이 있는 기업만이 살아남게 되었다. 살아남기 위한 전략의 하나로 기업은 국내기업에서 안주하는 것이 아니라 경쟁에서 살아남을 수 있는 국가에 진출을 도모한다. 자유무역이 확산하기 전에는 국내시장에서의 경쟁은 자국 기업간에 경쟁하였으나 최근 시장이 완전히 개방되고 WTO 체제가 구축한 이후에는 국내시장의 경쟁이 곧 세계시장의 경쟁이라고 볼 수 있게 되었다. 이러한 환경하에서 필연적으로 기업이 국제화되지 않으면 살아남지 못할 것이다.(이윤선)

제5절 현지화 전략

1. 현지화의 개념

현지화는 글로벌화(Globalization)와 대비되는 개념으로, 글로벌화가 세계공통의 표준화를 노리는 전략이라면 현지화는 현지의 문화적, 정치적, 사회적 특성에 맞춘 특화에 초점을 맞춘다고 할 수 있다. 이 둘은 상호보완적인 개념으로 두 개념 중 어느 쪽에 비중을 싣느냐에 따라 글로벌화 전략, 현지화 전략, 절충 전력 등으로 기업의 전략이 결정된다. 생각보다 훨씬 힘든 작업. 별거 아닌 거 같고 다 그게 그거 같은 캔 음료만 봐도 광고 전략, 제품의 색상, 디자인, 맛 등 많은 것이 나라마다 다르다.

적용 범위는 단순히 제품의 조정에 그치지 않고 자본조달, 인사, 제품, 마케팅 등 기업활동 전반에 걸쳐 발생한다. 다만 경영학 자체가 학문으로 정립된 역사가 짧아서 현지화에 관한 연구도 진행 중이다.

현지화란 현지에서의 원자재, 부품 등의 조달을 확대하고 인력구성 면에서도 현지인의 비중을 늘림으로써 투자기업이 현지에 제대로 뿌리를 내리도록 하는 것을 말한다. 요컨대 투자기업이 현지에서 국내기업과 마찬가지로 하나의 기업으로 정착하여 현지에서의 경제적 변화에 능동적으로 대처하고 현지 사회와의 조화로운 성장을 도모할 수 있도록 하는 것을 말한다(전경련).

현지법인의 경영은 지리적·문화적 차이, 환경의 다양성, 통제 불가능 변수의 존재, 높은 불확실성 등으로 인해 국내에서의 기업경영보다 어려운 것이 사실이다. 특히 인사관리 면에서 어려움을 겪을 수 있는데, 현지의 관습과 문화적인 배경을 이해하지 못하고 단순히 본국의 경영방식을 그대로 적용하려고 할 때는 마찰이 일어나게 된다. 따라서 해외투자기업의 효율성을 높이기 위해서는 현지의 관습, 문화 등을 충분히 숙지하고 거기에 알맞은 경영기법을 개발하는 등 국제경영능력을 배양하지 않으면 안 되고 이것이 바로 현지화와 직결되는 과제라고 할 수 있다.

현지화를 위해서는 국제기업의 조직화라는 점에 착안하여 현지의 정부 권력 구조, 사회구조 및 가족 구조에 주목할 필요가 있다. 현지 정부 관료기구의 의사결정권이 상부에 집중되어 있는가, 상대적으로 하위에 대폭 이양되어 있는가, 또한 가족 구조는 대가족주의인가, 핵가족화되어 있는가에서부터 사회구조 문제, 즉각 사회계급의 경제 상태, 인종, 문화, 교육 수준 등의 차이점과 계급 지위의 결정 요소, 계급 간의 이동 등에 이르기까지 면밀한 사전분석과 검토가 필요하다. 다음으로 이와 같은 문화적·관습적 차이에 효과적으로 대응하는 기법을 체득하는 문화적 감수성 훈련 등의 현지 적응 교육을 게을리해서는 인 된다.

현지화는 사람, 물자, 자본이라는 생산요소를 현지에서 조달하는 자원—인적 자원, 금융, 원자재, 부품—의 현지화와 이들 자원의 처리와 배분 등을 결정하는 기술개발의 현지화, 그리고 경영관리 자체의 현지화로 나누어 생각할 수 있다. 물론 자원의 조달과 조달된 자원을 활용하는 기술개발, 그리고 경영관리방식은 밀접하게 관련되어 있으며 보통 한쪽의 현지화는 다른 쪽의 현지화를 촉진하는 상승작용을 하게 된다.

일본 만화의 한국 현지화 예를 보면 "짱구는못말려" 우리나라에서 어린아이들한테 인기리에 방영되었다. 이 애니메이션을 보면 많은 부분이 현지화되어 있는 것을 볼 수 있다. 후지산을 남산으로, 도교 타워를 남산타워라 하고, 청학동에서 부산까지 KTX 타고 간다는 이야기가 있다.

2. 기업의 현지화 촉진요인

1) 현지화

본사의 경영방침과 시스템을 기본으로, 인사, 마케팅, 생산, 회계 등 기업활동 전 분야에서 현지 사회에 적합한 경영시스템을 구축하고 현지 사회에 융합화된 기업활동을 추구하는 것이다.

국제화와 현지화는 출판물이나 하드웨어 또는 소프트웨어 등의 제품을 언어 및 문화권 등이 다른 여러 환경에 대해 사용할 수 있도록 지원하는 것을 의미한다. 이때 국제화는 제품 자체가 여러 환경을 지원할 수 있도록 제품을 설계하는 것을 의미하며, 현지화는 제품을 각 환경에 대해 지원하는 것을 의미한다(위키백과). 한국기업의 해외 진출기업의 실패 및 성공 사례를 보면 "진출 초기에는 고생도 많이 하고 실패를 하였다고" 한다. 그러나 차후에 어렵게 성공하였다고 한다. 성공 원인은 철저한 현지화더라고 이야기한다.

현지화는 특정국가의 환경에 맞게 경영활동이라는 것을 의미한다. 기업 경영기능인 인사, 마케팅, 생산, 조직, 판매 등을 현지국가의 환경에 맞게 운영하는 것을 말한다. 미국의 맥도날드는 인도에서 빅맥패드를 소고기 대신 양고기로 대신하여 판매하고 있다. 그럴 뿐만 아니라 개발도상국가의 인사관리에 있어서 부서의 많은 계층을 선호하고 있다. 예로 평사원, 주임, 계장, 과장 대리, 과장, 부장 대리, 부장 등 많은 계층을 선호하고 있다. 이처럼 모든 경영기능을 현지국가의 환경에 맞게 운영하는 것을 현지화라고 한다.

따라서 현지 자회사는 현지국에서 외국기업으로서의 이미지보다는 오히려 해당국 국내기업과 비슷한 것으로 인식되기를 원하며, 의사결정에 있어서 전 세계적인 관점이나 기업 전체조직 입장보다는 해당 국가나 자회사 입장을 중시하는 편이다. 이런 점에서 볼 때 현지화는 국제화에 대비되는 개념이라 할 수 있다.(김희철)

해외에 진출한 기업가 대부분은 현지화에 대하여 다음과 같이 이야기하고 있다. 현지화는 모두가 중요하다고 생각하지만 제대로 실행하기 어려운 것이다. 왜냐하면, 국가별 환경의 차이는 물론이고 한 국가 안에서도 지역, 종교, 언어, 교육 등이 차이를 보이므로 다양한 현지화 방식이 요구되기 때문이다. 인도에 진출한 한국 LG-TV에 10여 개의 언어로 사용설명서를 제공하여 시장점유율을 1위로 끌어 올렸다고 한다.

2) 기업의 현지화

기업의 현지화란 진출국의 기호와 특성에 맞춘 상품과 서비스를 제공하는 것이다. 기업 조직 측면에서도 현지 사회·문화에 맞는 인사·노무관리를 수행하는 것을 말한다.

현지화 성공기업으로 맥도날드를 꼽을 수 있다. 맥도널드는 '전 세계 어느 곳에서든 균일한 제품을 제공한다'라는 기본 방침에 따라 현지화 전략을 적극적으로 펼쳤다. 한국 야식 문화에 착안해 국내 업계 최초로 배달 서비스와 24시간 시스템을 시작하였다. 한국 시장에 웰빙 바람이 불자 아침 메뉴와 저열량 메뉴를 가장 먼저 개발하여 판매하고 있다. 특히 불고기 버거와 상하이 버거는 한국인 입맛에 맞춘 현지화 된 버거이다. 인도에서는 앞에서 언급하였듯이 소고기 대신 양고기 버거와 채식 전용매장을 제공하고 있다. 이것은 현지 문화와 종교를 고려한 현지화 된 버거라고 할 수 있다.

스타벅스는 전 세계 2만1천여 개의 매장을 운영하는 글로벌 기업이다. 인도에서의 스타벅스는 현지에서 재배한 아바라리카 원두를 사용하고 있다. 또한, The Indian Espresso Roast라는 인도인을 위한 메뉴를 제공하고 있다.

세계적인 브랜드인 코카콜라사는 중국에 처음 진출 당시, 런던의 언어학자와 중국 소비자 심리를 잘 아는 화교를 초빙해 "커커우커러"(입에도 맞고 즐길 만 하다)라는 새로운 음료 이름을 개발해 시장에서 커다란 호응을 얻었다(이윤선).

3. 현지화의 필요성과 현지화의 단계

1) 현지화의 필요성

해외직접투자에 있어서 초기 정착을 위해서는 적시·적소의 투자, 철저한 투자 타당성 조사, 현지국의 세제 등 각종 투자 인센티브, 마케팅, 기술 등에서 축적된 모기업의 경쟁우위에 크게 의존하게 되지만, 현지법인의 장기적인 성장을 위해서는 투자기업의 현지화(localization)가 필수적인 과제로 제기된다.

우리가 해외직접투자를 고려할 때는 통상 언어의 장벽과 같은 문제는 고려하지만, 그 뒤에 숨겨져 있는 문화적·종교적 차이와 사고방식의 차이와 같은 문제는 간과하기 쉽다. 그러나 과거 유럽제국의 다국적 기업들이 개도국 시장으로 진출할 때 자금과 기술에는 어려움이 없었으나 현지의 문화적 차이점을 안이하게 생각하여 실패한 사례가 적지 않았다는 데에서 현지화의 중요성에 대한 강조의 이유를 찾을 수 있다.

물론 현지화의 성공적 수행이 현지 기업의 정착과 성장을 보장하는 것은 아니지만 현지화의 실패는 현지법인의 경영활동을 위협하는 가장 큰 요인이 되는 것이다. 이것은 국내에서 성공적인 기업이 해외에서 반드시 성공적인 경영활동을 수행하는 것은 아니라는 사실에도 명백하게 드러난다.

따라서 현지화의 필요성은 다음과 같다.

첫째, 현지화는 경영환경 변화에 대한 적응력이다. 해외시장에 생산 및 판매법인을 설립할 때 낯선 기후, 문화, 투자진출국의 정부규제 등으로 본국에서 적용하던 생산, 판매, 홍보 등 전략의 변화가 불가피하다.

둘째, 생산기지에서 내수시장 진출 확대다. 제조업의 경우 저임금 등 비용 절감을 위한 생산기지 확보 차원에서 투자목적이 내수시장 진출로 전환되는 경우, 세계시장 통합화로 인한 기업 간 경쟁 심화, 투자진출국 요구 등에 따라 고려된다.

셋째, 투자진출국으로 성공적인 안착을 위해서는 연구개발, 판매, 홍보 등에서 현지 기업과의 협력이 중요하다.

넷째, 지역 네트워크 강화 등 지속적인 파트너 발굴을 통해 생산과 교역 비용을 줄임으로써 기업 경쟁력 강화를 위해서는 필수적인 요소다(Kotra).

현지화의 필요성은 규범적인 측면과 실제적인 측면에서 살펴볼 수 있다.

첫째, 규범적인 측면에서는 해외투자기업이 현지 사회, 시장 및 기업과의 조화 속에서 공존·공생할 수 있을 때만 적대적 무역마찰과 같은 종류의 투자마찰을 회피하면서 현지 기업으로 정착하여 좋은 기업 시민으로 성장·발전할 수 있기 때문이다. 특히 최근 들어서는 완세품에 대한 무역마잘 대신에 투자, 현지 생산 등에서 마찰이 쟁점으로 드러남에 따라 현지 부품 조달 비율이 인상, 본사-자회사간 이전가격에 대한 세부강화에 형태로 투자지역 내에서의 현지화 촉구압력도 나타나고 있다.

둘째, 실질적인 측면에서 현지의 가용자원을 최대한으로 활용하고 현지 시장의 요구에 신속, 정확히 대응하며 현지로부터의 자극에 의하여 사업 기회를 확대할 때 현지 투자기업이 이익을 내며 성장·발전할 수 있기 때문이다. 이에 따라 현지자원을 활용하여 현지의 요구에 맞는 제품을 개발하기 위해 연구개발거점의 현지설립도 활발히 검토되고 있다. 이처럼 현지화는 내·외적 요인에 의해 촉발되며 기업 내부적으로는 실제적인 측면이, 외부적으로는 규범적인 측면이 현지화를 촉진하는 요인으로 작용하고 있다.

특히 현지 기업으로 정착·발전하기 위해서는 현지사 회에서의 현지화 압력에 능동적으로 대처해야 한다. 해외투자유치의 초기 단계에는 투자유치국이 많은 투자 유인을 제공하지만, 자국의 투자유치 목표가 어느 정도 만족할만한 수준에 도달하게 되면 투자 유인제도를 점차 축소하게 되며, 투자환경이 우수한 지역에 대해서는 각국 기업들의 경쟁적 진출로 애초의 투자요인이 퇴색하게 되므로 현지 기업은 물론 외국의 동종 진출기업들과의 성공적인 경쟁을 위해서는 현지화가 먼저 추진되어야 할 과제로 대두되는 것이다.

또한, 대부분의 투자유치국이 자국 경제에 대한 공헌도가 낮은 단순 조립방식의 투자에

대해서는 투자요인을 줄이려 할 것이므로 모든 부품, 자재를 현지에서 조달하면서 완제품을 생산하는 일괄생산방식으로 나아가야 하며 이를 위해 대기업(조립 및 판매)과 중소기업(부품생산) 간 또는 독립적으로 경쟁력이 약한 중소기업 간의 협력관계(동종기업 간 컨소시엄 등)를 형성하여 기업 간 동반 진출방안을 모색하여야 할 것이다.

〈도표 9-6〉 기업 형태별 의사결정 시 본사와 현지의 주도 정도(복수 응답)

	총계	기업형태(단위: 5점 척도)		
		중소기업	중견기업	대기업
신제품 도입 관련	3.42	3.32	3.57	3.48
판매제품의 가격 결정	2.83	2.69	2.90	3.08
매출목표 결정	3.21	3.13	3.16	3.46
해외 또는 현지의 새로운 시장 진출	3.23	3.08	3.55	3.19
생산량 결정	3.32	3.42	3.58	2.73
주요 원료나 부품의 구매 결정	3.20	3.31	3.00	2.39
신규설비 구매 및 생산설비 확대 결정	3.49	3.73	3.15	3.23
조직구조의 변경 결정	3.02	3.35	2.84	2.48
종업원의 채용, 승진, 급여 결정	2.72	2.97	2.74	2.18
자금 조달 결정	3.64	3.80	3.48	3.44

주: 1(현지 의견 중심), 2(현지 의견 우위), 3(대등), 4(봉사의견 우위), 5(봉사의견 중심)
자료: Kotra.

〈도표 9-7〉 의사결정 시 본사와 현지의 주도 정도

	진출단계(단위: 5점 척도)								
	기획	연구개발	디자인	구매	부품생산		마케팅	물류유통	사후관리
					중간재	최종재			
신제품 도입 관련	3.83	3.89	4.00	3.50	4.00	3.39	3.19	3.38	3.00
판매제품의 가격 결정	3.83	3.22	4.50	3.50	3.25	2.83	2.86	2.79	2.84
매출목표 결정	3.57	3.22	5.00	4.50	2.63	3.65	3.11	3.10	3.20
새로운 시장 진출	3.14	3.56	3.50	2.50	2.63	3.70	2.94	2.89	2.95
생산량 결정	3.33	3.67	5.00	3.00	2.50	3.13	3.55	3.39	2.67
주요 원료/부품의 구매 결정	3.00	3.44	5.00	3.50	2.00	2.78	3.55	3.47	2.53
신규설비 구매/생산설비 확대 결정	4.00	3.22	5.00	4.00	2.50	3.48	3.35	3.95	3.17
조직구조의 변경 결정	2.86	3.60	4.00	3.00	2.00	3.30	3.03	2.96	2.50
종업원채용, 승진, 급여 결정	2.14	3.10	4.00	3.00	1.75	2.78	2.63	2.61	2.25
자금 조달 결정	3.86	3.70	4.50	3.50	2.63	3.74	3.51	3.35	3.35

주: 1(현지 의견 중심), 2(현지 의견 우위), 3(대등), 4(봉사의견 우위), 5(봉사의견 중심)
자료: Kotra

〈도표 9-6〉〈도표 9-7〉은 Kotra가 우리 기업의 대응 방안 마련을 위해 주요 13개 수출대상국 무역관을 대상으로 설문조사의 결과다.

의사결정권에 대하여는 본사의 의견이 대부분 많이 반영되지만, 판매제품의 가격 결정과 종업원의 채용/승진, 급여 결정에 있어서 현지의 의견이 더 많이 반영되고 있다.

기업형태는 판매제품의 가격 결정, 매출목표 결정 등은 중소기업 등 기업 규모가 작을수록 현지 의견이 많이 반영되는 것으로 조사되었다. 반면 생산량 결정, 주요 원료나 부품의 구매 결정, 조직구조의 변경 결정 등은 본사의 견해차가 크게 나타났다.

종업원의 채용/승진/급여 결정 등은 기업 규모가 클수록 현지 의견 반영이 많이 이루는 것으로 분석되었다.

2) 현지화의 단계

국내에서 경영활동을 전개하던 기업은 규모의 경제, 국내시장 성장률의 둔화, 경쟁의 심화 등으로 인해 해외시장으로 눈을 돌리게 된다. 처음에는 현지국 내의 대리점을 통해 판매하거나 OEM 수출에 의존하게 되지만, 현지 시장이 확대되고 중요도가 높아짐에 따라 현지국

기업과의 직접적인 경쟁에 직면하게 되면서 기업의 현지화가 본격적으로 이루어진다.

일반적으로 현지화는 다음과 같은 단계를 거치면서 이루어진다고 볼 수 있다.

첫째, 종합상사 등 무역회사를 통한 수출에서 벗어나 현지에 판매사무소나 지사를 설립하면서 현지에 대한 직접 판매에 나서는 수출 마케팅의 단계이다.

둘째, 해외시장의 중요도가 높아지고 신시장 개척으로 현지 시장이 확대되며 기업 간의 경쟁이 격렬해짐에 따라 현지에 판매를 전담하는 법인을 설립하게 되는 현지 마케팅단계이다. 이 판매 자회사의 설립으로 현지 시장의 정보수집, 광고 활동, 유통경로의 구축 등 해외 마케팅 활동을 전개하고, 현지의 소비자, 유통업자에 대한 의사소통을 긴밀화함으로써 현지의 특유한 수요에 적합한 차별적 마케팅을 전개하게 된다. 마케팅의 현지화가 진전되면서 기업은 다음과 같은 이점을 누리게 된다. 먼저 각 시장의 요구에 쉽게 적응할 수 있

어 현지국 주민들의 생활양식이나 사고방식에 익숙한 제품을 생산할 수 있으며, 이에 따라 시장침투가 한층 쉬워지게 된다. 다음으로 현지국 정부나 주민들에게 더욱 친근한 기업 이미지를 심어줄 수 있어 현지국에서의 시장 활동이나 대정부 활동에서 더 유리한 고지를 점령할 수 있게 된다.

셋째, 외국기업의 현지시장 진출, 경쟁기업의 현지 수출 개시 등 경쟁구조의 변화와 현지국 정부의 관세인 상 및 수출규제, 통화변동, 국내에서의 경쟁우위 소멸 등 경영환경의 변화로 이미 확보된 해외시장이 위협을 받게 될 때, 이 시장을 고수하고 무역마찰을 회피

하기 위해 시장의 근거리에서 생산한다는 시장 지향성의 동기로 현지에 확립한 유통기반을 바탕으로 현지 생산에 나서게 되는 현지 생산단계이다. 이러한 현지 지향형 해외생산은 본사에서 수출한 부품이나 반제품을 현지에서 조립하여 판매하는 현지 조립생산에서 출발하여

해외 제조 자회사를 설립하는 본격적인 현지 생산으로 이행하게 된다. 이 단계에 이르게 되면 현지 부품의 조달 비율 등의 압력이 본격화되어 경영자원의 현지도 달을 심화시키는 요인으로 작용하게 된다. 일본 기업이 NIEs 제국에서 생산하여 유럽제국 등 제삼국 시장에 판매하는 것은 이 단계의 변형으로 볼 수 있다.

넷째, 현지 고객의 요구에 맞는 제품을 개발하고 연구개발의 시간적·공간적 결합을 통한 시너지 효과를 창출하려는 R&D의 현지화 단계이다.

다섯째, 생산, 판매뿐만 아니라 재무, R&D, 제품개발, 인사, 구매 등을 현지에서 수행하는 완전한 사업단 위로서 현지에 정착하는 단계이다. 이 단계에 이르러 현지법인은 경영의 모든 요소를 완전히 현지화한 자기 완결형 기업으로 인정된다. 더 나아가 현지에서 다각화를 모색하게 되고(지역화), 전 세계적인 통합화로 발전해 나가게 된다.

이상은 기업의 전형적인 현지화 과정이지만 실제에서는 기업에 따라 다양한 양상을 보인다. 수출이나 현지 판매 경험을 갖지 않고 곧바로 현지 생산으로 나아가는 기업도 있고 국내에서 생산한 제품을 판매하기 위해 판매법인만을 설립하는 기업도 있어 기업의 경쟁상황, 국제경영 능력, 마케팅전략 등의 요인에 따라 다양한 과정을 거치는 것으로 볼 수 있다.

현재 우리 기업의 현지화는 기업에 따라 대체로 둘째 단계나 셋째 단계에 속하는 것으로 볼 수 있으며, 현 단계의 과제는 현지에서의 마케팅능력을 강화하고 생산에서 현지 조달 비율을 높이는 것으로 생각한다.

4. 분야별 현지화 전략

국제기업이 취할 수 있는 현지화 방향은 일반적으로 크게 세 가지 측면에서 이해될 수 있겠다. 첫째, 경영관리의 기능별 현지화 측면으로서 해외 진출, 현지 생산이 어느 정도 진전된 단계에서 경영과제의 초점은 현지 경영관리의 기능별 현지화를 어떻게 성공시키느냐에 있다 하겠다. 경영관리의 현지화는 다음과 같이 생산, 인사, 연구개발, 마케팅 등 분야별 현지화를 달성하는 과정에서 이룩할 수 있겠다. 둘째는 현지사 회와의 조화로운 관계 속에서 현지국 정치적인 힘을 감소시키는 전략적 측면이고, 셋째는 본사와 자회사의 권한 이양 관계로서 자회사의 자율권을 강화하는 측면이라 할 수 있다(이광철).

1) 생산 및 소싱의 현지화

생산면에서의 현지화는 현지에서 부품 조달을 확대하는 차원에서 이를 수 있다. 초기에는 현지 생산에 투입되는 자재를 본사에서 공급하다가 점차 생산의 규모가 확대되면서 일부는 본국의 공급업자의 현지 생산업체나 현지 공급업자로부터 공급받게 된다. 현지 공장경영과 관련하여서는 본국 스텝의 파견, 본국 설비의 공급, 작업조직의 운영, 품질관리 방식 등 기존의 모국생산 및 관리방식을 가지고 들어가는 기업이 보편적인 실정이다. 그러나 본사 파견인을 줄이고 자립할 수 있는 현지 공장을 만들 수 있는가 또는 현지 공장이 얼마나 장기적으로 안정성을 가질 수 있는가 등의 문제를 검토해야 한다.

2) 인적 자원의 현지화

인적 자원 관리의 현지화를 위하여서는 채용에서 교육, 인사, 평가 등과 관련하여 현지 실정에 적합한 인사관리 체제가 구축되어야 한다. 현지인 채용은 현지인에 맡긴다든지, 현지 경영시스템에 대한 지식이 많은 현지 인사책임자를 확보하는 것도 바람직한 방법이라 하겠다.

3) 연구개발의 현지화

선진기업의 경우는 기술개발의 국제화 전략으로서 연구개발거점의 해외설치가 급격히 증대하고 있다. 그 목적을 살펴보면, 첫째로, 첨단기술 분야는 기술개발 속도가 빠르고 대규모의 투자가 필요하게 되어 어느 한 기업만으로는 모든 분야를 커버할 수 없기 때문이다. 둘째로, 선진국의 고도화된 기술을 흡수하기 위함이다. 셋째로, 현지 소비자의 수요에 맞는 제품을 개발하여 현지법인의 경쟁력을 강화하고 미래에도 기술우위를 지속시킴을 목적으로 한다.

4) 자본조달 및 운영의 현지화

초기에는 본사에서 자금을 공급하거나 본사 보증으로 차입을 할 수도 있겠으나 차차로 현지법인의 독자적인 자금 조달 능력을 키우며 동시에 투자에 대한 계획을 자율적으로 수립, 수행하는 것이 현지화의 또 다른 중요한 성공 요인이 된다.

5) 마케팅의 현지화

마케팅은 대개 여타 기능에 앞서 현지 운영으로 전환하는 기능인데, 어떻게 차별화하는 경영을 성공적으로 이끄는가 하는 것이 중요한 Point이다. 일반적으로 마케팅 기능에서 더 현지화하고 현지법인에 권한을 위임하면서 본사가 해외 현지법인으로부터 정보를 잘 수집하고 있는 기업이 성공적인 영업실적을 나타낸다는 연구가 있다. 마케팅은 각국, 각 지역의 다양한 고객의 욕구에 접하고, 이것을 상품전략, 사업전략으로 연결하는 역할을 한다.

6) 현지 사회와의 관계

해외투자를 원활히 수행하기 위하여서는 고용증대, 기술이전 등과 같은 현지국의 경제적 요구에 부응함으로써 현지국과의 마찰 발생을 예방할 필요가 있겠다. 일본기업도 현지사 회의 이해와 지지를 얻기 위하여, 다면적이고 영속적인 관계 강화를 유지하는 데 지속적인 노력을 도모하고 있다. 또한, 지역사회에 대한 공헌의 비용은 공해방지 등과 같은 기업이 당연히 부담해야 하는 사회적 비용으로서 인식하는 자세가 필요한 것이다, 이러한 자세는 방어적인 측면에서 보아 현지사회와 조화로운 관계를 유지하면서 공존 공생하고 되도록 투자마찰을 감소시키며 지속적 발전을 하기 위함이며, 적극적으로 보면 현지 시장의 요구에 신속하게 대응하고 현지 경쟁자와의 경쟁에서 민첩하게 전략적 대응을 한다는 차원에서 요구되는 것이다.

7) 본사로부터의 권한 이양

이상에서 언급된 현지화의 활동이 효과적으로 수행되기 위하여서는 무엇보다도 현지의 자율성이 제고되어야 한다. 현지 자회사가 자생력 기반을 갖추기 위하여서는 신규사업 참여, 조정 등의 매우 중요한 사항을 제외한 경영활동의 제반 분야에 대하여 현지에서 자율적으로 할 수 있는 여건을 조성해야 한다. 현지법인에 대한 자율성 보장은 현지 시장의 요구에 신속하게 대응하고 현지 경쟁자와의 경쟁에서 민첩하게 전략적 대응을 한다는 차원에서 요구되는 것이다. 일본의 소니, 이토쯔 상사, 미쯔비시 상사 등 많은 기업이 해외지역 통합회사를 설립 추진하는 것도 본사 권한을 지역 본사에 위임함으로써 현지 실정에 적합한 전략을 능동적으로 수립하려는 것이다,

세계화 전략은 경쟁의 도전, 경쟁의 심화, 경쟁의 격화를 의미하는 세계화 전략이다. "유능한 항해사는 바람을 잘 이용한다." 세계화의 물결을 잘 이용하면 오히려 선진국에 더 빨리 접근할 수 있고, 그렇지 못하면 오히려 저개발국가로 후퇴하게 될 것이다.

연 습 문 제

1. 기업의 세계화란 무엇인가?

2. 세계기업의 출현 배경과 세계화 동기를 설명하라.

3. 세계화 전략이란 무엇인가?

4. 현지화란 무엇인가?

5. 현지화의 필요성과 현지화 단계에 대하여 설명하라.

6. 분야별 현지화 전략이란 무엇인가?

제3편

글로벌 경영관리

제10장 글로벌 생산관리

읽을거리

현대 · 기아차 글로벌 생산기지, 신흥시장으로 중심 이동

작년 공장 생산량 미국 · 중국 줄고 인도 · 멕시코 · 브라질 늘어

현대·기아자동차의 지난해 글로벌 생산 지형 중심이 신흥시장으로 한 클릭 이동한 것으로 나타났다.

신흥시장의 판매 확대에 따라 해당 지역의 공장 생산량이 꾸준히 증가하면서 중국, 미국 등 기존 '빅2' 시장만큼 중요도가 커지는 모습이다.

6일 한국자동차산업협회에 따르면 현대차는 지난해 인도, 중국, 미국, 터키, 체코, 러시아, 브라질 등 전 세계 7곳의 해외 공장에서 전년 대비 0.3% 감소한 282만9천667대를 생산했다.

같은 기간 기아차는 중국, 슬로바키아, 미국, 멕시코 등 4곳의 해외 공장에서 1.9% 증가한 122만8천870대를 생산한 것으로 집계됐다.

현대·기아차의 작년 해외 생산 추이를 보면 전체적으로 미국, 중국 공장의 생산비중이 줄어드는 대신 인도, 멕시코 등 떠오르는 신흥시장에 위치한 공장이 큰 폭의 성장세를 기록한 것이 특징이다.

현대차의 경우 인도 공장이 전년 대비 5.2% 증가한 71만3천108대를 생산, 처음으로 연간 생산량 70만대를 넘어섰다.

인도 공장은 올해 전기차를 포함한 신규 모델 생산을 위해 공장 확장을 추진하고 있어 향후 생산량이 지속해서 확대될 것으로 예상된다.

러시아 공장은 24만6천500대, 브라질 공장은 19만2천855대를 각각 생산해 전년보다 5.6%, 5.5%씩 늘었다.

두 공장 모두 2017~2018년 2년 연속으로 생산량이 증가세를 나타냈다.

반면에 중국 공장은 1년 전보다 2.6% 감소한 80만6천214대를 생산하는 데 그쳤다.

생산량 기준으로 중국 공장은 2009년부터 인도 공장을 앞질렀고 이후 격차를 점점 벌려 2016년에는 2배 가까이 많은 양을 생산했다.

그러나 중국 판매가 부진한 사이 인도 시장이 치고 올라오면서 양국 공장의 생산량 차이는 2017년 15만여대, 지난해 9만여 대로 점점 좁혀지는 추세다.

미국 공장 역시 작년 생산량이 전년 대비 1.8% 감소한 32만2천500대에 그쳤으며 유럽의 터키와 체코 공장은 각각 10.6%, 4.3% 줄어든 20만3천대, 34만5천490대를 기록했다.

기아차는 멕시코 공장이 처음으로 미국 공장의 생산량을 앞질렀다.

2016년부터 가동을 시작한 멕시코 공장의 지난해 생산량은 전년보다 33.0% 증가한 29만4천600대로 집계됐다.

이에 따라 1년 전보다 18.4% 적은 23만9천700대를 기록한 미국 공장의 생산량을 최초로 넘어섰다.

유럽의 슬로바키아 공장 또한 0.8% 감소한 33만3천대에 머물렀다.

올해 하반기 본격적으로 가동할 예정인 기아차 인도 공장이 가세하면 향후 기아차의 신흥국 생산 비중은 훨씬 더 높아질 전망이다.

업계 관계자는 "중국과 미국이 여전히 중요한 시장이지만, 최근 주요 신흥시장의 자동차 수요가 부진에서 탈출해 완연한 회복세를 보이는 만큼 이들 지역에 위치한 공장의 중요성도 갈수록 커질 것으로 보인다"고 말했다.

〈연합뉴스〉

글로벌 생산관리란 글로벌 생산활동을 계획, 조직 및 통제하는 행위를 말한다. 즉 글로벌 생산관리는 품질, 수량, 기일, 가격 등이 생산일정에 맞게 이루어질 수 있도록 계획, 조직, 통제하는 것을 의미한다. 글로벌 생산관리는 국내생산관리와 달리 국경선을 넘어서 이루어지기 때문에 복잡하고 어려워진다. 그 이유는 국내환경과 전혀 다른 지역에서 활동하기 때문이다. 이러한 생산활동에 직면하는 환경은 경제, 정치, 법률, 사회 및 문화환경 등이 있다. 이러한 환경의 특징은 통제할 수 없는 요소(uncontrollable factors)로 구성되어 있어서 생산관리에 많은 어려움을 겪고 있다.

최근의 생산관리에 있어서 중요하게 대두되고 있는 것은 국가마다 가지고 있는 자원, 입지, 기후 등이 다루기 때문에 생산요소 비용이 많은 차이를 보인다. 그래서 많은 기업은 해외 진출을 시도하고 있다. 따라서 기업은 해외 진출에 있어서 어느 국가에서 생산할 것인가? 등과 같은 생산입지의 선정, 생산 규모, 소싱, 로지스틱 등이 중요한 과제로 대두되고 있다.

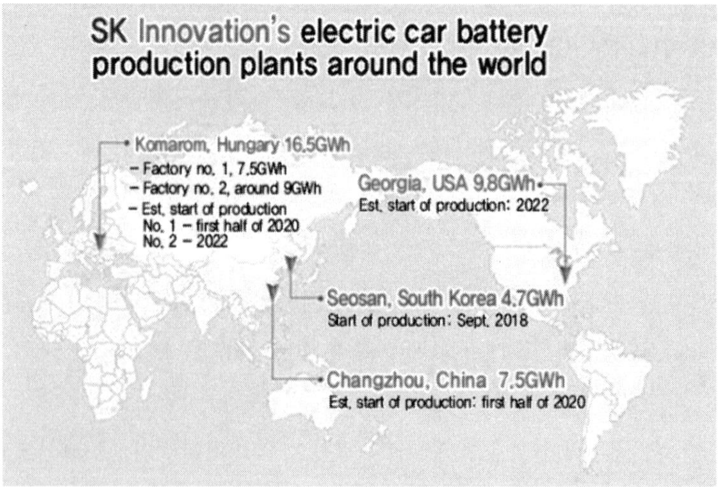

제 1 절 글로벌 생산입지 선정

1. 생산입지의 의의

글로벌 생산공장 입지 선정에 있어서 다음과 같은 문제를 생각하여야 한다.

해외에서 생산하려고 하는 동기는 무엇인가? 가격경쟁의 우위를 가지기 위해서인가? 생산성 및 품질의 혁신을 위해서인가? 생산에 필요한 원자재 획득을 위해서인가? 생산된 제품을 어느 국가에 판매할 것인가?

생산입지의 선정은 매우 중요하다. 왜냐하면, 기업의 성장과 경쟁력을 가질 수 있기 때문이다. 따라서 위에서 언급한 동기에 따라서 가장 적합한 지역에 생산기지를 선정하여야 한다. 물론 생산기지에 따라서 제품의 경쟁력에 미치는 효과가 매우 크므로 중요한 요인이다. 왜냐하면, 어느 국가에서 생산하느냐에 따라서 제조원가의 차이를 보이기 때문이다. 이는 국가마다 가지고 있는 자원의 차이로 인하여 생긴다고 볼 수 있다.

또한, 소비자들은 생산원가만을 보고 제품을 구매하지 않기 때문에 어느 국가 즉 원산지의 중요성도 고려해서 생산입지를 선택하는 것도 중요하다고 볼 수 있다. 우리나라도 전에는 미제(USA), 일제(Japan) 등을 많이 선호했다. 최근 들어 생산비로 인하여 미국 및 일본기업들은 자사의 제품을 OEM 형태로 중국에서 생산해서 전 세계로 유통하고 있다. 일본 제품을 중국, 태국, 한국 등에서 동시에 생산했을 때 소비자들은 어느 국가에서 생산한 것을 선호하는지 알 수 있을 것이다.

해외공장의 입지 선정 시 가장 간단한 방법은 각국의 비교우위를 고려하는 것이다. 즉 천연자원, 노동력, 임금 등이 풍부하고, 인프라 구조와 정치적으로 안정된 국가에서 생산하는 것이다. 또한, 전략적 요인을 고려해서 입지를 선정하는 것이다. 어느 국가에 판매할 것인가, 생산성과 혁신을 위해서인가? 등을 고려해서 입지를 선정하여야 한다.

2. 해외 생산입지 선정 시 고려 요소

해외생산입지 선정 시 현지 정부의 외국인 투자에 대한 정책 및 유인책, 현지의 잘 훈련된 생산인력, 산업구조, 노동조합의 강성도, 문화의 이질성 등이 중요한 고려 요소이다. 물론 기업의 유형에 따라 또는 해외 진출 동기에 따라 입지 선정에 있어서 고려 요소가 조금은 다르다고 볼 수 있다.

1) 현지국의 정책 및 인센티브

많은 국가에서 외국인 투자를 유치하기 위하여 기업정책 및 제도 등을 국제기업 수준에 맞게 변경을 하고 있다. 최근 한국에서도 외국인 투자를 유치하기 위해서 많은 지자체가 제도와 정책을 개선하고 각종 규제를 철폐하고 있다. 예를 들어 노동 및 고용정책, 외화정책, 인허가 제도 등을 외국인 입맛에 맞게 제도를 개선하는 것을 말한다. 이뿐만 아니라 외국인 투자를 다 유치하기 위해서 많은 인센티브를 제공하고 있다.

2) 현지국의 생산인력

주로 생산입지 선정에 가장 크게 애를 먹는 것은 잘 훈련된 생산 요원을 채용하는 문제이다. 선진국에서는 잘 훈련된 노동자가 풍부하여서 생산 요원을 충족하는 데는 아무 문제가 없으나 개도국에 생산입지를 선택하였을 때는 잘 훈련된 노동자를 찾기가 매우 힘들다. 또한, 현지 국가의 가치관, 관습, 일에 대한 태도 등도 중요한 요소이다. 예를 들어 KIA 자동차 조지아 공장에서 근무하는 노동자의 생산성은 한국 공장의 노동자에 비해 생산성이 30% 높다고 한다. 그 이유는 작업장에 들어갈 때 전화기 및 신문 등은 사물함에 두고 들어간다고 한다. 작업 시간에는 커피 마시는 시간 준수, 사적인 전화 및 신문 등을 받거나 읽지도 않는다고 한다. 물론 지속적인 생산성 향상 교육을 하지마는 일하는 태도 및 가치관에서 차이를 보여주고 있다고 볼 수 있다.

동남아시아에 속한 인도네시아, 방글라데시, 파키스탄, 미얀마 등은 베트남이나 중국보다도 현저하게 임금이 저렴하다. 그러나 많은 기업이 생산입지로 선정하지 않는 이유는 임금과 비교해 생산성도 현저하게 떨어지기 때문이다. 또한, 문맹자 및 중등교육을 받지 않았기 때문에 종업원 채용에 많은 어려움을 겪고 있다. 새로운 공장설비 설치 시 그에 대한 사용법에 대한 교육을 제대로 할 수가 없다.

3) 현지국의 기술요인

진출하고자 하는 현지 국가의 기술요인은 제품생산과 관련된 것으로서 공장의 규모, 기계, 공정, 제품설계 및 생산활동과 관련된 기술요인을 말한다. 선진국에 진입에는 생산기술에 대한 문제는 없다고 볼 수 있다. 왜냐하면, 관련된 산업이 발전되어 있기 때문이다. 그러나 개도국은 교육, 경제 등으로 인하여 보던 부분이 열악하다고 볼 수 있다. 따라서 생산성에 관한 기술은 현지국에 의해서 이루어지는 것은 매우 힘들다고 볼 수 있다. 생산입지 선정 때 생산기술이 현지국에서 현지 노동자들이 수용할 수 있는지를 검토하여야 한다. 그 이유로는 생산 품질을 유지하여야 하고, 현지 국가에 판매된 제품을 서비스할 수 있어야 하기 때문이다. 또한, 생산공정을 변경하거나 새로운 것을 설치 시 시간과 비용이 많이 든다.

4) 현지국의 지원산업

다국적기업의 현지 생산에 있어서 연관 및 관련 산업에 의해 많은 영향을 받는다. 최근 들어 많은 기업이 완제품 생산에 있어서 많은 부품을 전문적으로 생산하는 기업으로부터 조달(sourcing)하고 있다. 이와 같은 방법을 아웃소싱(Out sourcing)이라고 한다. 그래서 질 좋은 제품을 생산하기 위해서는 많은 지원산업이 필요하다. 또한, 기업을 운영하는데 필요한 자금, 기술, 부품, 반제품, 원자재 등이 기업 활동하는데, 절대적으로 필요하다. 그러므로 다국적기업은 현지국과의 기업에 필요한 기술, 자금 등을 지원하여 현지 공급업체들의 공급능력을 길러주면서 원자재 및 필요한 부품을 공급받는 경우가 있다. 최근 들어서 한국의 대기업과 중소기업 간의 상생이라는 슬로건을 사용하면서 서로의 윈윈(win-win)을 찾고 있다.

제 2 절 글로벌 분업 생산

국제 분업 생산이란 복수의 해외공장을 상호 연계시켜 보완적인 생산활동을 전개하는 것을 가리킨다. 해외 분업 생산에는 공정간 분업과 제품 간 분업으로 나누어서 생산한다.

1. 공정간 분업

공정간 분업은 노동집약적인 분업과 자본 집약적인 공정을 각기 다른 나라의 자회사에서 수행하는 것을 말한다. 주로 노동집약적인 분업은 노동이 풍부한 개발도상국에 진출해서 제품을 생산하는 것을 말한다. 예로 표준기술로 생산이 가능한 제품을 개도국에서 생산하는 것을 말한다. 전자제품 조립생산은 단순 반복 형태로 노동을 해서 단순노동이 필요하다. 이와 반대로 자본 집약적인 제품의 생산은 자본이 풍부하고 기술적으로 우위를 가진 국가에서 생산하는 것을 가리킨다.

2. 제품 간 분업

제품 간 분업은 고급기술이 요구되는 제품생산을 할 때 해외 분업생산이 이루어진다. 이는 주로 고가품을 생산하기 위하여 선진국에 진출해서 제품을 생산하는 것을 말한다. 이는 제품의 '품질을 유지하고 원산지 효과들을 갈기 위하여 이루어지는 생산활동을 말한다.

기업은 가장 효율적인 제품을 생산하기 위하여 현지 국가의 경영 및 경제환경을 파악하여야 한다. 현지 국가의 노사문제, 임금, 잘 훈련된 노동자, 외부조달 여부, 원자재, 부품 및 현지 국가의 외국인 투자에 대한 정부 정책 등을 세심하게 파악하여야 한다. 이는 자사 제품의 생산에 필요한 자원의 확보에 대한 환경을 파악하여야 한다는 것이다.

이러한 분업을 통해 기업이 얻을 수 있는 이익으로는 첫째, 비용의 중복을 피할 수 있고 규모의 경제를 통해 원가를 절감할 수 있다. 둘째, 품질의 향상을 꾀할 수 있다. 셋째, 고객관리 면에서 품질의 향상을 통해 간접적으로 소비자 선호도를 향상하게 시킬 수 있다. 마지막으로 네트워크를 잘 활용함으로써 자원을 보다 효율적으로 활용 가능하다는 이익을 얻을 수 있다(박의범 외).

제 3 절 글로벌 소싱

글로벌 소싱(global sourcing)이란 기업이 경영활동에 필요한 자원을 국제시장에서 전문적으로 생산하는 기업으로부터 조달 및 구매하는 활동을 말한다. 아웃소싱에는 모든 경영자원을 포함하고 있다. 자본,

기술, 인력, 기계, 비품, 원자재 등을 포함하고 있다.

소싱의 형태를 보면 인소싱(in sourcing), 아웃소싱(outsourcing), 글로벌소싱(global sourcing), 국내소싱(domestic sourcing), 해외소싱(foreign sourcing) 등이 있다. 기업이 필요한 자원을 기업 내부에서 조달하는 것을 인소싱이라고 하고, 기업 외부에서 조달하는 것을 아웃소싱이라고 한다. 또한, 국내가 아닌 글로벌 차원에서 자원을 조달하는 것을 글로벌 소싱이라고 한다. 주로 다국적기업의 소싱방법이라고 볼 수 있다. 또한, 조달 장소에 따라 국내시장에서 필요한 자원을 조달하면 국내소싱이라 하고, 필요한 자원을 해외에서 조달하면 해외소싱이라고 한다.

많은 다국적기업은 국제시장에 부품을 공급하기 위하여 최적의 입지를 찾아 제품을 생산하고 공급하고 있다. 세계적인 자동차 부품 또는 공구업체인 Bosch 사는 글로벌시장에 공급하기 위해서 원산지 우위를 유지할 수 있는 국가와 경쟁력을 가질 수 있는 국가에서 제품을 생산해서 세계시장에 공급하고 있다. 한국의 자동차 업계에서도 많은 제품을 구입하고 있다.

1. 소싱 결정의 기준

글로벌 소싱 결정은 글로벌 기업이 직면하고 있는 가장 복잡하고 중요한 결정 중의 하나이다. 우선 소싱에 대한 기준을 마련하여 사내에서 제조할 것인가, 아니면 외부에서 소싱할 것인가를 결정하여야 한다. 그리고 나서야 객관적인 기준에 의하여 소싱 파트너를 선정할 수 있게 된다. 기업에서 소싱하기로 확실히 판단이 내려진 부문은 소싱 파트너와 관련된 여러 객관적 요인을 고려하여 파트너 선정을 하여야 한다. 소싱 파트너 선정에 있어 고려하여야 할 요인은 다음과 같다(박재기).

1) 요소비용(factor costs)

글로벌 소싱에서 우선 고려해야 할 요소비용은 노동비용이다. 토지, 건물 등의 고정비용은 글로벌 소싱에서 노동이나 자본비용과 비교해 상대적으로 중요성이 덜 하다. 왜냐하면 글로벌 소싱은 계약에 의한 것이므로 항시 파트너의 변경이 가능하다는 전제가 있기 때문이다. 노동비용은 제조 및 생산, 기술, 경영에 필요한 제반 인건비를 말한다.

2) 거래비용(transaction costs)

거래 비용은 운송보관, 관세 및 비관세 장벽, 경영 의사소통으로 발생하는 비용을 의미한다. 운송의 경우, 미국 월마트(wal-mart)는 통신 네트워크를 이용하여 운송관리를 함으로써 경쟁자들과 비교해 운송비용을 1/3로 줄일 수 있는 효과를 거두고 있다. 특히 월마트는 자체의 창고를 두지 않고 물품을 운송하는 컨테이너 속에 두고 관리할 수 있어 막대한 비용 절감의 경쟁력으로 글로벌 소싱을 적극적으로 활용하고 있다.

관세, 비관세 및 정부의 개입 또 한 거래 비용의 중요한 고려요인이다. 대부분의 개발도상국에서는 세금혜택 및 관세 유예 등의 지원을 하고 있어서 이는 글로벌 소싱을 촉진하는 요인이 되기도 한다.

3) 입지(location)

소싱 파트너를 선성하는 데 시장과 근접한 입지는 중요한 요인 중의 하나이다. 미국기업들이 중남미에 소싱원을 많이 보유하고 있는 것도 소싱 입지의 효율성을 고려한 것으로 판단된다.

4) 관련 산업의 발전성(development of related industry)

소싱하고자 하는 산업과 관련된 산업이 발전되어 있는 경우, 다른 잠재 파트너보다 기술개발 및 경영합리화 등이 시너지 효과를 얻을 수 있어 관련 산업의 발전성을 검토하는 것도 소싱 파트너 결정에 중요한 요인이 된다.

5) 국가 하부구조(country infrastructure)

교통, 도로, 항만, 에너지, 통신 등의 간접시설과 금융, 외환거래 등의 보조적 하부기능은 현지의 소싱 파트너를 선정하는 데 중요한 변수로 작용한다.

6) 정부의 역할(government policies)

정부의 진정한 역할은 여러 가지 소싱 결정요인에 영향을 미치게 되는데, 정부는 각각의 결정요인에 긍정적, 혹은 부정적으로 영향을 줄 수 있으며 또는 이들 요인에 의해 영향을 받기도 한다.

예를 들어 정부의 보조금, 금융 및 교육정책, 광고매체의 통제, 서비스의 규제, 자본시장규제, 조세정책, 반트러스트법, 정부 정책변화 등이 영향을 미친다.

7) 환율(exchange rate)

생산입지를 결정하는 데 있어서 환율은 소싱에 직접적인 영향을 미친다. 환율은 매우 가변적이기 때문에 대부분 기업은 소싱 파트너를 선정하는 데 있어 매우 신중하게 된다. 소싱 계약을 하는 경우, 그 시점의 기준 환율을 근거로 5%의 변동은 특정 환율로 하고, 매년 협상에 따라 변경할 수 있는 규정으로 계약을 하는 것이 일반적이다.

8) 원산지 효과(county of origin)

글로벌 기업의 소싱전략에 있어서 국적 변수에 대한 중요성이 크게 드러나고 있다. 기업의 국적과 그 기업의 사업 활동 전략 사이에는 강한 상관관계(correlation of coefficient)가 존재한다.

2. 글로벌 소싱의 장점

글로벌 소싱은 다음과 같은 장점이 있다(박재기).

첫째, 글로벌 소싱을 통하여 전문화의 효과를 얻을 수 있다. 기업의 보유 자원은 한계가 있으므로 그 활용을 효율적으로 하여야 한다. 제한된 자원을 핵심적 경쟁요인을 활용하는 데 이용하고, 나머지 자원은 외부에서 조달하는 소위 전문화의 효과를 누릴 수 있어서 글로벌 소싱을 이용하게 된다.

둘째, 인적 자원의 효율화를 할 수 있다. 인적 자원 간의 갈등과 핵심기술을 제외한 주변 기술을 보유한 인적 자원을 확보하고 있기에는 비용이 상대적으로 너무 많이 들기 때문에 글로벌 소싱을 이용하기도 한다.

셋째, 글로벌 소싱을 통하여 원가를 절감할 수 있다. 하청업체는 특정 부품 또는 가공품을 전문적으로 생산함으로써 규모의 경제효과를 통하여 원가 절감을 할 수 있으며, 원청업체는 고정비의 부담을 줄일 수 있다는 장점이 있다.

넷째, 기술을 축적하게 되어 새로운 아이디어를 창출할 수 있다. 창출된 아이디어를 소싱 네트워크 내에 있는 다른 하청업체로 이전시킴으로써 더욱 원가 절감의 효과를 얻을 수 있다.

다섯째, 제조원가 절감과 더불어 글로벌 소싱을 통하여 관리비용을 절감할 수 있다. 인적 자원 유지비용 및 유통, 재고관리 등의 관리과정 일부를 아웃 소싱함으로써 원가를 절감할 수 있다.

여섯째, 계절적 제품의 경우 위험을 분산할 수 있다(박재기).

3. 글로벌 소싱의 단점

소싱을 결정하면서 기업 내에서 부딪치는 문제는 다음과 같다.

첫째, 소싱전략에 대한 사내의 여러 부서 간의 갈등이다. 생산부서의 경우에는 가능한 한 사내에서 제조하기를 원할 것이며, 경영진이나 재무부서의 경우에는 외부소싱을 선호하는 경향이 있다.

둘째, 소싱 파트너들이 기회주의적 속성을 발휘할 것이라는 경영진의 우려이다. 소싱하고자 하는 제품시장에 경쟁자가 없는 경우 소싱 파트너가 협상력을 이용하여 가격협상이나 운송 기간 등에 있어 기회주의적 요구를 할 수 있기 때문이다.

셋째, 기존 생산설비에 있던 구성원의 사기 저하가 있을 수 있다. 외부소싱으로 인원 감축 또는 타부서로의 이전으로 인한 구성원의 역할 저하가 우려된다.

넷째, 회계 관리에서 소싱은 구성원의 기회비용을 계상하지 못할 수 있다. 외부소싱으로 인하여 더 부가 가치적인 과업을 수행한다고 하더라도 구성원 개인에게는 혜택이 없을 수 있어서 외부소싱을 꺼릴 수도 있다.

이상과 같이 예상되는 문제로 인하여 전문화, 효율화를 추구하는 소싱을 이용하지 못하는 때도 있다. 그렇다고 모두 외부소싱을 하여야 한다는 것은 아니다. 핵심적인 제품생산은 내부화하여 전략적인 원천으로 확보하여야 한다. 즉, 사내에 조달에 대한 전략적인 결정방침을 미리 마련하여 의사결정을 원활히 할 수 있어야 한다는 것이다(박재기).

제 4 절 국제기업의 소싱과 적시 조달 시스템

1. 적시 조달 시스템(JIT)

기업의 글로벌시스템에서 빼놓을 수 없는 것이 적시조달시스템(JIT; just in time)이다. 이를 통해 기업은 유휴재고를 줄여 자금부담 및 재고관리비용을 감소시킬 수 있다. 일반적으로 글로벌 소싱은 그 과정이 길어서 예기치 못한 사고로 인해 JIT시스템이 적용될 가능성이 작아진다. 즉 재고 부족에 의한 생산중단의 위험이 크기 때문이나. 예로 일본기업이 2010년 대지진으로 인하여 소싱을 하는 많은 기업이 생산을 중단한 바 있다. 부품 및 중간재를 생산하는 기업이 지진 쓰나미로 인하여 공장이 파괴되어 몇 달간 공급하지 못하였다. 그리하여 JIT시스템을 전략을 사용하는 기업은 큰 손실을 가져다주었다. 그러나 최근 운송기술의 발달, 고객 중심의 서비스제고, 로지스틱스 개념의 활성화로 글로벌소싱에도 JIT시스템이 확산하고 있다.

적시 조달시스템(Just in time) 실행의 일반적인 관심 영역은 다음과 같다.

- 재고 감소.
- 더 작은 생산 롯트(lot) 및 배치(batch) 크기.
- 품질 관리.
- 복잡성 감소와 투명성.
- 수평적 조직구조와 권한위임.
- 낭비 최소화.

2. 적시 생산 시스템(JIT: Just-In-Time production system)

우리나라와 미국에서 1980년대에 자동차와 전자 산업을 중심으로 JTI 시스템이 본격적으로 도입되었다. 일본에서는 이미 1970년대 중반에 보편화 된 JTI 시스템은 도요타 자동차회사에서 개발되었다.

JTI 시스템의 목적은 비용 절감, 재고 감소 및 품질향상으로 인한 이익의 발생과 투자수익률의 증대에 있다. JTI란 생산관리의 합리화 작업의 하나로 근본적인 목표는 손실(loss)과 3불(불필요, 불합리, 불균형)을 없애는 데 있다. JTI에서는 낭비를 줄이고 작업자의 능력을 최대한 이용한다. JTI 시스템에서 작업자는 다음의 공정에서 필요한 품질 좋은 부품을 적시에 생산해야 한다. JTI는 단순히 재고 통제의 차원을 넘어서 제품의 전체 생산시스템과 관련이 있어서 하나의 생산 철학으로 간주한다.

1) 적시 조달시스템의 장점

JTI는 주로 자동차, 전자제품, 기계, 기구, 오토바이 등과 같이 표준화된 제품을 대량으로, 반복적으로 생산하는 산업에 적용된다. JTI 시스템의 장점은 다음으로 정리할 수 있다.

① 품질향상
② 자재 창고의 소형화 및 재고 비용 절감
③ 적기공급의 가능
④ 불용재고의 감소
⑤ 공급처와의 거래 관계 개선
⑥ 운송 시간 단축
⑦ 재고 수준의 삭감
⑧ 품질 문제의 신속한 발견과 해결

⑨ 구매비 용의 절감

⑩ 자재관리의 정확화

⑪ 공급자의 아이디어 활용 증가

3. 공급사슬관리(SCM)

공급사슬(SCM: Supply Chain Management)이란 자재나 서비스를 공급하는 공급자로부터 시작되어 생산자의 변환과정을 거쳐 완성된 산출물을 고객에게 전달하기까지의 서로 연결된 사슬을 뜻한다. 공급사슬은 내부공급사슬과 외부공급사슬로 구분되는데 내부공급사슬은 기업 내에서의 자재 흐름과 관련이 있는 사슬이고, 외부공급사슬은 기업의 외부공급자와 고객을 뜻한다. 기업 대부분은 외부에서 필요한 원자재와 서비스를 사들이어 생산에 투입한다. 그리고 생산공정을 거쳐 완제품이 생산되면 그 완제품을 고객에게 전달한다. 따라서 내부공급사슬에서 구매, 생산통제, 배급은 주요 기능이 된다.

공급사슬 관리의 목적은 공급사슬 상에서 불확실성과 위험을 줄이고, 자재의 흐름을 효과적이고 효율적으로 관리하여 재고 수준, 리드타임 및 고객 서비스 수준을 향상하는 데 있다. 기업에서 공급사슬 관리는 보통 자재관리 기능으로 이루어진다. 자재관리는 생산 자재의 구매부터 재공품의 계획과 통제, 그리고 완제품의 수송 및 배급에 이르기까지의 자재의 흐름을 지원하고 조정 및 관리한다.

JTI 구매로 인한 효과는 다음과 같다.

① 제품설계의 초기 단계부터 공급자를 참여시킴으로써 일관된 높은 품질의 제품을 제공할 수 있다.

② 소수의 공급자와 거래하면 구매자의 시간, 출장, 엔지니어링과 같은 투자와 자원을 최소화할 수 있다.

③ 구매량이 크기 때문에 원가를 낮출 수 있다.

④ 구매자가 공급자의 매출 상당 부분을 차지하기 때문에 공급자는

구매자의 요구에 특별한 주의를 기울이게 된다.

⑤ 공급자와 장기적인 관계를 확립하게 되면 공급자의 충성도가 커지고 부품의 공급이 중단되는 위험을 줄일 수 있다(김대식, 네이버).

연 습 문 제

1. 글로벌 생산관리의 중요성에 대하여 설명하라.

2. 적시 조달시스템의 문제점에 대하여 논하라.

3. 글로벌 아웃소싱의 중요성에 대하여 논하라.

4. 글로벌 생산입지의 중요성에 대하여 설명하라.

제 11 장

글로벌마케팅

읽을거리

문화를 모르고 덤빈 기업들의 망신 사례 5가지

문화를 모르고 덤빈 기업들 망신

우리나라 고객에게 환영받는 제품이 다른 나라 고객에게는 혐오감을 주거나 엉뚱한 의미로 전달되는 경우가 많습니다. 현지의 문화를 이해한 상태에서 만들어 내는 디자인, 상품명, 광고 등은 좋은 제품을 생산하는 것 못지않게 중요하죠. 문화적 차이를 간과하여 글로벌 시장 진출에 어려움을 겪었던 사례에 대해 소개합니다.

1. 콜게이트(Colgate) 치약 큐(Cue)

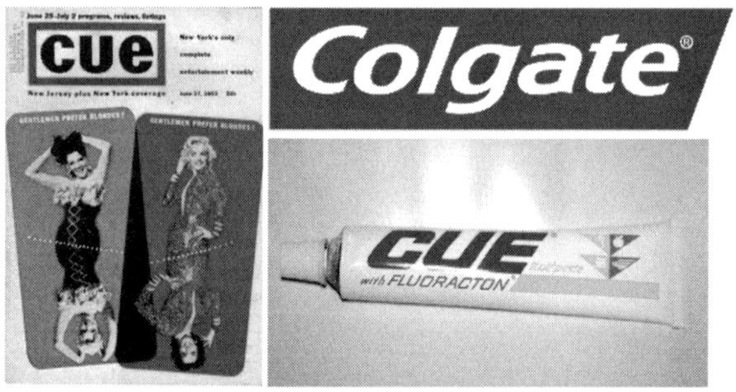

프랑스의 포르노 잡지 '큐'와 콜게이트가 출시한 치약 '큐'
출처: Pinterest, Worthpiont.com

1960년대 미국의 치약 회사인 콜게이트는 자사의 유명 치약 브랜드인 '큐'를 프랑스 시장에 출시하려고 했습니다. 하지만 콜게이트가 생각하지 못한 것이 하나 있었습니다. 사실 큐는 프랑스에서 유명한 포르노 잡지의 이름이었던 것이죠. 또한 불어로 큐(Cue)는 엉덩이를 의미하는 비속어이기도 합니다. 결국 콜게이트는 프랑스에서 해당 브랜드를 철수시킬 수밖에 없었습니다.

콜게이트뿐만 아니라 글로벌 기업들이 자국에서 쓰던 브랜드명을 해외에서도 그대로 쓰는 경우를 자주 찾아볼 수 있습니다. 그러나 문화적 차이 때문에 똑같은 단어나 문장도 다른 나라에서는 전혀 다른 의미가 될 수도 있죠. 결국 콜게이트의 이런 실수는 당시 프랑스 시장에서 실패를 야기하고 말았습니다.

2. 푸마(Puma)

아랍에미리트 독립 40주년을 기념하여 푸마가 출시한 한정판 운동화는
아랍에미리트의 국기를 모티브로 만들었다.
출처: 푸마, 게티이미지뱅크

2011년 스포츠용품 업체 푸마는 아랍에미리트의 독립 40주년을 기념하는 의미에서 특별한 운동화를 제작했습니다. 푸마는 이전에도 미국, 영국, 프랑스 등 여러 나라의 국기를 차용하여 한정판 운동화를 제작한 적이 있는데요. 이들 국가에서는 이 한정판 운동화가 좋은 반응을 얻었습니다. 하지만 불행하게도 푸마는 아랍에미리트에서 '신발'이 무엇을 의미하는지 제대로 알지 못했고 현지 소비자들에게 외면당하고 말았습니다.

사실 중동 지역에서 신발은 부정한 의미를 담고 있습니다. 무슬림들은 기도하기 전에 반드시 발을 깨끗하게 씻는데요. 또한 신발을 신고 사원에 들어가는 것은 상상조차 할 수 없습니다. 특히 2011년 이집트 혁명 당시 군중들은 신발을 손에 들고 휘두르며 자신의 분노를 표출하기도 했습니다. 그만큼 중동 사람들은 발이나 신발을 더럽고 부정한 것으로 여깁니다. 이러한 문화적 차이를 고려하지 못하고 자랑스럽게 한정판 운동화를 출시한 푸마는 얼마나 창피했을까요?

3. 거버 베이비 푸드(Gerber baby food)

아기가 그려진 유아식 브랜드 거버의 로고(좌측). 현재는 패키징에 상품의 원재료가 그려져 있지만 과거 아프리카 시장에 진출할 때만 해도 그저 거버의 로고만 크게 붙어 있을 뿐이었다.

네슬레(Nestle)의 거버 베이비 푸드는 전 세계적으로 유명한 아기 이유식 브랜드인데요. 심지어 우리나라에도 국내 공식 웹사이트가 있을 정도로 그 인기가 대단합니다. 그런데 과거에 거버는 아프리카 시장에 처음 진출할 때 문화적 차이를 고려하지 못해 곤욕을 치른 적이 있습니다.

아프리카에서 판매되는 상품은 항상 포장지에 그 상품이 무엇으로 만들어졌는지 사진이 들어가 있습니다. 예를 들어 사과잼이면 포장지에 사과 그림이 나와있는 식이죠. 아프리카에서는 문맹률이 높기 때문에 글자로 상품을 설명하는 대신 이해하기 쉽게 그림으로 설명하는 것입니다. 하지만 거버는 미국에서 쓰던 포장 디자인을 그대로 아프리카에서도 사용했습니다. 거버의 제품에는 모두 귀여운 백인 아기가 그려진 로고가 붙어 있었습니다.

아프리카 사람들은 포장지에 아기가 그려져 있는 것을 보고 경악을 금치 못했습니다. 그들은 순간적으로 이 음식의 원재료가 아기라고 생각했던 것입니다. 결국 아프리카에서 거버의 매출은 한동안 침체기를 벗어나지 못했습니다.

4. 추신수의 불고기 광고

한국이 서경덕 교수가 참여한 〈뉴욕타임스〉지에
실린 한식 광고. 미국 메이저리그에서 활약하고
있는 야구 선수 추신수가 불고기를 권하고 있다.

2014년 〈뉴욕타임스〉지에는 야구 선수 추신수가 불고기를 들고 있는 모습을 담은 한식 홍보 광고가 실렸습니다. 그런데 현지인들은 '도대체 이 광고가 무엇을 말하려고 하는지 모르겠다'는 등 혹평을 쏟아냈습니다. 심지어 미국 공영라디오(NRP) 기자 루이스 클레멘스(Luis Clemens)는 "이 광고를 볼 때 마치 방향 감각을 잃은 것 같은 기분이었다. 자고 일어났더니 베개가 발밑에 가 있는 그런 기분이었다"라고 말하기도 했습니다.

우리나라 사람이라면 '한국을 대표하는 음식인 불고기를 드세요'라는 메시지를 쉽게 알아차릴 수 있을 것입니다. 그런데 왜 미국인들은 이 광고를 이해하지 못한 것일까요?

동양인들은 사람과 물건의 관계성을 통해 세상을 보는 '연관적' 사고를 합니다. 한국 사람인 추신수와 한국 음식인 불고기는 전혀 이상한 관계가 아니죠. 그러나 세상과 사물을 '범주'별로 나눠 보는 서양인들은 오히려 혼란스러웠습니다. 추신수의 불고기 광고는 야구라는 '운동'과 불고기라는 '음식', 두 개의 관련성 없는 범주가 뒤섞여 있었기 때문이죠.

5. 존 플레이어(John Player)

검은색 바탕에 금장 테두리를 두른 존 플레이어의 담배

과거 홍콩에서는 말보로(Marlboro)가 대부분의 시장 점유율을 차지하고 있었습니다. 이 상황에서 영국의 담배 회사인 존 플레이어는 홍콩시장으로의 진출을 시도했습니다. 당시 홍콩 젊은이들 사이에서는 검은색 옷이 유행이었는데요. 존 플레이어는 자사의 담배 케이스 디자인도 검은 바탕에 고급스러운 금색 줄이 그어져 있기 때문에 홍콩 시장에서 큰 인기를 끌 것이라고 판단했습니다. 그리고 홍콩의 구정 명절에 제품을 시판하여 대규모 광고 캠페인을 실시했습니다.

하지만 결과는 참담했습니다. 나름 홍콩의 트렌드를 분석하여 전략적으로 진출했지만 실패한 이유는 무엇일까요? 바로 홍콩에서 검은색이 가지는 의미를 제대로 파악하지 못했기 때문입니다. 사실 홍콩에서 검은색은 불행과 배신을 상징합니다. 특히 구정 때는 '기분 좋은 명절에 재수 없게 무슨 검은색이냐'라며 더욱 대중의 외면을 받았죠. 일부 젊은 층 사이에서는 검은색 옷이 유행이었을지 몰라도 홍콩 국민들의 뇌리에 깊게 남아있는 검은색의 부정적 의미는 지울 수 없었습니다.

인종, 문화, 종교 등이 각양각색인 세계 시장에서 현지 소비자의 호감을 얻기는 쉬운 일이 아닙니다. 미묘한 문화적 차이를 이해하는 것이 바로 글로벌 기업으로 가는 지름길은 아닐까요?

〈InterBiz〉

제 1 절 글로벌마케팅 개념 및 의의

1. 글로벌마케팅 개념

국제마케팅은 국경선을 넘어서 기업 활동이 원활히 수행할 수 있도록 정보를 제공하는 것이다. 이는 기업 활동에 필요한 수출, 수입, 라이센스, 프랜차이즈, 턴키베이스, 경영관리계약, 해외직접투자 등에 최적의 의사결정을 할 수 있도록 정보를 제공하는 것을 말한다. 그뿐만 아니라 각국 제품의 선호도 제품의 라이프 사이클 등의 제품을 판매할 수 있도록 또한 기업에서 필요한 자원을 획득할 수 있도록 정보를 제공하는 기업 활동을 말한다.

1985년 미국 마케팅학회가 다음과 같이 국제마케팅의 정의 하고 있다. 국제마케팅이란 "개인이나 조직의 목표를 만족시키는 교환을 창출해 내기 위해 아이디어, 재화 및 서비스의 개발, 가격, 촉진, 유통을 계획하고 집행해 나가는 국제적 과정이라고 정의하고 있다. 이를 요약해 보면 국제마케팅을 개인과 조직의 목적을 충족하기 위해 국경선을 넘어 이루어지는 경영활동을 계획하고 집행해 나가는 것으로 요약할 수 있다. 외국학자뿐만 아니라 국내 학자들의 정의를 보면 커다란 틀을 벗어나지 않은 비슷한 견해를 가지고 있다. 이러한 학자들의 연구 기반으로 본 책에서는 국제마케팅을 "개인과 조직(기업)의 목적을 달성하기 위한 것으로, 국경선을 넘어 이루어지는 아이디어, 재화 및 서비스, 기업 활동 등이 원활히 이루어질 수 있도록 계획하고 집행해 나가는 과정"이라고 정의한다(이윤선).

글로벌 기업의 글로벌마케팅 사례는 다음과 같다.

✦ Coca-Cola 코카콜라는 1919년에 국제적으로 팔리기 시작했고 현재 200개 이상의 국가에서 판매되고 있다. 일관된 브랜드를 유지하기 위해 코카콜라는 모든 지역에서 같은 맛이 나지만(미국 밖에서는 조리법이 고과 밀 옥수수 시럽 대신 설탕을 사용하지만), 병의 크기와 모양, 라벨은 각국의 규범에 맞게 바뀐다. 이 회사는 이전에 표준화된 광고 방식을 사용했지만, 지역 문화에 대한 광고 메시지에 적응하기 위해 바뀌었다. 또한, 많은 추가 음료 브랜드를 포함하여, 현지 입맛에 맞게 제품 라인을 조정하였다.

✦ McDonald 맥도널드는 빅맥이 모든 나라에서 같은 맛을 낸다는 것을 확신하지만, 그러나 지역 취향에 따라 메뉴의 항목을 변화시켰다. 멕시코 고객은 녹색 칠리 치즈버거를 주문할 수 있고 한국 고객은 불고기 버거를 먹을 수 있다. 많은 아랍 국가의 고객은 피타 빵에 구운 코프 타 샌드위치인 McArabia를 즐길 수 있습니다.

✦ Starbucks 스타벅스는 또한, 현지 취향에 맞게 메뉴를 조정하였다. 예를 들어 홍콩에서는 드래곤 만두(Dragon Dumplings)를 판매한다. 그리고 커피의 세계적인 구매자로서, 회사는 그들의 필요에 따라 오랫동안 현지 문화를 참여시키는 것으로 유명하다.

The Marketing Mix in Global Marketing	
제 품	각 국가시장에서 제품이 동일하게 유지되어야 합니까?, 아니면 현시 취향에 맞게 조정해야 합니까?
가 격	지역 경쟁의 우위를 점하기 위해 새로운 가격전략이 필요합니까?, 아니면 현지 국가의 소득수준에 맞춘 가격전략이 필요합니까?
유 통	현지 국가의 고객은 어디서 구매합니까?, 할인점, 백화점, 온라인?
촉 진	여러 문화권에 어떠한 방법으로 메시지를 전달할 수 있습니까? 문화적 차이로 인해 예기치 않은 반응이 있습니까?

✦ Kentucky Fried Chicken 일본에서는 켄터키 프라이드 치킨이 크리스마스와 그들의 제품을 연관시켰으며, 매년 일본인들은 그날 KFC 치킨을 구매하기 위해 블록 주변에 줄을 서고 있다(ms).

2. 글로벌마케팅 활동

국제마케팅 활동은 전통적으로 마케팅 믹스 중심이었으나 최근에는 세계화 및 국제화에 따른 환경을 중심으로 한 마케팅 활동이 이루어지고 있다.

첫째, 국제마케팅 조사 활동을 수행한다. 이는 시장의 규모와 성장률, 경쟁기업, 경제구조, 정부 정책 등 기업 활동에 필요한 정보를 수집한다. 물론 직접 현지 국가에서 정보를 수집할 수도 있지만, 컨설팅을 받을 수도 있다. 이는 기업이 해외 진출하기 위한 첫 단계이므로 매우 중요한 활동이다.

둘째, 국제마케팅 전략계획 활동을 수행한다. 예를 들어, 어느 국가 시장에 진입할 것인가(ASEAN, 미국, 중국, EU), 진출 시기는 언제로 할 것인가(세계 경제환경에 따라), 어떠한 진입방식을 선택할 것인가(수출, 라이센싱, 프랜차이즈지, 턴키프로젝트, 직접투자), 세계 환경 변화를 어떻게 대응할 것인가 등의 전략을 수행한다.

셋째, 국제 제품 활동을 수행한다. 어느 국가에서 제품을 생산할 것인가, 생산된 제품을 어느 국가에 판매할 것인가, 특정 국가에 신제품을 판매할 것인가 아니면 기존 제품을 판매할 것인가 등 제품과 관련된 모든 전략을 수행한다.

넷째, 국제가격 활동을 수행한다. 제품의 가격은 어떻게 책정할 것인가에 대한 활동을 말한다. 물론, 국제가격은 원가 지향적(cost oriented)인 방법에 따라 결정되면서 이차적으로 수요 지향적 관점으로 수정되는 것이 일반적이다. 그러나 기업의 전략이나 국가환경에 따라 가격에 변화를 줄 수도 있다.

다섯째, 국제유통 활동을 수행한다. 생산된 제품을 어느 곳에서 판매하는 것이 가장 좋은가. 소비자는 어디서 구매하기를 원하는가, 제품을 생산자로부터 최종소비자가 구매하기까지에 어떠한 유통단계를 거치는가. 이처럼 유통에 관한 모든 사항을 계획하고 수행한다.

여섯째, 국제촉진 활동을 수행한다. 해외에서 제품을 판매하기 위한 광고, 인적 판매, 판매촉진, 홍보 등을 계획하고 수행하는 것이다. 즉 자사에서 생산하는 제품과 서비스를 세계 고객들에게 판매하기 위한 활동이라고 할 수 있다.

일곱째, 국제서비스 활동을 수행한다. 국제기업이 자사의 상품 혹은 거래를 통하여 세계의 고객들에게 어느 정도 만족을 주었는지 평가하고, 불만족스러운 부분에 대하여 사후서비스를 시행하고 이것을 시정함으로써 보다 향상된 상품과 고객 만족을 가져오기 위한 활동들을 말한다(이장로).

3. 글로벌마케팅의 장단점

1) 글로벌마케팅 장점

- 생산 및 유통 규모의 경제
- 마케팅 비용 절감
- 권력과 범위(Power and scope)
- 브랜드 이미지의 일관성
- 아이디어를 신속하고 효율적으로 활용할 수 있는 능력
- 마케팅 관행의 통일성
- '정치적 영역'밖에서 관계를 구축하는 데 도움이 됨
- e-marketing이 기존 마케팅과 비교해 갖는 이점

2) 글로벌마케팅 단점

- 제품에 대한 소비자 요구, 욕구 및 사용 패턴의 차이
- 마케팅 믹스 요소에 대한 소비자 반응의 차이
- 브랜드 및 제품개발 및 경쟁 환경의 차이
- 국내시장과 충돌할 수 있는 법률 환경의 차이

- 이용 가능한 기관의 차이
- 관리 절차의 차이점
- 제품 유통의 차이점
- 관리 절차와 제품 배치에 차이가 있을 수 있다.

제 2 절 글로벌마케팅의 성장 배경

국제화가 진전되고 세계화가 촉진됨에 따라 세계 여러 나라는 자국의 경제성장을 해외경제 활동에 많이 의존하고 있다. 최근 들어 여러 나라가 개방정책을 추진함에 따라 외국기업의 유치와 자국 기업의 해외 진출이 과거보다 많이 늘어나고 있다. 또한, 국가마다 생산 활동에 필요한 자원의 차이가 있어서 경쟁력 차원에서 해외 진출을 시도하고 있다. 이는 세계화가 진전됨에 따라 기업 활동의 범위가 국제지향에서 글로벌지향으로 변해가고 있다.

또한, 소비자도 해외에 나가지 않고서도 원하는 세계 유수의 제품을 국내시장에서 사들일 수가 있고, 국제 제품에 관한 정보도 인터넷, 홈쇼핑, 위성방송 등을 통해서 쉽게 접할 수가 있다. 따라서 국내소비자나 해외소비자의 구매 동향이 비슷해져 가고 있다. 이와 같은 요인이 기업이 국제마케팅 또는 글로벌마케팅의 배경이라 할 수 있다.

1. 글로벌마케팅 성장요인

1) 다자간 무역협정(Multilateral Trade Agreements)

많은 수의 다자간 무역협정은 글로벌 통합을 더욱더 촉진하고 있다. 이미, NAFTA 국가인 미국, 캐나다, 멕시코 간의 무역이 증가하고 있다. 1994년에 120여 국가에 의해서 비준된, 관세 및 무역에 관한 일반협정(GATT)은 자유무역 촉진과 보호하기 위하여 세계무역조직(WTO)을 창립하였다. EU 회원국 증가는 역내에서 무역에 관한 장벽을 낮추고 있다. 즉 EU 국가 간 자유시장을 추구하는 것을 말한다. 단일화폐인 유로(euro)의 태동은 21세기의 유럽국가의 무역이 획기적인 증가를 기대하고 있다.

2) 고객니즈의 수렴과 정보혁명

전 세계에서 마케팅을 연구하는 사람은 문화의 차이뿐만 아니라 보편성을 발견할 것이다. 국제화와 세계화에 따른 각국의 문호개방으로 인하여 문화가 점점 변해가고 있어서, 과거보다 문화적 차이를 점점 이해할 수 있고, 문화적 보편성은 점점 넓어져 가고 있다. 문호가 개방되기 전에는 문화의 차이와 보편성에 대하여 측정할 수 없었다. 따라서 개방화 · 국제화 · 세계화에 따른 소비자의 욕구가 빠르게 동질화되고 있다.

또한, 정보혁명이 기업의 국세화 추신요인이라 할 수 있다. 인터넷과 전 세계 네트워크를 가진 CNN과 MTV 등으로부터 쉽게 세계생활과 문화를 접할 수가 있다. 이에 따라 소비자가 원하는 것을 쉽게 알 수 있을 뿐만 아니라 세계인의 생활양식을 파악할 수 있을 것이다. 또한, 원하는 제품이 어느 국가에서 판매하든 간에 쉽게 자국에서 구매할 수 있고 원하는 시간에 받을 수 있게 되었다. 이와 같은 정보의 혁명이 세계시장을, 세계의 고객으로 만들어 가고 있다.

3) 세계 경제 성장

세계화 · 국제화 · 개방화가 세계 경제 성장에 커다란 역할을 하고 있다. 이에 따라 글로벌 마케팅 활동이 역할이 더 커지고 있다. 이러한 경제성장이 글로벌마케팅 확대에 크게 기여하고 있다.

최근 들어 선진국의 경제성장이 개도국 경제성장에 커다란 역할을 하고 있다. 세계화에 따라 개도국도 무역자유화를 확대해 시행하고 있고 외국인 투자에 대한 규제도 개선하고 있다. 이들 또한 경제성장은 무역 증대로부터 온다는 것을 알고 있어서 외국기업 유치와 수출에 심혈을 기울이고 있다. 따라서 자국 수출 증대를 가져올 수 있는 외국인 투자를 유치하기 위하여 각종 인센티브를 제공하고 있다.

이와 같은 경제성장과 경제환경의 변화가 시장의 규모를 크게 하였고, 따라서 국제마케팅의 역할도 국제화 중심에서 세계화 시장으로 넓혀가고 있다.

4) 지역경제 협력

세계 많은 지역에서 국가 간 경제통합을 하였고, 지속해서 국가 간 경제통합을 시도하고 있다. EU는 단일화폐의 도입으로 역내 무역의 증가뿐만 아니라 역내 국가의 경제성장에도 커다란 역할을 하고 있다. 이처럼 지역경제의 협력을 하기 위한 기구를 보면 ASEAN, EU, NAFTA, APEC, MERCOSUR 등이 있다. 또한, 개별국가 간 경제협력을 하려는 FTA 등을 체결하고 있다. 전 세계 국가들이 자국의 경제성장을 가져오기 위해 여러 방법으로 국가 간 경제협력을 하고 있다. 이처럼 과거보다 무역이 증가하고 해외시장 의존도가 커짐에 따라 글로벌마케팅 또한 역할이 커지고 있다.

5) 운송 및 통신의 발전

최근 들어 운송과 통신의 발전으로 단일 생활권으로 변하고 있다. 세계 어느 곳이든 하루면 원하는 제품 배달이 가능해졌다. 또한, 운송의 발달로 인하여 기업이 원하는 곳에서 제품을 생산해서 원하는 곳으로 쉽게 운송할 수 있다. 이는 운송비 절감의 효과도 가져오고 있다. 또한, 항공기의 발전으로 인하여 쉽게 세계 어느 곳이든 여행이 할 수 있게 됐을 뿐만 아니라 여행 시간의 단축도 가져왔다. 이로 인하여 무역의 증대와 해외투자 증가를 가져오게 되었다.

1980년대만 해도 통신 수단으로 전화, 텔렉스, 우편(DHL) 등이었다. 이들은 현재의 인터넷, 화상통화 등에 비하면 매우 복잡하고 많은 시간과 비용이 들었다. 통신 및 커뮤니케이션의 오류가 있을 시 이것을 수정하기 위해서 많은 시간을 소비하였다. 그러나 현대의 통신은 짧게는 몇 분 길게는 한두 시간 안에 해결이 가능해졌다. 또한, 화상회의도 가능하므로 의사결정 시간도 많이 단축되었다. 이로 인하여 기업의 해외 진출이 가속화되었고, 일반인들도 더욱더 쉽게 여행이 가능해졌다.

통신과 운송의 발전으로 더욱더 쉽게 기업은 국제시장 참여가 가능해졌고, 소비자의 라이프스타일뿐만 아니라 구매 동향 등을 쉽게 파악할 수 있다.

6) 제품개발비 상승

특정한 제품을 개발하기 위해서는 엄청난 비용과 시간이 소요된다. 또한, 이러한 제품이 개발된다고 하더라도 제품의 사이클이 길지 않기 때문에 커다란 손실을 줄 수 있다. 이와 같은 요인들 때문에 기업은 국내시장보다 규모가 큰 국제시장에 진출하게 된다. 또한, 국가마다 제품의 사이클이 다르게 존재하기 때문에 해외직접투자와 수출 등이 이루어진다. 그러므로 제품개발 비용을 상쇄할 수 있는 해외시장에 진출하는 것이 필연적이라고 할 수 있다. 해외시장은 국내시장보다 크기 때문에 판매를 확장할 수 있다.

7) 레버리지 효과

레버리지 효과란 기업이 2개국 이상에서 경험을 축적함으로써 활용할 수 있는 이점을 말한다. 즉 여러 국가에 경영거점을 두고 있는 다국적기업이 경쟁 사간, 즉 다국적화되지 않은 자국의 동종기업과 진출국가의 현지 기업보다 '제품상의 격차와 시장상의 우위 요소'를 갖는 경우를 말한다. 기업이 신규시장 지역으로 진출할 때 레버리지효과를 통하여 시간과 자금을 절약할 수 있다. 레버리지 유형으로는 ① 경험

이전, ②규모의 경제, ③ 자원 활용, ④ 세계화 전략이 있다(W. J. Keegan, M. C. Green).

① 경험 이전(Experience Transfer)

다국적기업은 전 세계시장에서 얻은 경험을 타국 시장에 활용(leverage)할 수 있다. 하나의 국가에 또는 지역시장에서 시행해 본 것에 대한 효과가 있는 경영기법, 전력, 제품, 광고 메시지, 판매 및 촉진아이디어 등을 유사한 국가시장에 적용하는 것이다. 예로, 월풀(whirlpool)사가 미국에서 주요 소매업체인 시어스(Sears)와 서규시티(Circuit city)와의 거래하면서 체득한 협상 능력을 유럽의 주요 가전 제품시장 소매업체에 적용될 수 있을 것이다.

② 규모의 경제(Scale Economies)

규모의 경제란 생산량이 늘어남에 따라 단위당 제품 원가가 감소하는 것을 말한다. 따라서, 기업은 대량생산을 통해서 규모의 경제효과를 얻을 수 있다. 이는 단일 국가의 공장의 규모의 경제효과뿐만 아니라 부품 생산을 규모의 경제효과를 얻을 수 있는 다른 국가에서 제조할 수 있을 것이다.

규모의 경제에 의한 레버리지 효과는 제조에 한정되지 않는다. 기업이 합병 후 중복 직위를 제거하여 경제성을 증대하는 것과 같이 글로벌 기업은 기능을 집권화함으로써 글로벌 활동의 경제성을 성취할 수 있다. 또한, 거대 규모의 글로벌 기업은 직원의 능력과 질(competence and quality)을 개선에 기회를 만든다. 즉 다양한 국가에서의 효율적인 공장 생산에 의한 부품을 조합시켜 완성할 수 있다.

③ 자원 활용(Resource Utilization)

국제기업의 주요 강점 중의 하나는 세계시장에서 가장 효율적으로 경쟁할 수 있게 하는 사람, 돈, 그리고 원료를 찾기 위해 전 세계를 대상으로 조사할 수 있는 능력이다. 국제기업에서는 본국 통화가치가 급격하게 상승하거나 떨어져도 문제가 되지 않는다. 왜냐하면, 국제기업에는 본국 통화와 같은 개념은 없기 때문이다. 국제기업은 자사가 필요한 자금을 세계 어디에서 가장 유리하게 조달할 수 있는지를 조사하여 자금을 확보할 수 있기 때문이다.

④ 글로벌 전략(Global strategy)

국제기업의 가장 큰 장점 중의 하나는 기업이 글로벌 전략을 수립할 수 있다는 것이다. 글로벌 전략은 사업 기회, 추세, 위협, 그리고 자원 등 세계적 경영환경을 조사하는 정보시스템에 따라 수립된다. 기회가 확인되면, 다른 나라에서 배운 경험과 자원을 집중하여 규모의 경제를 달성하여 자사의 경쟁우위를 확보할 수 있게 된다(이윤선).

제 3 절 글로벌시장 분석

1. 국가별 투자환경의 분석

기업이 해외시장에 진출하기로 의사결정을 하였다면 첫 번째 생각하여야 할 것이 어느 국가에 진출할 것인가?란 질문에 답할 수 있어야 한다. 이와 같은 질문에 답하기 위해서는 다음과 같은 국가 기업환경을 분석한 후 의사결정을 내릴 수 있다. 한 국가의 투자환경을 분석하기 위해서는 국가의 경제정책, 해외경제정책, 노동 및 노무관리, 사회간접자본 등을 살펴보아야 한다.

1) 국가경제정책

국가 대부분에서 주요 경제목표를 고도의 경제성장, 완전고용, 국제수지 흑자, 최하의 인플레이션 등을 달성하고자 다양한 경제계획과 개발정책에 온갖 노력을 기울이고 있다.

또한, 어떤 정부들은 국가의 부를 분배하는 평등성과 지역 간의 경제발전패턴을 토대로 해외 투자가들에게 매력을 부여해 주고, 복잡한 정치구조와 어울릴 수 있는 다른 목표, 즉 추가적인 목적을 두고 있다. 그러나 4가지의 주요 목표와 관련된 기본적인 문제는 첫 번째, 두 가지의 목표-100% 고용과 고도의 경제성장을 성취하도록 하는 경제정책이 나머지 두 가지 목표에 치명적인 손상을 주게 된다는 점이다. 대중 소비에 있어서 낮은 금리, 세금삭감, 인플레이션 대책은 경제를 자극하고 고용 기회를 늘려주지만, 또한 기업들이 그 값을 올리게 하고 노동자들이 높은 임금을 요구하게 만든다. 또한, 소비자의 소비가 증가함에 따라 수입이 증가하게 되고 무역수지가 악화하는 현상을 초래하게 된다.

그러므로 정책 수립에서의 문제는 4가지 목표를 성취하기 위하여 요구되는 정책의 영향력 간 균형을 얼마나 잘 이룰 수 있는가 하는데 있다. 물론 그 어려움은 각각의 목표를 분리해 다룰 수 있는 독립적 정책을 세울 수 있다면 극복될 수 있다. 예를 들어 보면 금리는 인플레이션을 조절하기 위하여 변화될 수 있다. 공공 소비와 세율은 경제성장을 보장하기 위하여 변화될 수 있다. 관세, 수입할당제 및 기타 수입규제는 국제수지를 개선할 수 있다. 그러나 실제 세계에서 민주정치는 잔인한 법률적 통제를 가할 수 없다. 그리고 국제적 합의는 외국무역 흐름의 간섭을 금지한다.

2) 해외경제정책

한 국가의 해외경제정책은 국가의 국제무역, 투자의 구성, 규모, 방향 및 본질에 관한 정부의 모든 정책과 의사결정을 구성한다. 특히, 관세정책, 환율정책 또한 해외투자들에 제공된 보조금과 국제수지에 영향을 미치는 거시적인 통화정책을 포함한다.

3) 노동환경 및 노무관리

미국의 NIKE 사가 동아시아 진입하기 위해 일본의 컨설팅 회사에 자문하였다. 자문 결과 컨설팅 회사는 한국을 추천하였다. 한국이 노동환경이 타 국가에 비하여 좋다고 하였다. 즉 노동의 질, 질 좋은 노동자들이 많다는 것이다. 교육을 잘 받은 노동자들이 풍부하다고 하였다.

이처럼 노동은 생산성과 경쟁력에 밀접한 관계가 있어서 노동의 질을 파악하는 것은 기업 활동에 매우 중요한 요인이다. 즉 임금의 수준을 고려한 질 좋은 노동자가 어느 정도 확보 가능성이 있는가가 중요하다.

예로 네팔, 미얀마, 파키스탄, 방글라데시 등은 여타 동남아 국가보다 임금이 아주 저렴하다. 그런데도 외국기업들이 진입하지 않고 있다. 그 이유 중의 하나는 문맹자, 즉 교육을 받은 질 좋은 노동자의 부족 때문이다. 따라서 기업이 특정 국가에 진입하기 전에 필연적으로 한 국가의 노동환경을 파악하는 것이 중요하다.

노무관리에는 종업원 채용과 배치, 교육, 복지, 해고 등과 관련이 있다. 국가에 따라서 종업에 관련된 노동법 등이 상이하여서 노무관리와 관련된 법령 등을 파악하는 것이 중요하다. 예를 들어 주당 근무시간, 연간 휴무일 및 연휴 제도 등도 살펴보아야 한다. 또한, 노동쟁의 발생 빈도 등이 한 국가에 진입해서 생산 활동 등에 중대한 영향을 미치고 있다. 노동쟁의 발생 빈도가 국가에 따라서 발생 빈도가 많은 국가가 있는 반면에 적은 국가도 상당이 있다. 이는 국민성과 가치관과 밀접한 관련이 있다고 볼 수 있다.

4) 사외간접자본

해외시장의 마케팅 기회를 평가하기 위해서는 해외 간접시설의 이용 가능성과 질적 수준을 살펴보아야 한다. 해외시장에 진출 시 국제 마케팅 관리자는 현지에서 제공되는 운송, 통신 및 전력 등을 분석하여야 한다. 또한, 마케팅과 관련된 유통, 물류 및 광고회사와 같은 마케팅 기구들의 이용 가능성도 중요하게 살펴보아야 한다. 1인당 철강 소비량, 전기 생산량 및 시멘트 생산량과 같은 지표들이 해외시장의 전체적 산업화의 정도를 나타내며 산업재 공급업자들에 의해 효과적으로 이용된다. 예를 들어 1인당 에너지 소비량은 전력시장의 시장 잠재력을 나타내는 지표로 이용된다.

아시아와 중남미 국가에서 기본적 사회기반시설의 확충은 농수산물 생산의 증대에 크게 이바지하였다. 또한, 도로, 철도, 항만 및 항공 수송망들은 물적 유통을 위해서 필수적이다. 킬로미터당 철도 화물 수송량을 살펴보면 그 나라의 화물 수송능력을 알 수 있다. 마찬가지로 버스, 트럭이나 승용차 대수는 도로 수송망의 상태를 나타내는 좋은 지표이다.

통신도 수송과 함께 중요한 사회기반시설이다. 예를 들어 전화, 방송, 및 출판 매체의 양적 지표들이 통신 설비 및 통신망의 상태를 나타내는 지표로 이용된다. 따라서 통신 시설이 낙후한 후진국의 전화망을 현대화하는 것이 해외 투자가를 끌어들이고 세계시장에서 효과적으로 경쟁하는 데 필요한 일이라는 것을 알아야 한다. 그러나 이들 양적 지표가 통신 서비스의 질적 수준을 모두 나타내지는 않는다.

아시아의 20억 인구들이 전기를 이용하지 못하고 있으며 1,000명당 16명만이 전화를 사용할 수 있다. 따라서 아시아 시장은 전기, 발전, 통신, 수송산업에서 시장 잠재력이 매우 높다(이철 외). 이와 반대로 대부분의 아시아 국가에는 전력이 현저하게 부족하므로 더운 여름에는 전력수요가 급증하기 때문에 시간대별로 지역에 따라 단전을 시행하고 있다. 기업은 24시간 계절 없이 전력이 필요하다. 따라서 마케터들은 국가의 전력 사정을 파악하는 것이 아주 중요한 요소이다.

위의 내용을 요약하여 보면, 통신은 과거보다 인터넷 등이 발달하여 국가별 차이 없이 문제가 개선되었다. 그러나 전력, 항만 및 운송 등은 경제성장과 더불어 개선될 부분이어서 국가 간 현저한 차이가 있다는 것을 알아야 한다.

2. 상품 기회 시장의 평가

자사가 생산하는 제품이 특정 국가에 시장성이 있는가? 어느 국가에 진입해야 경쟁력이 있는가?에 대한 해답은 진입하고자 하는 국가의 시장 기회를 평가함으로써 답을 얻을 수 있다.

상품 기회를 평가하기 위하여 진출할 국가의 산업 현황분석, 산업의 경쟁구조, 경쟁기업분석 등을 평가하여야 한다. 예로 산업 현황분석에는 수요동향, 시장 전망, 제품수명 주기 등을 평가하여야 한다(이윤선).

제 4 절 글로벌 마케팅 종합전략 전략

1. 글로벌 제품전략

글로벌 마케팅 믹스 전략은 각국 시장의 환경적 특성이 다양함으로 글로벌 기업이 마케팅 전략을 결정하여 실행하면서 고려해야 할 사항들이 있게 된다.

국내마케팅 활동과 같은 개념으로 글로벌 마케팅환경에 적용할 것인지 아니면 각각의 개별적 시장 국의 특성을 고려하여 현지 소비자 집단에 차별적으로 적용할 것인지를 결정하여야 할 것이다. 즉, 개발국에서의 마케팅 개념을 표준화 전략을 할 것인지 차별화 전략을 적용할 것인가의 문제를 결정해야 한다.

국제제품전략은 각국의 여러 가지 환경적 특성에 따라 달라질 수 있다. 즉 개별국가의 정치, 경제, 법률 및 문화적 환경이나 소비자들의 욕구, 경쟁기업들의 전략적 특징에 따라서 차이가 있다.

국제제품전략을 수립하기 위해서는 기본적으로 국내의 기존 제품을 해외시장으로 어떻게 이전시킬 것인가에 관한 결정이 중요하다. 이는 표준화된 제품을 사용할 것인지, 현지국 소비자의 욕구를 만족시키기 위한 차별화된 제품을 사용할 것인지, 신제품을 개발할 것인지에 대한 문제를 해결해야 할 것이다. 즉, 글로벌 기업이 해외시장에 진출할 때 국내시장과 같은 제품을 진출시키는 표준화 전략과 해외의 환경적 특성과 소비자의 욕구에 맞추는 현지 시장 중심의 제품을 진출시키는 현지화 전략 중에서 어떠한 제품전략을 취할 것인가에 대해 결정을 해야 한다.

2. 글로벌 가격전략

글로벌마케팅에서 가격 결정은 소비자들의 최종적인 구매 의사결정에 직접적인 영향을 주며, 시장의 환율변동은 가격에 상당한 영향을 미치므로 매우 중요하고 복잡한 의사결정 과정의 하나이다.

가격은 제품이나 서비스를 소유 또는 사용하는 대가로 내야 하는 금전적인 가치를 포괄하는 개념이다. 가격은 마케팅 믹스 중에서 수익을 창출하는 유일한 변수이다. 즉, 제품, 유통, 촉진과 같은 마케팅 믹스는 모두 비용을 유발하지만, 가격은 판매량에 직접적인 영향을 미쳐 기업의 수익을 결정해 주는 중요한 요인이다.

글로벌 가격의 범위는 원가를 보상하는 최저가격(minimum price)과 경쟁제품들의 가격과 고객의 지급능력에 기초한 최대가격(maximum price) 사이의 최적 가격(optimum price)이 결정된다.

글로벌 가격을 결정할 때 환율과 현지국 정부의 규제 등을 고려해야 할 문제에 직면하게 된다. 즉, 가격전략목표, 제품 원가 구조, 환율, 인플레이션, 정부규제, 경쟁제품의 가격, 시장 수요 등을 고려해야 한다.

글로벌 가격전략의 목표는 매출액 극대화를 위한 시장침투 저가격(penetration pricing)전략을 채택하거나, 제품개발 및 도입 비용의 조기 회수를 위한 초기 고가격(skimming pricing) 전략을 채택할 수 있다.

이처럼 글로벌 가격전략은 본질에서 다수국가의 시장을 대상으로 하고, 해외시장에서의 진출 상황이 달라서 다음의 특성을 가진다.

첫째, 글로벌 가격전략은 생산국과 소비국이 다른 제품의 가격을 결정하는 문제를 다룬다. 즉, 수출 및 수입 제품의 가격결정 문제로 제품의 이동에 따른 추가적인 비용과 위험을 고려해야 하며, 수입상품에 편견이 있는 해외고객의 특성을 알아야 한다.

둘째, 글로벌 가격전략은 해외투자 혹은 라이센싱을 통하여 해외에서 생산 및 판매되는 제품의 가격 결정 문제를 다룬다. 본국 혹은 제3국의 관련 회사로부터 원료나 부품을 공급받을 때 가격 결정은 본사의 이전가격전략에 의해 영향을 받는다.

셋째, 글로벌 가격 결정은 한 국가에서의 가격 결정이 다른 국가의 시장에 영향을 미치므로 글로벌 관점에서 가격전략을 조정하는 문제를 다룬다. 즉, 국내가격과 수출가격의 차별화, 국가별 소비자 가격의 차이와 재정거래(arbitrage transaction)의 문제, 특정 해외시장에서의 전략목표를 위한 국제가격의 조정문제 등이 해당된다.

넷째, 글로벌 가격 결정은 수송비, 보험료, 관세, 수입 부과금, 유통마진 등 최종소비자에게 전가되는 비용 요소와 시장규모, 성장률, 수요탄력성 등의 수요조건, 경쟁자, 경쟁구조, 경쟁우위와 같은 경쟁 조건 등을 국가별로 다양한 환경 요소를 파악하고 고려해야 하므로 국내가격 결정보다 복잡하고 다양하다.

3. 글로벌 유통전략

유통경로(distribution channel)는 특정 제품이나 서비스를 생산자로부터 최종소비자에게 이동시키는 과정에 참여하는 모든 조직의 집합체이다. 제조업자의 유통경로 의사결정은 기업이 제품이나 서비스를 그들의 표적 시장에 효율적으로 도달시키는 방법을 결정하는 것으로 중요한 글로벌마케팅 활동 중의 하나이다. 특히, 해외시장에서의 유통구조와 관습은 전통과 독특성을 가지고 있어서 철저한 시장조사를 통해 전략을 수립해야 한다.

다국적기업의 물류비용은 기업의 경쟁력 강화와 새로운 이익의 원천으로 대두되고 있다. 물류(Logistics)는 원재료나 부품의 조달단계에서 생산단계를 거쳐 최종소비자에게 물리적 재화가 전달되는 과정을 관리하는 것이다. 따라서 물류의 영역은 〈도표 11-1〉과 같이 조달, 생산, 판매과정에서의 물적 흐름을 관리하는 것이다.

〈도표 11-1〉 물류의 영역

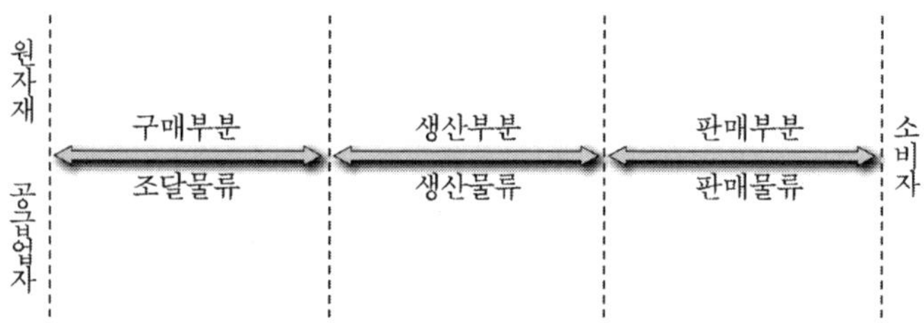

자료 : 이수형, 『글로벌마케팅』, 대명, 2007, p. 346.

글로벌 기업이 효과적인 물류 관리가 이루어지기 위해서는 수송부터, 보관, 재고관리, 주문처리, 정보처리와 같은 중요한 물류 기능을 수행해야 한다. 기업들의 국제화 추세에 따라 물류의 중요성을 점차 증가하고 있다.

그 이유로는 첫째, 글로벌 물류는 기업의 활동 영역이 2개국 이상에서 이루어지기 때문에 운송 거리와 제품의 재고, 제품 주문에서 인도까지의 경과 시간인 리드 타임(lead time)이 길기 때문이다. 둘째, 각국의 환율변동에 따른 글로벌 물류 관리전략이 필요하다. 셋째, 나라별 수송 수단의 차이가 있다. 철도나 트럭보다는 선박이나 비행기 이용이 증가하는 데 따른 비용 문제가 발생한다.

글로벌 물류 활동을 위해서는 수송시스템과 중개인이 국가별로 차이가 있어 운송업자의 신뢰성, 포장과 라벨링에 대한 요구 등도 고려해야 할 사항이다

4. 글로벌 촉진전략

세계시장에서 기업이 자사의 제품과 서비스의 존재를 잠재고객에게 알리고 설득 및 판매하는 데 성공하기 위해서는 여러 가지 마케팅 커뮤니케이션이 필요하다. 다국적기업들은 광고(Advertising), 인적 판매(Personal Selling), 홍보(Public Relations), 판매촉진(Sales Promotion), 인터넷 등 여러 가지 글로벌 촉진 수단을 병행하여 촉진전략을 실행함으로써 시너지 효과를 낼 수 있도록 노력한다.

촉진(Promotion)은 표적 시장으로부터 기업이나 제품에 대한 호의적인 반응을 얻기 위해 행해지는 커뮤니케이션 활동이다. 촉진은 소비자에게 제품을 알리고 구매를 설득하는 고객과의 커뮤니케이션 과정을 통해 이루어진다.

〈도표 11-2〉는 마케팅 커뮤니케이션 과정을 나타낸 것이다.

〈도표 11-2〉 마케팅 커뮤니케이션 과정

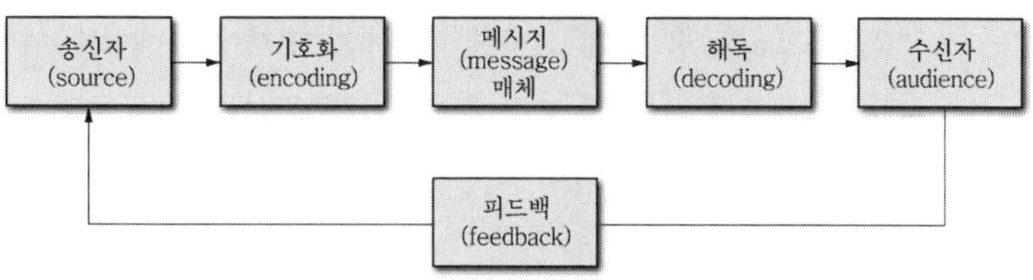

자료 : 문병준 외 5인, 『국제마케팅』, 비즈프레스, 2007, p. 311.

송신자(source)는 글로벌마케팅을 수행하는 기업이다. 고객에게 기업 이미지 제고와 관련된 메시지 혹은 제품 포지셔닝을 위한 메시지를 정보로 하여 제공한다.

기호화(encoding)는 전달할 내용을 시각, 청각, 비언어적 부호나

상징으로 표현하는 것이다. 글로벌마케팅에서 기호화의 과정이 가장 중요하다. 제품의 강점을 포지셔닝해야 하고 글로벌 고객의 사회 문화적 특성을 반영하여 표준화할 것인지 현지화할 것인지를 결정해야 하기 때문이다.

메시지 매체는 목표시장 및 촉진의 목표에 따라 촉진 수단을 결정하는 것이다. 촉진 수단에는 광고, 홍보, 판촉, 인적 판매, 인터넷 등의 수단이 있다.

해독(decoding)은 고객들의 촉진 수단에 의해 전달된 부호나 상징을 자신의 경험이나 지식에 근거하여 인지하고 이해하여 해독하는 과정이다. 글로벌마케팅에서는 문화와 라이프스타일의 변화에 따라 기존의 제품 이미지나 기능을 변경할 수 있어야 한다.

수신자(audience)는 문화적 배경, 개성, 라이프스타일 및 개성에 따라 다르게 반응하게 된다. 고객의 반응은 메시지에 담긴 정보에 따라 제품인지 및 제품에 대한 지식을 획득하기도 하고, 제품 지식에 기초한 제품에 대한 선호 여부를 결정하고, 선호 여부에 따라 제품구매 의도를 결정하기도 한다.

마케팅 커뮤니케이션 과정에서 일어나는 오류 즉, 의도한 정보 및 메시지가 고객에게 제대로 전달되지 않아서 기업이 전달하고자 하는 개념이나 아이디어와 다르게 해석할 가능성이 있다. 이는 기업은 피드백(feedback)을 통해 의도한 메시지가 고객에게 제대로 전달되었는지 파악하여 다음 단계의 촉진 활동의 방향을 설정해야 한다(이윤선).

연 습 문 제

1. 글로벌 마케팅이란?

2. 국내마케팅과 글로벌 마케팅의 차이점에 대하여 설명하라.

3. 글로벌 마케팅의 중요성에 대하여 설명하라.

4. 글로벌 마케팅 믹스의 중요성에 대하여 설명하라.

5. 글로벌 시장조사의 중요성에 대하여 설명하라.

제12장

글로벌 조직 및 인적자원관리

읽을거리

인사관리시스템도 글로벌 경영에 맞춰라

성공적인 글로벌 HRM 체계 구축 방안

최근 들어 인적자원관리(HRM) 관리 분야에도 글로벌화 바람이 거세게 일고 있다. 그동안 국내 기업들은 글로벌화 전략을 추진하면서 재무, 회계, 구매 등 기업들의 핵심 기능들을 중심으로 글로벌 표준화 작업을 진행했고, 이에 맞춰 관련 정보시스템들도 고도화해 왔다.

HRM 영역은 글로벌 표준화 측면에서 상대적으로 한걸음 뒤처져 있었다. 문화적 차이를 이유로 글로벌 차원에서 전사 관점의 HRM 체계를 마련하기 보다는 현지화 정책에 더 비중을 뒀기 때문이다.

하지만 최근 국내 주요 대기업을 중심으로 글로벌 HRM에 대한 고민이 본격적으로 시작됐다. 아직 일부 대기업에 불과하지만 기존 직급체계 중심의 관리·평가체계를 직무에 따른 가치를 평가하는 직무 중심체계로 바꾸는 등 HRM 체계에 변화가 일고 있다. 해외법인들의 인력 운영 현황을 실시간으로 파악할 수 있는 통합 글로벌 HRM시스템 구축도 갈수록 확대되고 있다.

◇글로벌화 유형에 따라 조직·사업 형태 차별화=글로벌 HRM이 이슈화되기 시작한 직접적인 원인으로는 국내 기업들이 글로벌 경영전략을 한층 더 강화하기

시작한 점을 들 수 있다. 해외 사업 비중이 갈수록 커지면서 국내 인력뿐 아니라 해외 인력에 대한 관리와 육성도 그만큼 중요한 비중을 차지하게 됐기 때문이다. 이미 국내 주요 대기업의 경우 전체 매출의 50%이상이 해외 시장에서 발생하고, 전체 직원의 50%이상이 해외 인력으로 구성돼 있다. 또 기존처럼 단순히 상품의 판매를 목적으로 현지화 마케팅에 초점을 두는 것에서 벗어나 생산과 핵심 연구개발(R&D), 본부 기능 등을 해외에 두는 사례도 증가하고 있다.

글로벌 HRM은 기업들의 글로벌화 형태에 따라 다르게 적용될 수 있다. 비즈니스 글로벌화 모델은 △주요 핵심 역량 및 기능을 본사에 집중시키고 해외 사업은 본사의 전략을 효율적으로 집행하도록 하는 중앙집권화된 허브 △주요 핵심역량만 본사에 두고 나머지는 경쟁력있는 지역에 분산시키는 조정된 연방제 △주요 역량을 각 나라에 분산시켜 각 지역의 시장 기회를 최대한 활용코자 하는 분권화된 연방제 등 크게 3가지 유형으로 나눌 수 있다. 이러한 유형에 따라 조직과 사업 운영 형태는 달라질 수 있다.

중앙집권화된 허브 유형의 기업들은 주로 본사에서 중요한 모든 사항을 다 결정함으로써 직접적인 의사결정체계가 필요하다. 이런 기업의 경우 기술 중심의 회사이거나 고급 브랜드를 지향하는 사업에 적합하다. 조정된 연방제 유형의 경우에는 해외 사업이 본사의 핵심 능력을 활용하고 확장하는 주체 역할을 하게 됨으로써 주요 전략은 본사에서, 해당 전략의 실행을 위한 운영 전략은 해외 지역에서 결정하는 구조다. 이에 따라 체계화된 관리 및 회계 시스템이 가장 중요하다. 주로 GE, P&G 등의 미국계 제조업체들이 이러한 유형을 택하고 있다.

분권화된 연방제 유형은 각 지역에서 자율적으로 결정할 수 있도록 해 주는 것이 바람직하다. 필립스나 유니레버 등 유럽계 유통, 제조업체들이 이러한 형태로 글로벌화를 추진하고 있다.

◇표준화와 현지화의 균형점을 찾아야=일반적으로 그동안 국내에서 논의돼 왔던 글로벌 HRM 발전단계는 본국 중심에서 현지 중심으로, 그리고 나아가 궁극적으로는 지역적 관계가 무너지는 세계 중심으로 단계적으로 나아가야 하는 것으로 인식돼 왔다.

본국 중심의 경우에는 주요 직책에 본사 주재원을 파견시킴으로써 주재원 중심으로 조직이 운영된다고 볼 수 있다. 이는 현지 초기 진입 단계나 혹은 성장 단계에 있는 기업들이 이러한 방식을 택한다.

다음 단계라고 할 수 있는 현지 중심의 경우에는 주요 직책에 현지인을 채용해 경영진으로 배치시키는 것으로, 현지인 중심으로 조직이 운영된다. 이는 주로 현지 진출 후에 제반 관리 인프라가 갖춰진 상태에 있는 성숙단계에 있는 기업들이 주로 사용하는 대표적인 방법이다. 삼성전자, LG전자, SK 등이 이 단계에 해당된다.

세계 중심의 경우에는 주요 직책에 국적과 무관하게 적합한 인력을 배치하는 것을 말한다. 이는 성숙단계를 넘어 고도의 관리 인프라가 갖춰지고, 내부 역량이 극대화되는 단계에 있는 기업에서 나타나는 모습이다. 이러한 형태들은 앞서 설명했던 비즈니스 모델 유형과도 궤를 같이 한다.

업계 전문가들은 기존에 국내 기업들이 논의해 왔던 글로벌 HRM의 발전단계를 반드시 모든 기업들이 궁극적인 모습으로 그려나갈 필요는 없다고 주장한다.

정지영 머서코리아 상무는 "글로벌 HRM 전략은 해당 사업의 경쟁 우위와 전략적 방향, 그리고 본사의 역량 수준을 감안해 설정해야 하는 것"이라며 "즉 본국·현지·세계 중심의 단계를 발전단계로서 보기보다는 그 자체가 모두 의미 있는 글로벌 HRM 모형으로 봐야한다"고 설명했다.

일부 기업의 경우에는 한 가지 방향이 아닌 두 가지 방향을 양립시켜 HR조직을 운영하는 경우도 있다. 글로벌 화장품 회사인 로레알(L'Oreal)의 경우 고급 브랜드는 철저히 본국 중심으로, 일반 대중 브랜드는 현지 중심으로 HRM을 운영하고 있다.

신승재 화이트정보통신 본부장은 "서비스·제품 등에 따라서 글로벌화 형태를 달라질 수 있기 때문에 글로벌 HRM 모습 역시 달라질 수 있는 것"이라며 "결국 글로벌 HRM의 실질적인 의미는 본사의 표준화 요구와 해외 법인의 현지화 요구의 균형점을 찾는 작업"이라고 강조하며 글로벌 HRM은 기업마다 다양한 모습을 가질 수 있기 때문에 하나의 정답만이 있는 것이 아니라고 설명했다.

◇ 직무 중심 인사 운영으로 전환=현재 국내 기업들 중 글로벌 HRM 체계를 구축한 사례들을 살펴보면 대부분 인사 정책 중 일부는 글로벌 표준정책을 적용하고, 나머지는 현지에 자율권을 부여하는 형태로 수행하고 있다. 즉 본사의 인사제도를 근간으로 정책 및 체계는 글로벌 표준을 적용하지만 운영 방식은 현지화하는 식이다. 하지만 여전히 이러한 글로벌 HRM 체계를 구축했음에도 제대로 운영되지 않은 경우가 종종 발생한다.

예를 들면 신규 진출 시장에 적임자를 찾지 못해 다른 지역의 주재원 중 일부를 무리하게 파견해 관련 대상자들의 불만을 산다든가, 해외 법인장을 현지 인력으로 채용했지만 본사의 경영방식에 대한 교육 부족과 후임자 준비 부족 등으로 결국 법인장을 주재원으로 대체하는 사례 등을 종종 볼 수 있다.

이 외에도 최근 국내 대기업들은 글로벌 HRM의 운영을 강화하기 위한 일환으로 글로벌 HRM 조직을 신설하거나 외국인 HR 임원들을 영입해 오는 등 다각적인 노력을 펼치고 있다. 하지만 일부 성과에도 불구하고 여전히 해결해야 할 과제가 많다는 지적이다. 이 경우 주로 해외 HR임원과 한국 관리자들간의 인사 운영에 대한 근본적인 시각차가 가장 큰 이슈로 작용한다.

정 상무는 "국내에서 일어나는 글로벌 HRM의 이슈들은 국내의 인사 관행인 사람 중심, 즉 기존 직급체계에서 벗어나지 못하고 있기 때문"이라며 "대부분의 글로벌 선진 기업들은 수행 업무의 중요도와 난이도 등을 기준으로 핵심 직무 중심의 인사정책을 펼치고 있다"고 설명했다.

핵심 직무 중심의 인사 운영이란 결국 사업 운영에 핵심적인 직무에 초점을 맞춰 최적의 인력을 배치하고 이 인력이 우수한 성과를 지속적으로 창출할 수 있도록 관리한다는 것을 의미한다.

최근 LG전자, GS칼텍스, 한화, 삼양사 등에서는 기존 HR운영의 한계점을 파악하고 직무 중심의 인사 운영 방식을 부분적으로 채택해 눈길을 끌고 있다. 이들 기업들은 여전히 기존의 사람 중심 인사체계를 여전히 유지하고 있지만 핵심 직무 및 임원급에 대해서는 수행하고 있는 직무의 가치에 따라 차별화하는 HR 전략을 수행하고 있다. 임원들의 직무에 따라 보상 체계를 달리함으로써 같은 상무급이라고 하더라도 임금에 차이가 발생할 수 있도록 한 것이다.

업계 한 전문가는 "핵심 직무에 맞춰 중요한 인재를 선정했다고 해서 끝나는 것이 아니라 경영진들이 스스로 문제의 해결책을 찾아낼 수 있는 프로세스를 갖추는 것이 중요하다"며 "의사결정을 제대로 하기 위해선 많은 분석 정보들을 가지고 있어야 하는 만큼 관련 전문 글로벌 HRM시스템을 갖춰야 한다"고 말했다.

◇성공적인 글로벌 HRM 시스템 구축 방안=글로벌 HRM시스템의 경우 채용·직무/지급·평가보상·육성·글로벌모빌리티 등 크게 6개의 프로그램으로 구성된다. 하지만 글로벌 환경에 대응하기 위한 시스템 구축 작업에는 각 영역별로 많은 고민이 필요하다.

특히 이 중에서도 직무/직급 체계의 경우 인사 운영에 있어 가장 핵심적인 기준 체계임으로, 글로벌 표준화가 필요한 부분이다. 하지만 국내와 글로벌 시장에서 개념적으로 괴리감을 가장 크게 느끼는 부분이 이 부분이기도 하기 때문에 시스템 구성 시 어려움이 많다. 개인의 경험과 역량을 중시하는 국내의 직급체계를 직무의 가치를 중시하는 체계로 전환하지 않을 경우 글로벌적으로 일관된 인사체계를 구성하기 힘들고, 인력 이동에도 제한이 따를 수밖에 없다.

정 상무는 "국내 기업들이 글로벌 HRM으로 가기 위해 우선적으로 해야 할 일이 바로 기존의 직급체계에서 벗어나 직무의 가치를 평가해서 등급화하는 것"이라며 "실제 국내 유명 기업에서 이러한 시도를 했는데, 국내 실정과 잘 맞지 않을 것이라 예상했지만 새로운 직무체계와 기존 체계를 비교했을 때 오히려 잘 매칭되는 것을 확인할 수 있었다"고 조언했다. 기업들이 이러한 변화에 크게 두려워하지 않아도 된다는 것이다.

성과관리 분야에서는 그동안 국내 기업들도 많이 시스템화하면서 선진화돼 있는 상황이다. 이 분야에서 한 가지 아쉬운 점은 국내 기업들이 해외 선진 기업들에 비해 운영측면에서 성과관리에 대한 직원들과의 커뮤니케이션 기능이 다소 미흡하다. 보상 영역 역시 제도적인 측면에서 글로벌화가 이미 돼 있다고 업계 전문가들은 평가하고 있다. 다만 기본급에 대해 정의할 때 직무의 가치에 따라 정해져야 하는데, 그렇지 않을 경우 현지화하기 힘들어질 수 있다는 것을 예상할 수 있다. 이러한 체계를 단번에 바꾸기 힘들다면 직무 가치에 따라 기본급 외 수당에 이를 적용하는 것도 하나의 방법이 될 수 있다.

김진유 화이트정보통신 사장은 "채용, 육성, 보상 등이 모두 잘 운영되기 위해서는 글로벌 HRM거버넌스 전략이 필요하다"며 "거버넌스 체계는 사업의 글로벌 전략과 이에 따른 글로벌 HRM전략, 그리고 인재 유형 등을 종합적으로 고려해서 수립하고, 이와 함께 상세한 역할 분담 체계도 마련해야 한다"고 인적자원의 경쟁력이 곧 조직의 미래라고 설명했다.

제 1 절　국제기업의 조직

1. 국제기업의 조직 형태

1) 기능별 조직

딤자(W. A. Dymsza)는 전 세계의 국제기업들이 취하고 있는 조직구조를 종합해 본 결과 기능별 조직, 제품별 조직, 지역별 조직, 국제사업부 조직, 매트릭스 조직 등 다섯 가지 형태를 제시하고 있다.

기능별 조직은(functional organization) 최고경영자 밑에 마케팅, 재무, 생산, 회계, 인사 등의 기능에 따라 부서가 나누어져 있는 형태이다. 이 조직의 형태는 제품의 종류가 적고 생산 또는 판매지역의 범위가 좁을 때 취하는 형태이며, 생산·판매 등의 부문별 기능이 중시될 때 장점을 발휘할 수 있으나 기능별 부서 간에 협조가 안 되면 난관에 부딪히는 단점이 있다. 따라서 실제로 국제기업의 경영 조직구조로서는 별로 이용되지 않는다.

〈도표 12-1〉 기능별 조직

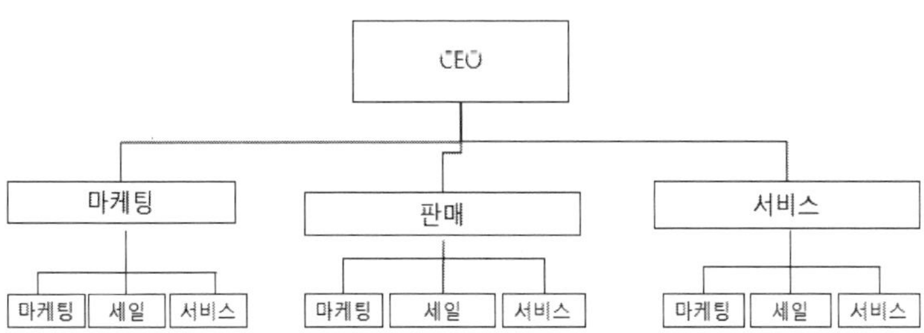

2) 제품별 조직

제품별 조직(product organization)은 최고경영자 밑에 여러 제품별로 제각기 하나의 부서를 구성하고 그 제품별 부서 생산, 회계, 재무 등의 기능에 따라 하부 부서가 이루어진 형태이다. 이는 취급하는 제품의 종류가 다양하고 이질적인 기업에서 일반적으로 쓰는 형태로서, 각각의 사업단 위가 이익 책임을 지는 사업부 조직은 대개 제품별 조직을 기반으로 하고 있다.

3) 지역별 조직

지역별 조직(regional organization)은 최고경영자 밑에 여러 지역이 제각기 하나의 부서를 구성하고, 그 지역별 부서 밑에 여러 품목, 각 기능이 통합된 형태이다. 이는 기업이 벌이고 있는 생산·판매 활동 등이 여러 지역에서 이루어져 있고 지역 간의 통신·교통 등의 어려움으로 인하여 긴밀한 협조가 이루어지기 어렵거나, 여러 지역의 특성이 제각기 달라 획일적인 관리체계를 적용하는 것이 불합리할 때 사용된다(조동성).

4) 국제사업부 조직

국제사업부 조직(international division organization)은 기업의 해외 영업활동이 강화됨에 따라 국제사업부를 기업 조직 내에 다른 제품사업부와 같이 하나의 독립된 사업 단위로 운영하는 형태이다. 이 조직은 〈도표 12-2〉에서와 같이 최고경영자 밑에 국내 사업부와 동격의 국제사업부를 구성하고 그 부서 밑에 제품에 따라 기능이 통합된 형태이다.

국제사업부 조직의 장점은 해외사업에 필요한 지식과 경험이 축적된 국제사업부에서 해외경영 활동을 주도함으로써, 최고경영진이 해외경영업무에서 벗어나 국내업무를 전염할 수 있다는 점이다.

〈도표 12-2〉 국제사업부조직

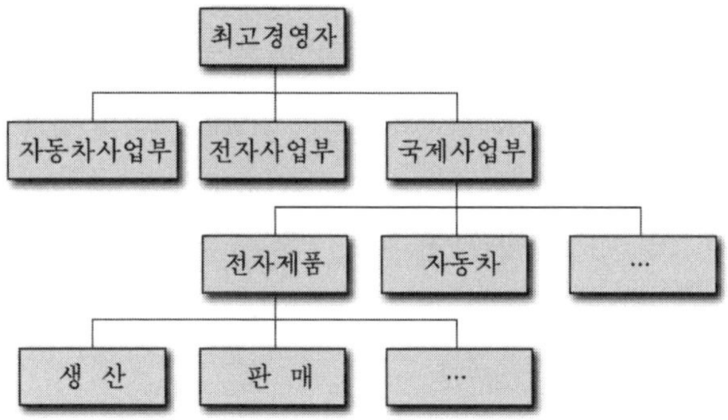

자료 : 강한균

5) 매트릭스 조직

매트릭스 조직(matrix organization)은 그리드 조직(grid organization)이라고도 하는데 〈도표 12-3〉에서 보는 바와 같이 앞에서 설명한 세 가지 조직 형태의 기준이 되는 기능, 제품, 지역이 다차원적으로 중첩된 형태이다.

〈도표 12-3〉 매트릭스 조직

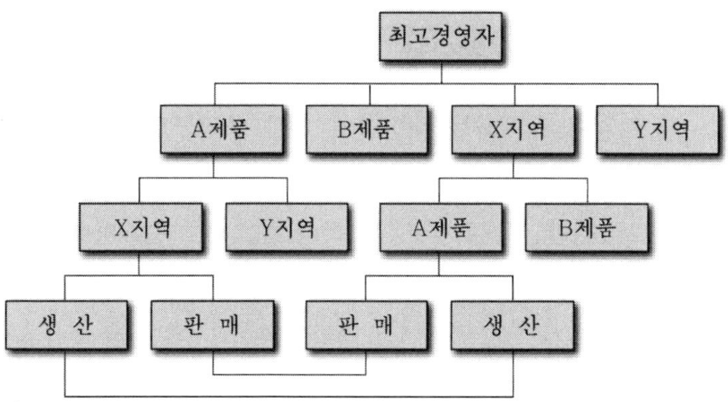

자료 : 강한균

이 조직은 기능, 제품, 지역 중 어느 한 기준만을 중심으로 하여 조직구조를 형성할 때 파생되는 다른 기준의 독자성 상실을 회피하기 위하여 고안된 형태로서 최고경영자 밑에 있는 경영자들이 기능, 제품, 지역을 결합한 여러 문제에 전반적인 책임을 지게 된다.

이 조직의 장점은 어느 한 기본 단위에서 표시하지 못한 운용상의 문제점을 다른 조직 단위에서 지적해 냄으로써 업무상의 과실을 줄일 수 있으며 동시에 단위 조직 간의 견제와 균형을 유지하여 기업의 효율적인 경영활동을 전개해 나갈 수 있다는 점이다. 그러나 이 조직은 조직구조가 복잡하고 기본조직 단위 간의 갈등이 심화할 수 있다는 단점이 있다(강한균).

2. 기업의 국제화와 조직구조의 변화

기업이 성장하기 위해서는 필연적으로 해외시장에 진출한다. 국내중심으로 생산활동을 하다가 수출 진입방식을 통한 해외시장에 진출한다. 이와 같은 경험을 통하여 라이센싱, 프랜차이즈지, 해외직접투자 등으로 진입방식의 변화하게 됨에 따라, 기업도 점차 국제화되어 간다. 따라서 기업이 국제화됨에 따라 기업의 조직구조도 다음과 같이 변화하게 된다(*Ibid*).

1) 국내시장지향단계

기업이 국제화를 추진함에 따라 조직구조도 변화하게 된다. 일반적으로 다국적기업은 국제화의 정도에 따라 그 조직구조를 달리하게 된다. 그러면 국제화 과정을 국내지향단계, 수출지향단계, 현지 혹은 지역시장 단계, 세계시장지향단계로 구분된다.

국내시장단계는 기업이 국내시장만을 목표로 생산, 판매 활동을 벌이며, 국제경영 활동이 없는 경우로서 기업 조직도 일반적으로 단순한 기능별 조직을 택한다.

2) 수출지향단계

국내시장만을 지향하던 기업이 수출을 통해 해외 진출을 꾀하게 된다. 이와 같은 수출지향의 국제화 초기에 있는 기업들은 주로 기능별 조직구조를 택한다. 즉, 수출의 비중이 별로 높지 않으면 기존의 경영부서를 국내부와 수출부를 이완시켜 운영하다가 수출의 비중이 커지면 별도의 수출사업본부로 독립시킨다. 그러나 같은 수출지향 기업이라도 여러 제품을 취급하는 기업들은 제품별 조직구조를 채택하게 된다.

3) 현지 또는 지역 시장지향단계

수출을 통한 국제화를 추진함에 따라 현지국의 관세와 같은 수입규제에 직면하게 된다. 따라서, 기업들은 보호무역을 시행하는 현지 또는 지역에 해외로 투자하여 직접 생산 및 판매하게 된다. 이 단계의 기업들은 해외생산과 판매를 유기적으로 조정해야 해서 지역별로 독립된 부서를 설치하고 그 하부기관에서 해외생산과 해외경영부서를 두는 지역별 조직구조를 선택한다.

4) 세계시장지향단계

전 세계를 무대로 경쟁하는 세계시장단계에 이르면 기업은 세계에서 가장 생산비와 운송비가 저렴한 국가에서 제품을 생산하여 판매해야 한다. 이러한 단계에서는 조직구조가 일차원적 조직구조에서 탈피하여 선 세계에 걸쳐 기능, 제품, 지역을 상호 연결한 매트릭스 조직으로 변화해야 한다.

결국, 기업의 국제화의 진전에 따라 기능별 조직 또는 제품별 조직, 지역별 조직, 매트릭스 조직의 순으로 변화한다고 할 수 있다. 그러나 이와 같은 국제화의 진전에 따른 조직변화는 지나치게 단순화한 것이다.

즉, 각 기업은 그 사업의 종류, 성격, 범위 그리고 국제경영환경에 따라 조직구조를 탄력적으로 운용할 수 있다.

제 2 절 글로벌 인적자원 관리

1. 글로벌 인적자원관리

세계화의 도래로 크고 작은 기업은 현지화를 중단하고 세계화되었다. 세계화는 노동자의 다양성을 증가시켰고 문화적 민감성은 이전과는 달리 나타나고 있다. 이 모든 것이 글로벌 인적 자원 관리의 발전으로 이어졌다. 심지어 지리적 경계를 넘어서 거래에 영향을 받는다고 생각하는 기업들도 세계적으로 더 넓은 네트워크와 연결되어 있다. 그들은 들어 본 적이 없는 조직에 의존한다. 다양한 영역과 기능의 조직 간에는 상호 의존성이 있다. 글로벌 인적 자원 관리의 예비기능은 국제적인 느낌을 유지했음에도 불구하고 조직이 현지국에서 특정국과의 호소력을 지니고 있다는 것이다.

따라서 세계화는 다양한 문화, 제품 및 아이디어에 걸쳐 기업의 운영과 전략을 통합하는 과정으로, 인사 관리자의 역할에 영향을 미치고 있다. 현지국과 문제와 관련하여 인적 자원 관리는 인력 다양성, 법적 제한 및 교육과 전문인 개발 간의 상호 의존성이 조직에 미치는 영향을 고려해야 한다.

글로벌 인력관리(Global Human Resource Management)는 다국적기업의 인적 자원을 조달, 배분, 효과적으로 활용하는 과정이다. 세계 경제환경의 변화로 인해 기업이 세계 시장에서 비즈니스를 더 쉽게 수행할 수가 있게 되면서 글로벌 확장은 필수는 아니더라도 점점 현실화하고 있다

2. 글로벌 인적자원 목표

글로벌 인적 자원은 국가 및 문화 경계를 넘어 조직의 직원 및 노동 정책 관리를 의미한다. 글로벌 인적 자원은 다양성, 문화 간 커뮤니케이션, 혁신에 많은 중점을 두고 있다. 글로벌 인적 자원 기능의 목표는 사명과 비전의 범위에 따라 조직마다 약간 다르지만, 객관적인 설정을 위한 벤치마크 역할을 하는 업계의 추세가 있다.

1) 채용과 고용

인적 자원의 가장 기본적인 기능 중 하나는 자격을 갖춘 인력을 채용하는 것이다. 인적 자원 관리의 영역은 직무 기술 개발, 잠재적 직원 면접, 재배치 및 물류, 연봉 및 복리후생 패키지 협상 등 여러 하위 목표가 있다. 중소기업 소유주는 다양한 인력을 모집하는 이점을 구제적으로 활용할 수 있다. 숙련된 직원은 기업의 경쟁에서 벗어나는 데 도움을 주기 때문에 조직의 가장 효과적인 자원 중 하나이다. 이처럼 HR의 고용 및 채용 기능은 조직의 성공의 다른 모든 부분에 영향을 미친다.

2) 훈련과 전문성 개발

고도로 숙련된 직원을 채용하는 것은 글로벌 인사의 목표지만, 대부분 직원은 일단 채용되면 여전히 어느 정도 수준의 훈련이나 전문성 개발을 요구한다. 모든 기업은 자체 정책과 절차가 있으며, 신입 사원 교육은 조직의 원활한 운영에 필수적이다. 기업이 다양한 국가에 사는 고객들을 가지고 있을 때, 이종 문화권의 의사소통에 대한 직원들을 훈련하는 것은 필수적일 것이다. 또한, 인적 자원은 외부 교육 프로그램, 추가 교육 및 네트워킹을 포함한 전문 개발을 직원을 위한 개별화된 교육 유인책으로 제공합니다. 이러한 전문 개발 유인책은 직원들이

온라인 교육 프로그램, 국제 학술회의, 지역 네트워킹 행사를 통해 글로벌 기회를 활용할 수 있도록 맞춤화할 수 있다. 조직은 다양한 인력의 보유로 다양한 지식의 보편성을 누리고 있으며, 직원들은 기업이 자신의 학습과 개인 개발 계획을 진지하게 받아들이고 있다고 믿고 있다.

3) 혜택과 보상

점점 다양해지고 세계화되는 세상에서 혜택과 보상은 일과 삶의 질 이론(work-life quality theory)의 부상으로 인해 인적자원 관리는 더욱 매력적인 목표가 되었다. 이 이론은 직원의 시간 감각이 업무에 이바지하는 양과 개인적인 삶의 만족도 사이에서 나누어 져야 한다. 이 이론은 기업들이 국제적으로 운영되는 조직으로부터 받아 현장 육아, 휴가 연장, 출산 및 육아 휴직, 유연한 근무 시간과 같은 혜택과 유인책을 제공함으로써 이러한 일과 삶의 균형을 촉진 할 수 있다고 주장한다. 이러한 부가가치 혜택은 미국 연방정부의 노동법 규정에 따라 확대되기 때문에 세계화된 조직 일부로 간주한다. 예를 들어, 중소기업들은 의무적인 최저 임금과 휴일 시간을 제공하는 대신, 그들의 보상 계획을 좀 더 점진적인 방법으로 맞추려고 그들의 자율성을 높여 종업원들에게 보상하는 많은 글로벌 기업이 시행한다.

4) 국제 법규준수

기업이 해외시장으로 진출하게 되거나 다른 국적의 직원을 고용하기 위해서는 여러 국가의 노동법과 세법에 이해하여야 한다. 예를 들어, 예를 들어 다른 나라에서 온 사람을 고용하려면 인적자원 부서에서 비자를 신청하고, 이민국과 국가에 서비스 데이터를 제공 할 수도 있다. 이러한 법을 준수하지 않으면 기업이 법적 또는 재정적 책임을 지게 될 수 있어서 이러한 법을 준수하고 조직에 어떤 영향을 미치는지와 이러한 법이 글로빌 인적자원 관리에서 매우 중요한 목표다

(Jeremy Bradley).

제 3 절 인적자원관리의 중요성과 경향

세계적 경제환경 아래에서 성공적으로 경쟁에 대처해 나가는 데 성공한 기업이 있는가 하면, 어떤 기업은 범세계적으로 경쟁우위를 얻는데 실패한다. 이러한 실패 원인은 기술혁신상의 문제, 전략의 문제, 조직구조의 문제 등으로 구분할 수 있다.

그러나 결국은 사람이 전략을 수립하고, 실행할 뿐만 아니라 인력을 배치하며 조직구조를 수립하기 때문에 사람이 경쟁의 성패를 결정하는 핵심이 된다. 이는 특히 세계화와 정보화 시대에 세계 경영을 수행하는 국제기업에 더욱 중요한 문제가 되고 있다. 글로벌 컨설팅 업체인 A. T. Kearney사의 '다국적기업의 세계 경영에 대한 보고서'에서도 "세계 경영을 효과적으로 하기 위해서는 무엇보다도 인적 자원의 합리적 이동이 필수적이며, 효과적인 글로벌 인적 자원 관리 활동의 전개가 세계 경영의 성공 요체로 작용할 것이다"

이러한 인적 자원의 중요성은 기업의 국제화와 국제화가 진행될수록 더욱 증가한다. 그러나 다음의 이유로 국가를 초월하여 인적 자원을 관리한다는 것이 쉬운 일은 아니다.

첫째, 조직구성원의 고용, 해고, 교육훈련과 승진 등에 관한 정부의 규제가 나라마다 상이하다.

둘째, 노동관계, 특히 노동조합에 관한 내용이 국가마다 다르다.

셋째, 조세정책 및 임금의 가이드라인 등을 포함한 경제적 하부구조 역시 국가마다 상이하여서 부가임금, 임금구조, 퇴직 절차 등에 관한 국가별 상황을 이해하는 것이 필요하다.

넷째, 관리 스타일이 문화에 따라 상이하다. 어떤 문화는 가부장적 관리 스타일을 선호하는 데 비해 어떤 곳에서는 직무 및 능력을 기준으로 한 관리 스타일을 선호하기도 한다.

이러한 어려움은 결국 국제 인적 자원 관리의 특수성에서 기인한다고 볼 수 있다. 일국 내의 인적 자원 관리와 비교해 볼 때, 국제 인적 자원 관리는 국내의 경우보다는 훨씬 더 다양하고 복잡한 양상을 띠고 있다. 이는 무엇보다 국제 인적 자원 관리가 문화와 제도적 여건이 다른 두 개 이상의 국가에 걸쳐 전개되고 있다는 것과 본국과 현지국 그리고 제3국 등 다른 가치관과 행동 양식을 지닌 여러 국가의 인력을 대상으로 하고 있다는 사실에서 기인한다(김광수 외).

1. 국제인적자원 관리의 유형

Perlmutter에 제시한 국제기업 성장 과정의 모델에 따라 국제적인 인적자원관리 전략을 본국 중심적 인적자원관리, 현지 중심적 인적자원관리, 지역 중심적 인적자원관리, 세계 중심적 인적자원관리 등으로 나눌 수 있다.

1) 본국 중심의 인적자원관리

이는 본국의 인사 정책과 관행을 현지국에도 그대로 적용하는 인사관리의 형태이다. 이는 본국 중심의 국제인적자원관리에서는 본국의 조직문화가 자회사에 그대로 적용된다. 또한, 자회사가 소속해 있는 국가에서는 구할 수 없는 핵심 인적 자원을 본국에서 보유하고 있으면 사용된다. 현재 P&G, Philips, Matsushita, Toyota, 삼성과 같은 많은 일본과 한국기업들은 국제운영의 핵심지위가 지금도 본국 인력에 의해 유지되고 있다.

특히 기업은 다음과 같은 이유로 이러한 접근 방법을 추구하고 있다. 첫째, 현지국에서 중견 경영진 지위를 메울 수 있는 자질 있는 사람이 부족하다고 믿기기 때문이다. 둘째, 기업의 특유문화를 유지하기 위해서다. 셋째, 국제화를 추구하는 기업이 핵심역량의 이전을 통해 가치를 창출하려고 한다면, 이 기업은 이러한 핵심역량에 대한 지식을 지닌 본국 인력을 파견하는 것이 최상의 방법이라고 생각하기 때문이다.

그러나 위의 정책은 현지인의 승진 기회를 제한한다는 점과 현지국의 문화를 이해하지 못하는 '문화적 근시안'에 이를 수 있다는 점 때문에 국제기업 대부분이 채택하고 있지 않다.

2) 현지국 중심의 인적자원관리

이는 각 나라가 고유한 문화와 관습을 가지고 있어서 본국에서는 이들의 문화를 이해하기 어렵다는 가정에서 국가별로 다른 가치관과 규범, 관습에 기반을 두고 운영되는 형태이다. 본사와 자회사가 거의 동등한 수준에서 인적 관리가 이루어지는데, 현지의 상황에 가장 적합한 인적자원관리를 하기 위해서 주로 현지인을 채용한다. 따라서 현지국 중심의 인적 자원 관리에서는 구성원 간에 언어나 문화장벽이 없고 자회사가 비교적 높은 자율성을 지니며, 본사 인력을 파견하는 본국 중심의 관리보다는 비용도 널 든다는 장점이 있다.

그러나 자회사 간에 의사소통이 원활하지 않으며, 현지인들이 자국 이외에는 경험을 쌓을 기회가 제한되고, 경력개발도 자회사 수준에 머물게 되기 쉽다는 단점이 있다. 인적자원관리의 정책개발과 수행에도 본국의 제도를 모방하기보다는 현지의 상황에 적합한 정책과 관행들을 자체적으로 개발하여 활용하게 되며, 이로써 통합과 조정에 의한 글로벌 합리화의 이점이 없어진다.

3) 지역중심의 인적자원관리

이는 세계를 몇 개의 지역으로 구분하고 지역 내에서 인사관리를 독자적으로 실시하는 것이다. 예로 동남아시아, 동북아시아, 서남아시아, 아프리카, 중남미, 서유럽, 동유럽 등으로 구분해서 인사관리를 자체적으로 실시하는 것을 말한다. 이와 같은 지역을 관리하기 위하여 지역 내에서 인재를 선발하고, 교육, 훈련, 평가한다. 지역 중심의 인적자원

관리에서 각 지역 내의 의사소통과 조정은 활발하게 이루어지지만, 본사와 지역 간, 그리고 지역 간의 통합과 조정이 어렵다는 단점이 있다.

4) 세계중심의 인적자원관리

지역이나 국적에 상관없이 범세계적 차원에서 인적 자원의 활용을 최대화하려는 전략으로 인적 자원 관리 활동을 전 세계를 대상으로 하는 하나의 시스템으로 통합하는 관리유형이다. 세계중심주의 인적 자원 관리는 많은 양의 의사소통과 국가 간 통합을 요구하는 가장 복잡한 조직구조를 지니고 있다.

이러한 관리방식의 장점으로는 첫째, 기업의 인적 자원을 최상으로 활용할 수가 있다는 것이다. 둘째, 다수의 문화권을 본국처럼 느끼면서 일할 수 있는 국제적인 간부진을 양성할 수 있게 해 준다. 그리고 이러한 간부진의 양성은 강력하고 독특한 기업문화와 비공식적 관리 네트워크를 구축하기 위한 중요한 첫 거름이 될 수 있다. 또한, 이러한 인적 자원을 추구하는 기업들은 경험 곡선효과와 입지의 경제성, 그리고 다각적인 핵심역량 이전을 추구함으로써 다른 접근 방법보다 가치 창출을 더 잘 할 수 있다. 더 나아가 다국적으로 이루어진 관리팀으로 인해 기업은 문화적 근시안의 감소와 현지에 대한 적응성의 강화를 꾀할 수 있다.

반면, 이러한 관리방식은 몇 가지 단점이 있다. 첫째, 여러 나라가 자국민의 고용증대를 위해 현지인 고용을 요구하는 이민법을 활용하고 있다. 둘째, 외국인 고용에 과도한 서류 제출을 요구하고 있다. 셋째, 실행하는데 비용이 많이 든다. 교육훈련과 및 재배치에 따른 비용이 증가하고, 표준급여 수준이 높게 책정된다(김광수 외).

2. 글로벌 인적자원 관리의 경향

세계화로 인해 기업들은 인력 전략을 재고(rethink)하고 있다. 기업은 이제 전 세계의 직원을 채용 할 수 있으며 그 결과 지리적 및 문화적 경계를 넘어 제품 및 서비스를 판매 할 수 있다. 세계화가 인적자원에 미치는 영향은 직장에서 많은 변화를 촉진했다.

1) 국제채용과 고용

세계화는 기업들이 전 세계의 직원들을 모집하고 고용할 수 있게 해 준다. 인재들이 현지에서 살지 않더라도 가용한 직위(position)를 가장 뛰어난 인재로 채울 수 있는 소규모 기업들에 매력적이다. 국제채용 및 고용의 인적자원관리의 경향은 조직에 다양성을 가져오는 데 중점을 두고 있으며, 해외 직원이 다른 사업 영역 중에서 고객 서비스, 마케팅 및 판매 능에 대한 독특한 시각으로 제공할 수 있을 것으로 인식하고 있다.

2) 혜택 및 보상에 대한 점진적 접근법

다양한 지원자 풀(pool of applicant)에서 해외 채용하는 추세와 유사하게 직원들에게 복리후생과 보상을 제공하는 진보적인 접근 방식이다. 그러나 미국 연방법은 최저 임금과 기본 직원 수당을 의무화하고 있지만, 세계화는 기업 소유주와 경영자들에게 직원들에게 어떻게 표준 정책, 열심히 일하는 것에 대한 보상으로 어떻게 보상할 것인가에 대한 새로운 아이디어를 가져왔다. 일부 미국 기업들은 해외에서 오는 추세를 받아들여 육아 휴직, 휴일 시간 연장, 재택근무, 유연한 육아 선택권을 직원들에게 제공하고 있다. 이러한 보상에 대한 접근 방식은 종업원이 자기 일과 개인적인 생활의 균형을 맞출 수 있게 해주며 직원들 사이의 행복과 생산성을 높이기 위한 것이다

3) 소셜 미디어의 도입

소셜 미디어와 모바일 기술은 인적자원 국제화의 뜨거운 추세이다. 사회 및 모바일 기술을 통해 인사부는 직원들과 더욱더 쉽고 빠르게 소통함으로써 서비스를 확장할 수 있다. 예를 들어, 만약 사무실이 악천후로 폐쇄된다면, 인사부는 전화기를 사용하는 것이 아니라 직원들에게 알리기 위해 소셜 미디어 메시지를 보낼 수 있다. 또한, 소셜 및 모바일 기술은 기술에 정통하고 새로운 비즈니스 방식을 포용하고자 하는 직원에게 비즈니스를 제공함으로써 인적자원이 회사의 가치를 높이는 데 도움이 된다.

4) 전문성 개발

전문성 개발 교육 프로그램은 글로벌 보상 접근법에 대한 추세로 등장했다. 전문성 개발은 직원들이 조직의 일상적인 업무 이외에 성장할 기회를 제공하는 것이다. 예를 들어, 인적자원 부서는 글로벌 소셜 미디어 캠페인에 사용하기 위해 직원들을 교육 세미나에 보내거나, 고객 서비스를 위해 직원을 언어 강좌 훈련에 보내 해외에 거주하는 고객들과 의사소통 능력을 향상할 수 있다. 이런 전문 개발 프로그램은 직원들의 의욕을 북돋우고 보람을 느끼게 하며, 이 직원들이 배우는 새로운 기술들은 회사 내에서 직접 활용된다.

연 습 문 제

1. 글로벌 조직관리의 중요성에 대하여 설명하라.

2. 기업의 국제화에 따른 조직구조는 어떻게 변화하여야 하는가?

3. 글로벌 인적자원관리의 문제점에 대하여 설명하라.

4. 글로벌 인적자원관리의 중요성에 대하여 설명하라.

5. 글로벌 인적자원관리의 목표에 대하여 설명하라.

제 13 장 글로벌화 주체[1)]

읽을거리

WTO는 협상으로 탄생했다. WTO가 하는 모든 것은 협상의 결과이다

❖ 세계무역기구(WTO)란 무엇인가?

간단히 말하면 WTO는 거의 전 세계적인 수준에서 국가들간의 무역규범을 다루는 곳이다. 하지만 그 이상의 기능도 가지고 있다. WTO는 새일까, 아니면 비행기일까? WTO를 바라보는 시각은 다양하다. WTO는 무역자유화를 위한 기구이며, 각국 정부가 무역과 관련된 협정들을 협상하는 장이기도 하다. 또한 분쟁을 해결하기 위한 기구이기도 하고 무역과 관련된 규범 체계를 이행하는 기구이기도 하다. (어떤 사람들은 WTO가 전 세계 모든 문제를 해결 - 또는 야기 - 할 수 있다고 하기도 하는데 WTO는 슈퍼맨이 아니다!) 어쨌거나 WTO는 협상의 장이다... 원칙적으로 WTO는 회원국 정부들이 다른 회원국들과의 통상 문제를 해결하기 위해 찾는 곳이다.

그러므로 첫 단계는 대화다. WTO는 협상으로 탄생했으며 WTO가 하는 모든 것은 협상의 결과이다. 현재 WTO 업무의 상당부분이 1986~94년간 우루과이라운드(Uruguay Round)라는 협상과 그 이전 관세 및 무역에 관한 일반협정(GATT : General Agreement on Tariffs and Trade) 체제하에서 이루어진 일련의 협상결과에서 비롯된 것이다. WTO는 지금도 2001년부터 시작된 "도하개발

1) 이윤선, 『국제기업환경론』에서 수정 재인용. p. 119.

아젠다 (Doha Development Agenda)"라는 새로운 협상을 주관하고 있다. 협상은 회원국들이 직면한 무역장벽을 낮추어 무역자유화를 이루도록 도와주었다. 하지만 WTO는 단순히 무역자유화만 추구하는 것은 아니다. 어떤 경우에는 WTO 규범들이 무역장벽을 유지하는 데 도움을 주기도 한다. 소비자를 보호하기 위해서나 질병을 예방하고 환경을 보호하기 위해서가 그런 경우이다. WTO는 규범의 집합체이다... WTO의 핵심은 다수의 무역 국가들이 협상을 통해 합의한 일련의 협정들이다.

이 문서들은 국제상거래의 기본적인 법규범을 제공하며, 각국의 무역정책을 회원국간에 합의한 범위 내에 두기 위한 구속력 있는 계약의 집합이다. 각국 정부가 협상하고 서명했지만 그 목적은 상품과 서비스의 생산자들, 수출입업자들의 사업을 돕기 위한 것이다. 물론 다른 한편으로는 정부가 각자의 사회적 또는 환경적 목표를 달성하기 위해 노력하는 것을 허용하기도 한다. WTO 체제의 최대 목적은 부작용이 발생하지 않는 한 무역이 최대한 자유롭게 이루어질 수 있도록 하는 것이다.

왜냐하면 자유로운 무역은 경제개발과 복지에 중요하기 때문이다. 이것은 부분적으로 장벽을 제거하는 것을 의미한다. 또한 개인, 회사 및 정부가 무역규범에 대해 알 수 있도록 하고 갑작스러운 정책의 변화가 없을 것이라는 신뢰감을 주는 것이기도 하다.

다시 말하면 규범은 "투명"하고 예측 가능해야 한다는 것이다. 그리고 WTO 체제는 분쟁을 해결하도록 도움을 준다... 분쟁해결은 세 번째로 중요한 WTO의 기능이다. 무역관계는 종종 이해의 대립을 야기한다. WTO 체제에서 아주 어렵게 협상된 것들을 포함해서 협정들이란 가끔 해석이 필요하다.

이와 같은 이견을 가장 조화롭게 해결하는 방법은 합의된 법적 근거에 기초한 중립적인 절차를 통하는 것이다. 이것이 WTO 협정에 이미 포함되어 있는 분쟁해결절차의 목적이다. 1995년에 탄생했으나 어리다고는 할 수 없다. WTO는 1995년 1월 1일 그 생애가 시작되었다.

하지만 사실 WTO 무역체제의 나이는 50살이 더 많다. 1948년 이래 관세 및 무역에 관한 일반협정(GATT : General Agreement on Tariffs and Trade)이 이와 같은 무역체제에 규범을 제공해 온 것이다.(1998년 제네바에서 개최된 제2차 WTO 각료회의에서 이 다자무역체제의 50주년 기념행사를 거행했다.) 일반협정이 GATT(비공식명칭)라는 사실상의 비공식 국제기구를 탄생시키기까지는 그다지 오랜 기간이 걸리지 않았다. 수십년 동안 GATT는 여러 차례의 다자간협상을 통해 진화해 왔다. 최대 규모였던 마지막 GATT 라운드는 우루과이라운드로서 1986년부터 1994년까지 계속되었으며 그 결과 WTO가 출범하였다. GATT가 상품 무역을 주로 다루었다면 WTO 협정들은 이제 서비스나 무역의 대상이 되는 발명, 창조물 그리고 디자인(지적재산)까지 포괄해서 다루게 되었다.

✧…아니면 테이블일까?

WTO에 대한 라디오 토론에 참여한 사람들은 다양한 아이디어를 제시했다. WTO가 이 걸 해야 한다 또는 이런 것은 하면 안 된다 등 그중 한 사람은 이렇게 말했다. "잠깐만. 결국 WTO는 테이블이다. 사람들이 둘러 앉아 협상하는 테이블이다. 테이블에게 무엇을 바라는가?"

✧'다자'무역체제란…

…WTO에 의해 운영되는 체제를 이야기한다. 모든 주요 무역국들을 포함하여 대부분의 국가들이 이 체제의 회원이다. 하지만 일부 국가들은 아직 회원이 아니기 때문에 "전 지구적" 또는 "전 세계적" 대신에 "다자적"이라는 용어가 사용된다. WTO와 관련해서는 "다자"라는 말이 지역적으로나 다른 소규모 그룹 국가들에 의해 취해지는 조치들과 대별되어 쓰인다. (이러한 용어 사용은 "다자" 안보체제가 지역적인 것일 수 있는 것처럼, 다른 국제관계분야에서의 용어 사용과 는 차이가 있다.

✧원칙 무역체제는…

△차별이 없도록 - 국가는 무역상대국간에 차별을 해서는 안 된다(즉, 무역상대국 모두에게 "최혜국" 지위를 부여해야 한다). 그리고 자국의 상품과 외국의 상품, 서비스 또는 국민간 차별을 해서는 안 된다.(즉, "내국민대우"를 부여해야 한다) △더 자유롭게 - 협상을 통해 장벽을 낮춘다. △예측 가능하도록 - 외국의 회사, 투자자 그리고 정부가 무역장벽(관세나 비관세장벽 포함)이 임의적으로 높아지지 않을 것이라는 신뢰를 가질 수 있도록 해야 한다. 관세율이나 시장접근과 관련된 약속은 WTO에서 구속적으로 "양허"되어 있다. △경쟁을 더 도입하여 - 시장점유율을 높이기 위해 수출보조금을 지급하거나 원가 이하의 가격으로 상품을 덤핑하는 행위와 같은 "불공정"한 관행을 포기하도록 유도한다. △발전정도가 낮은 국가들에게 더욱 유리하게 - 그들에게 더욱 긴 적응 기간, 신축성 그리고 특혜를 부여한다.

✧왜 "최혜"인가?

이 개념은 다소 모순이 있는 것처럼 들릴 수 있다. 특별한 대우를 연상시키는 것인데 WTO에서는 실제로 비차별, 즉, 모든 이를 동등하게 대우한다는 것을 의미하기 때문이다. 하지만 사실이 그렇다. 각 회원국들은 다른 모든 회원국들을 "최혜"국으로서 동등하게 대우한다. 어떤 국가가 다른 한 국가에게 특혜를 줄 경우, 이와 동일한 "최선의" 대우를 다른 모든 WTO 회원국에게도 부여하여 모든 국가들이 "최혜"국이 될 수 있도록 하는 것이다. 최혜국(MFN : most-favoured nation)지위가 항상 동등한 대우를 의미했던 것은 아니다. 초기 양자간 최혜국 조약은 체약국들간에만 특혜를 누리는 것이었기 때문에 이는 마치 배타적 클럽과 같았다. 그러나 GATT와 WTO에서 이와 같은 최혜국 클럽은 더 이상 배타적이지 않다. 최혜국대우 원칙은 각 국가가 다른 1,402개 이상의 회원국들에게 동등한 대우를 부여할 수 있도록 해준다. 그러나 예외는 있다〈mofa〉.

✦ WTO 분쟁현황(국가별, 협정별) △1995.1월~2018.2월간 WTO 홈페이지 사건번호(DS) 기준, 총 539건 회부 △제소/피소 모두 미국·EU가 압도적 비중 차지(우리나라는 10위) △분쟁 대상은 GATT 1994, 규범 관련 협정, 농업 협정이 다수

〈주요 제소·피소국 현황〉

순 위	국 명	제 소	피 소	총계
1	미국	115	135	250
2	EU	97	84	181
3	캐나다	38	22	60
4	중국	15	39	54
5	인도	23	24	47
5	브라질	31	16	47
7	아르헨티나	20	22	42
8	일본	23	15	38
8	멕시코	24	14	38
10	대한민국	18	16	34
11	인도네시아	11	14	25
12	호주	8	16	24
13	칠레	10	13	23

〈주요 분쟁대상 협정〉

✦우리나라의 WTO 당사자 분쟁현황〈mofa〉
△제소 18건, 피소 16건
제소 : 미국 12건, EU 3건, 일본 2건, 필리핀 1건
피소 : 미국 6건, EU 4건, 일본 2건, 캐나다 2건, 호주 1건, 인도네시아 1건
ㅇ진행 중 3건, 종료 31건(패널/상소 단계 종결 23건, 양자협의 단계 종결 8건)

〈현재 진행 중인 분쟁(3건)〉

분쟁명	분쟁 상대국	제소 피소	현 황
DS495 AFA	미 국	제소	양자협의요청:2018.2.14
DS539 수산물 수입제한	일 본	피소	양자협의요청:2018.2.14 패널설치요청:2015.8.20 패널설치:2015.9.28 패널구성:2016.2.9
DS504 밸브 반덤핑	일 본	피소	양자협의요청:2016.3.15 패널설치요청:2016.6.9 패널설치:2016.7.4 패널구성:2016.8.29

다른 나라는 무역전쟁을 어떻게 이겼을까?

지난 달 한국에 대한 일본의 반도체 원자재 수출규제로 시작한 한일 갈등이 전례 없는 '무역 전쟁'으로 번지면서 한국 경제에 대한 불안감이 커지고 있어. 한·일 갈등이 불매운동으로 번질 만큼 국민들의 감정도 나빠진 상태이다.

그런데 과거를 돌아보면 경제적 이유뿐 아니라 정치·외교적 이유로 크고 작은 경제 보복을 주고받은 나라들이 적지 않다. 미국과 유럽연합(EU)은 바나나 분쟁으로 출발했지만 항공, 소고기 등으로 전선이 넓어지면서 장장 8년을 대치했고, 파나마와 콜롬비아도 보복 규제를 주고받으며 6년간 대치하다 결국 둘다 엄청난 손실을 입으며 물러섰다. 반면 베트남과 인도, 베트남과 호주는 발생 직후 과감하게 맞불 대응을 하는 한편 재빠른 결단을 통해 자국의 실리를 살뜰히 챙겨 고작 2주 만에 분쟁을 종결시켰다. 상대방을 꺾을 수 없다면 눈을 돌려 수출 다변화로 답을 찾아낸 노르웨이와 대만도 우리가 눈여겨볼 좋은 사례다. 한·일 무역전쟁이 장기화할 것으로 예상된다는데, 우리는 어떤 전술을 택해야 이번 위기를 넘길 수 있을까? 먼저 겪어본 나라들의 이야기를 들여다보며 같이 생각해 보자.

❖ "너 죽고 나 죽자" 파국으로 끝난 보복형 전술

△미국-유럽 바나나 전쟁

이 사건은 미국이 바나나 무역을 둘러싸고 EU에 경제제재를 공언하며 시작된 분쟁이야. 유럽은 과거 식민지였던 국가에서 생산되는 바나나보다 미국에서 수입하는 '치키타(Chiquita)', '돌(Dole)' 등 중남미 바나나에 대해 관세를 높게 받고 있었다. 미국은 1993년부터 이에 대해 항의해 왔다. 결국 1999년 3월, 미국은 유럽이 수출하는 핸드백, 지갑, 건전지, 커피 메이커 등 14개 사치품에 100%의 보복관세를 부과했다.

유럽 역시 가만있지 않았다. 이에 대항해 환경보호를 명목으로 미국의 노후된 항공기의 영공 통과를 금지시켰고 미국은 콩코드 여객기의 미국 내 취항을 금지시켰다. 뿐만 아니라 미국산 호르몬 쇠고기도 금수조치했다..

결과는 어떻게 되었을까? 이 분쟁은 세계무역기구(WTO)가 미국의 손을 들어주며 끝이 났지만 그동안 벌어진 1억 9,140만 달러 어치의 보복관세는 소급적용할 수 없어 수많은 제품에 막대한 손실만 입히게 됐다. EU와 미국이 분쟁 해소에 전격 합의한 2001년 4월까지 8년간 전쟁을 끌어온 셈이다. 바나나에서 시작, 소고기, 항공까지 확대된 거대한 이 사건은 미국이 바나나 무역을 둘러싸고 EU에 경제제재를 공언하며 시작된 분쟁이다. 유럽은 과거 식민지였던 국가에서 생산되는 바나나보다 미국에서 수입하는 '치키타(Chiquita)', '돌(Dole)' 등 중남미 바나나에 대해 관세를 높게 받고 있었다. 미국은 1993년부터 이에 대해 항의해 왔다. 결국 1999년 3월, 미국은 유럽이 수출하는 핸드백, 지갑, 건전지, 커피 메이커 등 14개 사치품에 100%의 보복관세를 부과했다.

이 사건은
죄 없는 바나나를 두고
EU와 미국이 벌인 이야기
바나나 말랑발랑 부드럽고 맛있는데 왜?
때는 1999년 미국
열받은 클린턴
Dole
아니 EU...
우리 바나나에는 왜
세금을 붙이고 아프리카,
태평양쪽 애들은 봐주는 거지?
WTO도 잘못했다고 말하잖아!
글쎄?
(바꾸고 싶지 않음)
답답했던 미국
그 해 3월...
사치품
햄과 치즈
캐시미어
스웨드
두둥..
EU는 들어라!
핸드폰, 지갑, 건전지,
커피메이커, 목욕용품
100% 관세 부과하겠다.
서울경제

유럽 역시 가만있지 않았다. 이에 대항해 환경보호를 명목으로 미국의 노후된 항공기의 영공 통과를 금지시켰고 미국은 콩코드 여객기의 미국 내 취항을 금지시켰다. 뿐만 아니라 미국산 호르몬 쇠고기도 금수조치했다.

결과는 어떻게 되었을까? 이 분쟁은 세계무역기구(WTO)가 미국의 손을 들어주며 끝이 났지만 그동안 벌어진 1억 9,140만 달러 어치의 보복관세는 소급적용할 수 없어 수많은 제품에 막대한 손실만 입히게 됐어. EU와 미국이 분쟁 해소에 전격 합의한 2001년 4월까지 8년간 전쟁을 끌어온 셈이다. 바나나에서 시작, 소고기, 항공까지 확대된 거대한 무역 분쟁. 이해 당사국은 물론 신흥 교역국 생존까지 위협했던 최악의 사례로 소개되고 있다.

〈서울경제〉.

제 1 절 국제무역기구

1. GATT

1) GATT의 출발 배경

1929년의 세계 대공황을 계기로 세계 각국이 최우선 경제목표를 국내경제의 안정에 두고 경쟁적으로 관세장벽을 높이고 수량 제한을 강화하는 등 보호무역주의가 심화하면서 전 세계는 이른바 무역전쟁에 휘말리게 되었다. 이와 아울러 미국이 1933년 금본위제도에서 이탈하게 되자 각국의 통화 불안과 국제결제 상의 문제점이 드러내면서 국제경제 질서는 혼란을 면치 못하고 세계무역은 극도로 위축되어 이것이 제2차 세계대전의 발발의 한 원인이 되기도 하였다.

이와 같은 무역전쟁을 종식하기 위한 국제적인 노력은 제2차 세계대전 전에도 전혀 없었던 것은 아니었으나, 당시는 무역 자유화의 필요성에 대한 원칙만 되풀이 논의되었을 뿐 문제해결을 위한 구체적인 방안은 제시되지 못하였다.

그러나 제2차 세계대전에서 서서히 연합국 측의 승리가 굳어져 감에 따라 이들은 국제경제 질서의 회복을 위한 협의를 기도하였는바, 자유무역의 확대와 세계의 고용 · 생산 및 소비를 증대시킨다는 기본원칙에 합의하고 전쟁이 끝남과 때를 같이 하여 새로운 국제무역 질서와 국제통화제도를 이끌어 나갈 국제경제기구의 설립을 위한 작업에 착수하였다.

이러한 노력이 최초로 열매를 맺은 것이 바로 국제통화 · 금융 측면에서 IMF · IBRD의 창설이었고 이들은 1945년부터 활동을 개시하게 되었다. 그러나 국제무역 측면에서는 미국을 비롯한 주요 강대국들을 중심으로 세계무역기구를 설립하려던 움직임이 순조로운 진전을 보지 못했다. 그 이유는 1948년 〈아바나 회의〉에서 채택된 'ITO 헌장'이 관세 및 비관세무역 제한에 대해 너무 엄격한 규칙을 적용하여 너무 이상에 치우쳤다는 각국의 비난과 함께 각국의 정치·경제적 이해가 대립하여 미국에서조차 의회의 비준을 얻지 못해 결국 발효되지 못한 데서도 찾을 수 있다.

그러나 'ITO 헌장'의 초안을 검토하고 있던 각국 정부는 헌장과는 별도로 세계교역의 확대를 위해 관세 및 비관세장벽의 경감을 위한 협상을 진행하기로 합의하여, 1947년 제네바에서 관세 인하 협상을 계기로 'ITO 헌장'의 통상정책 부분을 반영하여, 1948년 빛을 보게 된 것이 바로 GATT(General Agreement on Tariffs and Trade), 즉 「관세 및 무역에 관한 일반협정」이다. GATT는 하나의 경제기구라기보다는 일반적인 협정에 불과하지만, 사무국을 비롯하여 총회, 이사회, 각종 위원회 등을 그 밑에 두고 있어 사실상의 세계무역기구로서 IMF와 함께 세계 경제질서를 주도하여 왔다.

2) GATT의 설립목적

(1) 무역 자유화

GATT의 설립목적은 무역장벽의 완화와 차별대우의 폐지를 통해 세계무역을 확대함으로써 생활 수준의 향상과 고용증대, 실질소득과 유효수요의 증가 그리고 세계자원의 효율적 이용 및 상품생산과 교역의 지속적인 확대를 도모하는 데 있다.

(2) 무차별 대우의 원칙

GATT의 기본원칙은 한마디로 '무차별 대우의 원칙'에 입각하고 있다. 즉 GATT 가맹국은 '최혜국조항'에 따라 가맹국 중 특정국에 대해서 타국보다 특혜를 베풀지 않는다는 것을 기본원칙으로 하고 있다. 이를 '최혜국대우'라고 한다. 또한, 이렇게 해서 일단 수입된 물품에 대해서는 조세나 기타 정책 수단의 적용에 있어서 국내상품과 차별대우하는 것을 금하고 있는데 이를 '자국민 대우'라고 한다.

(3) 다자주의(관세 인하)

GATT 체제의 무역 자유화를 추진하기 위한 관세의 인하방식은 2국 간 또는 다국간협상 때문에 이루어졌다. 2국 간 교섭의 경우에는 가맹국 중 어느 두 나라가 개별적으로 관세 인하 협상을 하고 그 결과 인하된 관세율을 전 가맹국에 적용하는 것으로 다국간협상과 마찬가지의 결과를 가져온다.

(4) 수량 제한의 철폐

GATT는 국내산업의 보호 수단으로 관세를 유일하게 합법적인 것으로 인정하고 수입 및 수출에 대한 수량 제한은 원칙적으로 전혀 인정하지 않고 있다. 이는 수량 제한이 더 직접적인 무역의 장애 요인으로서 차별적으로 운용될 가능성이 크기 때문이다. GATT는 다만 국방과 공중도덕, 생명, 건강의 보호를 위해 불가피한 경우에는 예외적인 것으로 수량 제한을 인정하고 있다.

(5) 저개발국의 무역과 개발

제2차 세계대전이 끝난 이후 저개발국들은 주요 수출 품목이던 1차 상품의 가격하락과 함께 그에 따른 수출·수입의 감소로 국제수지의 적자를 면할 길이 없게 되었다. 이에 대해 1958년 GATT 총회에서 저개발국의 수출에 대한 분석과 그 대책을 주요 내용으로 하는 '보고서'가 제출되었다. 여기서는 1차 산품의 수요 및 가격안정을 목적으로 한 국제상품협정, 국제유동성의 증가, 선진국에 의한 원조 확대, 1차 상품에 대한 관세 인하 등이 제안되었다(국가기록원).

2. WTO(세계무역기구)

세계무역기구(World Trade Organization, WTO)는 회원국 간의 무역 관계를 정의하는 많은 수의 협정을 관리 감독하기 위한 기구이다. 세계무역기구는 1947년 시작된 관세 및 무역에 관한 일반협정(General Agreement on Tariffs and Trade, GATT) 체제를 대체하기 위해 등장했으며, 세계 무역장벽을 감소시키거나 없애기 위한 목적이 있다. 이는 국가 간의 무역을 더 부드럽고, 자유롭게 보장해준다. 현재 세계무역의 98%를 회원국이 차지하고 있다.

세계무역기구의 본부는 스위스 제네바에 있다. 새로운 사무총장은 2017년 9월 1일부터 로버트 아지비도(Roberto Azevêdo)가 취임하였다. 2016년 7월 현재 기준 164개의 회원국이 있으며, 국가 대부분은 개발도상국이다. 모든 회원국은 "무조건 최혜국대우 공여 원칙"을 지킬 것을 의무로 갖는데, 이는 (일부 예외를 제외하고) 하나의 회원국이 받는 특권이 모든 다른 국가에도 적용되어야 한다는 것을 의미한다.

1990년대 후반, 세계무역기구는 반세계화 운동의 주요한 공격 대상이 됐다.

3. WTO 설립 배경 및 목적

세계무역기구는 1995년 1월 1일, 제2차 세계대전 후 자유무역을 지향하기 위해 만들어졌던 관세 및 무역에 관한 일반협정(GATT) 체제를 대체하기 위해 설립되었다. 세계무역기구는 GATT의 원칙과 협정을 수용하며, 나아가 이를 관리 감독, 확대하는 것 등을 목적으로 삼고 있다. 무형의 협정 체제였던 GATT와는 달리 세계무역기구는 실제로 기구가 존재한다.

세계무역기구는 실질적으로는, GATT 체제를 대체하기로 했었던 세계무역기구의 후임이다. 세계무역기구는, 1948년 3월 아바나에서 있었던, 유엔의 무역 및 고용에 관한 회의 결과 합의되었지만, 미국 상원에 의해서 기각되었다. 일부 역사가들은 이 실패는 세계무역기구가 대형 사업을 자유롭게 하는 것이 아니라, 오히려 규제하는 데 사용될 것이라는 미국 기업가들의 두려움에서 야기된 것이라고 한다(리사 윌킨스, 1997년).

〈도표 13-1〉 WTO 개요

명칭	**세계무역기구 (World Trade Organization)**
설립	1995.1.1 (우루과이 라운드 협상 결과)
목적	무역규범에 근거, 자유화를 통한 세계경제의 발전
기능	- 다자간 무역협상의 틀 제공 - 우루과이 라운드 협상 결과의 이행 감독 및 DDA 등 신규 협상 주관 - 무역 분쟁 해결
의사결정	컨센서스에 따르는 GATT의 의사결정방식을 유지하고 있으나, 컨센서스 도출 불가시 표결 가능
회원국	164개국 (2017.3월 기준)
본부	스위스 제네바
대표	호베르토 아제베도 사무총장 (2013.9월 ~)
직원 수	600 ~ 700여명
예산	회원국들의 분담금으로 운영(2015년 1.97억 CHF)

세계무역기구의 설립 배경 및 목적은 다음과 같이 요약할 수 있다.

첫째, ITO 설립 실패 이후 임시로 50여 년간 운영되어온 GATT 체제는 급변하는 세계무역환경의 질서를 담당하는 데 한계

- 80년대로 들어서며 선진국의 자국 산업 보호, 국제수지 개선을 위한 반덤핑에도 남용 등 각종 비관세 보호 수단 남발
- 무역 비중이 높은 농산물·섬유 등에 대한 GATT 규율의 회피 및 예외조치 인정
- 서비스, 지식재산권 등 새로운 무역 분야의 비중 증대에 대하여

국제무역 질서 규율 장치 미흡

둘째, '86년 시작된 UR 협상에서 새로운 무역환경 아래의 세계무역 촉진을 위하여 GATT 체제의 문제점을 해결하고 강력한 국제무역 질서를 확립하기 위하여 세계무역기구 설립하였다.

4. WTO 조직

– 각료회의(Ministerial Conference)

전체 WTO 회원국 대표로 구성되며, 다자무역 협정 하의 모든 분야에 대한 결정권을 보유한 최고 의사결정기구로, 최소 2년에 1회 개최된다.

–일반이사회(General Council)

각료회의 최고 의사결정기구로서, WTO 업무의 모든 측면을 감독하는 한편, 분쟁 해결기구, 무역정책 검토기구의 임무를 수행한다.

※ 각료회의가 2년에 1회 개최되는 비상설 기관이기 때문에 실제 WTO의 중심적 역할을 담당 (연간 5~6회 정도로 수시 개최)

–일반이사회 산하 분야별 이사회

상품무역이사회(Council for Trade in Goods or Goods Council) : WTO 협정 부속서 GATT(관세 및 무역에 관한 일반협정) 운영의 일반적 감독을 담당하며, 산하 기구인 시장접근, 농업, 위생 및 검역 조치, 무역기술장벽, 보조금 및 상계관세 조치, 반덤핑, 관세평가, 원산지 규정, 수입허가, 무역 관련 투자조치, 세이프가드 등 관련 11개 위원회와 국영 무역기업 작업반 활동에 대한 검토를 수행한다.

서비스무역 이사회(Council for Trade in Services or Service Council) : WTO 협정 부속서 GATS(서비스무역에 관한 일반협정)

운영의 감독을 담당하며, 산하 기구인 금융서비스, 서비스양허 등 관련 2개 위원회와 국내규제, GATS 규범 등 2개 작업반 활동에 대한 검토를 수행한다.

지식재산권이사회(Council for TRIPS ; Trade-Related Aspects of Intellectual Property rights) : WTO 협정 부속서 TRIPS 협정 (무역 관련 지재권에 관한 협정) 운영의 일반적 감독을 담당한다.

5. WTO 기본원칙

세계무역기구의 목표는 무역장벽을 낮추고 무역 협상의 기반을 제공함으로써 원활하고 자유로운 무역을 지원하는 것이다. 또한, 회원국 간에 분쟁이 일어날 때 이를 조정하는 역할도 수행한다. 주요한 목적은 상품, 서비스 생산자 및 수출 입자 등을 돕는 것이다.

세계무역기구의 심의는 다음과 같은 무역의 기본 원리를 따라야 한다.

1) 무역 체계는 차별이 없어야 한다. 즉 국가는 다른 국가에 대해 우월적 권리를 행사하거나, 외국 상품이나 서비스를 차별해서는 안 된다.
2) 무역 체계는 자유로워야 한다. 즉 관세이든 비관세이든 최소한의 무역장벽을 유지해야 한다.
3) 무역 체계는 예측할 수 있어야 한다. 즉 외국 기업이나 정부는 무역장벽이 자연스럽게 높아지지 않으리라는 것과 시장은 그대로 열려 있을 것을 보장받아야 한다.
4) 무역 체계는 더 경쟁적으로 되어야 한다.
5) 무역 체계는 후진국들을 고려해야 한다. 즉 유예기간, 유연성, 권리 등을 보장해 줘야 한다(Wikipedia).

6. WTO 연표

연 도	내 용
1986년~1994년	관세 및 무역에 관한 일반협정의 우루과이 라운드에서 세계무역기구를 설립하는 마라케시 선언 채택.
1995	1월 1일 - 세계무역기구 창설.
1995	레나토 루지에로가 4년간의 임기로 사무총장에 취임.
1996	싱가포르에서 제1차 각료회의 개최.
1998	스위스 제네바에서 제2차 각료회의 개최.
1999	마이크 무어가 사무총장에 취임. 사무총장 선거는 각축을 벌였으며, 마이크 무어와 수파차이 파닛차팍이 6년간의 임기를 반씩 하는 것으로 합의.
1999	미국 워싱턴주 시애틀에서 제3차 각료회의 개최. 세계의 이목을 끈 수많은 반대 집회로 실패로 끝났다.
2001	카타르 도하에서 제4차 각료회의 개최. 도하 라운드 시작. 도하 선언 채택.
2001	15년간의 협상 끝에 중화인민공화국이 가입.
2002	중화민국 타이완)이 타이완, 펑후, 진먼, 마쭈 개별관세영역 명의로 가입.
2002	수파차이 파닛차팍이 사무총장에 취임.
2003	멕시코 칸쿤에서 제5차 각료회의 개최.
2004	제네바 회담 결과 도하 라운드 뼈대 완성. 선진국은 농업보조금
2004	낮추며, 반면 개발도상국은 공산품에 대한 관세를 낮춤
2005	파스칼 라미가 사무총장에 취임.
2005	사우디아라비아가 가입.
2005	홍콩에서 제6차 각료회의 개최.
2011	18년간의 협상 끝에 러시아의 가입 승인.

자료: Wikipedia 자료정리

〈도표 13-2〉 WTO 분쟁해결 절차도

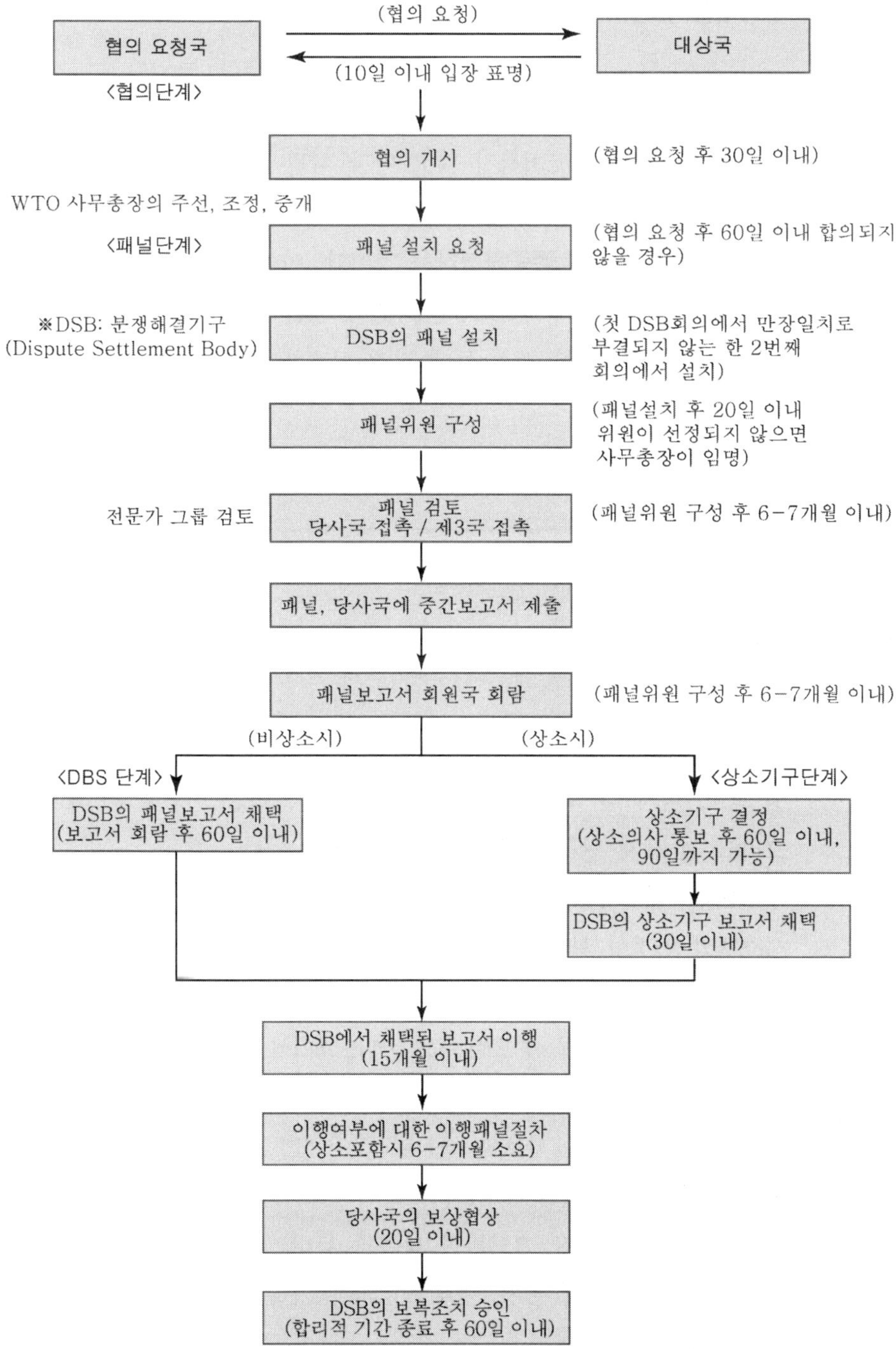

7. WTO 분쟁해결 절차

WTO 회원국들은 상대 회원국이 무역 규범을 어겼다고 판단될 경우, 일방적인 보복 조처하지 않고 다자 차원에서 분쟁을 공식 제기하여 공정하고 투명하게 해결하겠다고 합의하였다. 즉, 미리 합의된 절차를 따르고 판정을 존중하겠다는 것이다. 이를 위해 WTO 설립협정 부속서인 분쟁 해결양해(DSU)에 분쟁 해결 패널의 운영, 판정 이행 감시, 불이행 때 보복 조치 등에 관해 상세한 규정이 마련되어 있다.

제 2 절 국제금융기금

1. 국제통화기금(IMF)

국제통화기금(IMF)의 주된 역할은 국제적인 통화 협력, 금융 안전성 확보, 국가 간 무역의 확대, 고용 및 지속 가능한 경제성장의 촉진, 그리고 전 세계 빈곤의 감소를 목표를 두고 있다.

IMF는 재화와 서비스의 국제적 거래에 필요한 환율 및 국제결제 시스템의 안정성 확보를 주요한 업무로 하고 있다. 이러한 국제통화시스템의 안정성은 지속 가능한 경제성장, 생활 수준의 향상, 빈곤 감소를 달성하는 데 매우 중요한 요소이다. IMF는 1990년대 이후 전 세계적인 경제 위기에 효과적으로 대응하기 위해 업무영역을 확대하여 세계 경제의 안정성 확보와 연관된 것이 및 금융정책의 건전성 부문까지 포함하고 있다(Asia 21).

IMF의 설립목적을 요약하면 다음과 같다. 국제통화 협력, 금융 안정성 확보, 국제무역 촉진, 고용 및 지속 가능한 경제성장 촉진, 세계 빈곤 퇴치를 위해 노력하고 있다. 1944년 체결된 브레턴우즈 협정에 따라 세계무역의 안정을 위해 1945년에 설립된 국제금융기구이다

2. IMF의 기능

1) 회원국 감독

IMF는 국제통화 시스템의 안정성 유지 및 위기 방지를 위해 감독(surveillance)으로 알려진 공식적 체계를 통해 각국, 각 지역 및 전 세계의 경제 및 금융 발전 상황을 검토한다. IMF는 189개 회원국에 자문을 제공하며, 경제안정 촉진, 경제 및 금융 위기에 대한 취약성 경감, 생활 수준의 향상을 담보할 수 있는 정책을 회원국들이 채택하도록 장려하고 있다. IMF는 각 지역의 경제 전망에 관한 보고서를 발행하는 것을 비롯해 세계 경제 전망(World Economic Outlook) 보고서를 통해 세계 경제 전망에 관한 평가 및 세계금융안정 보고서(Global Financial Stability Report)를 통해 국제자본시장에 관한 평가를 정기적으로 제공하고 있다.

2) 금융 지원

IMF는 국제수지 해결에 어려움을 겪고 있는 회원국에 여유자금(breathing room) 제공을 위한 금융 지원을 한다. IMF 금융 지원에 수반된 경제개혁 프로그램은 IMF와의 긴밀한 협력 속에 각국의 경제 당국에 의해 고안되며, 이러한 프로그램의 효과적인 이행을 조건으로 지속적인 금융 지원이 이루어진다. IMF는 세계 경제 위기 시 회원국을 돕기 위해 융자 지급 여력을 강화하고, IMF의 융자 지급 방법에 관한 주요 점검(major overhaul)을 수행하였다. IMF는 저개발국가에 양허성 융자제도를 통해 금융 지원을 제공한다. IMF는 최빈국에 대한 융자 한도액을 두 배로 증가시켰고, 2012년까지 제로(0)금리를 유지하면서 최빈국에 대한 융자 지급을 증대시키고 있다.

3) 특별인출권(Special Drawing Rights, SDRs)

특별인출권 (Special Drawing Rights, SDR)은 국제통화기금 가맹국이 국제수지 악화 때 담보 없이 필요한 만큼의 외화를 인출할 수 있는 권리 또는 통화이다. 특별인출권의 가치는 IMF가 5년마다 정하는 표준 바스켓 방식(standard basket system)에 의해서 결정된다. SDR는 자유롭게 사용할 수 있는 통화로 교환 될 수 있다. SDR의 가치는 미국 달러, 유로, 중국 위안화 (RMB), 일본 엔 및 영국 파운드화와 같은 5가지 주요 통화의 바구니를 기준으로 한다. 미화에 대한 SDR의 가치는 매일 결정되고 IMF의 웹 사이트 에 게시된다.

4) 기술적 지원

IMF는 회원들의 경제정책 역량을 강화하기 위한 기술적 지원 및 교육을 제공한다. 기술적 지원은 세금정책 및 행정, 지출관리, 환율정책, 은행 및 금융 시스템 감독 및 규제, 법률 체계, 통계를 비롯한 여러 분야에 결쳐 제공된다.

5) 재원

IMF의 재원은 주로 회원국의 쿼터 납부금으로 조달되며, 쿼터 납부금은 각국의 경제 규모를 반영한다. 2009년 4월에 열린 G20 정상회의에서 각국의 대표들은 IMF의 융자 재원을 약 2,500억 달러 규모에서 7,500억 달러 규모로 확충함으로써 신흥시장 및 개발도상국가의 성장을 지원할 것을 약속했다. 2009년 11월 24일 이러한 약속 이행을 위해 신 차입배정금(New Arrangements to Borrow, NAB) 프로그램의 현재 및 잠재적인 참가국들이 NAB를 6,000억 달러로 확대하는 것에 동의했다. IMF 운용에 필요한 연간 비용은 융자에 따른 이자수익과 쿼터에 대한 이자 지급의 차이에서 주로 조달되고 있다. 그러나 최근 회원국들은 IMF의 다양한 활동에 더 적합한 다양한 수입원에 기초한 신 수입 모델의 채택에 동의했다.

6) 지배구조 및 조직

IMF는 회원국 정부에 책임을 다한다. IMF 조직구조의 최상부에 총회(Board of Governors)가 있으며, 각 회원국이 임명한 한 명의 위원이 총회를 구성한다. 모든 위원은 매년 열리는 IMF-세계은행 연례회의를 통해 한 차례 회동한다.

이 중 24명의 위원이 국제통화금융위원회(International Monetary and Finance Committee, IMFC)의 구성원이 되며 매년 최소 두 차례 회동한다. IMF의 일상 업무는 24명의 회원국으로 구성된 이사회(Executive Board)가 수행하고 있으며, 이러한 업무는 IMFC에 의해 통솔되며, IMF의 전문적인 직원들에 의해 수행된다. IMF 총재(Managing Director)는 IMF 직원의 수장이자 이사회의 의장이며, 부총재 세 명이 총재를 보좌한다(Asia 21).

3. IMF의 설립 배경과 목표

1) 설립 배경

1944년 출범한 브레턴우즈 체제는 첫째, 금본위제도의 붕괴 이후 혼란에 빠진 외환 및 금융시장의 안정을 회복하는 것, 둘째, 보호주의적 성격의 각종 무역 규제를 철폐하여 국가 간 무역을 활성화하며, 셋째 전쟁관련국의 전후 부흥과 개발도상국의 개발을 위한 지원을 그 주요 내용이었다. 두 번째 목적인 무역 활성화를 위한 기구로 관세 및 무역에 관한 일반협정(GATT)이 설립되었고, 세 번째 목적인 전후 부흥과 후진국개발을 위해서 국제부흥개발은행(IBRD)이 설립되었으며, 국제통화기금은 첫 번째 목적인 외환 및 금융시장의 안정회복을 위해 설립된 국제기구이다. IBRD가 전후 부흥과 개도국 개발을 위한 장기금융을 주로 취급하는 반면, IMF는 실물거래를 안정적으로 뒷받침하기 위해 외환안정 및 국제유동성 공급 등의 단기 국제금융을 취급하고 있다.

2) IMF 가맹국

IMF 본부는 미국의 워싱턴에 두고 있으며, 44개국으로 출범한 가맹국은 2012년 현재 189개국으로 증가했다. IMF 가맹국은 크게 14조 국과 8조 국으로 나누어진다. '8조 국'이란 IMF 협정 제8조가 규정하고 있는 의무규정을 지킬 것을 수락한 국가를 말한다. IMF 협정 8조는 경상지불을 위한 외환 제한을 철폐할 것, 차별적 통화 조치를 폐지할 것, 외국인이 보유하고 있는 통화의 잔액에 대해 교환성을 부여할 것 등 3가지 의무를 규정하고 있는데, 이 의무를 수락하고 이행하는 국가를 8조 국이라 한다. 또 '14조 국'이란 IMF 협정 제14조의 의무를 이행할 것을 수락한 국가를 의미한다. 14조는 8조에서 규정한 내용 중, 외환 제한 철폐에 대한 예외규정으로 가맹국이 자국의 경제상황에 따라 잠정적으로 외환 관리를 할 수 있도록 허용하고 있다. 즉 14조 국은 경쟁력이 확보되지 않아 국제수지가 불안정할 때 IMF 당국에 통고한 후 경상거래에 관한 제한조치를 할 수 있다. 14조 국 대부분은 개발도상국들이다.

우리나라는 1955년 8월 26일 IMF에 58번째 회원국(14조 국)으로 가입하였고, 1988년 11월 1일부터 IMF 협정 제8조의 의무를 수락함으로써 IMF 제8조 국으로 이행했다(법률저널).

3) IMF의 목표(original aims)

IMF의 주요 목표는 협정문(Articles of Agreement)의 제 1조항에 나타낸 바와 같이 다음과 같다.

- 국제통화협력 촉진
- 환율의 안정성 확보
- 국제무역 확대 및 균형 발전 촉진
- 다자간 지급 시스템 설립에 협력

• 국제수지에 어려움을 겪고 있는 회원국에 대한 대출 재원의 확보 (적절한 안전장치 포함)

4. 한국과 IMF의 구제금융

대한민국의 IMF 구제금융 요청(1997년 12월 3일 ~ 2001년 8월 23일)은 국가 부도 위기에 처한 대한민국이 IMF로부터 자금을 지원받는 양해각서를 체결한 사건이다. 1997년 12월 3일에 이루어졌다. 기업이 연쇄적으로 도산하면서 외화보유액이 급감했고 IMF에 20억 달러 긴급 융자를 요청하였다. 외환위기 속에 대한민국은 외화보유액이 한때 39억 달러까지 급감했지만, IMF에서 195억 달러의 구제금융을 받아 간신히 국가 부도 사태는 면했다.

'IMF 경제 위기', 'IMF 외환위기', 'IMF 환란', 'IMF 관리체제', 'IMF 시대', 'IMF 사태' 등으로 불리나 IMF라는 명칭 자체가 외환위기의 의미를 담고 있지 않기 때문에 잘못된 표현이다. 그러나 IMF에 구제금융을 요청했다는 상징성으로 인해 내용이 압축된 단어로 대한민국 언론 등에서 자주 사용되고 있다.

태국, 홍콩, 말레이시아, 필리핀, 인도네시아 등 동남아시아의 연쇄적 '외환위기' 속에 대한민국 정부의 외환 관리정책의 미숙과 실패가 'IMF 환란'의 직접적인 원인이다. 대한민국 제14대 대통령 김영삼은 1997년 11월 10일에 이루어진 강경식 경제부총리와의 통화 이전까지 외환위기의 심각성조차 모르고 있었다.

많은 회사의 부도 및 경영 위기가 나타났고, 이 과정에서 대량 해고와 경기 악화로 인해 대한민국의 온 국민이 큰 어려움을 겪었다. 이 사건이 일어난 직후인 1997년 12월 18일에 대한민국 제15대 대통령 선거가 치러졌고, 이 선거에서 여당은 야당에 패배하여 정권 교체가 이루어졌다.

1998년 2월, 김대중 정부가 들어섰고 김대중 대통령은 취임 이후 계속해서 IMF의 개입을 전면적으로 받아들이고 경제개혁에 착수했다. 대한민국은 IT 산업 장려 정책이나 대기업 간의 사업 교환 및 통폐합으로 경제 재건을 도모했다. 1999년 3월, 정부는 사이버 코리아 21 계획을 발표하며 IT 산업 발전 및 인프라 투자에 힘을 쏟았다. 2000년 6월, 남북정상회담을 개최하여 경제에 활력을 불어넣었다.

1998년 12월, IMF 긴급 보관 금융에 18억 달러를 상환한 것을 계기로 대한민국은 금융 위기로부터 서서히 빠져나갔다. 2000년 12월 4일, 김대중 대통령은 "국제 통화 기금의 모든 차관을 상환하였고, 우리나라가 'IMF 위기'에서 완전히 벗어났다"라고 공식 발표하였다. 2001년 8월 23일, 대한민국에 대한 IMF 관리체제가 종료되었다.

대한민국 정부는 위기 발생 때 충격을 흡수하는 완충장치로서 외화보유액을 꾸준히 늘려왔다. '외환위기'로 39억 달러까지 떨어졌던 대한민국의 외화보유액은 이듬해인 1998년 말 520억 달러로 증가했고, 2001년 말에는 1,028억 달러로 1,000억 달러 선을 돌파했다. 2001년 8월 23일에는 IMF 구제금융 195억 달러를 조기 상환해 IMF 관리체제를 졸업했다(ko.wikipedia.org).

5. IMF 구제금융과 조건

IMF의 구제금융이란 통화-외환위기를 겪고 있는 국가의 환율 안정과 국제수지 적자 보전을 위한 단기 저리자금으로 구제금융을 받은 나라는 자력으로 금융 위기를 극복할 수 없다는 사실을 국제사회에 공표하는 셈이 돼 대외 이미지를 훼손함과 동시에 IMF로부터 강도 높은 경제개방과 구조조정 등을 요구받게 된다.

IMF의 이행조건은 보통 경제성장률·물가상승률·경상수지 적자 등 거시지표에 대한 목표치를 담고 있다. 국가에 따라 다른 조건을 제시하지만 대체로 자본시장개방, 외국인 투자 자유화, 금융 기관 구조조정, 공기업 구조조정 등을 제시하고 있다.

한국이 IMF에서 돈을 빌린 것은 1998년이 처음이 아니다. IMF 공식자료에 따르면 1965년부터 1985년까지 지속해서 IMF에서 돈을 빌렸으나 1997년 외환위기와 같은 IMF 관리체제는 아니었다. IMF 대출 계정에는 크게 두 가지가 있는데, 하나는 마이너스 통장과 같이 제한된 한도 내에서 자유롭게 빌릴 수 있는 차입예약협정(Stand-by Agreement)과 무제한 한도와 1998년 IMF 사태와 같이 부채상환이 완료될 때까지 IMF가 경제정책을 좌지우지하는 긴급수혈자금(Supplemental Reserve Facility)으로 나누어진다. 지금까지 대한민국이 IMF에서 돈을 빌린 횟수는 차입예약협정과 긴급수혈자금 모두 합쳐 18회이지만 긴급수혈자금은 1997년이 처음이었고 IMF의 강도 높은 경제개혁으로 인해 그 충격파가 대단히 컸다(namu. wiki).

97년 11월까지는 SRF가 없었다. 그러나 IMF의 재정생태가 좋지 않게 되자 IMF 돈을 많이 쓰는 나라에 높은 이자를 물리자는 협약을 맺었고 그 결과 SRF가 탄생했다.

SRF는 급전인 만큼 벌칙금리가 적용돼 금리가 높다. 도입 후 1년간은 SDR 금리 +3%를 적용하나 1년 경과 뒤부터는 6개월마다 자동으로 0.5%씩 금리가 높아진다.

이에 비해 대기성 차관(SBA)은 싼 이자(4.5%)만 물면 되고 만기도 비교적 길다(3년).

IMF는 97년 한국의 외환위기 발생 당시 한국에 총 210억 달러를 빌려주기로 했는데 이는 사전에 설정된 한국에 대한 자금 지원 한도의 1,900%에 달하는 것이었다. 이 중 500%만이 정상적인 자금 지원 계획에 따른 대기성 차관이었다(PMP).

제 3 절 세계은행(The World Bank: IBRD. IDA)

세계은행(국제부흥개발은행 IBRD, 국제개발협회(IDA), 국제금융공사(IFC), 국제투자보증기금(MIGA), 국제 투자 분쟁 해결본부(ICSID) 그룹은 189개 회원국, 170개국 이상의 국가에서 직원을 파견하고 있으며, 130개 이상의 지사를 보유한 글로벌 기관이다. 세계은행 기관은 개발도상국에서 빈곤을 줄이고 공동 번영을 누릴 수 있는 지속 가능한 솔루션을 위해 5개 기관이 노력하고 있다.

세계은행(World Bank) 그룹은 개발도상국을 위한 세계 최대의 자금 및 지식 원천 중 하나다. 5개 기관은 빈곤 퇴치, 공동 번영 증진 및 지속 가능한 개발 촉진에 대한 공약을 공유하고 있다. 세계은행의 5개 기관은 다음과 같이 임무를 수행하고 있다.

◆ 정부와의 파트너십(Partnering With Governments)

IBRD와 IDA는 함께 개발도상국 정부에 자금 지원, 정책 자문 및 기술 지원을 제공하는 세계은행을 구성하고 있다. IDA는 세계 최빈국에 중점을 두고 있으며 IBRD는 중산층 및 신용도가 낮은 국가를 지원한다.

◆ 민간부문과의 파트너십(Partnering With The Private Sector)

IFC, MIGA 및 ICSID는 개발도상국의 민간부문 강화에 중점을 두고 있다. 이러한 기관들을 통해 세계은행 그룹은 금융 기관을 포함한 민간 기업에 자금 조달, 기술 지원, 정치적 위험 보험 및 분쟁 해결을 제공한다.

1. 세계은행의 비전

(1) 공동번영촉진
모든 국가에서 가장 가난한 40%의 소득을 증가시킨다.
(2) 극심한 빈곤 퇴치
2030년까지 극심한 빈곤에 처한 세계 인구의 비율을 3%로 낮춘다.

제 4 절 국제협력기구

1. 경제협력개발기구(OECD)

경제협력개발기구(Organization for Economic Co-operation and Development; OECD)는 세계적인 국제기구 중 하나이다. 대부분 정치적으로 대의제, 경제적으로 자유 시장 원칙을 받아들인 선진국들이 회원으로 참여한다.

1948년 미국의 마셜 플랜의 지원을 받은 유럽 경제 협력 기구(OEEC, Organization for European Economy Co-operation)에서 시작하여, 1961년 가맹국 18개국과 함께 미국, 캐나다가 합쳐서 OECD가 만들어지게 되었다. 2018년 가입국은 35개국이다. 최고 의사결정기구는 매년 한 차례 5월쯤 프랑스 파리 OECD 본부에서 열리는 각료 이사회이다. 사무총장은 2006년 이래 멕시코의 앙헬 구리아가 맡고 있다.

대한민국은 1996년 12월 12일 회원국으로 OECD에 가입하였으며, 2016년 12월 16일 OECD 노동조합 자문위원회로부터 회원자격에 대한 경고장을 받았다.

1) OECD 설립 배경

1948년 제2차 세계대전의 여파로 유럽 경제 협력기구 (OEEC)가 대륙에서 전후 재건을 위해 미국이 자금을 지원한 마셜 플랜 을 관리하기 위해 설립되었다. 이 그룹은 수십 년에 걸친 유럽 전쟁을 피하려고 경제 발전을 위해 함께 일하는 것이 중요하다는 점을 강조했다. OEEC은 유럽 자유 무역 지대 (European Free Trade Area)을 설립하기 위해 유럽 연합(EU)으로 진화한 유럽 경제 공동체(EEC)을 돕는 데 도움이 되었다.

1961년 미국과 캐나다는 OEEC에 가입했으며, OECD는 더 광범위한 회원을 반영하기 위해 OECD로 명칭을 변경했습니다. 14개국이 2016년 이래로 합류했다. 프랑스 파리에 있는 Chateau de la Musette에 본사를 두고 있다.

2) OECD 목적

OECD는 상호 정책조정 및 협력을 통해 회원국의 경제사회발전을 모색하고 나아가 세계 경제문제에 공동으로 대처하기 위한 정부 간 기구이다.

◇OECD의 목적 (설립협약 제1조)

① 회원국의 경제성장과 금융안정을 촉진하고 세계 경제 발전에 기여

② 개도국의 건전한 경제성장에 기여

③ 다자주의와 무차별 주의에 입각한 세계무역의 확대에 기여

3) OECD 기능

OECD는 전 세계 경제 성장 전망에 대한 경제 보고서, 통계 데이터베이스, 분석 및 예측을 발표한다. 보고서는 지구적으로, 지역적으로 또는 국가적으로 다양하게 다양하다. 이 그룹은 경제성장에 대한 성차별과 같은 사회 정책 쟁점의 영향을 분석하고 보고하며, 환경문제에

민감한 성장 촉진을 위한 정책 권고안을 작성한다. 또한, 전 세계적으로 뇌물 및 기타 금융 범죄를 근절하기 위해 노력하고 있다.

OECD는 비협조적인 조세 회피처로 여겨지는 국가의 소위 "감시대상명단"을 유지하고 있다. 이 회의는 20개국 (G20) 국가와의 2년간의 노력을 통해 전 세계적으로 조세 개혁을 장려하고 수익성 있는 기업에 의한 세금 회피를 제거 했다. 프로젝트가 끝날 때 제시된 권고사항에 따르면 이러한 회피로 세계 경제가 연간 1,000억 달러에서 2,400억 달러의 세수를 소비하는 것으로 추정된다. 이 그룹은 시장 기반 경제개혁을 실행하는 중부 및 동부 유럽의 국가에 컨설팅 지원을 제공하고 있다.

4) OECD 미션

경제협력 개발기구 (OECD)의 사명은 전 세계 사람들의 경제적, 사회적 복지를 개선하는 정책을 추진하는 것이다.

OECD는 정부가 공동으로 경험을 공유하고 일반적인 문세에 대한 해결책을 모색 할 수 있는 포럼을 제공한다. OECD는 경제, 사회 및 환경 변화를 주도하는 요소를 이해하기 위해 정부와 협력한다. OECD는 생산성과 세계무역 및 투자의 흐름을 측정한다. OECD는 데이터를 분석 및 비교하여 향후 추세를 예측한다. OECD는 농업과 세금에서부터 화학 물질 안전에 이르기까지 광범위한 국제 표준을 설정하였다.

OECD의 목적은 경제성장, 개발도상국 원조, 무역의 확대 등이고 활농은 경제정책의 조정, 무역 문제의 검토, 산업정책의 검토, 환경문제, 개발도상국의 원조 문제 등의 일을 한다.

5) OECD 추진 정책

OECD는 다음과 같은 정책을 추진하고 있다.

• 재정 안정 을 유지하면서 회원국에서 가장 높은 지속 가능한 경제성장과 고용 및 생활 수준을 달성함으로써 세계 경제 발전에

이바지한다.

- 회원국과 비회원국이 경제발전 과정에서 건전한 경제 팽창에 이바지할 것
- 국제 의무에 따라 다자간, 비차별적인 기반 위에서 세계무역의 확대에 이바지한다.

6) OECD 다국적 기업 가이드라인

OECD 다국적 기업 가이드라인은 국제 투자 및 다국적 기업에 관한 OECD 선언의 부속서(부록)이다. 이들은 선언문을 준수하는 국가에서 또는 그 국가를 운영하는 다국적 기업의 책임 비즈니스 행동을 위한 원칙 및 표준을 제언하는 것이다. 이 가이드라인은 법적 구속력이 없지만, OECD 투자위원회와 책임 있는 비즈니스 행동에 대한 실무진은 지지자들 사이에 이행을 장려한다. 원래, 선언 및 지침은 1976년 OECD에서 채택되었다. 이 지침은 1979년, 1982년, 1984년, 1991년, 2000년 및 2011년에 개정되었다 .

이 가이드라인은 다음과 같은 다양한 범위의 비즈니스 윤리를 다룬다.

- 고용과 노사 관계
- 인권
- 환경
- 정보 공개
- 뇌물 수수
- 소비자 이익
- 과학 기술
- 경쟁
- 과세

또한, OECD는 기업이 가이드라인을 이행하고 부작용의 위험을

사전에 식별할 수 있도록 다양한 분야에서 구체적인 지침을 개발했다. 이러한 분야에는 추출물, 광물 공급망, 농업 공급망, 의복 공급망 및 금융 부문 등이 포함하고 있다.

2. 아시아태평양경제협력(APEC)

아시아·태평양 경제협력체는 역대 지속적인 경제성장과 공동의 번영을 위해 1989년 호주 캔버라에서 12개국 간의 각료회의로 출범했으며, 1993년부터 매년 정상회의를 개최하였다. APEC은 회원국 간 경제적·사회적·문화적 이질성을 극복하고 역내 지속적 경제성장에 이바지함으로써 궁극적으로는 아·태 지역 경제공동체를 추구하는 데 그 목적이 있으며, 이를 달성하기 위해 '무역·투자 자유화 및 원활화(TILF)', '경제·기술협력(ECO TECH)'을 중점 활동 분야로 추진하고 있다. APEC은 2003년 기준 전 세계 GDP의 약 57%, 교역량의 약 46%를 점유하는 세계 최대의 지역협력 체로, 현재 우리나라를 포함하여 미국, 중국, 일본, 러시아 등 총 21개국이 가입해 있다.

우리나라는 1989년 APEC 출범시, 12개 창설 회원국 중 하나로서 APEC에 참가했다. APEC은 우리나라가 참여하고 있는 지역경제협력체로서, 우리의 무역·투자 자유화 촉진, 새로운 시장 확대에 크게 기여하고 있다. 특히, APEC 21개 회원국은 우리나라 총 교역의 70.3%, 외국의 대한국 투자액의 63.7%(2002년 기준)를 차지하고 있는 등 우리의 무역·투자의 최대 파트너로서 매우 중요한 역할을 하고 있다. 2005년에는 우리나라에서 제13차 APEC 정상회의가 개최되기도 했다(매일경제, 매경닷컴).

1) 출범 배경

냉전체제가 종식되면서 세계 질서는 경제적 이해관계를 중심으로 재편되는 과정에서 범세계주의(globalism)와 지역주의(regionalism)

의 현상이 가장 두드러지게 되었다.

특히 유럽연합(EU), 북미자유무역협정(NAFTA) 등 유럽과 북미 지역주의의 심화 현상이 가속화되면서 이러한 지역주의 협력체에 대응하고자 동아시아 지역을 포함하는 지역주의의 움직임이 시작되었다.

태평양 지역 경제협력을 위한 민간기구들의 노력이 계속되는 한편, 이러한 민간기구들의 한계를 극복하고 보다 실질적인 역내 경제협력을 도모하기 위해 정부 간 경제협력기구를 구성하게 되었다.

APEC은 1989년 11월 호주 캔버라에서 아·태지역의 지속적인 경제성장과 공동의 번영을 위한 협의체로 출범하였고, 1993년 11월 시애틀에서 제1차 정상회의를 개최하게 되었다.

2) APEC의 비전과 목표

APEC의 비전(목적)은 다음과 같다.

APEC은 협력 초기 단계에서부터 경제·기술협력을 중시해 왔으며,

-회원국 간 경제 불균형을 해소하고

-역내 경제·사회적인 복지를 개선함과 동시에

-회원국들의 지속적인 성장과 균형된 발전에 목적을 두고 있다.

APEC의 목표는 다음과 같다.

-개방적 지역주의와 아시아·태평양 지역 간 경제공동체의 점진적 달성

-역내 무역·투자 자유화

-경제·기술협력을 통한 공동 번영을 주요 목표로 하고 있다.

이를 위해 1994년 정상회의에서는 보고르 목표(Bogor Goal)를 채택했으며, 이에 따라 선진국은 2010년, 개도국은 2020년을 시한으로 하여 무역 및 투자 자유화를 달성하기로 했다. 아·태 공동체 비전 달성을 위한 이행 프로세스로서 APEC은 보고르 목표로 대표되는 무역

·투자 자유화(TILF: Trade and investment liberalization)와 함께, 경제 기술협력(ECO-TECH: Economic and Technological Cooperation), 비즈니스 원활화 (BF: Business Facilitation)'을 3대 축으로 설정·운영하고 있다.

APEC에서의 협력은 선·후진국의 공여자·수혜자 간 협력이 아니라 동반자적인 대등한 관계에서 추진되고 있는 것이 특징이며, 이러한 협력 관계는 1995년 오사카행 동지 침(AOA)상의 협력 원칙에 잘 나타나 있다. 그러나 회원국 간의 경제 격차로 인한 견해차가 상존한다. 선진국의 경우 무역·투자 자유화 촉진을 통한 시장 개방을 원하고 있으며, 개발도상국은 경제·기술협력 확대로 실질적 혜택을 도모하고자 하는 것이다(박문각).

3) APEC의 3대 중점 분야

(1) 무역·투자 자유화(Trade and Investment Liberalization)

무역·투자 장벽 철폐외 자유화 진전을 위한 보고르 목표(Bogor Goals) 달성을 채택하였다. '94년 인도네시아 보고르 정상 선언은 선진회원국은 2010년, 개도국 회원국은 2020년까지 무역 투자 자유화를 달성하기로 합의하였다.

아태자유무역지대(FTAAP) 창설을 위한 모태(incubator) 역할 수행하였고, APEC 21개국이 참여하는 경제통합체제로, APEC은 FTAAP 실현에 이바지하기 위한 무역·투자 자유화 및 역내 경제통합 진전 방안을 모색 중이다.

(2) 기업활동 원활화(Business Facilitation)

규제개혁, 거래 비용 감축, 교역 정보 접근성 개선 등 역내 기업 환경 개선을 추진하고, 상품 및 서비스의 원활한 흐름을 위한 공급망 연결 행동계획을 추진하고 있다.

(3) 경제 기술협력(ECO TECH)

선·개도국 간 경제 격차 감소와 개발도상국 회원국의 무역 자유화 역량 강화 추진하고 있다.

5) 한국과 APEC

2016년 현재 APEC 21개 회원국에 대한 한국의 총수출은 미화 3,650억 달러, 비중으로는 한국 총수출대비 74%가 집중된 최대시장으로 자리 잡고 있다. 한국의 높은 대외교역이 집중되고 있는 아시아·태평양 지역이 높은 수준의 경제통합으로 통합이 진전된다면 한국에 새로운 무역 기회가 창출될 것으로 기대된다.

한국은 1989년 APEC 창설 이후 아시아·태평양 지역 최고의 경제협력 포럼인 APEC을 핵심 활동무대로 삼아 경제통합 논의를 선도함으로써 아시아·태평양 지역의 경제지도 재편 과정에서 발언권과 영향력을 행사했다. 한국과 함께 미국, 중국, 일본 등 세계 경제 대국의 정상들이 경제통합과 현안 타개를 위해 연례적으로 회동하는 APEC 정상회의는, 보호주의 확산 움직임을 완화하고 경제공동체 비전 구현을 위한 대화와 합의를 끌어낼 수 있는 화합의 장이다.

2015년 현재 세계 인구의 39%, 세계 총 GDP의 59%를 점하고 있는 APEC 21개 회원국의 GDP 대비 상품교역 비중은 39%이며 APEC 지역에 신규로 유입된 외국인직접투자 규모는 약 9,530억 달러로 세계 외국인직접투자 유입의 54%를 점하고 있다. APEC 회원국의 주요 활동무대인 아시아·태평양 지역은 가장 역동적이며 영향력 있는 시장으로 오랜 기간 세계 경제성장을 견인하는 역할을 담당했다. PECC(2016)는 아시아·태평양 지역의 경제성장은 일본, 신흥공업국, 중국으로 이어지는 성장견인 동력에 힘입어 장기간에 걸쳐서 경이적인 성장세를 기록하였지만, 첨단기술력의 확산과 전반적인 국민소득 수준의 향상으로 고성장 기조에 변화가 일어났다고 설명하고 있다(KIEP).

6) APEC의 자유무역협정

APEC 회원국이 체약국으로 참여하여 이행 중인 자유무역협정은 265건(국별 조합 기준 합산)으로, 유형별로는 양자 자유무역협정이 162건, 복수 이상의 경제주체와 체결한 지역 무역협정은 103건에 달하는 것으로 집계되고 있다.

〈도표 13-3〉 APEC 역내 FTA 현황 및 특성

	관세철폐 시한경과		관세철폐 시한적용		파트너		조인		협상개 시통보	
	양자	다자	양자	다자	역내	역외	양자	다자	양자	다자
호 주	4	1	6	1	11	1				1
브루나이	-	-	1	7	7	1				
캐나다	4	1	5	1	3	8	1		2	3
칠 레	14	4	8	1	12	15				
중 국	6	3	7	1	11	5			1	
홍 콩	3	1	-	-	3	1				
인도네시아	-	1	1	6	6	2				2
일 본	1	-	13	1	12	3			1	2
한 국	-	5	13	1	13	6			2	
말레이시아	3	2	3	5	9	4				1
멕시코	4	6	3	2	4	11			1	
뉴질랜드	4	1	4	2	10	1			1	
파푸아뉴기니	1	2	-	2	1	4				
페 루	1	4	10	2	8	9				
필리핀	1	2	-	6	6	3				1
러시아	6	4	1	-	-	13			1	2
싱가포르	9	2	3	8	14	8			2	1
대 만	1	1	4	1	3	4				1
태 국	1	1	3	6	8	3				2
미 국	5	1	7	1	6	8				1
베트남	-	1	3	6	8	2				3
APEC 총계	67	43	95	60	155	110				

자료: 김상겸, APEC 경제통합 논의와 정책 시사점, KIEP, 2017

〈도표 13-3〉과 같이 비준 과정을 남겨두고 있는 2건을 제외하면 칠레(27)를 선두로 싱가포르(22), 한국(19), 중국(17), 페루(17), 일본(15), 멕시코(15), 미국(14), 캐나다(13), 말레이시아(13), 호주(12), 뉴질랜드(11), 러시아(11), 태국(11), 베트남(10) 등 15개 회원국이 10건 이상의 자유무역협정에 참여하고 있음을 살펴볼 수 있다. 한편 21개 회원국 간 체결된 양자 자유무역협정을 분류하여 집계하면 총 50개에 달하며, APEC 회원국이 주축이 되어 협상을 주도하여 이행 중인 역내 지역 무역협정은 ASEAN 중심의 AFTA, ASEAN 플러스 협정, 미국, 캐나다, 멕시코 북미 3개 회원국이 체결한 NAFTA, 브루나이, 칠레, 뉴질랜드, 싱가포르 4개국의 Trans-Pacific Strategic Economic Partnership(P4)을 포함한다(김상겸).

연 습 문 제

1. GATT의 설립배경과 설립목적에 대하여 설명하라.

2. 다자주의에 대하여 설명하라.

3. WTO의 설립배경과 목적에 대하여 설명하라

4. IMF의 기능에 대하여 설명하라.

5. 월드뱅크(World bank)에 대하여 설명하라.

6. IMF의 기능에 대하여 설명하라.

7. 월드뱅크(World bank)에 대하여 실명하라.

참고문헌

〈국내문헌〉

강태구, 『국제경영학』, 박영사, 1997.
강태구 · 송면, 『국제경영학』, 박영사, 1989.
강한균, 『다국적기업과 글로벌라이제이션』, 두남, 2001.
국제경영연구회, 『글로벌시대의 국제경영학』, 영지문화사, 1995.
권영철 외1인, 『글로벌시대에 경쟁과 협력』, 무역경영사, 2007.
김 신, 『국제경영학』, 박영사, 1997.
김광수, 『미국 하이테크 산업의 세계화 전략』, 전자신문사, 1995.
김광수 외 2인, 『국제경영』, 박영사, 2005.
김성수, 『신경영정책과 전략』, 법경사, 1994.
김수주, 『국제경영과 이문화관리』, 록원출판사. 1991.
김시경, 『국제기업경영론』, 삼영사, 1995.
김중배. 『국제경영학』, 형설출판사, 2001.
김중배 외 1인 『다국적기업론』, 형설출판사, 2000.
문준현, 『글로벌마케팅』, 명경사, 2006.
박기안, 『국제경영학』, 법경사, 1995.
박주응, 『국제경영학』, 형설출판사, 1994.
반병길, 『국제경영』, 박영사, 1998.
반병길, 『국제마케팅』, 박영사, 1996.
방호열, 『국제경영학』, 법문사, 1994.
설영기, 『다국적기업경영론』, 일신사, 1990.
어윤대, 『국제경영』, 학현사, 1998.
원종근, "해외직접투자 이론의 문헌적 고찰", 『국제경영논고』, 형설출판사, 1988.
원종근, 『국제경영』, 박영사, 1999.
이광철, "글로벌화 진전과 한국기업의 국제전략방향 : 글로벌화 vs 현지화", 『경영학연구』 제24편 제1호, 한국경영학회, 1995. 2.
이세웅, 『국제경영론』, 법문사, 1984.
이승영, 『 국제마아케팅』, 진성사, 1987.
이장호, 『국제경영전략』, 1996.
장세진, 『글로벌경영』, 박영사, 1999.
장세진, 『글로벌경영』, 박영사, 2003.
전경련, 「우리나라 해외투자법인의 현지화 실태와 개선과제」, 1993.
정구현, 『국제경영학』, 법문사, 1999.

조동성, 『국제경영학』, 경문사, 1994.

최윤희, 『글로벌 비즈니스맨과 이문화관리』, 영풍문고, 1997.

한국산업기술진흥협회, 『글로벌 기술경영을 위한 전략과 정책과제』, 1996.

함중만, 「한·일 비교를 통한 해외투자기업의 현지화 전략에 관한 연구-동남아시아를 중심으로」, 생산성본부, 1996.

〈외국문헌〉

Aharoni, Yair., *The Foreign Investment Decision Process*, Boston, Harvard University Press, 1966.

Anita, M., Benvignati, "International Technology Transfer Patterns in a Traditional Industry", *Journal of International Business Studies*, Winter 1983.

Bennett, M., "A Developmental Approach to Training for Intercultural Sensitivity", *International Journal of Intercultural Relations*, 10(2), 1986.

Buckley, P. J. and Casson, M. C., *The Future of the Multinational Enterprise*, London, Macmillan, 1976.

Caves, R. E., "International Corporations : The Industrial Economics of Foreign Investment", *Economica*, Vol. 38, February 1971.

Coase, R. H., "The Nature of the Firm", *Economics*, Vol. 4, 1937.

Czinkota, Ronkainen, and Moffett, *International Business*, dryden, 1996.

Dakada, *International Business*, Joongang Business Daily, 1994.

Daniel, B., Suite, Agriculture, in Adams Walter, ed., *The structure of American Industry*, 7th ed, 1987.

Daniels and Radebaugh, *International Business*, 7th ed. addison Wesley, 1995.

Dunning and McQueen, "The Eclectic Theory of International Production : A Case Study of the International Hotel Industry", *Managerial and Decision Economics*, 2 (1981).

Dunning, J. H., *International Production and the Multinational Enterprise*, George Allen and Unwin, 1981.

Eiteman and Stonehill, *Multinational Business Finance*, 5th Edition, Addison-Wesley Publishing Company, 1989.

Fayerweather, J., *International Business Management : A Conceptual Framwork*, N.Y. : McGraw-Hill, 1969.

Giles, M., "Coping with the New Protectionism", *International Management*, 1986.

Gold, Bela., "Changing Perspectives on Size, Scale, and Returns : An Interpretive Survey", *Journal of Economic Literature*, 19, March 1981.

Grilli, E, *The European Community and the Developing Countries*, Cambridge University Press, 1993.

Grosse and Kujawa, *International Business*, IRWIN, 1988.

Hagen, Everett E., *The Economics of Development*. 3rd ed, Irwin, 1980, Chap 6.

Hill, Hwang and Kim, "An Eclectic Theory of the Choice of International Entry Mode", *Strategic Management Journal*, 1990.

Hill, *International Business : Competing in the Global Marketplace*, IRWIN, 1995.

Implications from the Japanese Experience, *Oxford Economic Papers*, Vol. 3, 1979.

Hymer, S., *The International Operation of National Firms : A Study of Direct Foreign Investment*, Cambridge : MIT Press, 1960.

Kelly, Wicks and George C. Philippator, "Comparative Analysis of the Foreign Investment Evaluation Practice by U.S.-based Manufacturing Multinational Companies", *Journal Of International Business Studies*, Winter, 1982.

Kindleberger, C. P., *American Business Abroad*, New Haven, Yale University Press, 1969.

Kohls, S. R., *Intercultural Training*, SIETAR, 1984.

Kojima, K., "A Macroeconomic Approach to DFI", *Hitotsubashi Journal of Economics*, June, 1973.

______, *Direct Foreign Investment : A Japanese Model of Multinational Operations*, London, Croom Helm, 1978.

Kolde, E. J., *International Business Enterprise*, 2nd ed. Englewood Cliffs : Prentice-Hall Inc., Englewood, 1973.

Mehdisami, "The Role of Foreign Private Investment in Iran's Economic Development", *Bank Market : Iran*, Bulletin (January/February) 1971.

Michael Duckworth, "Disney Plans to Re-enter China Market As Beijing Promise Copyright Reforms", *Wall Street Journal*, March 24, 1992, p. C19.

Newbould, Buckley, and Thurwell, *Going International-the Experience of Smaller Companies Overseas*, Wiley, 1978.

OECD, "Gaps in Technology", *General Report*, OECD, 1968.

OECD, *International Investment and Multinational Enterprise*, OECD, 1983, 41.

Ohmae, K., *The Global Logic of Strategic Alliances*, HBR, 1989.

Ozawa, T., *International Investment and Industrial Structure*, New Theoretical

Penrose, E., "Foreign Investment and The Growth of the Firm", *Economic Journal*, No. 66, 1956.

Reich, R. B., and Mankin, E. D., *Joint Ventures with Japan Give Away Our Future*, HBR, 1986.

Richard Turner, "Disney Says Net Fell in Quarter and Fiscal 1991", *Wall Street Journal*, October, 1991.

Roer, T. W. and Truitt, *Stormy Open Marriage are Better*, CJWB, 1987.

Roger Benett, *International Business*. M&E, Pitman Publishing, 1996.

Root, F., *International Trade and Investment*, Southwestern Publishing Co.

Root, Franklin R., "Analyzing Political Risk in International Business", in A. Kapoor and P. D. Grub (eds.), *The Multinational Enterprise in Transition*, Princeton, Mass : Darwin Press, 1972.

______, *Entry Strategies for International Markets*, Lexington, 1987.

Rostow, W., *The Stages of Economic Growth : Among-Communist Manifesto*, Mass, 1960, Chap 2.

Rugman, A., "Internalization as a General Theory of Foreign Direct Investment : A Re-Appraisal of the Literature", *Weltwirtschaftliches Archiv Review of World Economics*, Vol. 116, 1980, pp. 355-379.

Stephen J. Kobrin, *Managing Political Risk Assessment*, University of California Press, 1982.

"The Role of Ciciencing in International Strategy", *Columbia Journal of World Business*, Winter 1982.

Thomas F. O'Boyle, "Rise and Fall", *Wall Street Journal*, Jan. 1984.

Vernon, R., "International Investment and International Trade in the Product, Cycle", *Quarterly Journal of Economics*, Vol. 80, May 1966, pp. 190-207.

Vernon, R., "The Product Cycle Hypothesis in a New International Environment", *Oxford Bulletin of Economics and Statistics*, November 1979.

Weinshall, T. D., (Ed.), *Culture and Management : Selected Readings*, Penguin Books, 1977.

Williamson, O. E., "Markets and Hierachies : Some Elementary Consideration", *American Economic Review*, May 1973, pp. 316-325.

Wysocki, "Cross-Border Alliances become Favorite Way to crack New Market", *Wall Street Journal*, March 4, 1990.

______, *Nobody Asked Me, But, The Exporter*, April 1993.

______, "The Stateless World of Manufacturing", *Business Week*, May 1, 1990.

______, "United Nations Conference on Trade and Development Program on Transnational Corporations", *World Investment Report*, 1993 : an Executive Summary(New York : United Nations, 1993).

찾아보기

[저자 약력]

• 이윤선

1987년 Graduate School, University of St. Tomas에서 경영학석사(MBA)받음.
1991년 Graduate School, University of St. Tomas에서 경영학박사(Ph.D. in Commerce)받음
1991년~ 인천대학교, 경원대학교, 상명여자대학교 교육대학원 강사 역임.
2005~2007년 성결대학교 교수 겸 학생처장 역임.
2008년 성결대학교 교수 겸 종합인력센터장 역임.
2008년~2010년 서울YMCA 이사 겸 재정위원회 위원장.
2019년 사회과학대 학장 역임
1991년~현재 성결대학교 경영학부 교수.

〈주요저서 및 논문〉
· 『국제기업환경론』, 청목출판사
· 『글로벌마케팅』, 청목출판사
· 『경영전략』, 청목출판사
· The Economic Impact of FDI, Eunic Press.
· A Study on the Economic Impact: With Special Reference to Asean Countries.
· A Study on the Recent Trends of Korea's Overseas Investments.
· Foreign Direct Investment: Theories, Determinants, and Impact.
· Determinant Factors of Foreign Capital Inflow in Selected Pacific Nations: An Alternative Approach with Time-Series Data.
· 한국 IT산업의 국제경쟁력에 관한 연구
· 국제기업의 인적자원관리 전략에 관한 연구
· 이문화 경영과 커뮤니케이션에 관한 연구
· 국가정보화수준 평가를 위한 지표체계연구
· Brics의 투자환경에 관한 연구 외 다수.

글로벌경영(개정4판)

2023년 2월 20일 중판인쇄
2023년 2월 25일 중판발행

저 자 이 윤 선
발행인 유 성 열
발행처 **청목출판사**
서울특별시 영등포구 신길로 40길 20
전화 (02) 849-6157(代) · 2820 / 833-6091
FAX (02) 849-0817
등록 제318-1994-000090호

파본은 바꾸어 드립니다. 값 28,000원

http://www.chongmok.co.kr

ISBN 978-89-5565-785-2(93320)